国家出版基金项目
NATIONAL PUBLICATION FOUNDATION
“十三五”国家重点图书
出 版 规 划 项 目

中国濒危语言志
少数民族语言系列

总主编 曹志耘
主 编 孙宏开 黄 行 李大勤

四川康定贵琼语

宋伶俐 著

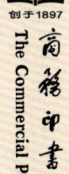

创于1897
商务印书馆
The Commercial Press

图书在版编目（CIP）数据

四川康定贵琼语/宋伶俐著.—北京：商务印书馆，2019
（中国濒危语言志）
ISBN 978-7-100-17796-2

Ⅰ.①四…　Ⅱ.①宋…　Ⅲ.①羌语—介绍—康定市　Ⅳ.①H274

中国版本图书馆CIP数据核字（2019）第189360号

四川康定贵琼语

宋伶俐　著

出版发行：商务印书馆
地　　址：北京王府井大街36号
邮政编码：100710

印　　刷：北京雅昌艺术印刷有限公司

开　　本：787×1092　1/16　　印　　张：17 1/4
版　　次：2019年6月第1版　　印　　次：2019年6月北京第1次印刷
书　　号：ISBN 978-7-100-17796-2

定　　价：120.00元

贵琼语样本采集点姑咱镇　康定市姑咱镇 /2006.6.22/ 宋伶俐 摄

鱼通乡贵琼藏族民居　康定市鱼通乡俄包村 /2016.4.17/ 谢军 摄

鱼通乡雄居寺念“哑巴经”的贵琼女子　康定市雄居寺 /2006.6.15/ 宋伶俐 摄

调查发音人合影　康定市姑咱镇 /2015.8.21/ 许陈龙 摄

语法标注缩略语对照表

缩略语	英语	汉义
1sg	1st person singular	第一人称单数
2sg	2nd person singular	第二人称单数
3sg	3rd person singular	第三人称单数
1dl	1st person dual	第一人称双数
2dl	2nd person dual	第二人称双数
3dl	3rd person dual	第三人称双数
1pl	1st person plural	第一人称复数
2pl	2nd person plural	第二人称复数
3pl	3rd person plural	第三人称复数
AGT	agentive marker	施事标记
ANPR	nominal anaphora	回指
APPR	approximative	概数
ASP	aspect marker	体标记
ASSOC	associative	联系
AUX	auxiliary	助动词
BEN	benefactive marker	受益格标记
CAUS	causative marker	致使标记
CLF	classifier	量词
COM	comitative marker	随同标记
COMPR	comparative marker	比较标记
CONJ	conjunctive marker	并列连接标记
COP	copula	系词
CSM	change of state marker	状态变化标记
DAT	dative marker	与事标记
DEF	definite marker	定指标记
DEM	demonstrative pronoun	指示代词
DIM	diminutive marker	小称标记

续 表

缩略语	英语	汉义
DIR	directive prefix	趋向前缀
DIST	distal demonstrative marker	远指标记
DUR	durative aspect marker	持续体标记
EVID	evidential marker	示证标记
EXCL	exclusive	排除式
EXP	experiential marker	经历体标记
GEN	genitive marker	领属标记
IMDA	immediate aspect marker	即行体标记
IMP	imperative marker	命令式标记
INCL	inclusive	包括式
IND	indicative mood	陈述语气词
INST	instrumental marker	工具角色标记
INT	interrogative mood	疑问句语气
INTER	interjection	感叹词
IPFV	imperfective	未完成体
LKP	liken particle	比拟助词
LNK	clause linker	分句联结词
LOC	locative marker	处所标记
NEG	negative	否定
NMLZ	nominalizer	名物化标记
PEF	perfect aspect marker	已行体标记
PFV	perfective aspect marker	完成体标记
PL	plural marker	复数标记
POST	postposition	后置词
PROG	progressive marker	进行体标记
PROH	prohibitive marker	禁止式标记
PROS	prospective aspect marker	将行体标记
PROX	proximate marker	近指标记
PRT	clause/sentence final particle	句尾助词
QUES	question marker	疑问句标记
REFL	reflexive pronoun marker	反身代词标记
RST	resultative	结果体
SIM	simultaneous action	同时进行的动作
SVC	serial verb construction	连动结构
TENT	tentative marker	尝试体标记
TOP	topic marker	话题标记
VCL	verb classifier	动量词

序

我的老家在浙江金华。我在老家生活的年代是20世纪六七十年代。那时候人们白天黑夜地干，酷暑寒冬地干，但就是吃不饱饭。山上光秃秃的，地上光秃秃的，简直成了不毛之地。如今40年过去了，回到家乡，只见茂林修竹，清流激湍，芳草鲜美，落英缤纷，俨然人间仙境。进山的小路早已被草木掩没，没有刀斧开路，则寸步难行。

在我家附近的塔石乡，有一个叫“大坑”的畲族村子，坐落在一条山沟里，有50多人。畲族相传发源于广东潮州凤凰山，明代以来逐渐北迁，从广东到福建，从福建到浙江、江西、安徽等地。数百年来，畲族尽管不断迁徙，散落中国东南各地，然而始终保持着他们共同的语言——畲话。1981年，我在山东大学上学期间，曾经一个人跑到大坑去，拿着日本人编制的调查表记录他们的畲话。当时村里男女老少，基本上人人会讲畲话。但时至今日，很多人已不会讲或讲不好畲话了，25岁以下无一人会讲。照此发展下去，估计几十年后，大坑人沿袭千年之久的母语将彻底消亡。

自然环境的破坏可以修复，但语言的消亡无法挽回，不可再生。

根据联合国教科文组织的《世界濒危语言地图》(2018)，在世界现存的约6700种语言中，有40%的语言濒临灭绝，平均每两个星期就有一种语言消亡。中国有130多种语言，其中有68种使用人口在万人以下，有48种使用人口在5000人以下，有25种使用人口不足1000人，有的语言只剩下十几个人甚至几个人会说了。汉语方言尽管使用人数众多，但许多小方言、方言岛也在迅速衰亡。即使是那些还在使用的大方言，其语言结构和表达功能也已大大萎缩，或多或少都变成“残缺”的语言了。

冥冥之中，我们成了见证历史的人。

然而，作为语言学工作者，绝不应该坐观潮起潮落。事实上，联合国教科文组织早在1993年就确定当年为“抢救濒危语言年”，同时启动“世界濒危语言计划”，连续发布“世界濒危语言地图”(联合国已确定2019年为“国际本土语言年”)。二十多年来，国际上先后成立了上百个抢救濒危语言的机构和基金会，各种规模和形式的濒危语言抢救保护项目在世界各地以及网络上展开。我国学者在20世纪90年代已开始关注濒危语言问题，自21世纪初以来，开展了多项濒危语言、方言调查研究课题，出版了一系列重要成果，例如孙宏开先生主持的“中国新发现语言研究丛书”、张振兴先生等主持的“中国濒危语言方言研究丛书”、鲍厚星先生主持的“濒危汉语方言研究丛书”（湖南卷）等。为了全面、及时抢救保存中国语言方言资源，教育部、国家语委于2015年启动了规模宏大的“中国语言资源保护工程”。在语保工程里，专门设立了濒危语言方言调查项目，迄今已调查76个濒危语言点和60个濒危汉语方言点。对于濒危语言方言点，除了一般调查点的基本调查内容以外，还要求对该语言或方言进行全面系统的调查，并编写濒危语言志书稿。随着工程的实施，语保工作者奔赴全国各地，帕米尔高原、喜马拉雅山区、藏彝走廊、滇缅边境、黑龙江畔、海南丛林都留下了他们的足迹和身影。一批批鲜活的田野调查语料、音视频数据和口头文化资源汇聚到中国语言资源库，一些从未被记录过的语言、方言在即将消亡前留下了它们的声音。

为了更好地利用这些珍贵的语言文化遗产，在教育部语言文字信息管理司的领导下，商务印书馆和中国语言资源保护研究中心组织申报了国家出版基金项目“中国濒危语言志”，并有幸获得批准。该项目计划在两年内按统一规格、以EP同步方式编写出版30卷志书，其中少数民族语言20卷，汉语方言10卷。自项目启动以来，语信司领导高度重视，亲自指导志书的编写出版工作，各位主编、执行编委以及北京语言大学、中国传媒大学的工作人员认真负责，严格把关，付出了大量心血，商务印书馆则配备了精兵强将以确保出版水准。这套丛书可以说是政府、学术界和出版社三方紧密合作的结果。在投入这么多资源、付出这么大努力之后，我们有理由期待一套传世精品的出现。

当然，艰辛和困难一言难尽，不足和遗憾也在所难免。让我们感到欣慰的是，在这些语言、方言即将隐入历史深处的时候，我们赶到了它们身边，倾听它们的声音，记录它们的风采。尽管我们无力回天，但已经尽了最大的努力，让时间去检验吧。

曹志耘

2018 年 10 月

于浙江师范大学

目录

第一章 导论 1

第一节 调查点概况 2

一 总体情况 2

二 贵琼藏族概况 3

第二节 贵琼语的系属 5

一 贵琼人的自称、他称及贵琼语的内部差异 5

二 贵琼语的系属 7

第三节 贵琼语的濒危状况 10

一 贵琼语的使用情况 10

二 濒危程度的抽样数据 13

三 贵琼语的口传文化现状 16

第四节 贵琼语的研究概况 18

第五节 调查情况说明 20

一 调查过程 20

二 发音人简况 20

第二章 语音 23

第一节 声韵调系统 24

一 声母 24

二 韵母 26

三 声调 29

四 音节 30

第二节 音变 31

一 元音和谐 31

二 两字组的连读变调 33

三 脱落与合音 34

四 语音的历时变化 34

第三节 拼写符号 36

第三章 词汇 39

第一节 词汇特点 40

一 贵琼语词汇的形式特点 40

二 贵琼语词汇的语义特点 40

三 贵琼语词汇反映出鲜明的语言文化特征 42

第二节 构词法 46

一 单纯词的构成 46

二　合成词的构成　46
三　其他构词方式　50
第三节　词汇的构成　53
一　固有词　53
二　借词　54
第四节　民俗文化词　58
一　高山植物　58
二　公嘛和案子　59
三　房名和小名　61
四　服饰　62
五　婚俗　64
六　节日习俗　66

第四章　分类词表　71

第一节　《中国语言资源调查手册·民族语言（藏缅语族）》通用词　73
一　天文地理　73
二　时间方位　74
三　植物　75
四　动物　77
五　房舍器具　78
六　服饰饮食　79
七　身体医疗　80
八　婚丧信仰　81
九　人品称谓　82
十　农工商文　84
十一　动作行为　85
十二　性质状态　88
十三　数量　90
十四　代副介连词　91
第二节　《中国语言资源调查手册·民族语言、（藏缅语族）》扩展词　93
一　天文地理　93
二　时间方位　95

三　植物　96
四　动物　98
五　房舍器具　100
六　服饰饮食　104
七　身体医疗　106
八　婚丧信仰　109
九　人品称谓　109
十　农工商文　111
十一　动作行为　113
十二　性质状态　118
十三　数量　119
十四　代副介连词　119
第三节　其他词　121
一　地名　121
二　人名　122
三　主要食品　123
四　人品称谓　123
五　身体　124
六　宗教信仰　126
七　农业　127
八　建筑　129
九　器物　130
十　植物　131
十一　疾病及治疗　132
十二　文化习俗　133
十三　动作　133
十四　四音格和谚语　134
十五　拟声词　136

第五章　语法　137

第一节　词类　138
一　名词　138
二　代词　142
三　数词　148
四　量词　153

五　动词　156
六　形容词　169
七　副词　172
八　助词　174
九　连词　176
十　语气词　176
十一　叹词　178
十二　拟声词　179
第二节　短语　180
一　并列短语　180
二　偏正短语　180
三　同位短语　182
四　宾动短语　182
五　连谓短语　183
六　述补短语　184
七　数量短语　184
八　方位短语　185
第三节　句子　186
一　句型　186
二　句类　189
三　复句　191

第六章　语料　195

第一节　语法例句　196
第二节　话语材料　208
一　歌谣　208
二　祝福语　211
三　故事　213

参考文献　255

调查手记　258

后　记　262

第一章 导论

第一节

调查点概况

一　总体情况

贵琼藏族分布在北纬30°左右的大渡河中游地区。历史上，贵琼藏族在雅安地区宝兴县和甘孜州泸定县岚安乡等地曾有过活动。目前，大多数贵琼人都集中居住在以康定市旧鱼通区所辖的时济乡、前溪乡、舍联乡、麦崩乡和姑咱镇等四乡一镇地区[①]。该片区位于康定市东31公里处，东与天全县、宝兴县接壤，南与泸定县毗邻，西与康定市主城区相接，北与康定市的金汤镇和孔玉乡相连。姑咱镇作为贵琼藏族的文化、经济重镇，位于北纬30°7′，东经102°10′，海拔1630米。

贵琼语主要分布在旧鱼通土司的辖域里。鱼通这一地名曾在《元史》《明史》《清史稿》和一些地方志中多次出现，其隶属关系为：元时归吐蕃，明时隶四川，清中期归由木坪土司和明正土司管辖，清末至民国归鱼通土司管辖[②]。宣统三年（1911）改土归流，民国元年（1912）划入康定管辖，但鱼通土司的势力一直延续到20世纪50年代。原鱼通土司辖域内的下鱼通所有乡镇，包括今时济、麦崩、鱼通各乡和姑咱镇，以及辖域内的上鱼通地区的部分村落，是贵琼语的主要分布地区。

贵琼藏族生活区是康定市主要的农垦区，当地早在公元14世纪就有种植水旱作物的记载[③]，

---

① 2016年9月，康定市撤销舍联乡和前溪乡，设立鱼通乡。

② 土司制度在唐宋时期称羁縻州制度，由中央政府委任当地首领为府、州、县的文职土官，元朝加强了军事统治，设置宣使、宣抚使、安抚使、招讨使、长官司等武职土官。明沿袭宋、元制度，并进一步完备了土官的考核、任免、贡纳、征调等制度。清后期“改土归流”，收土司权力归中央政府。

③《二十四史·明史列传第二百一十九·西域三》记载，中央政府在设立岩州茶马司的同时，“并令军士开垦大渡河两岸荒田，亦供给戍守官军”。

居民农耕经验丰富。农业以栽种青稞、小麦、大麦、大豆、荞麦、玉米和圆根为主，间种花椒和白豆等经济作物。务农之余，贵琼男子上山打猎，以挖掘和买卖药材维持生计。当地还有规模较小的手工作坊和矿业，矿业主要开采铜矿、铅矿和金矿。近年来，大渡河畔的坪坝村落大力发展庭院经济，村民自购私车从事运输业等，使经济形态逐渐变得多样化。

贵琼藏族生活区属康定市境内典型的汉藏杂居地。整体分布以藏汉杂居为主，局部地区为贵琼藏族聚居地。当地贵琼藏族仅有10%的人聚族而居，90%的人与汉族杂居，呈典型的“大杂居小聚居”式分布。该地区人口分布情况大体如表1-1所示：

表1-1　鱼通人口的分布状况

分布状况	聚居	杂居，各占一半	杂居，藏为主	杂居，汉为主
所在乡镇	麦崩、鱼通	时济、鱼通	麦崩、鱼通、时济	姑咱
村落数量（个）	4	5	21	11
比例（%）	9.8	12	51.2	26.8

二　贵琼藏族概况

（一）人口来源

鱼通地区的住民，主要是被称为“鱼通娃”[①]的贵琼藏族。贵琼藏族是鱼通地区的主要住民，约占鱼通地区总人口的70%。20世纪50年代民族识别时将其族别定为藏族，同时认识到该族群的语言和风俗与周围的藏族并不完全相同。自孙宏开先生20世纪80年代调查中以该族群的自称gui^{31}tɕhɔ̃^{53}命名之后，学界称其为贵琼藏族。

鱼通土司是贵琼藏族过去的统治阶层，由号称“嘉戎十八土”之一的木坪（或穆坪）土司嫡出。[②]道光十三年（1833年），清政府正式授予鱼通统治阶层“鱼通长官司”封号，其治所在今麦崩乡。土司的姓氏“甲”与贵琼藏族常用的汉姓“高”“杨”来源不同，是藏区姓氏“坚参”“甲木参”的另一种语音形式。

除了贵琼藏族，当地居民主要是汉族。鱼通地区的汉族均由外地迁入，由驻军移民、垦荒移民、开矿移民、避难移民、工匠移民和教育移民六类人群构成。迁入鱼通地区的汉族，来源并不一致，迁入时间有先有后。汉族进入鱼通后，先后在麦崩乡的上火地、原舍联乡的草坪子和唐家河坝以及原前溪乡的赶羊、雄居等村落集中居住。汉族迁入鱼通后长时期小范围聚居，聚居点分散，影响力并不大。

---

① 任乃强（1977）有相关记载，调查中我们也采集到上述称呼。

② 嘉戎十八土，藏语称嘉戎甲卡却吉，是嘉戎藏区十八个有正式封号的大土司的总称。

（二）建筑、服饰和饮食

贵琼藏族的房屋以木石结构为主，底层喂养马、牛、猪等牲畜，第二层是火塘所在的厨房以及堂屋，火塘位于屋子中央，以三石垒灶。第三层是卧室，第四层是经堂和晒坝。贵琼藏族每年农历二月用石灰粉刷房屋使其洁白。

贵琼藏族的服饰为黑布长衫和蓝布长衫，男性多着黑布长衫。长衫衣襟开在右侧，腰上系绿色或黑色绸带。年轻女性腰系花围裙，老年女性则系黑围裙。男女都包头帕，男子用黑布缠头，头帕长一丈二①；女子用方形黑色头帕包头，用桃红或白色毛线捆束。外出劳作时身着齐膝无袖羊皮褂子，脚缠羊毛或布裹脚。

贵琼藏族的饮食以荞麦、小麦、玉米为主，副食主要是土豆；蔬菜有圆根、大豆等。喜食手擀面、荞麦面馍馍及玉米面调制的搅团，配以自家发酵的酸青菜；家中常备自家熏制的猪膘肉。

① 男性头帕也有长两丈四尺的。

第二节

贵琼语的系属

一 贵琼人的自称、他称及贵琼语的内部差异

（一）贵琼人的自称、他称

ɡui^{31}tɕhɔ̃^{53}（贵琼）是贵琼藏族的自称。因贵琼藏族集中生活的地域在鱼通，又被称为“鱼通娃”。贵琼人称藏族为bi^{35}，称彝族为lo^{31}lo^{31}mu^{53}，称汉族为ȵdɱɛ̃^{35}。他们有意识地将本族群称谓和其他族群称谓区分开来，形成自己族群的内部认同。

（二）贵琼语内部的差异

关于贵琼语内部差异，20世纪80年代的调查材料显示主要是新老差异。孙宏开在《六江流域的民族语言及其系属分类》（1983）一文中指出，贵琼语声母存在新老差异：单辅音中，老年人口语中有混合舌叶音和小舌音的现象，年轻人口语中舌叶音经常可变读为舌尖前或舌尖后的塞擦音或擦音，小舌音变读为舌根音。除了上述新老差异以外，我们发现了贵琼语还有地域差异：大渡河两岸居民的语音和词汇并不完全相同，分布在河东的时济乡、原前溪乡和麦崩乡的贵琼语与分布在河西原舍联乡的贵琼语在语音和词汇上略有不同。就语音系统来看，原前溪、时济乡的声母系统相对简化，舌尖前后两套塞擦音的对立在部分词语中不太显著。这两个乡的年轻人并不像老年人一样区分舌叶音和和舌尖前音，而是混同起来，将ʃɿ^{31}虱子发成sɿ^{31}。不过，这种情况最好还是仅仅看作是一种正在发生的语音变化，因为它并没有体现在所有人和所有词语中。就词汇来看，原舍联乡用词与其他各乡存在一定的差异。例如，tɕhyi^{53}（种子）这个词，各乡都是tɕhyi^{53}，但原舍联则是tshui^{53}；再如，tsɔ̃^{55}di^{31}（咬）这个词，各乡都是tsɔ̃^{55}di^{31}，但原舍联是tsɔ̃^{55}ȵi^{31}。当然，并非所有的tɕh和d在原舍联都读为tsh和ȵ，即非系统性的语音差异，不足以认为贵琼语中存在

方言差异。

表1-2是年龄、居住地各异的28个贵琼发音人的斯瓦迪士两百词表词语发音的随机抽样调查的部分结果。

表1-2　鱼通地区的语音差异

出生年	名字	住址	那里	狗	虱子	种子	咬
1930	张萍	麦崩	i^{31}kø^{31}	khu^{53}	ʃɿ^{31}	tɕhyi^{53}	tsɔ̃^{55}ȵi^{31}
1931	杨绍全	原前溪	i^{31}kø^{55}kɛ^{31}	khu^{53}	ʃɿ^{31}	tɕhyi^{53}	tsɔ̃^{55}di^{31}
1933	杨孝云	原前溪	i^{31}ki^{31}tɕɑ^{31}	khu^{53}	ʃɿ^{31}	tɕhyi^{53}	tsɔ̃^{55}di^{31}
1933	高启富	原前溪	i^{31}ki^{31}	khu^{53}	ʃɿ^{53}	tɕhyi^{53}	tsɔ̃^{55}di^{31}
1933	高世福	麦崩	ø^{31}kø^{53}	khu^{53}	ʃɿ^{31}	tɕhyi^{53}	tsɔ̃^{55}di^{31}
1934	甲名扬	麦崩	i^{31}ki^{31}	khu^{53}	ʃɿ^{31}	tɕhyi^{53}	tsɔ̃^{55}di^{31}
1938	杨汉民	原前溪	i^{31}ki^{55}tɕɑ^{31}	khu^{53}	ʃɿ^{31}	tɕhyi^{53}	tsɔ̃^{55}di^{31}
1950	高启珍	麦崩	e^{31}ke^{53}	khu^{53}	ʃɿ^{31}	tɕhyi^{53}	tsɔ̃^{55}ȵi^{31}
1953	高树琼	原舍联	li^{31}ke^{53}	khu^{53}	ʃɿ^{53}	tshui^{53}	tsɔ̃^{55}ȵi^{31}
1954	宁望珍	原舍联	tø^{31}me^{55}ȵu^{31}	khu^{53}	ʃɿ^{31}	tshui^{53}	tsɔ̃^{55}ȵi^{31}
1954	杨正中	原前溪	li^{31}ki^{53}	khu^{53}	ʃɿ^{31}	tɕhyi^{53}	tsɔ̃^{55}di^{31}
1954	杨志高	原舍联	i^{31}ke^{31}	khu^{53}	ʃɿ^{53}	tshui^{53}	tsɔ̃^{55}ȵi^{31}
1956	金素珍	麦崩	i^{31}kø^{31}	khu^{53}	ʃɿ^{31}	tɕhyi^{53}	tsɔ̃^{55}di^{31}
1960	张金国	麦崩	i^{31}ki^{31}	khu^{53}	sɿ^{31}	tɕhyi^{53}	tsɔ̃^{55}di^{31}
1962	张志刚	麦崩	xɔ̃^{55}mi^{53}ȵe^{53}	khu^{53}	ʃɿ^{31}	tɕhyi^{53}	tsɔ̃^{55}di^{31}
1966	杨建英	原舍联	li^{31}ke^{53}phø^{31}	khu^{53}	ʃɿ^{31}	tsũ^{53}tsɿ^{31}	tsɔ̃^{53}
1967	高勇	麦崩	i^{31}ki^{31}	khu^{53}	ʃɿ^{31}	tɕhyi^{53}	tsɔ̃^{55}di^{31}
1968	金学明	麦崩	i^{31}ki^{31}	khu^{53}	ʃɿ^{31}	tɕhyi^{53}	tsɔ̃^{55}di^{31}
1971	高友华	麦崩	xɔ̃^{31}mi^{55}ȵe^{31}	khu^{53}	ʃɿ^{31}	tshui^{53}	tsɔ̃^{55}ȵi^{31}
1971	高素芬	原前溪	xɔ̃^{53}	khu^{53}	ʃɿ^{31}	tɕhyi^{53}	tsɔ̃^{55}di^{31}
1972	潘高平	原舍联	e^{31}ke^{53}	khu^{53}	ʃɿ^{31}	tshui^{53}	tsɔ̃^{55}ȵi^{31}
1972	金素萍	麦崩	ȵi^{31}ki^{55}	khu^{53}	sɿ^{31}	tɕhyi^{53}	tsɔ̃^{55}di^{31}
1979	高正军	原前溪	i^{31}ki^{31}	khu^{53}	sɿ^{31}	tɕhyi^{53}	tshɔ̃^{55}di^{31}
1980	杨佳英	原前溪	i^{31}kø^{53}	khu^{53}	sɿ^{31}	tsũ^{53}tsɿ^{31}	tsɔ̃^{55}di^{31}

续 表

出生年	名字	住址	那里	狗	虱子	种子	咬
1983	杨建宏	原前溪	li^{31}ki^{53}	khu^{53}	sɿ^{31}	tɕhyi^{53}	tsɔ̃^{55}di^{31}
1984	杨佳利	原前溪	i^{31}kø^{53}	khu^{53}	se^{55}tsɿ^{53}	tɕhyi^{53}	tsɔ̃^{55}di^{31}
1985	杨晓燕	原舍联	i^{31}ke^{53}	khu^{53}	ʃɿ^{31}	tshui^{53}	tsɔ̃^{55}ȵi^{31}
1985	余宏美	原前溪	i^{31}kø^{53}	khu^{53}	sɿ^{31}	tɕhyi^{53}	tsɔ̃^{55}di^{31}
1989	高庆海	原舍联	e^{31}ke^{53}	khu^{53}	ʃɿ^{31}	tshui^{53}	tsɔ̃^{55}ȵi^{31}

二 贵琼语的系属

学界对于贵琼语系属的认定，目前已经取得了较为一致的意见。孙宏开（1983）、黄布凡（1992）、马学良（2003）及孙宏开、胡增益、黄行（2007）等关于贵琼语的研究材料显示，贵琼语归入汉藏语系藏缅语族羌语支是具有充分的语言学依据的。

我们以核心词为据，择取与之有明确的接触或同源关系及可能存在接触或同源关系的语言开展关系词比较研究，以共有关系词数量考察这些语言之间的亲疏远近关系。我们用于比较的语言或方言包括：

1. 藏语及其方言，包括康方言（以巴塘话为代表）、藏语书面语、藏语卫藏方言（以拉萨话为代表）、藏语安多方言（以夏河农区话为代表）等；

2. 羌语支语言，包括嘉戎语（以卓克基话为代表）、羌语（包括雅都话、麻窝话、曲谷话、桃坪话四个点的材料）、普米语（以九龙话为代表）、木雅语（以沙德话为代表）、尔苏语（以吕苏话为代表）、史兴语（以水洛话为代表）、纳木依语（以纳木兹话为代表）、却域语（以新龙却域话为代表）、扎坝语（以道孚扎坝话为代表）、普米语（以九龙话为代表）；

3. 彝语支语言，包括彝语（以喜德话为代表）等。

用于比较的核心词表，参考了孙宏开先生提出的汉藏语系语言历史比较核心词表，包括100个词。具体情况如表1–3所示：

表1–3 核心词一百词表

词目	词义	词目	词义	词目	词义	词目	词义
mɔ̃^{31}	天	mi^{31}ntshə^{53}	太阳	tʃɿ^{53}	水	mĩ^{31}tɑ^{53}	火
ɣi^{35}tʃɿ^{31}	星	li^{35}mɔ̃^{31}	月亮	khu^{53}	狗	ɣũ^{31}phø^{53}	石头
ʃɿ^{31}	虱子	ndɔ^{53}	耳朵	tɕu^{55}	什么	ȵɛ^{35}	眼睛
mbu^{35}	马	phɑ^{53}	猪	khu^{53}	狗	tʂu^{35}	蛇

续 表

词目	词义	词目	词义	词目	词义	词目	词义
tu^{35}	毒	tshɔ̃^{31}	羽毛	wi^{53}	角	mi^{31}kue^{53}	尾巴
sɛ̃^{31}pu^{53}	树木	me^{31}	竹子	tɕhyi^{53}	种子	mi^{31}nto^{53}	花
ɑ^{55}tɑ^{31}、ɑ^{55}pɑ^{31}	父亲	ɑ^{55}mɑ^{31}	母亲	ɑ̃^{31}ku^{53}	舅舅	tsi^{53}	儿子
uɛ̃^{31}jɛ̃^{53}	头	dʐʅ^{35}	舌头	hui^{53}	牙齿	ko^{53}	手
tɔ̃^{31}ɣɔ̃^{53}	心脏	lø^{31}wø^{53}	肺	zɔ̃^{31}	胆	bi^{35}tɔ̃^{53}	肠子
tsɿ^{53}	血	ku^{35}	筋	wu^{55}wu^{31}	骨头	wũ^{31}	银
fu^{31}tɕɑ^{31}	路	tshi^{53}	盐	mɔ̃^{35}	梦	sɿ^{31}	死
lɑ^{31}lɑ^{35}	舔	kø^{35}	吃	tɕhɑ^{35}	喝	mʉ^{35}	吹
se^{53}	杀	hũ^{55}hũ^{31}	闻	hɑ^{31}pʉ^{53}pʉ^{53}	呕吐	nʉ^{53}	埋
ʃo^{31}mu^{55}tɑ^{31}	忘记	mʉ^{55}	偷	tɕho^{35}	坐	lɑ^{35}	逃
mɔ̃^{31}	尸体	mɛ^{31}sɿ^{53}	知道	phʉ^{55}	飞	mɔ̃^{35}	孵
dʐʅ^{35}	是	tsɔ̃^{55}	酸	khi^{55}	苦	ʃo^{31}mɑ^{31}	白
sɑ^{53}	声音	sø^{55}pʉ^{53}	新	ŋɛ̃^{55}pʉ^{53}	旧	ɔ̃ĩ^{35}	重
ko^{31}lo^{31}lo^{53}	弯	thø^{55}thø^{53}	直	ndʑɔ̃^{53}	光滑	dʑø^{53}	百
qo^{35}	哭	se^{53}	杀	ȵĩ^{31}xĩ^{53}	红	khi^{55}	苦
ŋə^{35}zi^{53}	我们	ŋə^{31}	我	nũ^{31}	你	ti^{31}	这
ji^{31}ki^{55}	那	sø^{31}	谁	tɑ^{31}	一	ȵĩ^{53}	二
sɔ̃^{53}	三	tsɿ^{53}	四	ŋɛ̃^{31}	五	khɔ^{53}	六
ŋi^{55}	七	je^{55}	八	gui^{31}	九	mø^{31}khø^{53}	烟
mbu^{35}lu^{53}	虫	mi^{31}ntshɔ^{31}	名字	tʃɿ^{55}ȵĩ^{53}	鱼	nɛ^{31}ʃɿ^{53}	鸡蛋
sɿ^{55}to^{53}	水果	li^{31}pu^{53}	身体	tshi^{53}	盐	phu^{53}	肝
ʃɔ̃^{53}	铁	zɔ̃^{31}pʉ^{53}	桥	bi^{35}	做	ju^{35}	睡
me^{31}	不	ȵi^{31}qɑ^{53}	黑	jɑ^{35}	厚	lo^{31}lo^{55}tsi^{33}	圆
wũ^{55}pi^{31}pi^{55}tsi^{31}	影子						

我们对关系词进行比较的结果是：贵琼语和各语言共有的关系词44个，除共有的藏语借词，贵琼语和羌语支语言共有关系词最多，和彝语支语言共有关系词居其次，和藏语支语言共有关系词最少。具体结果列表1–4如下①：

① 关系词比较的数据引自宋伶俐（2010：200）。

表1-4 贵琼语与藏缅语族语言共有词数量表

语言关系	共有关系词数量（个）	除藏缅语共有词外余下的共有词数量（个）	共有藏语借词数量（个）	除藏语借词外的共有词数量（个）	共有词百分比（%）
贵琼语和藏语（康巴）	56	12	6	6	6
贵琼语和羌语（曲谷）	65	21	0	21	21
贵琼语和普米语（九龙）	60	16	1	15	15
贵琼语和史兴语	63	19	2	17	17
贵琼语和嘉戎语	62	18	3	16	16
贵琼语和木雅语	62	18	3	15	15
贵琼语和尔苏语（吕苏）	64	20	3	17	17
贵琼语和纳木义语	62	18	1	17	17
贵琼语和却域语	63	19	6	13	13
贵琼语和扎坝语	61	17	2	15	15
贵琼语和彝语	53	9	0	9	9

由表1-4可见，贵琼语、藏语的共有词比例为6%，贵琼语、彝语的关系词比例为9%，而贵琼语、羌语的关系词比例为21%。这说明贵琼语和羌语有更为久远的历史渊源①。

在贵琼语的固有词中，还有相当数量的特有词。这些词在羌语支语言中，乃至在藏缅语族语言中都找不到相同或相近的词形。例如“手”读为ko^{53}，这在藏缅语中几乎找不到类似或对应的形式。可见，贵琼语从藏缅语族羌语支分化以后，已经形成了语言的个性特征。这是贵琼语独立于羌语支乃至藏缅语族的一个重要标志。

① 关系词的具体材料和数据限于篇幅此处不展开，感兴趣的读者可以参考《贵琼语研究》（2010：189—211）。

第三节

贵琼语的濒危状况

一　贵琼语的使用情况

目前最为全面的语言濒危评估体系是联合国教科文组织的九项评价指标，包括代际语言传承、语言使用者的绝对人数和相对人数、语言使用人口占整个人口的比例、现存语言使用域的走向、对新语域和媒体的反应、语言教育与读写材料、政府和机构的语言态度和语言政策（包括语言的官方地位和使用）、语言族群成员对母语的态度、语言记录材料的数量与质量等方面。以教科文组织的评价标准衡量贵琼语的濒危程度，可知该语言属于濒危语言。

（一）代际语言传承

贵琼语的代际传承处于“确有危险”的层级，该语言大部分由父辈及更上代人使用。在杂居区，20世纪50年代出生的贵琼人具有较好的母语听说的能力；在聚居区，20世纪70年代出生的贵琼人具有母语听说的能力。这和家庭内部语言使用情况有关。表1-5揭示了贵琼藏族家庭内部语言使用情况。

表1-5　贵琼藏族家庭语言使用案例

第一代	祖父	祖母	外祖父	外祖母
	贵琼单语	贵琼单语	贵琼单语	贵琼单语
第二代	父亲（高世福）		母亲	
	贵琼、汉语双语		贵琼单语	

续 表

第三代	大女（务农）	大女婿（务农）	二女（务农）	二女婿（务农）	三女儿（工作）	三女婿（务农）	大儿子（务农）	大儿媳（务农）	二儿子（开矿、做生意）	二儿媳（家务）
	贵汉双语	西南官话	贵汉双语	贵琼单语	贵汉双语	西南官话	贵汉双语	贵汉双语	贵方普两语三言	贵汉双语
第四代	外孙2		外孙女2		外孙1		孙子3		孙子2	
	汉语		贵汉双语		贵汉双语		汉语		贵汉双语	
第五代					曾孙					
					汉语					

（二）语言使用者的绝对人数和相对人数

根据姑咱镇派出所提供的2019年6月的人口数据，贵琼语主要分布的麦崩乡、舍联乡、前溪乡、时济乡和姑咱镇的人口总数为15 786人，其中贵琼藏族人口总数为10 053人。在贵琼藏族当中，使用贵琼语进行交际的人口数量据贵琼公嘛[①]高文良的统计，约有4200人，占贵琼藏族总人口40%左右。表1-6显示出贵琼藏族母语使用人口的数量及其分布情况。

表1-6 贵琼藏族母语使用人口及分布

乡镇	村落（个）	人口（人）	藏族人口（人）	母语使用人口约数（人）
麦崩乡	10	4259	3674	2500
鱼通乡	13	2366	1973	1200
时济乡	10	3083	2297	300
姑咱镇	8	6078	2609	200
总计	41	15 786	10 553	4200

（三）语言使用人口占整个人口的比例

据黄行（2000）提供的数据，贵琼藏族母语人口数量为7000人，占康定市的人口总数的十分之一强。根据2019年6月的实地调查数据，贵琼语母语人口数量约为4200人，不足

---

① 公嘛：$gø^{31}mø^{53}$的音译，鱼通地区宗教职业者，详见本书59页。

鱼通地区人口总数的三分之一。

表1-7 贵琼语的母语使用人口的数量及比例

数据来源	黄行（2000）	实地调查
使用人口（人）	7000	约4200
民族人口（人）	59 261（康定县人口）	578（鱼通地区人口）
使用比例（%）	11.81	27

（四）语言使用域的走向

在贵琼社会生活的各领域如行政、立法、司法、教育、出版、媒体、文艺、宗教、经济、信息等10个领域中，贵琼语仅在乡级行政活动、乡村小学教育、民间口传文学及歌谣、民间宗教仪式、乡村经济活动和人际信息传播六个领域中具有一定的活力，即在收缩的语域里具有发挥语言交际功能。

（五）语言对新语域和媒体的反应

贵琼语在广播、电视、网络上几乎没有应用，属于活力不足的语言。

（六）语言教育与读写材料

贵琼语既没有现成的拼写符号，也没有符合语法要求的读写传统、词典、教科书、文学和日常的媒体。

（七）官方语言态度和政策

当地政府有推进当地民族语言和汉语双语教育的政策[①]出台，但是考虑到语言教育的经济价值，鱼通地区的双语政策并没有完全得到贯彻落实。

（八）族群成员对母语的态度

一些成员支持保持贵琼语，其他人则漠不关心，或甚至支持弃用该语言。

（九）记录材料的数量与质量

贵琼语有一些用国际音标书写的语法描写资料和词表，但覆盖面不够；没有声像记录资料。

联合国教科文组织提出的衡量濒危语言的九项指标均设有级次度，根据贵琼语的使用情况，列出濒危情况级次表如表1-8：

---

① 据杨嘉铭（1996），1988年9月由四川省教委和四川省民委联合颁发《关于彝藏中小学双语教学工作的意见》，提出在四川民族地区实行双语教学体制。继后，各州据此分别制定了《双语教学发展规划》，着重解决藏彝文教学的师资、教材、科研等三个环节。

表1-8 贵琼语濒危情况级次表

濒危级次＼指标		1	2	3	4	5	6	7	8	9
安全	5									
不安全	4									
确有危险	3	√	√		√			√		
很危险	2			√					√	√
极度危险	1					√	√			
灭绝	0									

以教科文组织评估濒危语言的指标作为外部评估标准，可知贵琼语的确是一个濒危语言。贵琼语多由中年人和老年人使用，传承乏人；使用人口的绝对数量在4200人左右，在鱼通地区总人口中所占的比例不足三分之一；贵琼语在鱼通地区的族际交往能力较弱；贵琼语仅在家庭及有限的社会交际场合使用，语域活力小；此外，贵琼语没有书面书写形式，也没有传承文化传统的文献典籍。这就是贵琼语在现阶段的语言使用现状。

二 濒危程度的抽样数据

（一）抽样的方法和对象

为了解贵琼藏族的语言态度和贵琼语的使用情况，我们采用了访谈法和问卷调查法展开调查。我们首先开展了贵琼语言态度的个别访谈，得到34分访谈笔录，随后我们采用非概率抽样方法发放调查问卷，有效回收70份。

（二）语言态度

近年来，语言态度被用作考察语言使用功能的重要指标。语言态度包括情感、认识和意向三个方面，情感是对某种语言喜欢或者厌恶、尊重或轻视的感情；认识是对某种语言赞成或反对，理解或否定的理性态度；意向是在学习、掌握、使用语言上的行为倾向。因此，调查主要涉及三个方面的问题：A.母语感情如何？ B.母语忠诚度怎样？ C.母语评价怎样？

1. 访谈获取的语言态度信息

贵琼语言态度的访谈对象以随机抽样方式获得，覆盖男女老幼。共有34份访谈记录，其中70岁以上的老人10人，40—69岁的中老年人12人，20—39岁的青年人11人，20以下的1人。以下摘录了部分访谈笔记，方便读者了解贵琼藏族的语言态度。

（1）70岁以上的贵琼老人的语言态度

杨克祯，男，1928年生，鱼通时济人，务农。贵、汉、藏三语人。和爱人以及朋友说贵琼语，和孩子们用汉语交流。杨克祯曾入读于国民政府开设的汉语学堂，当时学堂里有一句口号：同说一种话，一国像一家。这个口号对他自己影响很大。鱼通的语言复杂，所以和外面沟通很少。外面的人进来也容易受到排挤，不是好事情。话说回来，在本地区采用本地话有利于沟通和管理。不过，现在贵琼人自己的贵琼话也不地道了。就时济来看，贵琼人不懂贵琼话的现象普遍，连“耳朵”“鼻子”“吃”这些基本词汇都不会说。就自家来看，自己的三儿一女都是贵汉双语人，孙子辈多是汉语单语人。他们不愿意学也没有办法。对于这个现象，杨克祯自己的态度就是“一代不管二代事”。

甲名扬，男，1934年生，麦崩为舍人，原康定县政协委员，鱼通土司之子，贵、汉、藏三语人。个人使用汉语的场合较多。1951年鱼通土司因反叛被镇压，甲名扬从此开始牢狱生活，脱离贵琼语的使用土壤，转而使用汉语。1977年他回麦崩务农。2001年爱人去世后，甲明扬与贵琼本地人接触渐少，较多地使用汉语。他认为贵琼语传不远，不如汉语和藏语有用，何况鱼通年轻人的贵琼语能力在退化，跨族通婚是他们语言能力退化的重要原因，影响了下一代的语言选择。

张萍，女，1930年生，麦崩乡日央村人，原康定县妇联退休干部，爱人是原康定县的县长，贵、汉双语人。1951年工作组进村后，她在工作组成员的指导下纠正了原来说得不太好的汉语。张萍这个名字就是工作组取的。她1956年到康定参加工作，后来担任妇女主任的工作。她在家里使用贵琼语，出外工作用汉语。她认为，不说贵琼语怕被人指责忘了本，但是只会贵琼语，读书又不太方便。贵琼语目前只在鱼通有用，出门没法和他人沟通。所以，她的孙子辈们的第一语言大多都是汉语。

（2）40—69岁的中老年人的语言态度

高文良，男，1954年生，麦崩敏迁人，贵琼公嘛，贵、汉、藏三语人，平常使用贵琼话做法事。他认为贵琼语今后一定会变。就在原前溪初咱村，贵琼人不说贵琼语而是改用汉语，两种语言掺杂使用的情况普遍。在他看来，贵琼语面临三代以内消失的危险。原因很多，学校教育、干部下乡讲话、外出打工、开会学习、跟汉族联姻等，都影响了贵琼语的发展前景。贵琼语使用范围有限，也限制了它的发展。

宋灵新，男，1964年生，麦崩敏迁村人，务农。贵、汉双语人。祖父一辈从泸定迁入此地之后开始学习贵琼语。自己先学会贵琼语，上学后才学汉语。因为入学时听不懂汉族老师的教学，影响了学习成绩。后来外出打工，走遍了甘孜州的十五个县，开始认识到汉语的使用价值和前景。他说，贵琼语有价值，在鱼通本地可以用这种语言保密，但是前景不明朗。

高友华，男，1971年生，麦崩厂马人，雄居寺喇嘛，小学文化程度，贵、藏、汉三语人，十岁出家至雄居寺；出家前在学校学习了汉语，出家后跟雄居寺的喇嘛学习了初级藏语，用来念诵经文；平常做法事使用贵琼语的时间最多，不过和老年贵琼人交流有困难，不太能听懂。他告诉我们，贵琼语的发展前景并不乐观。比如，现在的年轻人呢，进庙时大多使用汉语；这个语言使用的人口本来就不多，现在就更少了。更何况大家的贵琼语越来越像四川话；政府出面保护呢，也不见得行得通，强制也不是办法。

（3）20—39岁左右的年轻人的语言态度

高正军，男，1979年生，原前溪初咱村人，姑咱小学语文教师，大专文化，贵、汉双语人。在康定读了大专以后，他发现了藏语和本地鱼通话的差异：除了宗教用语和一些古老的词语如狐狸、花、火、酥油灯相同以外，大多不同；文化习俗也有差别。他说，虽然是在藏区，但是贵琼语不会向藏语靠拢，而是会向汉语靠拢；贵琼语通行地域小，没有文字记录；汉语作为藏区的族际共同语，通行地域广，用处也大一些。

杨健勇，男，1985年生，原前溪初咱村村人，务农，小学文化，贵汉双语人。平时讲贵琼语，外出卖虫草才讲汉语。他独自耕种十多亩土地，没觉得贵琼语有什么不便。

张兵，男，1992年生，麦崩为舍村人，学生。自认为贵琼语还是比汉语好一些，上课用汉语，下课聊天就用贵琼语。他说，现在会说贵琼语的人越来越少，这不太好；汉话是有用，但是在本地说贵琼话还是要体面些。

以上访谈记录反映了生活在杂居地区中等以下文化程度的成年贵琼双语及多语人的语言态度。统计结果显示：访谈对象通常在家庭中和平辈及长辈的交流中使用贵琼语；他们中对自己母语水平评价较好的大约占一半；大多数人对母语的前途表示忧虑；主张顺应语言发展趋势的达82.4%；认为母语“吃不开、应用范围小、干扰汉语、表意不充分、传不远、价值不大、老人才用、复杂、不方便没好处、不适用、没有文字、少有人用”等的高达73.5%。据上述统计数据，我们进而对影响贵琼藏族母语语言态度的若干因素展开了相关分析。分析结果见表1-9：

表1-9　贵琼藏族语言态度的相关分析数据

因素	母语场合	母语水平	母语感情	母语忠诚	母语评价
年龄相关系数	−0.020	0.486	0.115	−0.398	−0.236
性别相关系数	−0.130	0.086	0.272	−0.010	−0.155
居住相关系数	−0.226	0.416	0.146	−0.039	−0.007
职业相关系数	0.149	0.269	0.020	−0.368	−0.056
文化程度相关系数	−0.013	0.192	−0.245	−0.311	−0.054

分析结果显示：年龄、文化程度、性别、职业以及居住状况等因素与贵琼藏族的母语态度存在相关关系。以相关度等级来看，具体的结果是：年龄>居住状况>职业>文化程度。

2. 问卷所得到的语言态度信息

语言态度问卷共发放并有效回收70份。就问卷的整体情况来看，被试男性占37.1%，女性占62.9%。年龄段30岁以下占94.3%。被试主要居住在贵琼人聚居的麦崩、原前溪和原舍联三个乡，占人口数量的84.2%。接受双语教育的占97%。

表1-10 有效问卷中调查的语言态度数据

被访人语言态度	份数	百分比（%）	有效百分比（%）
保持	21	30	30
无所谓	48	68.6	68.6
主张放弃	1	1.4	1.4
总计	70	100	100

总的来看，访谈获取的是贵琼中老年人的语言态度，问卷获取的是贵琼青少年的语言态度。访谈和问卷两种调查方式获取的语言态度信息具有较大的一致性，即：绝大多数贵琼人持着开明的语言态度，认为趋同于区际共同语更有利于族群的发展。同时我们也注意到，贵琼藏族的母语感情、母语评价和母语忠诚形成了强烈的反差，主观上尽管对母语转用无比惋惜，却坚持消极的母语评价，认为“一木难止大厦之倾”。由此可以判定，贵琼语的保持在族群内部缺少强大的助推力量，而贵琼社会持续不断的语言转用现象正是贵琼语处于衰退状态的一个质变性标志。

三 贵琼语的口传文化现状

口传文化是语言反复锤炼的结晶，是口语形式的根基和内核，也是濒危语言调查中最值得抢救整理的文化资源。民歌是贵琼藏族口传心授的艺术形式，在贵琼传统文化体系中具有重要地位。贵琼民歌的类型丰富，田间地头劳动协作、妇女出嫁、外出思乡的山歌 $dø^{31}lø^{53}$ 采用贵琼语演唱；正式场合如祭祀、婚嫁等演唱的歌曲 $mø^{31}nĩ^{53}$ 和酒曲子 $li^{53}ŋguɛ̃^{53}$ 采用藏语歌唱。贵琼民歌当中，$dø^{31}lø^{53}$ 数量最大，包罗万象；有对唱的，有独唱的；有伴舞的，也有单唱的；语言形式有六言的、七言的，也有十言的。通常在春季下种和五月收割时演唱。这些民歌，从内容上来看，包括情歌、儿歌、劳动时互相辩难的 $ʃɑ^{53}$，还有哭嫁和思乡的伤歌子 $du^{31}li^{53}$，等等。2009年，贵琼民歌纳入康定县非物质文化遗产名录，歌手杜晓兵和杨玉林成为康定县非物质文化遗产传承人。他们演唱的山歌和酒曲已被采录。本书第六章歌谣部分摘录的是贵琼儿歌和女子哭嫁的伤歌。

贵琼藏族有讲述故事的文化传统。民众在耕种之余讲唱故事，涌现了许多故事能手。20世纪80年代被誉为“鱼通故事大王”的七斤初，除了能娴熟地讲述《李国森》（格萨尔）故事以外，还能完整讲述藏区流行的《郎达木》《文成公主进藏》等故事。用贵琼语讲述的《李国森》（格萨尔）故事是七斤初最成功的作品。《李国森》共有七段：龙女探世、大鹏带信、理塘降世、赛马求亲、印度取宝、兄弟除魔和打铁落足。故事从东海龙宫说起，龙女洞察人间苦难，说服龙王将凡间疾苦上奏天庭，天庭派出神子李国森到凡间除魔，历经转世投胎、流放荒岭、除灭妖婆、回归理塘、鸟觅佳偶、赛马求亲、印度取宝、迷魂他乡、他部夺妻、惩戒阿伯、除却仇敌、打铁落足等多个环节；苦难重重，险象环生，李国森以巨大的毅力和非凡的智慧，保全性命、降除魔怪，最后在铁国觅得佳偶，落户生活。贵琼《李国森》故事，从内容来看，既有禽言兽语、转世投胎的神话传说，又包含当地特定的民风民俗，如动物占卜、鸟雀为媒、公嘛指婚、武力抢亲、灵魂寄附等。它虽然不是史诗巨制，但带有原生故事的原始性特征。七斤初用贵琼语讲唱的《李国森》是“藏彝走廊”若干用当地土著语言讲述的格萨尔故事的一部分，如此珍贵的口语文化资料经过多方探访，得以在本次调查中采录。七斤初的传承人杨学武讲唱的《李国森》故事，约有6小时，经过录音、整理、翻译和转写，形成了30万字的国际音标语料，其中的三章收入本书第六章的故事部分。

第四节

贵琼语的研究概况

早在20世纪30年代就有学者或官员参与康区的社会调查，对贵琼语已有所记录，相关文字集中刊载于《康导月刊》《新西藏》等杂志上。那时，他们把贵琼语称为“鱼通地脚话”。一些文章中还描写了贵琼语的基本特征，指出它与藏语康方言不同。例如，蒋五骥在《康导月刊》撰文称“鱼通康语非西康通行之官话，嚼字发音，迥与一般康语有别。即区内各村各铺语言，亦未趋于统一。……区内语言复杂，康定通译多言难通鱼通地脚话”。王业鸿在《新西藏》撰文称“盖康定既为数种人聚居之地，故语言较他县为复杂，即如鱼通、木丫乡两地之土语，仅能适用于该地，不特汉人不知，即康人亦不知也。故虽同处一县，亦须翻译”。①

20世纪80年代，孙宏开先生在《六江流域的语言及其系属分类》（1983）中首次全面描写了贵琼语语音、词汇、语法概貌及使用情况，并第一次采用“贵琼”作为该语言的音译形式，后来沿用成为该语言的固定名称。该文廓清了贵琼语的系属，得出贵琼语是汉藏语系藏缅语族羌语支语言的基本结论。

黄布凡先生对贵琼语的研究成果集中体现在《汉藏语概论》“藏缅语篇”第二章“羌语支”中，其中所引贵琼语材料依据的是黄先生1983—1985在康定县鱼通区原前溪乡的调查记录。基于贵琼语和其他羌语支语言10%的同源词比例和具有动词趋向范畴等语法类型特征，黄先生确定了贵琼语作为羌语支语言的系属类别。黄先生进而指出，贵琼语的语法类型和羌语相比，形态变化不丰富，正处在从黏着型向分析型语言发展的阶段。黄先生还提到，从语音结构来看，贵琼和木雅、普米、尔苏等分布在北纬30度以南的羌语支语言具有较多的共性，譬如：声韵调数目比较接近，复辅音声母少，单元音韵母多，没有辅音韵尾，

① 两则材料均转引自赵心愚、秦和平（2004）。

都有声调等。

刘辉强、尚云川两位学者所著《贵琼语研究》一文以1984年和1985年的麦崩乡厂马村语言调查材料为依据，对贵琼语开展描写和分析。该文称引贵琼语的时候采用了“顾羌”这个音译形式，但该音译形式并没有取代“贵琼”而通行开来。

此外，王天习先生1985年在康定县鱼通区麦崩乡进行了调查。词汇材料收录在1992年出版的《藏缅语族语言词汇》一书中，其中包括1822条词语和贵琼语音位系统简介。

2007年出版的《中国的语言》第二编“汉藏语系”第二章“藏缅语族”第五节“羌语支”部分将贵琼语归入藏缅语族羌语支南支，与史兴语构成羌语支贵琼语组。总之，学界对贵琼语的系属定性均为汉藏语系藏缅语族羌语支，并没有任何争议。

近年来，随着贵琼语使用的社会环境发生变化，贵汉双语人口数量大增，贵琼语语言系统发生了较为显著的变化。2011年宋伶俐著《贵琼语研究》出版，该书以2006年姑咱镇调查材料为基础，对贵琼语的音系、词汇和语法展开了较为全面、系统的描写分析。该书根据社会语言学的问卷调查及访谈所获取的材料，进一步说明了贵琼语和汉语频繁接触所导致的音系结构和语义系统发生变化的情况。另外，2015年姜丽撰写的*A Grammar of Guiqiong—A Language in Sichuan*（《贵琼语法——一种在四川的语言》）在美国出版，该书对贵琼语语法进行了系统的描写，书后附有贵琼语的英译词表。

综上，到目前为止，贵琼语研究已经取得了较为丰富的前期成果。而随着语言研究尤其是濒危语言专项研究的不断深入，建立在对词法和句法深度研究基础上的篇章、语用研究已被提上议程。希望以后的研究在这个层面上有所拓展和突破。

第五节

调查情况说明

一　调查过程

整个调查分两个阶段：前期调查和语保调查。

前期调查包括两次：2006年1月—7月的姑咱镇及原前溪乡田野调查，2010年2月—9月的异地调查。这一阶段主要开展了词汇和语法例句的采录，并通过问卷和访谈的方式获取了与贵琼藏族的语言态度和贵琼语的语言使用情况相关的资料，记录、转写并翻译了贵琼《李国森》故事共计30余万字。

中国语言资源保护工程的专项调查集中在2015年8月15日—9月5日开展，摄录地点在位于姑咱镇的四川民族学院的会议室。调查得到四川民族学院宣传部和中文系的支持，以中文系杨晓燕老师为联络人，由宣传部谢军和许成龙两位老师完成摄录。调查经多方联系，请到康定市非物质文化遗产传承人杜晓兵和杨玉林到摄录场地演唱贵琼山歌，康定市姑咱镇红白喜事主持人杨金山表演祝祷，贵琼藏族的宗教执业者高文良公嘛讲述取名的讲究和红白喜事的来历，原康定县政协委员甲名扬介绍土司家族的来历等，各类口头文化资料都得到了采录。2016年1月，在该摄录地点补录话语材料两则。2017年6月按照濒危语言志撰写要求，摄录团队补拍了反映贵琼民俗文化的照片，并与发音人再次核对语料，确保采录材料的客观性和准确性，在此基础上，按照国际通行的语料标注要求对长篇口语语料重新进行标注。

二　发音人简况

本课题的相关调查分别于2006、2010、2015、2016和2017年展开。前期调查发音人主要是原前溪乡的杨正中、金兰贞、杨孝荣和麦崩乡厂马村的杨学武。2015年语保工程的发音人为杨正中、高文良、甲名扬、杨金山、杜晓兵、杨玉林和高玉梅等。其中杨正中主要负责民语和地方普通话的录音和录像工作，高文良、甲名扬、杨金山、杜晓兵、杨玉林和高玉梅负责口头文化的录音和录像工作。词汇变化部分发音人若干，文中有说明。

（一）发音人

杨正中，男，1954年生，高中文化，四川民族学院临时工作人员，康定市原前溪乡初咱村人，是词汇和句子部分发音人。

高文良，男，1954年生，四川省甘孜州康定市麦崩乡敏迁村人，鱼通地区宗教执业者（公嘛），是取名习俗和丧俗讲述人。

甲名扬，男，1935年生，四川省甘孜州康定市麦崩乡为舍村人，前鱼通土司之子，原康定县政协委员，是土司家族来源故事讲述人。

杨金山，男，1931年生，四川省甘孜州康定市原舍联乡勒树村人，鱼通地区红白喜事主持人，是祝福语及野人的故事讲述人。

杨玉林，女，1947年生，四川省甘孜州康定市麦崩乡昌昌村人，民歌发音人，康定市非物质文化遗产传承人。

杜晓兵，男，1974年生，四川省甘孜州康定市麦崩乡为舍村人，民歌发音人，康定市非物质文化遗产传承人。

高玉梅，女，1965年生，四川省甘孜州康定市原舍联江咀人，儿歌发音人。

金兰贞，女，1929年生，四川省甘孜州康定市麦崩乡昌昌村人，民歌发音人。

（二）主要调查点

1. 原前溪乡，位于城东41公里，大渡河东岸，北纬30°10′，东经102°12′，海拔1700米。

2. 麦崩乡，位于城东47公里，大渡河东岸，北纬30°13′，东经102°13′，海拔2100米。

3. 原舍联乡，位于城东43公里，大渡河西岸，北纬30°12′，东经102°12′，海拔1500米。

第二章 语音

第一节

声韵调系统

一　声母

（一）单声母

贵琼语有声母65个，其中单声母44个。单声母由44个辅音充任，它们的发音部位、发音方法见表2-1：

表2-1　贵琼语单声母

		双唇	唇齿	舌尖前	舌尖中	舌尖后	舌叶	舌面前	舌根	小舌	声门
	清	p			t		tʃ		k	q	
塞音	送气	ph			th		tʃh		kh	qh	
	浊	b			d		dʒ		g		
	清			ts		tʂ		tɕ			
塞擦音	送气			tsh		tʂh		tɕh			
	浊			dz		dʐ		dʑ			
鼻音	浊	m			n			ȵ	ŋ		
边音					l						
边擦音					ɬ						
擦音	清		f	s		ʂ	ʃ	ɕ	x		h
	浊		v	z		ʐ	ʒ	ʑ	ɣ		
近音		w						j			

1. 单声母的特点及说明

（1）表中声母采用主动器官命名的方式，如舌尖前音、舌尖后音等。

（2）发音人有将舌叶及舌尖后塞擦音和擦音混读为舌尖前塞擦音和擦音的情况。如同一个词tʃɿ^{53}（水），发音人有时发舌叶音，有时发舌尖前音，经过提醒后往往发为舌叶音。

（3）f有发成ɸ的情况，如将“台风”念成thɑi^{33}ɸũ^{55}。

（4）v在固有词中音位负担轻，只有几个词语含有该声母；但在汉语借词中出现较多。

（5）ɬ在八十年代出生的年轻人中常混读为舌根轻擦音x。

（6）小舌塞音声母在年轻一代的发音人那里多有读为舌根音的情况。

2. 单声母举例

p	pu^{53}　倍	ph	phu^{53}　肝	b	bu^{35}　背
ts	tsɔ^{35}　蜇	tsh	tshɔ^{35}　播种	dz	bɔ̃^{31}dzɔ^{53}　坐月子
t	tɑ^{31}　一	th	thɑ^{31}　别	d	dɑ^{31}　再
tʃ	tʃɿ^{53}　水	tʃh	tʃhɯ^{53}　取	dʒ	dʒɿ^{35}　薄
tʂ	tʂɑ^{53}　岩	tʂh	tʂhɑ^{53}　捆	dʐ	dʐɑ^{53}　聪明
tɕ	tɕi^{53}　一点儿	tɕh	tɕhi^{53}　羊	dʑ	dʑi^{55}　分
k	ki^{35}　开	kh	khi^{53}　口袋	g	gi^{35}　甜荞
q	qo^{53}　行	qh	qho^{55}qho^{53}　凹凸	h	ho^{53}　抓
f	fu^{55}tʃɿ^{31}　汗	v	v̩^{31}ȵɑ^{53}　脸	m	mu^{53}　口
s	sɔ̃^{53}　三	z	zɔ̃^{35}　喂	n	nɔ̃^{35}　句
ʃ	ʃɿ^{31}　虱子	ʒ	ʒɿ^{31}tʃɿ^{53}　四十	l	lɔ̃^{35}　等
ʂ	ʂɑ^{53}　山歌	ʐ	ʐɑ^{53}　时间	ɬ	ɬɔ̃^{53}　放牧
ɕ	ɕi^{53}　肉	ʑ	ʑi^{35}　生长	ȵ	ȵi^{53}　二
x	xi^{53}　麝	ɣ	ɣi^{35}　笑	ŋ	ŋi^{35}　喊
j	ji^{35}　走	w	wi^{35}　蜂		

（二）复声母

1. 复声母的构成

贵琼语的复声母主要由鼻冠辅音加基本辅音构成。鼻冠辅音既可以和清塞音、清塞擦音组合，也可以和浊塞音、浊塞擦音相结合，还可以和清送气塞音、清塞擦音相结合，组合所得复声母共有21个。具体如表2-2所示：

表 2–2　贵琼语复声母的构成

前置鼻辅音	基本辅音		
m	p	ph	b
n	t	th	d
	ts	tsh	dz
	tʃ	tʃh	dʒ
	tʂ	tʂh	dʐ
ȵ	tɕ	tɕh	dʑ
ŋ	k	kh	g

贵琼语复声母处在变异的状态下，有的丢失了鼻冠辅音，有的丢失了基本辅音，朝着单声母的方向发展。但是和贵琼语的三套塞音和塞擦音的变异相比起来，复辅音的变异还只是处于初始状态。

2. 复声母举例

mp	sɿ^{31}mpɔ^{53}	天花	mph	dɔ^{55}mphɑ^{53}	翅膀	mb	mbu^{35}	马
nt	ntɔ̃^{35}	沉下去	nth	tɔ^{31}nthɔ^{53}	碗柜	nd	ndɑ^{35}	粘
nts	ntsɛ̃^{53}	留	ntsh	mi^{31}ntshə^{53}	太阳	ndz	ndzu^{35}	朋友
ntʂ	tʃɿ^{55}ntʂuɛ̃^{31}	水冬瓜树	ntʂh	tɕhy^{55}ntʂhʅ^{53}	神台	ndʐ	ndʐuɛ̃^{35}pu^{53}	客人
ntʃ	de^{35}ntʃɿ^{53}	船	ntʃh	ntʃhuɛ̃^{53}	串	ndʒ	ndʒɿ^{35}	水磨
ȵtɕ	sɿ^{31}ȵtɕe^{53}	杏	ȵtɕh	mi^{55}ȵtɕhɛ̃^{55}	敏迁村	ȵdʑ	ȵdʑu^{35}	变
ŋk	pɛ^{31}ŋku^{53}	饱	ŋkh	mi^{55}ŋkhɔ̃^{53}	问	ŋg	ŋguɛ̃^{35}	拉

二　韵母

（一）单韵母

贵琼语的单韵母有两套，一套是普通元音构成的单韵母，有13个，一套是鼻化元音构成的单韵母，有10个。

1. 普通元音构成的单韵母

普通元音构成的单韵母有ɿ、i、e、ɛ、y、ø、ə、ʉ、ɵ、o、u、ɔ、ɑ 13个，发音特征可如表2–3所示：

表2-3 贵琼语单元音

	舌面						舌尖
	前		央		后		
	不圆唇	圆唇	不圆唇	圆唇	不圆唇	圆唇	
高	i	y		ʉ		u	ɿ
半高	e	ø		ɵ		o	
中			ə				
半低	ɛ					ɔ	
低					ɑ		

2. 鼻化元音构成的单韵母

鼻化元音有10个，即：ĩ、ẽ、ɛ̃、ỹ、ə̃、ũ、õ、ɔ̃、ɑ̃和ɿ̃。

3. 单韵母说明

（1）单韵母i的实际读音为舌面前次高不圆唇元音ɪ，开口度稍大。

（2）单韵母ɛ的实际读音接近舌面前次低不圆唇元音 æ，开口度较大。

（3）单韵母ø开口较大，发音时圆唇度不高。

（4）单韵母ɵ舌位较低，开口略大。

（5）单韵母ɿ包括舌尖前高不圆唇元音和舌尖后高不圆唇元音。

（6）单韵母ə不只出现在轻声音节里，在许多固有词音节中都有。

（7）单韵母ɑ实际发音靠前，为方便记录，写为ɑ。

（8）鼻化音不只分布在固有词语音节中，还分布在借词词语音节中。借词词语偶有实际读法为后鼻音的，为统一音节结构，也处理为鼻化音韵母。

（9）发音人发音过程中有一定数量的儿化音，如ər、iər、uər、yər等，但只出现在汉语借词里。

4. 单元音韵母举例

i	khi^{31} 气味	$tɕi^{53}$ 点儿	li^{35} 玉
e	$khe^{31}phe^{31}sɿ^{53}$ 野葡萄	$tɕe^{53}$ 伸	le^{35} 命运
ɛ	$mɛ^{53}$ 药	$ŋɛ^{55}$ 粗	$lɛ^{53}$ 犟
ɑ	$mɑ^{53}$ 香	$tɕɑ^{53}$ 个	$lɑ^{53}$ 舔
ɔ	$khɔ^{53}$ 万米	$tɔ^{35}$ 醒	$lɔ^{35}$ 倒塌
o	kho^{31} 碗	$tɕo^{53}$ 锄	$lo^{31}lo^{53}$ 圆

u	khu^{53} 狗	tu^{35} 这样	lu^{53} 寻找
ø	khø^{53}ɕu^{53} 兔唇	tɕø^{53} 顽皮	lø^{53} 如果
ə	khə^{53} 缝衣针	tɕə^{55}tsi^{31} 盘子	lə^{53} 和
ʉ	khʉ^{53} 蒸	nʉ^{53} 深	lʉ^{53} 吠
ɵ	tsɵ^{53} 脉	thɵ^{53} 高	lɵ^{35} 年成
y	ʑy^{35} 拧	tɕy^{35} 揣	dʑy^{35} 到
ɿ	tʃɿ^{53} 水	tsɿ^{53} 血	sɿ^{53} 一寸
ĩ	mĩ^{53} 酥油	tɕĩ^{55}di^{31} 掐	mĩ^{35} 门
ẽ	lẽ^{35}khẽ^{53} 梨	nẽ^{35} 嫩	lẽ^{35} 艰难
ɛ̃	khɛ̃^{53} 级	tɕɛ̃^{35} 要	nɛ^{53} 森林
ɔ̃	khɔ̃^{53} 给	tɕɔ̃^{53} 追赶	lɔ̃^{53} 属牛
ɑ̃	thɑ̃^{31} 糖	phɑ̃^{35} 胖	fɑ̃^{55} 方
õ	tə^{31}thõ^{31} 梯子	tɕiɑu^{55}thõ^{53} 胶桶	khõ^{53}lõ^{53} 核桃
ũ	khũ^{31}tʃu^{55}tsi^{31} 冷	tɕũ^{31}pɑ^{53} 冷水	lũ^{31}pʉ^{53} 山谷
ỹ	tɕhỹ^{35} 捅	kuɑ̃^{55}ỹ^{31} 光荣	ỹ^{35}tõ^{35} 运动
ɿ̃	tʂhɿ̃^{55} 床	zɿ̃^{31} 蜜蜂叫声	zɿ̃^{35} 骑马

（二）复韵母

贵琼语共有复韵母22个。其中二合韵母19个；三合韵母3个（就材料所及），三合元音韵母来自汉语借词。主要出现在汉语借词里。①

1. 二合复韵母

二合韵母有前响和后响两类。前响的有4个，以i 、u 做韵尾；后响的二合复元音有8个，以i、u、y作为介音。后响复韵母只出现于固有词之中，前响复合元音主要出现在汉语借词中。

前响：ɑi ei ɑu ou

后响：ie uɑ ue uø ui ye yi yo

例词：

ɑi	lɑi^{35} 赖借词	kɑi^{53}tɑu^{55} 改刀借词	phɑi^{31} 牌借词
ei	phei^{53} 父亲	mei^{31} 煤借词	
ɑu	mɑu^{31}ȵiu^{31} 牦牛借词	xɑu^{35} 号借词	tsɑu^{35}tsɿ^{53} 蚊帐借词
ou	tou^{55}tou^{55} 篼子借词	me^{31}tou^{53} 墨斗借词	
ie	gie^{35} 好	gie^{35}mu^{53} 老太太	xuɑ̃^{31}lie^{55} 皇历借词

① 贵琼语少量的儿化韵主要来自于汉语借词，例如：pau^{35}xuər^{55}刨花儿，lo^{31}ər^{55}fu^{31}络腮胡，tõ^{35}pər^{55}冻疮。

uɑ kuɑ^{31}je^{53} 跛子 uɑ^{53} 虮子 quɑ^{31}sɑ^{53} 喜鹊

ue sue^{53} 退 mi^{31}kue^{53} 尾巴 tshe^{31}ue^{31} 衣服

ui gui^{31}tɕhɔ̃^{53} 贵琼 tshui^{53} 老鼠 pi^{31}xui^{53} 水红树名

uø dʑu^{31}uø^{53} 子生肖，借词 uø^{53} 处所助词 uø^{35}tsɿ^{31} 应答声

ye tɕhye^{55} 出来 ȵdʑye^{55} 啃

yi tɕhyi^{53} 果核 tɕhyi^{55} 走 tɕhyi^{55} mɔ̃^{53} 痰

yo ɕiɑu^{53}ɕyo^{31} 小学借词 tɕhyo^{35} 托着

2. 二合鼻化元音韵母

二合鼻化元音韵母共七个，分别是：iɑ̃、iɛ̃、uẽ、uɛ̃、uɔ̃、yɔ̃ 和yɛ̃。例词：

iɑ̃ liɑ̃^{53}ku^{55}sɑu^{53} 两妯娌借词 sẽ^{55}tɕiɑ̃^{55} 姜借词

iɛ̃ uɛ̃^{31}iɛ̃^{53} 头 ŋguɛ̃^{35}iɛ̃^{53} 拐杖 miɛ̃^{35}kɛ̃^{53} 擀面棍借词

uɛ̃ ŋguɛ̃^{35} 拖 kuɛ̃^{53} 斤量词 suɛ̃^{35} 次量词

uẽ kuẽ^{53} 韭菜 ntʃhuẽ^{31}ntʃhuẽ^{55} 手交叉 luẽ^{53}tsɿ^{53} 轮子借词

uɔ̃ thɔ̃^{55}uɔ̃^{53} 平坝 dʑø^{35}uɔ̃^{53} 马鸡 uɔ̃^{55}pu^{53} 自己的身体

yɔ̃ ȵyɔ̃^{53} 草 ȵyɔ̃^{31}tʃɿ^{53} 大渡河 tɕyɔ̃^{53} 尺

yɛ̃ tɕhyɛ̃^{53} 掏 tɕyɛ̃^{53} 谣言 ɕyɛ̃^{53} 癣借词

3. 三合韵母

三合韵母有iɑu、iou、uɑi三个，但只出现在汉语借词里。例词：

iou sɿ^{31}liou^{31} 石榴借词

iɑu thiɑu^{55} 挑借词

uɑi uɑi^{35}sẽ^{55}ny^{53} 外孙女借词

三 声调

1. 调类与调值

贵琼语是有声调的语言，其声调有4个，即：高平55、低降31、高升35、高降53，其中以35和53调出现的频率较高。

2. 例词：

表2–4 贵琼语声调例词

55	31	35	53
tɕhi^{55}疼	tɕhi^{31}字	tɕhi^{35}焦煳	tɕhi^{53}山羊
	mĩ^{31}火	mĩ^{35}门	mĩ^{53}闭

3. 说明

（1）55、35、53和31调都有条件变调，详见第二节音变部分。

（2）汉语借词的声调也是四个，调值分别是55、31、53和13，为和固有词一致，13记为35。例如：sɑ^{55}tsɿ^{53}（沙子）和 kɛ̃^{55}tse^{35}（甘蔗）。

四　音节

贵琼语音节主要是开音节。在固有词中没有鼻尾韵，只有鼻化元音。在早期借词中也没有鼻尾韵。近年来随着双语人群的增加，汉语借词中的鼻尾韵也被借入到贵琼语中来。

贵琼语音节结构有下列11种类型：

1. 元音	e^{31}　疑问前缀
2. 单辅音 + 元音	li^{53}　交换
3. 单辅音 + 元音 + 元音韵尾	tshui^{53}　老鼠
4. 单辅音 + 介音 + 鼻化韵	kuẽ^{35}　韭菜
5. 单辅音 + 介音 + 主元音	sue^{53}　退
6. 单辅音 + 介音 + 主元音 + 韵尾	sɿ^{31}liou^{31}　石榴借词
7. 鼻冠辅音 + 单辅音 + 元音	ndɑ^{53}　扔
8. 鼻冠辅音 + 单辅音 + 鼻化韵	ntɔ̃^{35}　沉
9. 鼻冠辅音 + 单辅音 + 介音 + 鼻化韵	tʃɿ^{55}ntʂuɛ̃^{31}　水冬瓜树
10. 鼻冠辅音 + 单辅音 + 介音 + 主元音	ȵdʑye^{35}　啃
11. 单辅音	v̩^{31}ȵɑ^{53}　脸

第二节

音变

一 元音和谐

贵琼语存在元音和谐现象，其特征如下：

其一，贵琼语的元音和谐属于自然和谐，处于和谐关系中的全部元音具有一个或若干个共同的区别性特征：或因元音舌位的高低相同构成和谐关系，或因舌位的前后相同构成和谐关系。

其二，贵琼语的元音和谐属于外部和谐，而不是多音节词内元音之间的内部和谐。外部和谐主要表现为词缀元音对词根元音的依赖关系，其结果是产生了一定数量的没有辨义功能的语素变体。例如：数词te^{31}（一）因元音和谐产生了te^{31}、$tɑ^{31}$、$tø^{31}$等语素变体；否定前缀me^{31}（不）因与谓词的元音和谐，产生了me^{31}、$mɑ^{31}$、$mø^{31}$等语素变体；另一个否定前缀the^{31}（别）因与谓词的元音和谐，产生了the^{31}、$thɑ^{33}$、$thø^{55}$等语素变体；疑问前缀e^{31}因为与谓词的元音和谐，产生了e^{31}、$ɑ^{31}$、$ə^{31}$等语素变体。

其三，贵琼语的元音和谐属于逆向和谐，位置在后的元音影响位置在前的元音的音质。逆向和谐一般表现为前缀元音和词根第一元音之间的和谐关系。一般位置在前的元音为ɑ、ə、o、ø和e，和位置在后的元音有舌位高低、前后和唇的圆展等特征上的和谐。

贵琼语的元音和谐现象主要出现在下面四种情况中：

（一）亲属称谓词头和词根之间的元音和谐。例如：

$ɑ^{55}pɑ^{31}$　阿爸　$ɑ^{55}mɑ^{31}$　阿妈

$o^{55}tɕo^{31}$　阿伯　$ə^{53}tɕə^{53}$　阿哥

$ə^{53}kə^{53}$　阿姐

以亲属称谓来看，处于和谐关系的元音主要是：

ɑ	ɑ
ə	ə
o	o

当然，在有的称谓中，也存在词头和词根间不构成元音和谐关系的情况，如$ɑ^{31}tsɿ^{53}$阿奶和$ɑ^{33}ji^{53}$阿姨。

（二）数词和量词词根之间的元音和谐。数词ta^{31}、te^{31}、$tø^{31}$都是"一"这个语素的语音变体，具体用哪一个变体取决于与之搭配的量词的元音。例如：

$tʃɿ^{53}$水　$tɑ^{31}$→$mbɑ^{53}$一瓢水

$nĩ^{55}$牛　$tɑ^{31}$→$tɕɔ̃^{53}$一头牛

$jɔ̃^{31}jɔ̃^{53}$粮食　$tø^{31}$→$zũ^{53}$一抔粮食

$khɑ^{31}mɑ^{53}$炭　$tø^{31}$→$tʉ^{55}tʉ^{55}$一背篓炭

$tshi^{53}$盐　te^{31}→$kuɛ̃^{53}$一斤盐

$mũ^{53}$人　te^{31}→pi^{55}一个人

以数词和量词的组合来看，处于和谐关系的元音主要是：

ɑ	ɑ、o、ɔ̃
e	i、y、e、ue、ui、uɛ̃
ø	u、ʉ、ø、ũ

（三）否定前缀和谓词词根之间的元音和谐。例如：

$mø^{31}$ ju^{53}　不像

$mø^{31}$ $tʃhʉ^{55}tʃhʉ^{31}$　不动

me^{31} $tɕhe^{55}$　不断

me^{31} $dʐʅ^{55}$　不是

me^{31} $ʑi^{35}$　不长

$mɑ^{31}$ qo^{53}　不行

$mɑ^{31}$ $tɕyɔ̃^{53}$　不对

$mɑ^{31}$ $tɕhɑ^{53}$　不喝

$mɑ^{31}$ $thɔ^{53}$　不耽误

the^{31} ji^{35}　别去

the^{31} $tshe^{53}$　别打

$thø^{31}$ ku^{53}　别同意

$thø^{31}$ ju^{55}　别歪着

$thɑ^{31}$ $pɑ^{31}te^{53}$　落下

$thɑ^{31}$ $lɔ^{53}$　别闹借词

以否定词me^{31}、the^{31}和谓词的组合来看，处于和谐关系的元音主要是：

否定前缀	谓词首音节词根
ø	ø、u、ʉ、ə
ɑ	ɑ、o、ɔ、ɔ̃、uɔ̃、yɔ̃
e	e、i、ui、ɿ、iɛ、ue、yɛ̃、ĩ、ẽ

（四）疑问前缀和谓词词根之间的元音和谐。例如：

ø^{31} tshø^{53}？ 可完成吗？　　ə^{31} dʐʅ^{35}？ 可是吗？

ɑ^{31} nɔ̃^{53}？ 可有吗？　　e^{31} he^{35}？ 可来吗？

从疑问前缀和谓词的组合来看，处于和谐关系的元音主要是：

疑问前缀的元音	谓词首音节词根
ø	ø
ɑ	o、ɔ̃、yɔ̃
ə	u、ʅ、ʉ
e	i、ɿ、e、ɛ、ie、ue、ɛ̃、iɛ̃

二　两字组的连读变调

贵琼语的四个声调中，高平调55、高升调35、高降调53和低平调31在语流中都会发生变化。下面以双音节词语为例，说明贵琼语的连读变调情况。

1. 高降调53在重叠首音节变读为55

如：jɔ̃^{53}$_{\text{小麦}}$→jɔ̃^{55}jɔ̃^{53}$_{\text{粮食}}$

2. 高升调35有两种变调情况

（1）在31前变读为31，31变读53

如：zi^{35}$_{\text{饭}}$＋kho^{31}$_{\text{碗}}$→zi^{31}kho^{53}$_{\text{饭碗}}$

（2）在35后变读为53

如：水田dɔ^{35}$_{\text{水稻}}$＋ dʑɛ̃^{35}$_{\text{田}}$→dɔ^{35}dʑɛ̃^{53}$_{\text{水田}}$

3. 高降调53有两种变调情况

（1）在53前变读为31

如：tʃɿ^{53}$_{\text{水}}$＋khɑ^{53}$_{\text{条}}$→tʃɿ^{31}khɑ^{53}$_{\text{水沟}}$

khu^{53}$_{\text{狗}}$＋pi^{53}$_{\text{雄性后缀}}$→khu^{31}pi^{53}$_{\text{公狗}}$

（2）在35前变读为31

如：mɛ^{53}$_{\text{药}}$＋kø^{35}$_{\text{吃}}$→mɛ^{31}kø^{53}$_{\text{吃药}}$

4. 低降调31只有一种变调情况

（1）在35前31变读为35，35变读为31

如：mɔ̃^{31}$_{\text{天}}$＋ɣɑ^{35}$_{\text{叫}}$→mɔ̃^{35}ɣɑ^{31}$_{\text{打雷}}$

（2）在35后31变读为53，35变读为31

如：dʑɑ^{35}$_{\text{胖}}$wu^{31}$_{\text{名物化助词}}$→dʑɑ^{31}wu^{53}$_{\text{胖的}}$

三　脱落与合音

语音的弱化主要表现在两个方面：语音的脱落、合音。

（一）语音的脱落

以单声母的脱落和复辅音声母中前置辅音和基本辅音的脱落为例：

1. li^{31}ki^{53}（那）：第一个音节的辅音脱落，变为 i^{31}ki^{53}；

2. ndɔ^{53}（耳朵）：塞音脱落，变为nɔ^{53}；

3. ndɑ^{35}ku^{31}（抛掷）：前置辅音脱落，变为dɑ^{35}ku^{31}；

4. ndɑ^{35}tshɔ^{53}（笨）：前置辅音脱落，变为dɑ^{35}tshɔ^{53}。

（二）合音

在语流中两个音节合成一个音节的现象称为合音。例如，后一音节声母脱落后前一个音节的声母和后一个音节的韵母（含声调）组合形成新的音节形式，此时就会导致合音的出现。合音现象多出现在贵琼语的常用词中。例如：

tɕi^{55}　bi^{35}　jə^{31}→tɕi^{55} bə^{31}　做什么

什么　做　QUES

me^{31}　jɛ̃^{55}→mɛ̃^{35}　没有

没　有

四　语音的历时变化

从贵琼藏族两百词表的读音来看，贵琼语语音正在发生变化：包括三套塞擦音、擦音对立的消失和边擦音声母的消失。这种变化在双语人群中比较普遍。以含有边擦音声母的ɬɑ^{55}（躺）来看，20世纪30年代和50年代出生的人保留了边擦音的读法，20世纪60和70年代出生的人开始以舌根擦音替换边擦音，20世纪80年代出生的人则以舌根擦音为主要读音。三套塞擦音和擦音的变化更为典型，舌尖后塞擦音、擦音和舌叶塞擦音、擦音正朝着舌尖前塞擦音和擦音变化。以分布在第一百词表中的ʐʅ^{31}pu^{53}（头发）ɣi^{35}tsɿ^{31}（星星）和tʃʅ^{53}（水）三个词的读音为例，整体来看，20世纪30年代出生的发音人完好地保留了舌尖后、舌叶和舌尖前声母的对立；20世纪50年代出生的发音人有少量舌尖后声母混读为舌尖前声母；20世纪60年代和70年代出生的发音人不但有舌尖后音混读为舌尖前音的情况，而且还有将舌叶音混读为舌尖前音的情况；20世纪80年代出生的发音人将舌尖后音和舌叶音混读为舌尖前音的词语比例攀升。其中，ʐʅ^{31}pu^{53}（头发）声母读音朝着舌尖前音演变的趋势较为明显，年轻贵琼人的声母读音基本以舌尖前音为主。ɣi^{35}tsɿ^{31}（星星）和 tʃʅ^{53}（水）

的声母读音朝着舌尖前音演变的趋势则不太明显。我们很难看出制约三个词当中三套塞擦音的演变速度的因素，也难以从音位的分布环境去寻求演变的条件和进程。这种离散式音变目前正以零星、参差的方式进行着，但是有着统一读为舌尖前塞擦音和擦音的趋势。总之，三套塞擦音和擦音以及边擦音的变化，虽然并没有完成，但是正从无序的零星变化转向有序的变化，这种变化极有可能带来贵琼语音系的简化。

第三节

拼写符号[①]

1. 拼写符号的设定以拉丁字母为拼写形式，以麦崩话为标准音。

2. 贵琼语有单声母44个，其拼写形式如表2-5所示：

表2-5　贵琼语声母拼写符号

字母	音标	字母	音标	字母	音标	字母	音标	字母	音标	字母	音标	字母	音标	字母	音标
b	p	d	t	z	ts	zh	tʂ	dr	tʃ	j	tɕ	g	k	gv	q
p	ph	t	th	c	tsh	ch	ʂh	tr	tʃh	q	tɕh	gh	kh	kh	qh
bb	b	dd	d	zz	dz	dh	dʐ	ddr	dʒ	jj	dʑ	gg	g		
f	f			s	s	sh	ʂ	sr	ʃ	x	ɕ	h	x	hv	h
v	v			ss	z	rr	ʐ	ssr	ʒ	xx	ʑ	hh	ɣ		
w	w									y	j				
m	m	n	n							ny	ȵ	ng	ŋ		
		l	l												
		lh	ɬ												

说明：r在元音字母后表示元音卷舌或儿化。

3. 复声母的拼写形式如表2-6所示：

表2-6　复声母拼写符号

字母	音标	字母	音标	字母	音标
mb	mp	mp	mph	mbb	mb
md	nt	mt	nth	mdd	nd

---

① 贵琼语拼写符号的拟写，参考了羌语拼写符号方案，详见周发成编著《汉羌词典》第1—9页。

续 表

字母	音标	字母	音标	字母	音标
mz	nts	mc	ntsh	mzz	ndz
mzh	ntʂ	mch	ntʂh	mdh	ndʐ
mdr	ntʃ	mtr	ntʃh	mddr	ndʒ
mj	ȵtɕ	mq	ȵtɕh	mjj	ndʑ
mg	ŋk	mk	ŋkh	mgg	ŋg

4. 贵琼语单韵母的拼写形式如表2–7所示：

表2–7 贵琼语单韵母拼写符号

舌面								舌尖	
字母	音标	字母	音标	字母	音标	字母	音标		
i	i	y	y	ÿ	ʉ	u	u		
e	e	eo	ø			o	o		
		ë	ə	ö	ɵ			ï	ɿ
eɑ	ɛ					oɑ	ɔ		
ɑ	ɑ								

5. 贵琼语鼻化韵的拼写形式如表2–8所示：

表2–8 鼻化韵拼写符号

字母	音标	字母	音标	字母	音标
inn	ĩ	enn	ẽ	eɑnn	ɛ̃
oɑnn	ɔ̃	onn	õ	ɑnn	ɑ̃
unn	ũ	ynn	ỹ	ïnn	ɿ̃

6. 贵琼语复韵母的拼写形式如表2–9所示：

表2–9 复韵母拼写符号

字母	音标	字母	音标	字母	音标
ɑi	ɑi	uɑ	uɑ	uë	uə
ei	ei	ie	ie	ye	ye
ao	ɑo	ui	ui	yi	yi
ou	ou	ue	ue		
iou	iou	iao	iɑo	yo uei	yo uei

续 表

字母	音标	字母	音标	字母	音标
iɑn	iɑ̃	uen	uẽ		
ieɑn	iɛ̃	ueɑn	uɛ̃	yeɑn	yɛ̃
ioɑn	iɔ̃	uoɑn	uɔ̃	yoɑn	yɔ̃

7. 贵琼语声调的拼写形式如表2–10所示：

表2–10　贵琼语声调拼写符号

声调名称	声调符号	拼音	汉语	调值	国际音标
第一调	1	qi^{1}	痛	55	tɕhi^{55}
第二调	2	qi^{2}	焦煳	35	tɕhi^{35}
第三调	3	qi^{3}	羊	53	tɕhi^{53}
第四调	4	qi^{4}	字	31	tɕhi^{31}

8. 音节的拼写

音节由声母和韵母组成。声母主要由单辅音和复辅音组成。例如：

mɑ^{31}mɑ^{35}　　mɑ^{4}mɑ^{2}　抚摸　　ndɑ^{53}　　mddɑ^{3}　扔

韵母由单元音或复元音构成。例如：

li^{53}　　li^{3}　交换　　ŋguɛ̃^{55}　　mggueann^{1}　拉

表2–11　贵琼语音节模式

音节构成	音节形式	国际音标
1. 元音	e^{4}	e^{31} 疑问前缀
2. 单辅音 + 元音	li^{3}	li^{53} 交换
3. 单辅音 + 元音 + 元音韵尾	cui^{3}	tshui^{53} 老鼠
4. 单辅音 + 元音 + 鼻化韵	guenn^{2}	kuẽ^{35} 韭菜
5. 单辅音 + 介音 + 主元音	sue^{3}	sue^{53} 退
6. 鼻冠辅音 + 辅音 + 元音	mddɑ^{3}	ndɑ^{53} 扔
7. 单辅音 + 介音 + 主元音 + 元音韵尾	liou^{4}	sɿ^{31}liou^{31} 石榴
8. 鼻冠辅音 + 单辅音 + 鼻化韵	ndoɑnn^{2}	ntɔ̃^{35} 沉
9. 鼻冠辅音 + 单辅音 + 介音 + 鼻化韵	mggueann^{2}	ŋguɛ̃^{35} 拉
10. 鼻冠辅音 + 单辅音 + 介音 + 主元音	mjjye^{2}	ȵdzye^{35} 啃
11. 单辅音	v̩^{4}	v̩^{31}ȵɑ^{53} 脸

第三章 词汇

第一节

词汇特点

一　贵琼语词汇的形式特点

（一）音节特征

贵琼语词汇以双音节为主[①]。动词、量词、形容词以单音节为主；名词以双音节为主；形容词生动形式以三音节词语居多。

（二）构词特点

贵琼语语素成词的方式有四种：语音构词、派生构词、句法构词和修辞造词。其中，以句法构词构造的复合词数量大，复合词中以偏正和宾动结构类型的复合词数量大。

二　贵琼语词汇的语义特点

（一）贵琼语词义细化、混同与引申

1. 词义的细化

语义系统内部词语之间存在细微的语义差别，体现出表意的精确性，如表3–1所示：

表3–1　贵琼语词义细化举例

词目	词义	词目	词义
ɑ⁵⁵lɑ⁵³	酒的总称	hɛ̃⁵³	咂酒
zũ̥³⁵kuɛ̃³¹	云	mũ⁵⁵pø⁵³	乌云

① 在3000个词目中，单音节词690条，双音节1333条，三音节词524条，所占比例分别是23%、44.4%和17.5%。可见，双音节是主要形式。

续 表

词目	词义	词目	词义
ŋguɛ̃^{31}jɛ̃^{53}	拐棍	sɛ̃^{55}kuɔ̃^{53}	普通棍子
zɑ̣^{31}pu^{53}	粗绳子	tʃɛ̃^{55}khɑ^{53}	麻绳
kɛ^{31}jɛ̃^{55}tsi^{31}	大麦	jɔ̃^{53}	小麦
ŋui^{35}tɕhi^{31}	妻子	tɕhɔ̃^{31}dɑ^{55}mu^{31}	对妻子的戏称
ȵe^{31}tʂhu^{53}	动物	sɔ^{53}tɕhɑ^{53}	畜生
nɛ^{53}	根部	mo^{55}zʅ^{53}	须根
ɕu^{31}ɕu^{53}tɕhu^{55}	轻轻闻	hũ^{31}hũ^{31}	使劲闻
khui^{53}	缝	tɕɑ^{53}	补
ndɔ^{35}	捆柴火	tshɑ^{53}	拴腰带
dɛ̃^{35}	用掌打	wu^{31}zụ̃^{31}	用拳头打
xø^{55}xø^{31}	搓手	jo^{35}	搓绳子
xũ^{53}	晒太阳	thɛ̃^{53}	晒衣服
tɕi^{31}tɕyɔ̃^{53}	看见	ȵdʑø^{35}	看
lə^{53}	燃烧	pɔ̃^{53}	烧火

2. 词义的混同

贵琼语既有词义细化的一方面，也有语义混同的另一面，体现了其表意的概括性。具体如表3–2所示：

表3–2　贵琼语词义的混同举例

词目	词义	词目	词义
zụ̃^{31}kuɛ̃^{53}	云	zụ̃^{31}kuɛ̃^{53}	雾
dʑɛ̃^{35}	田	dʑɛ̃^{35}	地
tsɛ̃^{53}	教	tsɛ̃^{53}	学
ji^{31}ntsɿ^{53}	蓝	ji^{31}ntsɿ^{53}	绿
khi^{53}	咸	khi^{53}	苦
wɛ^{55}	穿	wɛ^{55}	戴
ɕu^{53}	辣，香	ɕu^{53}	臭
ɑ^{31}pu^{53}	祖父	ɑ^{31}pu^{53}	外祖父
ɑ^{55}tsɿ^{31}	祖母	ɑ^{55}tsɿ^{31}	外祖母
ɑ̃^{31}ku^{53}	姑父、姨父、舅舅	ɑ̃^{31}ku^{53}	公公、岳父
ɑ^{31}ji^{53}	姑母、姨母、舅妈	ɑ^{31}ji^{53}	婆婆、岳母

3. 词义的引申

贵琼语中多义词较为丰富，这些具有相同的语音形式，意义相互关联的词语以某一义位为基本义位，通过引申和比喻，形成转义。具体如表3–3所示：

表3–3　贵琼语词义系统的引申举例

词目	词义	词目	词义
tshø^{53}	竹节、关节、罗纹指纹	ndzi^{53}	房间、一顿
jɔ̃^{55}jɔ̃^{53}	小麦、粮食	lo^{31}lo^{55}	圆的、蛇盘堆
pɑ^{53}pɑ^{53}	叶子、皮肤、树皮、猪皮、经书书页	ɣe^{53}	排列、一排
tshɿ^{55}tshɿ^{31}	麻雀、鸟、挑选	tɕhi^{31}	字、书
ʐʅ^{35}	山、箕形指纹	khɔ̃^{53}	赠送、分发、嫁女儿
ʃo^{31}mɑ^{31}	白色、肥肉	jø^{53}	站立、帐篷
ʐɔ̃^{31}quɑ^{53}	生的、关系不熟的、阴沉的	tɕhɑ^{53}	茶、喝茶
nʉ^{55}	深和埋、窖藏	mbi^{53}	堆码、一码堆
thɔ̃^{55}thɔ̃^{55}tsi^{31}	湿的、软的	khi^{53}	口袋、一袋
dʑɔ̃^{55}	扔、流放	hø^{53}	背子木制的背水用具、一背
jɔ̃^{53}	小麦、一粒	kuɛ̃^{53}	秤、一斤
ɬɔ̃^{53}	捆、一捆	ɕɛ̃^{53}	抱、一抱

三　贵琼语词汇反映出鲜明的语言文化特征

（一）贵琼语词汇反映出族群文化特征

词汇是一个族群生活的写照，也是该族群认识世界的成果，包含了该族群对世界的认知、体验、感受的方式或成果，因而具有鲜明的族群文化特征。

1. 贵琼藏族独特的空间感知方式

贵琼藏族生活在大渡河中游的山地和河谷，具有丰富的高山生活经验。相应地，贵琼语也有着丰富的方位名词。这些方位名词有的是以身体为坐标的方位，有的是以河流为坐标的方位，有的是以山脉为坐标的方位，还有的是以火塘为坐标的方位。具体如表3–4所示：

表3–4　贵琼语空间名词词例

词义	词目	词义	词目
上方不附着	khʉ^{55}	山阴方向	ȵɛ̃^{31}nɔ̃^{53}
上面附着	ŋgʉ^{53} 或 uɛ̃^{31}jɛ̃^{53}	山阳方向	tʃʅ^{55}khũ^{53}
空间下方不附着	phe^{53} 或 xo^{55}pi^{53}	上游方向	tʃʅ^{31}khʉ^{55}ȵe^{53} 或 tʃhʅ^{31}ŋgʉ^{53}

续 表

词义	词目	词义	词目
空间下方附着	nɛ^{53}	下游方向	tʃɿ^{31}phe^{31}ȵe^{53}或tʃɦ^{55}jə^{53}
空间里方	ɕʉ^{55}kʉ^{53}、kʉ^{53}	中游方向	tʃɿ^{31}zũ^{31}tɕɑ^{53}
空间外方	tɕhʉ^{55}mʉ^{53}	左手方向	wi^{55}lɑ^{53}phɑ^{53}
空间前方、正面	ʂɿ^{31}kɑ^{55}	右手方向	tɕyɔ̃^{31}lɑ^{55}phɑ^{53}
空间后方、背面	ŋgɑ^{31}li^{55}、ʑi^{31}ʑi^{53}	东	ʃø^{53}
空间侧边	nɔ̃^{31}phɑ^{53}	南	ɬø^{53}
空间中间	zũ^{35}kʉ^{31}	西	lø^{53}
火塘上方	tɕhy^{55}kui^{53}	北	dʑɔ̃^{53}
火塘下方	khʉ^{55}lʉ^{53}	东北	dʑɔ̃^{55}ʃø^{53}
火塘左方	tɕhɑ^{31}pɑ^{53}	西南	ɬø^{55}lø^{53}
火塘右方	jo^{31}pu^{53}		

2. 贵琼藏族独特的生产方式

贵琼藏族种植农作物的历史久远，形成了一套成熟的农耕技术。从选地、烧山、下种到除草、防虫、轮种、收获、储存，都用固有词汇表示；贵琼藏族使用各类农业器具，从锄地、割草、犁地、收获、脱粒、囤粮、搬运等各个环节需要的农具词汇都齐备。具体如表3-5所示：

表3-5 贵琼语农业词汇词例

词义	词目	词义	词目
选地	dʑɛ̃^{35}tʃɦ^{53}	烧山	ȵɛ̃^{35}pɔ̃^{53}
开荒	pɔ̃^{55}tɕɑ^{55}tɕo^{53}	开渠	tʃɿ^{55}xu^{55}hɑ^{53}
下种	li^{31}thɔ^{53}tshɔ^{53}	除草	wi^{35}
野猪房	phɑ^{55}gui^{53}tɕhɔ̃^{53}	稻草人	wũ^{31}pi^{31}pi^{55}tsi^{31}
巴扎①	pɑ^{55}tsɑ^{31}	轮种	tʂhɑ^{55}tʂhɑ^{53}
沤肥	hɛ̃^{31}dʑɑ^{53}	施肥	hɛ̃^{53}tsu^{53}
移栽	wu^{31}pʉ^{53}	犁地	dʑɛ̃^{35}ndʐu^{35}
堵水	tʃɿ^{53}tɕe^{53}	耙地	dʑɛ̃^{35}tʂɑ^{53}
灌溉	tʃɿ^{55}ɬɔ̃^{53}	引水	tʃɿ^{31}khɑ^{53}ʃɿ^{53}
收割	qɑ^{53}	收获	khə^{53}khə^{53}
农具	tɕɑ^{55}ɬɑ^{53}	挖锄	tɕo^{31}wi^{53}

① 放置在麦田里的防止鸟雀啄食麦子的薄木板，每一侧都有若干木头疙瘩悬于绳下，风吹响动，可驱逐鸟雀。

续 表

词义	词目	词义	词目
犁	tɕhũ^{53}	连枷	kuɔ̃^{31}jĩ^{53}
笕槽	bɔ^{31}zɿ^{55}tsi^{31}	水车	khu^{55}lu^{53}
弯刀	ʃɔ̃^{55}tu^{53}	板锄	pɔ̃^{55}tɕɑ^{55}wi^{53}
镰刀	sɔ^{55}li^{53}	耠子	tʂɑ^{55}wi^{53}
铡刀	pə^{55}tsə^{53}	薅锄	phe^{31}phe^{53}
大斗筐	tʂi^{55}ɬɔ̃^{53}	背篼	kʉ^{55}lʉ^{53}
圆斗筐	tsø^{55}ko^{53}	晒簟	tɕɛ̃^{55}tsi^{31}
簸箕	tʂi^{53}	筛子	xɑ^{31}ɣɑ^{31}
撮箕	khuɔ̃^{55}tsi^{53}	箩筐	hũ^{31}tu^{53}
谷仓	bɔ̃^{55}uɔ̃^{53}	谷桶	khu^{55}ɕɑ̃^{53}
地窖	ndzui^{35}dʑu^{31}ʐu^{53}	手推磨	lɑ^{31}ku^{53}
磨坊	ndʒɿ^{35}tɕhɔ̃^{53}	风车	gə^{31}gə^{53}

3. 贵琼藏族的计量方式

贵琼语有两套基数词，一套是固有数词，一套是藏语借词。点数时固有数词需要和量词同用，如：一、二、三、四、五、六、七、八、九、十分别对应tɑ^{31}tɕɑ^{53}（一个）、ȵi^{31}tɕɑ^{53}（两个）、sɔ̃^{31}tɕɑ^{53}（三个）、tsɿ^{55}tɕɑ^{53}（四个）、ŋɛ^{31}tɕɑ^{53}（五个）、kho^{53}tɕɑ^{53}（六个）、ŋi^{53}tɕɑ^{53}（七个）、je^{55}tɕɑ^{53}（八个）、gui^{55}tɕɑ^{53}（九个）、ɦɿ^{53}tɕɑ^{53}（十个）。百位数和亿位数采用藏语借词。

贵琼语有古老的反响型量词的遗存。如jɔ̃^{55}既可作"粮食"讲，也可作量词"粒"讲，ȵĩ^{53}既可作"牛"讲，也可作"牛耕作一天能达到的工作量"来讲。jɔ̃^{55}tɑ^{31}jɔ̃^{53}是"一粒粮食"；ȵĩ^{53}te^{31}ȵĩ^{53} 是"一天的牛工"。贵琼人目测事物的长、宽、高一般采用源于身体的度量单位。比如，hɔ̃^{53}（庹）是两臂左右平伸的距离，hɔ̃^{31}phɑ^{53}（半庹），是臂往一侧平伸的距离，tʃɿ^{31}（拃），是张开大拇指和食指两端的距离，tɑ^{31}wu^{55}tʃɿ^{31}（一大拃），是张开大拇指和中指两端的距离，khɑ^{31}phɑ^{53}dɑ^{31}wu^{31}ȵe^{53}（一拐）是一手到肘关节的距离，tɑ^{31}ŋɔ̃^{53}是一步的距离。集合量词由名词、动词虚化而来。bʉ^{53}（揹子）是贵琼等高山民族常用的木制背水用具，与肩同宽，约一米深，粮食和其他物品的量度通常都用bʉ^{53}（揹）做量词；物体经过堆码之后变得整齐有序，则用mbi^{53}（码）来量度。

个体量词受到与之搭配的名词语义制约。khɑ^{53}与条状物搭配如腊肉、竹竿，pɑ^{53}与呈面状分布的事物搭配，ȵo^{53}与呈点状分布的物体搭配，tshø^{53}与呈节状分布的物体搭配，如此等等。

（二）词汇反映出贵琼藏族和其他族群的接触状况

贵琼语在与汉语及藏语的接触的过程中产生的借词和固有词，或者并用，或者进一步融合为合璧词，从而构成等义关系。例如：

葡萄：汉语借词phu^{31}thɔ^{53}与固有词khi^{31}pe^{31}sɿ^{53}并列；

蝴蝶：汉语借词ɣor^{31}ɣor^{55}与固有词khe^{31}le^{53}并列；

搓：汉藏合璧词wu^{31}tsho^{53}和固有词wu^{31}jo^{53}并列；

存钱：汉藏合璧词wu^{31}tshẽ^{53}和固有词wu^{31}sɔ^{53}并列。

借词的语音与固有词形成同音关系。例如：

gi^{35}：藏语借词gi^{35}九和固有词gi^{35}甜荞同音；

tʃʅ^{53}：藏语借词tʃʅ^{53}十和固有词tʃʅ^{53}水同音。

借词的语义对固有词的语义系统产生了影响。固有亲属称谓语义场有四组语义特征，分别是性别、辈分、长幼、直系或旁系。以长一辈亲属称谓来看：

父亲：ɑ^{55}tɑ^{31}，phei^{53}　　母亲：ɑ^{55}mɑ^{31}，ŋi^{53}

伯伯：o^{55}tɕo^{31}　　叔叔：ɑ̃^{31}ku^{53}

舅舅、姨父、姑父、公公、岳父：ɑ̃^{31}ku^{53}

伯母、叔母、舅妈、姨妈、婆婆、姑姑、岳母：ɑ^{31}ji^{53}

借入汉语亲属称谓后，称谓语义场语义特征增加了两组：父系或母系、血亲或姻亲。亲属称谓系统语义区别特征增加，称谓的区分更加细致。例如，区分了来自父系的叔叔和来自母系的舅舅，区分了来自血亲的叔叔、舅舅和来自姻亲的岳父、公公等。这也是贵琼传统的交表婚[①]婚姻制度变更在词汇系统中的反映。

父亲：ɑ^{55}tɑ^{31}，phei^{53}/ɑ^{55}pɑ^{31}，pɑ^{31}pɑ^{55}　　母亲：ɑ^{55}mɑ^{31}，ŋi^{53}

伯伯：o^{55}tɕo^{31}/ɑ^{55}pe^{55}　　伯母：ɑ^{31}ji^{53}/pe^{55}ȵiɑ̃^{31}

叔叔：ɑ̃^{31}ku^{53}/排行pɑ^{31}　　叔母：ɑ^{31}ji^{53}/ɑ^{55}ȵiɑ̃^{55}，iɑu^{55}sẽ^{53}

舅舅：ɑ̃^{31}ku^{53}/ tɕu^{35}tɕu^{55}　　舅妈：ɑ^{31}ji^{53}/tɑ^{35}tɕu^{35}mu^{53}

姑姑、姨妈：ɑ^{31}ji^{53}/ɑ^{55}ȵiɑ̃^{55}，ȵiɑ̃^{55}ȵiɑ̃^{55}　　姨父、姑父：ɑ̃^{31}ku^{53}/i^{31}tie^{55}，ku^{55}je^{55}

公公：ɑ̃^{31}ku^{53}/lɑu^{53}zẽ^{31}kõ^{55}　　婆婆：ɑ^{31}ji^{53}/pho^{31}pho^{55}ȵiɑ̃^{31}

岳父：ɑ̃^{31}ku^{53}/lɑu^{53}tsɑ̃^{35}zẽ^{31}　　岳母：ɑ^{31}ji^{53}/lɑu^{53}tsɑ̃^{35}mu^{53}

---

① 据陈国强编著的《简明文化人类学词典》，交表婚，也叫“姑舅表婚”，指异性同胞子女如姑舅表兄弟姐妹间结为夫妻的婚姻形式，比如姑之女嫁给舅之子。与之相对的是“直表婚”，指同性同胞子女之间即兄弟的子女和姐妹的子女之间结为夫妻的婚姻形式。

第二节

构词法

贵琼语的词有单纯词和合成词两类。单纯词包含单音节词、双音节词中的叠音词等；合成词分派生词和复合词两类。

一　单纯词的构成

在贵琼语的词汇系统中，单音节的单纯词占比近20%。例如：

mɔ̃^{31} 天　ŋgɑ^{35} 脚　dɔ^{53} 大米　tshi^{53} 盐

jɑ^{53} 犏牛　phɑ^{53} 猪　wi^{35} 锄头　te^{53} 脱

双音节的单纯词以重叠式为主。重叠式包含音节重叠、叠韵和双声，其中双声单纯词数量较少。例如：

lo^{31}lo^{53} 圆　pɑ^{53}pɑ^{53} 叶子　ʑi^{31}ʑi^{53} 后来　ku^{55}ku^{31} 斑鸠

tʉ^{31}tʉ^{31} 陡峭　jɔ̃^{55}jɔ̃^{53} 果实　ʒɛ̃^{31}ʒɛ̃^{53} 浆白草　ze^{31}ze^{53} 小气

me^{55}le^{53} 现在　tʂho^{31}ko^{53} 喉咙　tɕu^{31}mu^{53} 水井　khʉ^{55}zʉ^{53} 甑子

khø^{31}lø^{53} 蝴蝶　mʉ^{5331}khʉ^{53} 炊烟　tɕi^{55}di^{31} 掐　ji^{31}ki^{53} 那里

be^{35}bu^{53} 癞蛤蟆　gə^{35}gʉ^{35} 马褡裢　tɕi^{31}tɕyɔ̃^{55} 碰见　tɕhɛ̃^{31}tɕhu^{53} 圆根

二　合成词的构成

（一）派生词的构成

派生词就是在词根上附着词缀构成的词。贵琼语的后缀比前缀丰富。

1. 常见的前缀

（1）称谓名词前面的虚语素ɑ^{31}和ə^{55}

ɑ^{31}（ɑ^{55}）是贵琼语常见的亲属称谓前缀。例如：

ɑ^{31}pu^{53} 祖父　ɑ^{31}tsɿ^{53} 祖母　ɑ^{55}tɑ^{31} 父亲　ɑ^{55}mɑ^{31} 母亲

ɑ^{31}ji^{53} 叔母、姑母　ɑ^{55}pe^{55} 伯父　ɑ^{55}n̥ɑ̃^{55} 叔母

ə^{55}kə^{53} 姐姐　ə^{55}tɕə^{53} 哥哥

（2）趋向前缀

趋向前缀①是动词前面表示动作趋向的前缀，它们附着在动词（通常指行为动词）的前面，表示行为动作朝着不同的方向进行。ji^{31}，朝着说话者的方向进行；wu^{31}，以说话者为中心朝外进行；thu^{31}，向空间的上方或者山势的上方；mi^{31}，向空间下方或者山势的下方以及水的下游方；dɑ^{31}，由出发地返回原地，或者向相反方向行进。具体情况例示如表3–6：

表3–6　贵琼语趋向前缀的固定搭配

趋向前缀 \ 动词	nɔ̃^{55}吞	ɕe^{55} 说	khɔ̃^{53}给	bɑ^{35}去	nʉ^{53}埋
wu^{31}	—	—	给，嫁	离开	—
ji^{31}	—	—	—	—	—
thu^{31}	—	反映	—	—	—
mi^{31}	吞咽	传达	—	—	埋藏
dɑ^{31}	—	回答	还	—	—

2. 后缀

贵琼语有相当数量的后缀，其构词能力不一。有的虚化没有完全完成，还带有实语素的意义，如表3–7所示；有的已经完全虚化，词汇意义已很难追索。

表3–7　贵琼语几个后缀的来源

后缀	词汇意义	后缀的意义
n̥e^{53}	边	泛指某面
mũ^{53}	村落	泛指某地
mu^{53}	人	有某种社会身份或特征的人
tsi^{53}	儿子	动植物小称
ŋi^{53}	母亲	泛指雌性的

① 严格地说来，趋向前缀是词头，涉及语法意义而不影响词汇意义。但是，由于有的动作带有明显的方向性，与之搭配的趋向前缀就相对固定，意义也相对凝固，在语法化的过程中逐渐成为动词的构词成分，即真正构词法意义上的前缀。

（1）ȵe^{53}

ȵe^{53}或其重叠形式ȵe^{53}ȵe^{53}加在方位名语素的后面，表示处所。例如：

ʃu^{55}mu^{55}　ȵe^{53}　对面

ȵɛ^{31}lo^{31}phɑ^{55}　ȵe^{31}　阳山面

ʂɿ^{31}kɑ^{55}　ȵe^{31}　正面

ŋgɑ^{31}li^{55}　ȵe^{53}　反面

le^{31}pʉ^{53}　ȵe^{53}　鬓角

ndɔ^{35}tshø^{53}　ȵe^{55}ȵe^{53}　颧骨

（2）mũ^{53}

mũ^{53}加在地名后面表示处所。例如：

phũ^{55}tø^{53}mũ^{53}　烹坝村
贫穷　　地

ndʒɿ^{35}ə^{55}　mũ^{53}　磨子沟
磨子处　　地

ʃø^{55}pi^{53}　mũ^{53}　天全县
东方　　地

to^{31}pu^{53}　mũ^{53}　金川地区
佣人　　地

tʂɑ^{55}ŋgʉ^{53}　mũ^{53}　章古村
岩石上　　地

jĩ^{31}　mũ^{53}　野坝村
陡峭　地

（3）mu^{53}

mu^{53}表示具有某种社会身份或特征的人。例如：

ŋguɛ̃^{35}mu^{53}　铧头形茅人

nɛ^{31}mu^{53}　头人

gə^{55}mu^{53}　尼姑

ɬø^{53}mu^{53}　菩萨

gie^{35}mu^{53}　老太太

tshø^{55}mu^{53}　侄女

（4）tsi^{31}

tsi^{33}既是名词的小称标记，也是重要的构词语素。例如：

lɑ^{31}gu^{55} tsi^{31}　胗子
手推磨

tʃɿ^{55} tsi^{31}　糯小米
水

ndzɿ^{55} tsi^{31}　蘑菇
漂亮

khə^{55}khə^{55} tsi^{31}　膝盖骨
壳壳

tɕhɔ̃^{55} tsi^{31}　邻居
房子

khɛ̃^{55} tsi^{31}　阶梯
石阶

（5）pi^{53}、phʉ^{53}、ŋi^{53}、mʉ^{53}

pi^{53}、phʉ^{53}等表示雄性；ŋi^{53}、mʉ^{53}等表示雌性。其中，pi^{53}和ŋi^{53}添加在表示人或者动物的名语素后面，mʉ^{53}和phʉ^{53}用在雌雄异体的动植物后面。例如：

ȵi^{31}phʉ^{53}　公牛

ȵi^{55}mʉ^{53}　母牛

tshɿ^{55}tshɿ^{31}phʉ^{53}　雄鸟

tshɿ^{55}tshɿ^{31}mʉ^{53}　雌鸟

sɛ̃^{31}pu^{53}phʉ^{53}　雄树

sɛ̃^{31}pu^{53}mʉ^{53}　雌树

（二）复合法构词

复合法，由词根复合构成新词。复合法有并列、偏正、宾动、名量、陈述等方式。

1. 并列式

由语义相近、相关或相反的两个语素并列而成，数量有限。例如：

ʃø^{53} ɬø^{53} 东南
东 南

ɬø^{53} dʑɔ̃^{31} 西北
西 北

si^{55} phɑ^{53} 裂缝
裂开 裂开

thɛ̃^{31}thɛ̃^{55} bi^{35} 踮脚
踮脚 做

2. 偏正式

由修饰成分和中心语素构成。例如：

khi^{55} pɛ^{53} 箭袋
袋子 肚子

mbu^{35} tɕhyi^{53} 种马
马 种子

dɔ^{35} ȵyɔ̃^{53} 稻草
稻子 草

jɔ̃^{55} ȵyɔ̃^{53} 麦草
麦子 草

dɔ^{35} pɑ^{53} 粗糠
稻子 皮

dɔ^{35} phe^{53} 细糠
稻子 面

3. 宾动式

词根间存在支配关系，被支配成分在前，支配成分在后。例如：

phɑ^{55} ntsə^{53} 杀猪匠
猪 杀

hɛ̃^{31} tɕhyɛ̃^{55} 积肥
肥 蓄

khø^{55} sue^{53} 瓶塞
瓶 塞

ȵe^{31} tɕhũ^{53} 枪
畜生 打

mĩ^{35} sũ^{53} 守卫
门 守

tɕhi^{31} tsɛ̃^{53} 读书
文字 学习

4. 名量补充式

由名语素添加量语素构成。例如：

tɕhi^{31} dø^{53} 羊群
羊 群

mbu^{35} dø^{53} 马群
马 群

ȵyɔ̃^{55} mbi^{35} 草堆
草 堆

ndzui^{31} khɛ̃^{53} 房间
房 阶

5. 陈述式

语素之间具有陈述和说明的关系。例如：

mɔ̃^{35} lə^{53} 闪电
天 燃烧

ɕɛ̃^{55} mĩ^{53} 灌木
柴 多

n̥i^{31}gɑ^{31} tɕhi^{55} 想念
额头 痛

n̥ɛ^{31} n̥dʑø^{53} 注意
眼睛 看

三 其他构词方式

（一）摹形构词

采用借喻或描摹事物形状的方式构成新词。例如：

bo^{31}bo^{31} tɕhũ^{53} 蜻蜓
屁股 撞

me^{31} ndzɿ^{35}tsi^{53} 猪苓
竹 蘑菇

n̥yɔ̃^{55} bə^{31}dũ^{53} 通心草
草 吹火筒

kɑ^{31}li^{53} mi^{31}ntshə^{53} tø^{53} 火烧天
乌鸦 太阳 照

tshui^{53} tsɿ^{31}qɑ^{53} 黄连
老鼠 刺

kɑ^{31}li^{53} khu^{55}tsə^{53} 枸杞
乌鸦 辣椒

（二）四音格词

四音格词又称四音格联绵词、四字格、四字并列结构或并列四字格，它是由四个音节组成的大于词而小于词组的语言单位，以四个音节为外部标志的独立整体拆开后便丧失意义或改变意义。四音格词具有生动、形象的表意特征，在描绘性较强的语篇中增强故事的感染力。贵琼四音格词构成形式有ABCC、ABCD、ABCB、ABAC、ABAB、AABB和ABCA七种形式。以AABB、ABCB和ABCD为主要构成形式，其中又以ABCB格式的类推功能最强，成为四音格式中的优势格式。

1. ABCB

ABCB中的A和C通常是趋向前缀，B是谓词。例如：

ji^{31} ʃuɔ̃^{55} wu^{31} ʃuɔ̃^{53} 左拥右抱
过来 抱 过去 抱

ji^{31} ʃɔ̃^{53} wu^{31} ʃɔ̃^{53} 披荆斩棘
过来 快 过去 快

ABCB中的A和C也可以是名词，B是动词。例如：

kɔ̃^{35}　dɑ^{31}　li^{31}　dɑ^{31}　身宽体胖

身体　大　身体　大

xĩ^{53}　ȵi^{53}　tɕhu^{55}　ȵi^{53}　长长短短

长　二　短　二

ABCB中的A和C也可以是谓词，B是助词。例如：

khi^{55}　wu^{31}　qhuɑ^{55}　wu^{31}　苦乐兼具

苦　助词　甜　助词

tsɔ̃^{35}　wu^{53}　ɕu^{31}　wu^{53}　酸甜苦辣

酸　助词　辣　助词

2. ABCD

ABCD中的A和B、C和D之间存在叠韵或元音和谐关系。例如：

ȵi^{31}li^{55}ȵo^{53}lo^{53}　点点滴滴　　li^{31}pi^{53}lũ^{31}pu^{53}　沟沟坎坎

ki^{55}li^{55}ko^{55}to^{53}　心跳声拟声词

3. ABAC

ABAC中的A可以是名词，B和C分别是A陈述的内容，由此组成并列关系。例如：

tʃɦ^{55}　dø^{53}　tʃɦ^{55}　dʑø^{35}　水波荡漾

水　起　水　平

ABAC也可以由AB和AC两个语义相近、相关的词语组成并列关系。例如：

thɔ̃^{55}gʉ^{55}　thɔ̃^{55}nɛ̃^{55}　深山老林

泡杉树　铁杉树

4. AABB

AABB中AA和BB是并列关系。例如：

kuɔ̃^{55}kuɔ̃^{55}　zʅ^{35}zʅ^{35}　崇山峻岭

山梁　山

khui^{31}khui^{31}　tʂhɑ^{53}tʂhɑ^{53}　反反复复

换　改

AABB可以由词语AB的左右分别扩充而成。例如：

pɔ̃^{55}　pɔ̃^{55}zɑ^{55}　zɑ^{53}　热热乎乎

（无意义）暖和　（无意义）

5. ABAB

ABAB通常是词语AB的重叠形式。例如：

hĩ^{55}hɛ̃^{55}　hĩ^{55}hɛ̃^{55}　喘息声拟声词

喘息声　喘息声

6. ABCC

ABCC中，AB是一个词语，CC是对AB的陈述。例如：

fu^{55}tʃɿ^{31}　gie^{35}gie^{35}　汗流浃背

汗　好

n̥i^{31}tɕhɑ^{31}　tsɿ^{55}tsɿ^{53}　漆黑一片

漆黑　垫音

7. ABCA

ABCA中A是谓词，四音格说明该谓词表述的动作或状态的变化。例如：

nɛ^{53}　le^{55}　mi^{31}　nɛ^{53}　黑而又黑

黑　助词　往下　黑

第三节

词汇的构成

贵琼语词汇由固有词和外来词两部分组成，其中的外来词主要来自于藏语和汉语。

一　固有词

（一）固有词和基本词

固有词是贵琼语词汇系统的主要构成部分。其中的基本词汇具有稳定性、常用性和能产性。例如：

天文地理：mɔ̃^{31}天　mĩ^{31}tɑ^{53}火　mʉ^{31}khʉ^{53}烟　tʃɿ^{53}水　tshɔ̃^{31}雨

动物植物：khu^{53}狗　phɑ^{53}猪　ȵyɔ̃^{53}草　mo^{55}ʐʅ^{53}根　pɑ^{55}pɑ^{53}叶子

饮食服饰：zi^{53}饭　tshi^{53}盐　li^{31}ki^{53}豆腐　tshe^{31}ue^{31}衣服　xi^{53}裤子

身体器官：uɛ̃^{31}jɛ̃^{53}头　ko^{53}手　hui^{53}牙齿　ɣɛ̃^{31}脖子　pɛ^{53}肚子

房屋器物：kho^{53}碗　tɕhɔ̃^{31}房子　tsɦ̃^{53}床　khə^{53}针　kə^{55}tu^{53}剪刀

人品称谓：tsi^{53}儿子　ɑ^{31}pu^{53}爷爷　ɑ^{31}tsɿ^{53}奶奶　ə^{31}kə^{53}姐姐　tsɦ^{31}mi^{53}女孩子

动作行为：kø^{35}吃　we^{55}穿　tɕu^{53}用　tɕhyi^{53}走　di^{35}打

性质状态：gie^{35}好　ʃo^{31}mɑ^{31}白　jĩ^{35}重　xĩ^{35}长　dɑ^{31}大

虚　　词：me^{31}再　ɔ̃^{35}又　tʂɦ^{55}十分　lə^{53}和　tsə^{53}竟

（二）固有词中的同源词

在系属问题上，学界一致认定贵琼语是藏缅语族羌语支语言，主要依据之一是贵琼语中存在的一定数量的藏缅语族羌语支同源词。语义上相同或相近，语音上存在规整的、成系统的对应关系的词语，当属同源词。鉴于学界对于藏缅语族羌语支的同源词已经有较为深入的研究，此处并不再展开赘述。下面仅从孙宏开《藏缅语族羌语支研究》选出8例贵琼语中的藏缅语族羌语支同源词，列入表3-8以示一斑：

表3-8　贵琼语中的羌语支同源词举例

	贵琼语	尔龚语 道孚话	木雅语 沙德话	尔苏语 吕苏话	普米语 兰坪话	羌语 曲谷话	羌语 蒲溪话	扎巴语
星星	ɣi^{35}tʃɿ^{31}	zgre	ndzi̧^{24}pe^{33}	kər^{35}	dzə̧^{13}	ɣdzə̧	ʁdzə̧pa	ʂ̧tʂ̧ə^{55}
月亮	li^{35}mɔ̃^{31}	ɬə ɣnə	le^{33}nə^{53}	ɬæ^{33}phe^{53}	ɬi^{55}	ɕye	χluɕya	ɬe^{33}vʑʌ^{55}
舅舅	ɑ̃^{31}ku^{53}	aʑu，aʑoŋ	æ^{33}ɣø^{55}	æ^{33}ɣɯ^{53}	kəu^{13}kəu^{55}	akua	ɑku	a^{55}wu^{33}
猪	phɑ^{53}	va	ʑy^{24}，βɐ^{53}	ɣu^{35}，pha^{31}	phʃɑ^{13}	pie	pie	va^{55}
白	ʃo^{31}mɑ^{31}	phru	phu^{33}tɕi^{33} tɕi^{55}	tʂ̧hø^{55}tʂ̧hø^{33}	phʂ̧ə̃^{55}	phiχu̥	phzi̧	ptʂ̧hi^{33}ptshi^{33}
酸	tsɔ̃^{35}	zgo	tə^{33}tɕu^{53}	de^{33}tʂ̧u^{53}		tsue		zo^{33}zo^{55}
闻	hũ^{31}hũ^{31}	no	khi^{33}sø^{55} næ^{33}	te^{33}hɯ̃^{53} hɯ̃^{53}	nə^{13}ɢa^{13}	hîete		ŋʌ^{33}mnɪ^{55} mnɪ^{55}
知道	mɛ^{31}sɿ^{55}	hɑ goŋ	khə^{33}kuø^{53}	hũ^{33}sɿ^{53}	ma^{13}sə^{55}	nə		sɿ^{55}sɿ^{55}

二　借词

（一）藏语借词

贵琼语中藏语借词包括自然地理、时间、动植物、身体器官、食物、器物、人物、数字、方位、宗教信仰等。例如：

自然地理：sø^{53}土地　sø^{53}ʐ̩^{53}土壤　dʑɔ̃^{55}tshø^{53}海

动物植物：lɔ^{55}mu^{55}tɕhi^{53}象　ʃo^{53}pu^{53}柏树　mi^{31}nto^{53}花

食物：mĩ^{53}酥油　ji^{55}mphe^{53}糌粑　mĩ^{53}tɕhu^{53}酥油茶

器物：mø^{31}nĩ^{53}民歌　nu^{55}ndə^{53}嘛呢旗　mbɑ^{35}kho^{53}面具

人物：mɑ^{55}me^{53}兵　gie^{35}pu^{53}老头　gie^{35}mu^{53}老太太

数字：tsɿ^{53}一　tɕʉ^{53}dʒu^{35}十六　dʒu^{31}pu^{31}li^{53}六月

方位：dʑɔ̃^{31}北方　ʃø^{53}东方　ɬø^{53}南方

宗教信仰：dzu̧i^{31}mø^{53}观音　dũ^{31}gʉ^{53}海螺　ɬø^{55}mu^{53}菩萨

其他：dʑø^{35}pu^{53}土司　lø^{55}wu^{53}肺　tʃɦ^{53}狗

（二）汉语借词

1. 汉语借词的语义类别

贵琼语中的汉语借词来自于西南官话，因此其词形为西南官话方言词，主要包括自然地理、动植物、医药卫生、食物、器物、人物、政治文化、动作、状态、量度等。例如：

自然地理：ɕye^{55}tɛ̃^{35}tsɿ^{53}雹子　phu^{55}tsɿ^{31}村子　pɑ^{35}tsɿ^{31}坝子

动物植物：sẽ^{55}tɕɔ̃^{55}姜　phu^{31}ko^{55}tsɿ^{31}灰鸽子　xou^{31}tɕe^{55}喉结

医药卫生：ɕyɛ̃^{53}癣　kɛ̃^{55}tshuɑ̃^{55}tsi^{53}疥疮　yo^{55}ĩ^{53}tsɿ^{53}药引

食物：thɔ̃^{55}yuɛ̃^{31}tsɿ^{53}汤圆　ɕɑ̃^{31}liɑu^{53}佐料　kuɑ^{55}mɛ̃^{53}面条制成品

器物：tɕũ^{55}tɕũ^{55}盅　tɕhɛ̃^{55}lɛ̃^{31}tsɿ^{53}床沿　tsẽ^{35}tsɿ^{31}甑子

人物：pɔ̃^{31}khe^{53}强盗　xũ^{33}je^{31}媒人　sẽ^{55}sẽ^{55}孙子

政治文化：jɑ^{31}mẽ^{53}衙门　mɑu^{31}pi^{55}毛笔　suɛ̃^{35}phɛ̃^{31}算盘

动作：sə^{31}tɕɑ^{55}bi^{55}节约　pɑu^{31}fu^{55}抱养　wu^{35}xui^{35}bi^{35}误会

状态：sɿ^{35}sɿ^{35}fɑ̃^{55}fɑ̃^{55}四四方方　pɑ^{31}ɕi^{35}仔细　tsɿ^{31}ʃo^{55}tsɿ^{31}thẽ^{31}自说自话

量度：tɑ^{31}po^{53}一包　tø^{31}fu^{53}一服　tø^{31}tʃũ^{55}tʃũ^{55}一盅

其他：ĩ^{55}ui^{35}因为　yɔ̃^{35}tshu^{31}用处　tɕɑ^{55}tʂɿ^{53}渣滓

2. 汉语借词的读音

（1）汉语借词的来源

贵琼语早期借词来自于西南官话保留入声的方言，较晚期借词来自于临近的天全方言①。天全方言属西南官话雅棉小片②。近年来贵琼藏族的汉语受康定城区汉语方言影响更大。

（2）汉语借词的新老差异

贵琼语汉语借词呈现出新老差异，这集中体现三个方面：一是借词的声母读音差异；二是部分韵母读音差异；三是古入声字读音差异。

① 新老借词声母差异

贵琼语早期汉语借词声母读音有舌尖前、舌尖后和舌叶三套塞擦音的对立。新借词则只有舌尖前一套塞擦音。具体情况如表3-9所示：

表3-9　贵琼语汉语借词声母差异

例词	借词读音（老）	借词读音（新）
庄稼	tʃuɔ̃^{55}tɕɑ^{55}	tsuɔ̃^{55}tɕiɑ^{55}
一尺	i^{31}tʃhɿ^{31}	i^{31}tshɿ^{31}
刷子	ʃuɑ^{31}tsɿ^{53}	suɑ^{31}tsɿ^{53}
饲料	ʃɿ^{31}liɔ^{35}	sɿ^{31}liɑu^{35}
茶渣	tɕhu^{31}tʂɑ^{55}tʂɑ^{55}	tshɑ^{31}tsɑ^{55}tsɑ^{55}

① 天全方言的材料来自1998年的田野调查，苏华强（1998）论文集中讨论了天全方言的音系特征。

② 雅棉小片没有卷舌音声母和舌尖前声母的对立，古代入声字归阴平调，调值为55。

续 表

例词	借词读音（老）	借词读音（新）
沙子	ʂɑ⁵⁵ʂɑ⁵⁵	sɑ⁵⁵tsɿ⁵³
任务	zẽ³⁵wu⁵⁵	zẽ³⁵wu³⁵
红苕	hũ³¹ʂɔ³¹	xũ³¹sɑu³⁵

② 新老借词韵母差异

贵琼语的早期汉语借词中，没有前响复元音ɑu、ou、ɑi、ei和中响复元音iɑu、iou，也没有鼻音韵尾。新借词中则有比较齐全的前响复元音和少数鼻尾韵。具体情况如表3-10所示：

表3-10　贵琼语新老借词的韵母差异

借词	借词读音（老）	借词读音（新）
态度	thɛ³⁵tu³⁵	thɑi³⁵tu³⁵
罩子	tʃɔ³⁵tsɿ³¹	tsɑu³⁵tsɿ⁵³
石榴	ʂɿ³¹lio³¹	sɿ³¹liou³¹
胡豆	fu³¹tu⁵⁵	fu³¹tou³⁵
手表	sø⁵³piɔ⁵³	sou⁵³piɑu⁵³
教育	tɕɔ³⁵jo³¹	tɕiɑu³⁵jo⁵⁵
优点	ju⁵⁵tiɛ̃⁵³	iou⁵⁵tian⁵³
东	tũ⁵⁵	toŋ⁵⁵

③ 新老借词的声调差异

贵琼语借词的声调差异集中体现在古代入声字的读音上：早期借词入声调值33，自成一调；较晚期借词调值55，与阴平同调；新借词入声调值31，与阳平同调。具体情况如表3-11所示：

表3-11　贵琼语新老借词的调值差异

调类	老派调值	新派调值
阴平	ʂɑ⁵⁵ʂɑ⁵⁵沙子	sɑ⁵⁵tsɿ⁵³
阳平	phe³⁵赔	phei³¹
上声	ju⁵⁵tiɛ̃⁵³优点	iou⁵⁵tian⁵³
去声	tʃɔ³⁵tsɿ³¹罩子	tsɑu³⁵tsɿ⁵³
古入声字	pe³³、pe⁵⁵北	pe³¹

综上，贵琼语中汉语借词读音的新老差异呈现出系统性。

3. 汉语借词的构词特点

（1）借词添加固有词形态标记

贵琼语中的借词可以添加固有词的形态标记。例如，亲属名词可以添加前缀ɑ^{55}，普通名词可以添加复数标记、表小标记和不定量标记等。具体情况如表3–12所示：

表3–12　贵琼语借词可添加的形态标记

借词添加的形态标记	借词
前缀ɑ^{55}	ɑ^{55}pe^{55}伯父，ɑ^{55}ȵɔ̃^{55}阿姨
复数标记ȵɑ^{31}	tsɿ^{55}sɿ^{31}ȵɑ^{31}知识些
小称标记tsi^{31}	mɑu^{31}ȵiou^{31}tsi^{53}tsi^{53}小牦牛
不定量标记tɕi^{31}	fu^{55}tsɿ^{31}tɕi^{55}一些袱纸
趋向前缀thu^{31}、mi^{31}、ji^{31}、wu^{31}、dɑ^{31}	dɑ^{31}phɛ^{31}赔
名物化标记wu^{53}、ji^{31}、lu^{31}、mu^{31}	kuɛ̃^{31}wu^{53}管理
使动标记ku^{31}	fɑ^{55}ku^{31}发酵

（2）合璧词

合璧词指词汇的构词成分分别来自于不同的语言或方言。例如：

ŋə^{55}pu^{55}　　wu^{31}jə^{53}　五月端阳

五月固有词　五月汉语借词

ji^{31}me^{55}　　mi^{31}nto^{31}　玉米花

玉米汉语借词　花藏语借词

第四节

民俗文化词

一　高山植物

鱼通贵琼藏族生活在大渡河中游的山地和河谷，具有丰富的高山生活经验。他们采用高山林木建筑房屋，打制和漆染家具，采用靛草染出贵琼藏族特有的青色长衫。除了藏区常见的虫草、天麻、贝母等名贵的药材，他们还发现了可用于外科消毒、提脓、消肿，以及清热祛火等的高山植物。通常情况下，老百姓都自己用草药治病。

贵琼藏族外科常用的草药有：khu^{55}lu^{55}tsi^{53}bɔ^{53}，直译为“转经筒草”，汉语称为“冬葵”，可用来提脓、治疮癣、消毒；lø^{31}mø^{55}jɛ̃^{55}，直译为“有喇嘛”，汉语称为“喇嘛炎”，治疮癣等皮肤病效果极好，如有喇嘛亲临治病；gie^{35}mu^{31}tʃɿ^{31}bɔ^{53}，直译为“老太太草”，汉语称为“筋骨草”，老人骨科用药；pʉ^{55}tsʉ^{31}bɔ^{31}，直译为“膝盖草”，汉语称为“拦步裙”，可排脓、治疗疮癣；xuɑ^{55}sẽ^{55}ʂ̥ɑ^{31}pu^{53}，直译为“花生兄弟”，汉语称为“小酸酸草”，手脚扭伤常用此药消肿，添加盐和茶叶还可以通筋骨；pɔ̃^{55}tɕɑ^{53}tɕhɔ̃^{55}tʂ̥hu^{53}，直译为“荒地蒿枝”，汉语称为“牛尿蒿”，可治疮癣、提脓；tshe^{55}bɔ^{53}，直译为“盐草”，汉语称为“酸酸草”，可消肿；gie^{35}mu^{53}tsɿ^{55}pu^{53}bɔ^{53}：直译为“老太太生气的草”，汉语称为“车前草”，老人生气时流泪可取其叶治眼病；ɑ^{31}ŋo^{55}ŋo^{55}ʂ̥ɑ^{31}pu^{53}：直译为“蕨菜兄弟”，汉语称为“红卷卷草”，可治手脚麻木、不能伸缩。

贵琼藏族还用草药治疗内科疾病，常用的草药有：ndzɔ̃^{55}pi^{31}li^{31}，直译为“粘的药”，汉语称为“对角叉”，可以治风寒；tʃɿ^{31}ɕ̧ɛ̃^{55}bɔ^{53}，直译为“浆汁多的草”，汉语称为“蒲公英”，可以清热；phɑ^{55}tshɔ̃^{31}bɔ^{53}，直译为“猪毛草”，汉语称为“猪花草”，可以治淋病、肾炎；ȵĩ^{31}tsɿ^{55}pɛ̃^{55}tɔ̃^{53}，直译为“牛儿藤子”，汉语称为“何首乌”，可以生血、疏松血管、明目、补肾、补血；ȵyɔ̃^{55}bə^{31}dũ^{53}，直译为“吹火筒草”，汉语称为“通心草”，可通经络。

鱼通地区的高山上遍布野生仙人掌（见图1），贵琼藏族称其为sɿ^{31}lɑ^{55}bɔ^{53}，称其果为sɿ^{31}lɑ^{55}bɔ^{53}jɔ̃^{53}，汉名仙桃，贵琼藏族摘其叶片消炎，取其果实祛暑。

图1 漫山遍野的仙人掌 康定市姑咱镇/2017.10.15/谢军 摄

二 公嘛和案子

贵琼藏族宗教执业者被称为gø^{35}mø^{53}，汉语音译为“公嘛”。公嘛学徒两年，学习卜算、做法事、捼面人、剪纸花、念经文、扎茅人①等六门技能，出师后独立卜算时，也带学徒，学徒称为“安曲ɛ̃^{55}tɕhy^{53}”。当地人取名、择日（嫁娶、出丧、修房）和选坟地等一生的大事件都由公嘛出面解决。公嘛作为传统宗教执业者，平时在家劳动，娶妻生子，受人邀请即从事宗教活动。公嘛会藏文，懂藏语，能念藏文经书。公嘛念的是《金刚经》《血河经》《救苦经》和《招财经》，这些经文多系宁玛派经典，也有的带有原始宗教特色。

目前整个鱼通地区仅有一名公嘛（见图2），汉名高文良，贵琼房名②gø^{35}mø^{31}kʉ^{31}，小名jĩ^{55}dʒu^{55}tshe^{55}li^{53}，意为长命的龙。

图2 康定市贵琼公嘛
康定市雄居寺/2006.6.15/宋伶俐 摄

① 茅人，做法事用的茅草人。

② 房名，详见本书61页。

案子是公嘛测算时使用的彩图，贵琼语叫作ɣo^{35}tɛ̃^{53}（见图3）。彩图有六十列，图中第一行的各种图案表示吉凶等占卜信息，中间身着蓝红二色衣服的是十二生肖图像；图案和图像下面各行是对图像的解释，用藏文书写。公嘛测算时，用大豆或者麦子在彩图上做标记，再到经书上查考禳解的内容，通过念相应的经文以趋吉避凶。

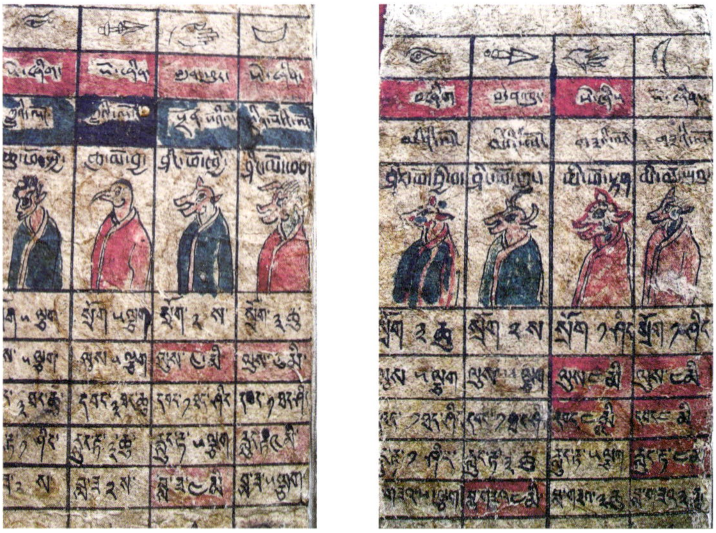

图3　公嘛测算用的案子　康定市原前溪乡雄居寺 /2006.6.15/ 宋伶俐 摄

公嘛做法事时，需剪出纸花mi^{31}nto^{53}①（见图4），剪好后用米浆贴在篾条上，然后插在糌粑面团上。

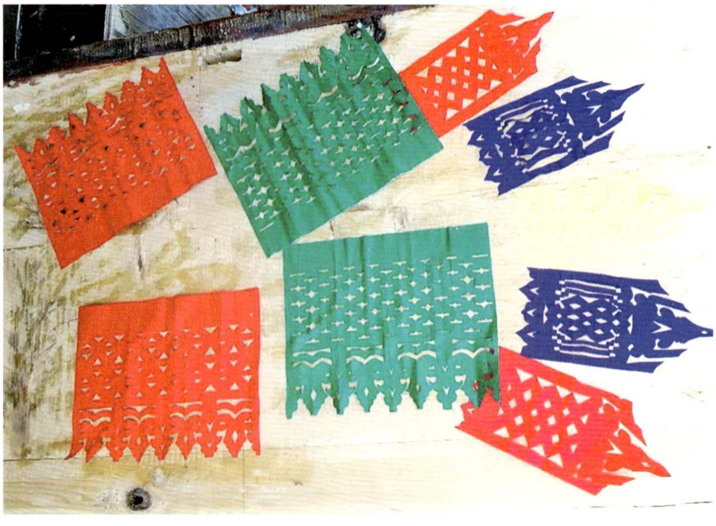

图4　公嘛做法事用的纸花　康定市姑咱镇 /2017.2.10/ 高文良 摄

① 窄的纸花叫dũ^{31}dzi^{53}，宽的叫pə^{31}dɛ̃^{53}。

三 房名和小名

贵琼藏族流行双名制，既使用贵琼房名和小名，也使用汉姓汉名。高、杨二姓是贵琼人常见的汉族姓氏，全名则由房名加上小名构成。房名是同一个房屋下具有血缘关系的亲人共有的名字，由祖上沿袭而来。贵琼藏族以家屋为社会单元，相同的房名就是同属一个家屋的凭证，关系到财产继承和婚嫁对象。因此，房名是贵琼藏族姓氏文化重要的内容。

贵琼房名的通名既有用kʉ^{31}表示的，也有用tɕhɔ̃^{53}表示的，而以前者居多。专名有的来自于藏语，有的来自于汉语，但主要来自于贵琼语。这些房名的命名理据丰富多彩：有以社会身份命名的，有以家族来源命名的，有以居住位置命名的，有以房屋的情况来命名的，有以房主人的性格特征来命名的。以下列举的是原前溪乡和麦崩乡的房名：

gø^{35}mø^{31}kʉ^{53}是祖辈世代为公嘛的家族的房名，gø^{35}mø^{31}意为公嘛；ɑ^{55}tɑ^{31}kʉ^{31}和ɑ^{55}mɑ^{31}kʉ^{53}是干儿干女较多的家族的房名；to^{55}pu^{53}kʉ^{53}是祖辈上有人做帮佣的家族的房名，to^{55}pu^{53}意为帮佣；dʑø^{31}pu^{53}kʉ^{53}是历史上从金川陪嫁到土司家的家族的房名，dʑø^{31}pu^{53}意为土司；xɔ̃^{31}tɕhɑ^{53}lo^{31}lo^{53}kʉ^{53}是来自汉源宜东放牛地域的彝族家族的房名，lo^{31}lo^{53}意为彝族；jĩ^{31}mĩ^{55}kʉ^{53}家产被充公时分到了小米的家族的房名，jĩ^{31}mĩ^{55}意为小米；ȵiɑ̃^{55}ȵiɑ̃^{55}kʉ^{53}历史上有唱豆麻娘娘曲子讨饭的家族的房名，ȵiɑ̃^{55}ȵiɑ̃^{55}是汉语借词，意为娘娘曲；wi^{35}tsi^{31}mũ^{55}kʉ^{53}养蜂人的家族的房名，wi^{35}tsi^{31}mũ^{53}意为养蜂人；mɛ^{53}nɔ̃^{35}kʉ^{31}是家中采药的家族的房名，mɛ^{53}nɔ̃^{35}意为有药；ki^{31}jɑ^{55}kʉ^{53}是卖野牛为生的家族的房名，ki^{31}jɑ^{55}意为卖野牛；dʑɛ̃^{35}li^{53}kʉ^{53}是历史上调换过土地的家族的方面，dʑɛ̃^{35}li^{53}意为调换土地。

dʑø^{35}khuɔ̃^{53}kʉ^{53}是住在平房的家族的房名，dʑø^{35}khuɔ̃^{53}意为平房；tɕhɔ̃^{55}si^{55}kʉ^{53}是另起新房的家族的房名，tɕhɔ̃^{31}si^{55}意为新房子；xo^{31}pi^{53}kʉ^{53}是山脚下的家族的房名，xo^{31}pi^{53}意为下面；xu^{31}tɑ^{31}nɔ̃^{55}kʉ^{53}是住在上面的家族的房名，xu^{31}tɑ^{31}nɔ̃^{55}意为住在上面。

ɛ̃^{55}ȵɛ̃^{55}kʉ^{53}是像蝉一样爱说话的家族的房名，ɛ̃^{55}ȵɛ̃^{55}意为蝉；ʃɛ̃^{31}lɛ̃^{55}kʉ^{53}是声音洪亮的家族的房名，ʃɛ̃^{31}lɛ̃^{55}意为铃铛；ɔ̃^{55}nɔ̃^{55}kʉ^{53}是比较戆直的家族的房名，ɔ̃^{55}nɔ̃^{55}意为戆直；ə^{31}tsə^{55}kʉ^{53}是说话爱带口头禅的家族的房名，ə^{31}tsə^{55}意为口头禅；ɔ̃^{55}mɔ̃^{55}tsi^{31}kʉ^{53}是体形壮实的家族的房名，ɔ̃^{55}mɔ̃^{55}tsi^{31}意为身材粗短的；mbɑ^{35}tɕə^{55}kʉ^{53}是好饮酒的家族的房名，mbɑ^{35}tɕə^{55}意为酒坛子。

给孩子取小名是当地宗教执业者公嘛的基本职责。孩子出生之后，家人将母亲和孩子的生辰八字交由公嘛，公嘛根据母亲生孩子当年的五行所属给孩子取名。翻出手心，公嘛以自己的左手食指、中指和无名指的关节为界，以中指的中节作为中心，上面一节为南，下面一节为北，以食指中节为东，无名指中节为西。给男孩取名按照顺时针方向推算，给女孩子取名则按照逆时针方向推算。公嘛推算名字的方式如图5所示。

婴儿的名字依据母亲的属相和年岁通过推算决定。如果母亲在虚岁27岁上生育，母亲属相是龙，按照案子上的图示，按照逆时针方位经过27个年头，走到了西方，那么孩子的名字就以西方为名。西方属金，若是女孩子，可以取名tɕɑ^{53}mɛ^{55}tshø^{53}。tɕɑ^{55}是铁，铁属金，代表出生的方位；tshø^{53}是海子，海子属水，与金相生；若是男孩子，可以取名tɕɑ^{55}thø^{55}tshe^{55}li^{53}，tɕɑ^{55}代表出生的方位，tshe^{55}li^{53}代表长寿。以东方命名的，男名通常是ʃø^{53}lə^{55}phɛ̃^{55}tɕho^{53}，phɛ̃^{55}tɕho^{53}意为发达；女名通常是ʃø^{53}ə^{55}dʒui^{31}mø^{53}，dʒui^{31}mø^{53}意为度母菩萨，依此类推。

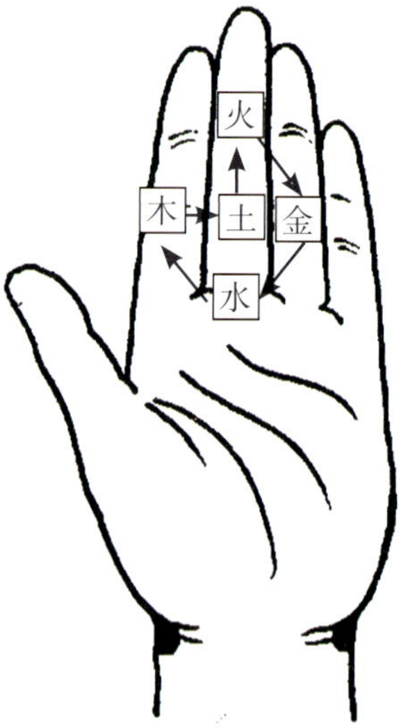

图5　贵琼公嘛的指节命名
（为男性取小名）

如此一来，常常有小名相同的情况出现。这时会通过房名来区别。例如，这是gø^{35}mø^{53}kʉ^{53}家的tɕɑ^{55}mɛ^{55}tshø^{53}，那是ɑ^{31}ji^{55}kʉ^{53}家的tɕɑ^{55}mɛ^{55}tshø^{53}；这是ɑ^{31}pu^{55}kʉ^{53}家的sø^{55}mu^{55}tsi^{53}，那是gø^{35}mø^{53}kʉ^{53}家的sø^{55}mu^{55}tsi^{53}。

四　服饰

贵琼藏族平时身着土布长衫ɕɛ̃^{55}tsi^{31}，长衫开右襟，长至脚踝。衣襟上留有一寸五的衣边。男服用黑色布料，女服用蓝色布料。女性头戴的pɑ^{55}li^{53}，总长七尺，折叠后覆盖头部，缠粉或红色头绳以固定（见图6）。男性头裹黑色头帕，总长一丈二尺（见图7）。

图6　贵琼女性日常服饰　康定市姑咱镇/2006.4.6/宋伶俐 摄

图 7　贵琼年轻男性夏季服饰　康定市姑咱镇 /2015.8.21/ 谢军 摄

贵琼藏族用绿色或蓝色腰带 $\text{zo̯}^{35}\text{ku}^{53}$ 束腰。天寒时着夹袄 $\text{tʃhn̩}^{55}\text{pɑ}^{53}$，穿背心 $\text{ʃɛ̃}^{55}\text{gɑ}^{53}$。女性系围裙 $\text{ŋuɛ̃}^{55}\text{tʃɿ}^{53}$，既可以负载物品，也可以御寒保暖（见图 8）。

外出劳作时添加羊皮或者兽皮齐膝短褂 $\text{lɑ}^{55}\text{ki}^{53}$（见图 9），脚上过去多穿布裹脚 $\text{zi̯}^{35}\text{tũ}^{31}\text{pe}^{53}$ 以御寒，现在主要穿胶鞋。负物时用勒条 $\text{tʃhu}^{31}\text{khɑ}^{53}$ 一头套在前额，另一头套在背篓上。

图 8　穿丝绸夹袄的贵琼女性
康定市麦崩乡 /2018.2.20/ 张玉美 摄

图 9　贵琼日常劳作服饰
康定市麦崩乡 /2017.10.21/ 杜晓兵 摄

贵琼藏族在集会上喜穿藏式服饰 $bi^{35}tshe^{31}we^{31}$（见图10），取代传统的长衫 $ɕɛ̃^{55}tsi^{31}$。

图 10　集会上的藏式服饰　康定市姑咱镇 /2006.6.18/ 宋伶俐 摄

五　婚俗

贵琼藏族的婚俗别具一格。鱼通地区，男二十、女十八父母就请媒人 $xũ^{31}je^{55}$ 说亲。媒人说亲后，请公嘛测算后下聘礼定亲，择冬日举办婚礼。男方以首饰、衣物和箱柜为聘礼 $ɣɑ^{35}$，并向女方家属派发包括头帕和鞋子在内的礼物。结婚当天，女方发放香包子①给男方迎亲人员，女伴 $lø^{55}nthɛ̃^{55}wu^{53}$ 走在新娘 $ŋui^{35}tɕhi^{31}$ 前面，引导新娘到男方家成婚。

贵琼藏族的婚礼（见图11）称为 $ɕø^{55}tɕhɔ̃^{53}$，$ɕø^{55}$ 为空闲之意，婚礼择日在冬季，此时为农闲时节。如今新事新办，婚礼不再局限于在冬季举办，但仍以冬天为主。婚礼的举办时间需由公嘛测算。婚礼的举办场地也不再局限于男方家，而是方便亲朋往来的姑咱镇酒店或农家乐。婚礼上以关外藏装为主要服饰。传统的长辈祝祷仪式在新式婚礼中不可或缺，即晚辈跪拜、敬酒，长辈送出祝福语。

图 11　贵琼新式婚礼　康定市姑咱镇 /2017.3.7/ 高友华 摄

---

① 香包子，贵琼话叫作 $sɛ̃^{55}pho^{31}lo^{31}$，用面皮包裹肉馅蒸制而成的半圆状面食。

成婚当日，新娘进入新郎jɑ^{31}tɕhy^{31}的家门，需要依次对家神、火塘和长辈行跪拜礼。新娘进新郎家后，首先需至神龛前向家神行跪拜礼。神龛叫作tɕɑ^{55}sẽ^{31}（见图12），贵琼藏族初一、十五以点酥油灯、燃香的方式供奉。神龛摆放或镶嵌在二楼大堂上。

图12　贵琼神龛
康定市麦崩乡 /2017.3.7/ 金学明 摄

火塘thi^{55}ko^{53}是贵琼藏族最为神圣的地方（见图13），火塘内安放三脚锅桩[①]tɕho^{55}ko^{53}。火塘上方tɕhy^{31}kui^{53}（即图13中火钳所指的方位）是新娘进门后需要行跪拜礼的地方。新娘跪拜了神龛和火塘后，再向长辈行礼。婚礼进行三天，亲友们载歌载舞。随后新郎、新娘回新娘家，称为回门xui^{31}mẽ^{31}。新郎需陪伴新娘回门，并发放香包子给女家亲戚。新娘在娘家phø^{55}tɕhɔ̃^{53}住三天后哭嫁远行。

图13　贵琼火塘　康定市麦崩乡 /2017.3.7/ 金学明 摄

① 三脚锅桩过去用石头打造，如今改用铁制品。

近年来，随着生活日渐富足，交通条件改善，以前走山路迎亲的方式为汽车迎亲所取代。婚车的说法来自于汉语，叫作 xuẽ^{55}tshe^{55}。

女方婚后回娘家生育，小孩儿出生三天后娘家人携大红公鸡到婆家报喜，男方馈赠以泡酒 mʉ^{53} 和猪膘[①] ɕi^{31}phɑ^{53}（见图 15）。小孩满月后，娘家才发送陪奁 pei^{31}liɛ̃^{31}，陪奁包括金银首饰 gø^{31}wu^{53}、七八百斤的粮食、四五十斤的泡酒以及床上用品。陪嫁的金银首饰等属于女性在婆家的私人财产[②] pu^{55}tɛ̃^{53}。如今新事新办，男方多馈赠首饰，女方多陪嫁家电家具。

图 14　贵琼婚车

康定市姑咱镇 /2017.3.7/ 高友华　摄

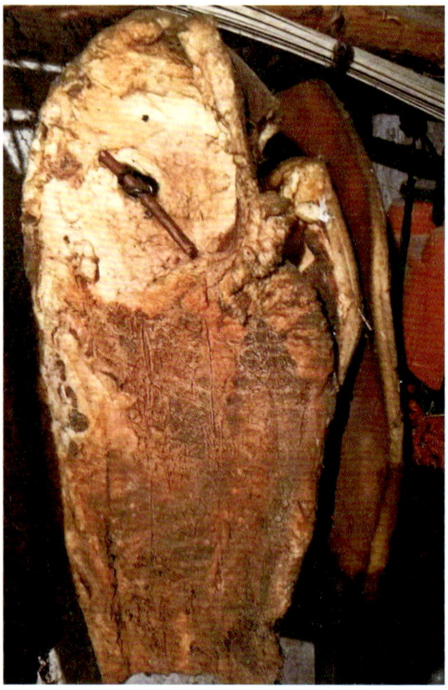

图 15　贵琼猪膘

康定市麦崩乡 /2017.3.7/ 金学明　摄

六　节日习俗

贵琼藏族的节日习俗受到汉、藏文化较大的影响。“藏历年”“喇嘛会”“丢面人”“哑人会”等和藏区节日大同小异；春节、清明、端午、六月六晒龙袍、七月半、中秋、九皇节、十月初一祭牛王菩萨以及木瓜会等节日，则和汉地节日大体相同。贵琼诸多节日习俗中以“射箭会”“羊年会”“野人节”最具本地特色，可惜均已停办。下面就现有节日习俗加以介绍。

① 猪膘，冬至前后十天左右宰杀肥猪，剖成两半，剔除瘦肉、内脏、肋骨和猪腿，涂抹盐和花椒面，腌制两晚后，用木板夹平，移到厨房的炕架上用烟火熏制两三个月，再移至通风处悬挂。猪膘和腊肉的制作过程并不相同，用途也不一样。通常在家中修房造屋、举办红白事务等仪式中使用。熏制的猪膘耐存放，可以放置十年之久；当地的高山气候和制作方法使其保质保鲜。

② 贵琼藏族区分父亲的财产和母亲的财产，父亲的财产叫作 phø^{53}tɛ̃^{53}，母亲的财产叫作 pu^{53}tɛ̃。

汉族农历二月十一，贵琼藏族所在的各乡村都有粉刷房子的活动，称为ȵi^{31}pu^{55}si^{55}ti^{53}（见图16）。当地人从石膏山取回石膏，用大火煅烧后调制熬浆，然后拿竹竿缠布帕粘上灰浆依次拍在房屋内外的墙面上，称之为“打扮房子”，即tɕhɔ̃^{31}tshe^{31}we^{31}wi^{35}。给房子外墙拍上石灰浆，既可以使其美观，也可使其具有凝固性，防止风化。粉刷房屋是贵琼人白色崇拜观念的一种反映。除了粉刷房屋，贵琼藏族还要在房屋的门枋、窗台上放置白石。

图16　贵琼原前溪乡俄包村用石灰打扮的房子　康定市前溪乡 /2016.3.25/ 谢军 摄

汉族农历四月二十五的ʒɿ^{31}pu^{53}ȵi^{31}sɿ^{55}ŋø^{53}，即“哑人会”，在贵琼原前溪乡举办。信众齐聚原前溪乡雄居寺，喇嘛主持活动，制作坛城，公嘛出席，念经祈福。众香客在此时报送先人姓名，请公嘛记录后日日念诵（见图17）。

图17　簇拥着公嘛为先人祈福的场景　康定市雄居寺 /2006.6.15/ 宋伶俐 摄

农历四月二十五举办的“哑人会”上，当地活佛高喇嘛在原前溪乡雄居寺主持绘制了坛城，就是 $tʃɿ^{55}ŋkhu^{53}$（见图18）。绘制坛城，喇嘛们不敢怠慢。填涂所用的白河沙，经众人用手磨磨出，浸泡半日，摊开晒干，用细筛除去粉尘，着色之后备用，色彩以蓝、绿、红为主色。填涂之前先弹墨线，画图一日，开始填沙，三日完成，图案绚烂，摆设在菩萨像前面的坛城里。陈设五日后，扫除图案，归拢河沙，送给香客以祛灾难、退洪水。

图18　坛城　康定市原前溪乡雄居寺 /2006.6.15/ 宋伶俐 摄

“哑人会”上，喇嘛除了制作坛城以外，还需用酥油和糌粑一起制作 $tɕhy^{55}bø^{53}$，即酥油菩萨（见图19），酥油菩萨前部用色彩鲜艳的酥油花 $mø^{31}tɕɛ̃^{53}$ 做了点缀，一起陈列在佛堂前。

图19　“哑人会”上喇嘛制作的酥油菩萨和酥油花　康定市雄居寺 /2006.6.15/ 宋伶俐 摄

贵琼藏族藏传佛教的信众每年都有集体放生仪式，放生物称作tshe^{55}thu^{53}，放生活动称为tshe^{55}thu^{53}ɬɔ̃^{53}（见图20）。雄居寺喇嘛在大渡河边圈定了一个放生池，叫作tshe^{55}thu^{53}ɬɔ̃^{55}mɛ^{55}tɕu^{31}mu^{53}，规定放生池内的放生物不能食用。

图20　贵琼信众放生　康定市大渡河边 /2017.4.25/ 高友华 摄

第四章 分类词表

说明：

1. 本章第一、二节收录《中国语言资源调查手册·民族语言（藏缅语族）》“调查表”中“叁 词汇”的词条（原表1200词），标记“（无）”的词条不收录。第一节为通用词，是语保工程调查中汉语方言与少数民族语言共有的调查词表。第二节为扩展词（原表1800词），是专家学者根据各个语族的实际情况制定的调查词表。这两节皆分为如下14类：

一　天文地理	六　服饰饮食	十一　动作行为
二　时间方位	七　身体医疗	十二　性质状态
三　植物	八　婚丧信仰	十三　数量
四　动物	九　人品称谓	十四　代副介连词
五　房舍器具	十　农工商文	

2. 第三节为其他词，收录“调查表”之外的一些词语。

第一节

《中国语言资源调查手册 · 民族语言（藏缅语族）》通用词

一　天文地理

太阳~下山了 mi^{31}ntshə^{53}

月亮~出来了 li^{35}mɔ̃^{31}

星星 li^{35}tsɿ^{31}

云 zũ^{31}kuɛ̃^{53}

风 mi^{31}ji^{53}

　mʉ^{31}ji^{53}

台风 thɑi^{31}Φũ^{55}

闪电名词 mɔ̃^{35}ɬə^{31}

雷 mɔ̃^{35}ɣɑ^{31}

雨 tshɔ̃^{31}

下雨 tshɔ̃^{31}wi^{35}

淋衣服被雨~湿了 tshɔ̃^{31}tɕhø^{53}

晒~粮食 thɛ̃^{53}

雪 khʉ^{55}wʉ^{53}

冰 pɛ̃^{55}khi^{31}

冰雹 si^{53}

霜 xɑ^{55}tshɛ̃^{53}

雾 zʅũ^{31}kuɛ̃^{53}

露 kuɛ̃^{35}sɿ^{53}

虹统称 sɿ^{31}mpɛ̃^{53}

日食 ȵɛ^{31}dzɿ^{53}

　mi^{31}ntshə^{53}zø^{35}nɔ̃^{31}kø^{31}

月食 dẽ^{35}dzɿ^{53}

天气 mɔ̃^{31}

晴天~ mɔ̃^{31}ʑy^{35}

阴天~ mɔ̃^{31}xɔ̃^{35}

旱天~ mɔ̃^{31}su^{53}

涝天~ tshɔ̃^{31}wi^{31}tɕhi^{31}phɔ^{55}le^{31}

天亮 mɔ̃^{31}sɔ̃^{53}

水田 dɔ^{35}dʑɛ̃^{53}

旱地浇不上水的耕地 dʑɛ̃^{35}

田埂 pɛ^{53}

路野外的 Φu^{31}tɕɑ^{31}

山 zʅ^{35}

山谷 lũ^{31}pʉ^{53}

江大的河 ȵyɔ̃^{31}tʃɿ^{53}

溪小的河 ȵɛ^{35}tʃɿ^{53}

水沟儿较小的水道 tʃhɿ^{53}khɑ^{55}tsi^{31}

湖 tshʉ^{53}

池塘 tɕu^{31}mũ^{53}

水坑儿地面上有积水的小洼儿 tʃɿ^{53}kho^{53}kho^{53}

洪水 lũ^{31}pʉ^{53}phɑ^{31}phɑ^{31}

淹被水~了 ʑu^{35}

  lu^{53}

河岸 tʃɿ^{31}kuɛ̃^{55}phɑ^{31}

坝拦河修筑拦水的 tʃɿ^{31}ȵɑ^{55}ji^{31}

地震 sɛ̃^{55}xɔ̃^{55}də^{53}

窟窿小的 tsɑ^{55}bo^{53}

缝儿统称 si^{53}

  si^{53}khɑ^{53}

石头统称 ɣũ^{31}phø^{53}

土统称 dɔ^{35}mpɑ^{53}

泥湿的 dɔ^{35}mpɑ^{53}thɔ̃^{55}thɔ̃^{53}

水泥旧称 sɿ^{31}xui^{53}

沙子 dʑʉ^{35}mʉ^{53}

砖整块的 tsuɛ̃^{55}

瓦整块的 wɑ^{31}

煤 mei^{31}

煤油 mei^{31}jou^{31}

炭木炭 khɑ^{31}mɑ^{53}

灰烧成的 thi^{53}thi^{53}

灰尘桌面上的 thi^{53}thi^{53}

火 mĩ^{31}tɑ^{53}

烟烧火形成的 mʉ^{31}khʉ^{53}

失火 mĩ^{31}tɑ^{53}ɕy^{53}

水 tʃɿ^{53}

凉水 tɕũ^{31}pɑ^{53}

热水如洗脸的热水，不是指喝的开水 pɔ̃^{31}ʐɑ^{31}

开水喝的 tʃɿ^{53}phʉ^{53}

磁铁 tshɿ^{31}thie^{55}

二　时间方位

时候吃饭的~ ʐɑ^{35}

什么时候 ʐɑ^{35}e^{31}li^{55}wu^{31}

现在 me^{31}le^{53}

以前十年~ ʂɿ^{31}kɑ^{53}

以后十年~ ʑi^{35}ʑi^{53}

一辈子 tə^{31}ʐə^{55}tsɿ^{31}

今年 tshɿ^{55}zɔ̃^{53}

明年 li^{31}gi^{53}

后年 ɕi^{31}gi^{53}

去年 mɑ^{31}nɑ^{53}

前年 ɕe^{55}ŋɛ^{55}ŋɛ^{31}pu^{31}

往年过去的年份 tɵ^{55}ɕe^{55}ŋɛ^{55}ŋɛ^{31}pu^{31}

年初 lɵ^{31}tshɔ^{53}

  lɵ^{31}thɵ^{53}

年底 lɵ^{31}ŋɛ̃^{53}

今天 tɕhɑ^{55}ji^{53}

明天 nɛ̃^{55}ji^{53}

后天 tɕhi^{55}tsɑ^{31}

大后天 sɛ^{31}ŋĩ^{53}

昨天 tɕhyɔ̃^{53}ȵũ^{53}

前天 ɣi^{35}ȵe^{53}

大前天 tɵ^{55}ɣi^{31}ȵe^{31}

整天 te^{31}ŋi^{53}

每天 te^{31}ŋi^{53}te^{31}tshe^{53}

早晨 ȵe^{31}zi^{53}

上午 tsɔ̃^{31}ȵɑ^{53}

中午 tsɔ̃^{31}ȵɑ^{53}

下午 tshɿ^{55}ŋe^{55}gi^{55}tsi^{53}

傍晚 mɔ̃^{35}ŋi^{35}tsi^{31}

白天 mʉ^{55}lʉ^{53}

夜晚与白天相对，统称 mɔ̃^{35}ŋi^{35}tsi^{31}

半夜 tshɛ^{55}zũ^{53}

正月农历 dɔ^{31}mpu^{31}li^{53}

大年初一农历 tɑ^{55}dʑyɔ̃^{53}

元宵节 si^{31}ŋɛ̃^{53}

清明 tɕhĩ^{55}mĩ^{31}

端午 wu^{31}jø^{53}

ŋə^{53}pu^{53}wu^{31}jø^{53}

七月十五农历，节日名 tɕhi^{31}ye^{55}pɛ̃^{31}

中秋 pɑ^{55}ye^{55}sɿ^{55}wu^{53}

冬至 tõ^{55}tsɿ^{31}

腊月农历十二月 bi^{35}li^{55}si^{31}

si^{55}ŋi^{55}li^{53}

除夕农历 nɔ̃^{55}tu^{53}

历书 xuɑ̃^{31}lie^{55}

阴历 jĩ^{55}li^{31}

阳历 jɑ̃^{31}li^{31}

星期天 ɕĩ^{55}tɕhi^{55}thiɛ̃^{55}

地方 sɵ^{55}tɕhø^{53}

什么地方 sɵ^{55}tɕhø^{53}ə^{31}lə^{53}

家里 tɕhɛ^{31}mɛ^{53}

城里 tɕhɑ^{35}

乡下 ɕɑ̃^{55}ɕɑ^{31}

上面从～滚下来 khʉ^{53}

下面从～爬上去 phei^{31}

左边 wi^{55}lɑ^{53}

右边 tɕyɔ̃^{31}lɑ^{53}

中间排队排在～ ʐũ^{35}kʉ^{31}

前面排队排在～ ʂɿ^{31}kɑ^{53}

后面排队排在～ ʑi^{35}ʑi^{53}

末尾排队排在～ tsə^{55}ʑi^{35}ʑi^{53}

对面 ʃu^{55}mu^{31}ȵe^{31}

面前 ȵɛ^{35}ɸu^{55}kɑ^{31}

背后 ŋgɑ^{31}li^{53}

里面躲在～ ɕʉ^{31}kʉ^{31}

外面衣服晒在～ tɕhʉ^{55}mʉ^{53}

旁边 sɔ̃^{31}ɕɛ̃^{31}

上碗在桌子～ uɛ̃^{31}jɛ̃^{53}

下凳子在桌子～ xo^{31}pi^{53}

边儿桌子的～ sɔ̃^{31}ɕɛ̃^{53}

角儿桌子的～ zɵ^{31}khɑ^{53}

上去他～了 thu^{31}ji^{53}

下来他～了 mi^{31}he^{53}

进去他～了 ji^{31}ȵdʑyi^{53}

出来他～了 ji^{31}tɕhye^{53}

出去他～了 wu^{31}tɕhye^{53}

回来他～了 dɑ^{31}he^{35}

起来天冷～了 lo^{31}bi^{31}mu^{31}

三　植物

树 sɛ̃^{31}pu^{53}

木头 sɛ̃^{53}

松树统称 thɔ̃^{55}kɑ^{55}lɑ^{53}

柏树统称 ʃo^{31}pu^{53}

杉树 thɔ̃^{55}nɛ̃^{53}

柳树 mbu^{35}ʐɿ^{53}

竹子统称 me^{31}jɔ̃^{53}

笋 me^{55}ʐɿ^{53}

叶子 pɑ^{53}pɑ^{53}

花 mi^{31}nto^{53}

花蕾花骨朵 to^{35}po^{53}

梅花 nɛ̃^{31}sɿ^{31}tɕe^{55}mi^{31}nto^{31}

牡丹 tɛ̃^{55}phi^{31}

荷花 xo^{31}xuɑ^{55}

草 ȵyɔ̃^{31}

bɔ^{35}

藤 bɛ̃^{31}tɔ̃^{53}

刺名词 tsɿ^{31}kɑ^{53}

水果 sɿ^{55}tɔ^{53}

苹果 li^{35}sɿ^{53}

桃子 tshm^{31}sɿ^{53}

梨 lẽ^{35}khẽ^{53}

李子 li^{55}tsi^{31}

杏 sɿ^{31}ȵtɕe^{53}

橘子 tɕy^{55}tsɿ^{53}kɛ̃^{55}

柚子 iou^{35}tsɿ^{31}

柿子 sɿ^{35}tsɿ^{53}

石榴 sɿ^{55}liou^{31}

枣 tsɑu^{53}tsɿ^{31}

栗子 pɛ̃^{53}li^{53}

核桃 khõ^{31}lõ^{53}

甘蔗 kɛ̃^{55}tse^{31}

木耳 ɑ^{31}tsɿ^{55}ndɔ^{35}wu^{53}

蘑菇野生的 ndzɿ^{35}tsi^{53}

香菇 ɕɑ̃^{55}ku^{55}

稻指植物 dɔ^{35}

稻谷指籽实（脱粒后是大米）dɔ^{35}

稻草脱粒后的 dɔ^{31}ȵyɔ̃^{53}

大麦指植物 kɛ̃^{31}jɛ̃^{55}tsi^{31}

小麦指植物 jɔ̃^{53}

麦秸脱粒后的 jɔ̃^{31}ȵyɔ̃^{53}

高粱指植物 kə^{31}bi^{53}

玉米指成株的植物 ji^{31}me^{53}

棉花指植物 mɛ^{35}hɛ^{53}

油菜油料作物，不是蔬菜 tshɑi^{35}tsɿ^{31}

芝麻 tsɿ^{55}mɑ^{31}

向日葵指植物 ji^{31}me^{55}mi^{31}nto^{53}

蚕豆 fu^{31}tou^{35}

豌豆 ȵo^{35}phɔ̃^{55}lɔ̃^{53}

花生指果实 xuɑ^{55}sẽ^{55}

黄豆 ȵo^{35}wu^{31}ɕɑ^{31}

绿豆 ȵo^{35}ji^{31}ntsɿ^{53}

豇豆长条形的 tɕɑ̃^{55}tu^{53}

大白菜东北～ pe^{31}tshɑi^{31}

包心菜卷心菜，圆白菜，球形的 liɛ̃^{31}xuɑ^{55}pe^{55}

菠菜 po^{55}tshɑi^{31}

芹菜 tɕhĩ^{31}tshɑi^{35}

莴笋 o^{55}sẽ^{31}

韭菜 kuẽ^{53}

香菜芫荽 ʂo^{31}pu^{55}lø^{31}mø^{31}

ʃø^{55}pi^{53}

葱 tshõ^{55}tsɿ^{31}

蒜 ʂu^{53}

姜 sẽ^{55}tɕɑ̃^{55}

洋葱 jɑ̃^{31}tshõ^{55}

辣椒统称 khu^{31}tsə^{53}

茄子统称 tɕhe^{31}tsɿ^{53}

西红柿 fɛ̃^{55}tɕhe^{31}

萝卜统称 lo^{31}pu^{35}

胡萝卜 xõ^{31}lo^{31}pu^{35}

黄瓜 xuɑ̃^{31}kuɑ^{55}

丝瓜 sɿ^{55}kuɑ^{55}

南瓜扁圆形或梨形，成熟时赤褐色 lɛ̃^{31}kuɑ^{55}

红薯统称 xõ^{31}sɑʉ^{35}

马铃薯 jɔ̃^{31}y^{35}

山药圆柱形的 ɕɑ^{55}wu^{55}tɕho^{55}tsi^{31}

藕 ŋəu^{53}

四　动物

老虎 tɑ^{53}

猴子 ȵo^{35}tsi^{31}

蛇统称 tʂu^{31}

老鼠家里的 tshui^{53}

蝙蝠 gə^{31}tsɿ^{55}phuɔ̃^{55}uɔ̃^{53}

鸟儿飞鸟，统称 tshɿ^{55}tshɿ^{31}

麻雀 tshɿ^{55}tshɿ^{31}

喜鹊 quɑ^{31}sɑ^{53}

乌鸦 kɑ^{31}li^{53}

鸽子 kuɛ̃^{55}tsi^{31}

　phu^{31}ko^{55}tsɿ^{31}

翅膀鸟的，统称 dɔ^{35}mphɑ^{53}

爪子鸟的，统称 di^{35}mũ^{53}

尾巴 mi^{31}kue^{53}

窝鸟的 xɔ̃^{55}ko^{31}

虫子统称 mbu^{35}lu^{53}

蝴蝶统称 khø^{31}lø^{53}

蜻蜓统称 bo^{31}bo^{31}tɕhɔ̃^{53}

蜜蜂 wi^{35}tsi^{53}

蜂蜜 wi^{35}

知了统称 e^{31}ŋɛ^{55}ŋɛ^{53}

蚂蚁 mbu^{31}hɑ^{53}

蚯蚓 mbu^{35}ti^{53}

蚕 kui^{35}tɕɛ̃^{53}mbu^{55}lu^{53}

蜘蛛会结网的 dʑo^{35}ko^{55}lo^{53}

蚊子统称 mbu^{35}sɿ^{53}

苍蝇统称 mbu^{31}hɔ̃^{53}

　mbu^{35}jɔ̃^{53}

跳蚤咬人的 ʐʅ^{35}wu^{53}

虱子 ʃɿ^{31}

鱼 tʃɿ^{55}ȵĩ^{53}

鳞鱼的 tʃɿ^{55}ȵĩ^{53}tɕɑ^{55}tɕɑ^{53}

虾统称 ɕɑ^{55}

青蛙统称 bi^{35}bʉ^{53}

癞蛤蟆表皮多疙瘩 bi^{35}bʉ^{53}

马 mbu^{35}

驴 ku^{55}lu^{55}tsi^{53}

骡 lo^{31}tsi^{31}

牛 ȵi^{35}

公牛统称 ȵi^{31}pi^{53}

母牛统称 bø^{31}ɣũ^{53}

放牛 ȵi^{31}ɬɔ̃^{53}

羊 tɕhi^{53}

　tɕhɔ̃^{31}

猪 phɑ^{53}

种猪配种用的公猪 phɑ^{53}tɕhyi^{53}

公猪成年的，已阉的 phɑ^{31}pi^{53}

母猪成年的，未阉的 phɑ^{31}ŋi^{53}

猪崽 phɑ^{53}tsi^{53}tsi^{53}

猪圈 phɑ^{53}tɕʉ^{31}lʉ^{53}

养猪 phɑ^{53}ʑi^{53}

猫 ŋɛ^{31}ɣũ^{53}

公猫 ŋɛ^{31}ɣũ^{53}phʉ^{53}

母猫 ŋɛ^{31}ɣũ^{53}mʉ^{35}

狗统称 khu^{53}

公狗 khu^{31}pi^{53}

母狗 khu^{31}ŋi^{53}

叫狗～ nʉ^{53}

　ɣɑ^{35}

兔子 thu^{35}tsɿ^{31}

鸡 nɛ^{31}

公鸡成年的，未阉的 nɛ^{31}phu^{53}

母鸡已下过蛋的 nɛ^{31}ŋi^{53}

叫公鸡～（即打鸣儿）wũ^{35}

下鸡～蛋 ʃɿ^{53}

孵～小鸡 mɔ̃^{35}

鸭 ȵɛ̃^{35}tsi^{31}

鹅 ɣo^{31}

阉～公猪 tshɑ^{55}lɑ^{53}

阉～母猪 tshɑ^{55}lɑ^{53}

阉～鸡 tshɑ^{55}lɑ^{53}

喂～猪 khɔ̃^{53}

杀猪统称 phɑ^{53}se^{53}

杀～鱼 se^{53}

五 房舍器具

村庄一个～ xũ^{31}tshu^{53}

胡同统称：一条～ tɕhɔ̃^{31}kə^{55}dʑø^{53}

街道 tɕhɑ^{53}

盖房子 tɕhɔ̃^{31}hø^{35}

房子整座的，不包括院子 tɕhɔ̃^{31}

屋子房子里分隔而成的，统称 ndzʉ^{35}kʉ^{31}

卧室 ɕʉ^{55}kʉ^{53}

茅屋茅草等盖的 ȵyɔ̃^{31}tɕhɔ̃^{31}

厨房 zi^{35}bi^{31}ji^{53}

灶统称 dʑø^{35}thø^{53}

锅统称 ɣũ^{35}

饭锅煮饭的 ɣũ^{35}

菜锅炒菜的 ɣũ^{35}

厕所旧式的，统称 mɔ^{31}sɿ^{53}

檩左右方向的 lĩ^{53}tsɿ^{31}

柱子 kʉ^{55}wʉ^{53}

大门 mĩ^{35}

门槛儿 gui^{35}thɛ̃^{53}

窗旧式的 tɑ^{55}gʉ^{53}

梯子可移动的 tə^{31}thõ^{31}

扫帚统称 tɕhɑ^{55}mʉ^{53}

扫地 dʑɛ̃^{35}tɕhɑ^{53}

垃圾 tɕɑ^{55}tɕɑ^{53}

家具统称 tɕɑ^{55}tɕy^{31}

东西我的～ tɕɑ^{55}sɿ^{53}

床木制的，睡觉用 tʂhĩ^{53}

枕头 hɔ̃^{31}khi^{53}

被子 pi^{31}tɔ̃^{53}

棉絮 mɛ^{35}xɛ^{53}

床单 mbo^{35}

zõ^{31}thɛ̃^{53}

席子 ɕi^{55}tsɿ^{31}

蚊帐 tsɑu^{35}tsɿ^{31}

桌子统称 tɕo^{31}tsi^{53}

柜子统称 khu^{55}ɕɑ̃^{53}

抽屉桌子的 nɛ̃^{31}thɛ̃^{53}

案子长条形的 ŋɛ̃^{35}pɛ̃^{53}

椅子统称 ji^{53}tsɿ^{31}

凳子统称 tɕo^{31}tsi^{53}

菜刀 tshe^{55}tɔ^{31}

瓢舀水的 mbɑ^{35}li^{53}

tʃɿ^{55}ku^{53}ji^{53}

缸 tʃɿ^{55}ŋə^{31}

坛子装酒的～ mbɔ̃^{35}

瓶子装酒的～ phĩ^{31}tsɿ^{53}

盖子杯子的～ khə^{53}khə^{53}

碗统称 kho^{31}

筷子 tɕũ^{31}tɕɑ^{31}

汤匙 tɕho^{55}tsi^{31}

柴火统称sɛ̃^{53}

火柴jɑ̃^{31}xo^{53}

锁zi^{31}tsi^{53}

钥匙ndɔ^{31}xɔ^{53}

暖水瓶uẽ^{55}sui^{53}phĩ^{31}

脸盆kho^{31}lo^{55}tsi^{31}

洗脸水v̩^{31}ȵɑ^{31}jɑ^{55}tʃʅ^{53}

毛巾洗脸用v̩^{31}ȵɑ^{31}pɑ^{55}li^{53}

手绢sou^{53}phɑ^{35}tsɿ^{31}

肥皂洗衣服用fei^{31}tsɑu^{35}

梳子旧式的，不是篦子tɕu^{55}tsi^{31}

缝衣针khə^{53}

剪子kə^{31}tu^{53}

蜡烛y^{31}tsu^{55}

手电筒tiɛ̃^{35}thõ^{31}

雨伞挡雨的，统称ɕyo^{55}dũ^{53}

自行车tsɿ^{35}ɕĩ^{31}tshe^{55}

六　服饰饮食

衣服统称tshe^{31}we^{31}

穿～衣服tshe^{31}we^{31}we^{35}

脱～衣服tshe^{31}we^{31}te^{53}

系～鞋带tʂɿ^{31}tʂhɑ^{53}

衬衫xɛ̃^{31}thɑ^{55}tsi^{31}

背心带两条杠的，内衣tɕɑ^{31}tɕɑ^{35}

毛衣mɑu^{31}ji^{55}

棉衣mɛ^{31}xɛ^{55}tshe^{55}we^{31}

袖子tshɔ̃^{31}ȵy^{53}

口袋衣服上的khi^{53}

　pɔ^{53}pɔ^{53}

裤子xi^{31}kue^{31}

裤腿xi^{31}ŋgɑ^{53}

帽子统称mo^{31}tsi^{53}

鞋子tʂɿ^{31}

袜子uɑ^{55}tsi^{31}

围巾uei^{31}tɕĩ^{55}

围裙ŋuɛ̃^{55}tʃʅ^{53}

　ȵɛ̃^{55}tʃʅ^{53}

尿布tɕɑ^{55}tɛ̃^{53}

扣子tɕo^{35}wu^{53}

扣～扣子tɕo^{35}wu^{53}di^{53}

戒指mɑ^{31}nthe^{31}tsi^{53}

手镯lɑ^{31}dʐo^{53}

理发uɛ̃^{31}jɛ̃^{55}khue^{31}

梳头uɛ̃^{31}jɛ̃^{55}tɕu^{31}

米饭zi^{31}

稀饭用米熬的，统称thɔ̃^{55}thɔ̃^{53}

面粉麦子磨的，统称jɔ̃^{55}phe^{53}

面条统称kuɑ^{55}mɛ̃^{53}

面儿玉米～，辣椒～phe^{53}

馒头无馅的，统称mɛ̃^{31}thou^{31}

包子sɛ̃^{35}pho^{31}lo^{31}

　pɔ^{55}tsɿ^{31}

饺子tshɔ̃^{31}khə^{55}tsi^{31}

馄饨tshɑu^{55}səu^{53}

馅儿nɔ̃^{31}tɕhʉ^{53}

油条长条形的，旧称jəu^{31}thiɑu^{31}

豆浆təu^{35}tɕɑ̃^{55}

豆腐脑li^{31}ki^{53}

元宵食品thɑ̃^{55}jɛ̃^{31}tsɿ^{31}

粽子tsõ^{35}tsɿ^{53}

点心统称tiɛ̃^{53}ɕĩ^{55}

菜吃饭时吃的，统称zɛ̃^{31}pɑ^{53}

干菜统称zɛ̃^{31}pɑ^{53}su^{55}tɕɔ̃^{53}

豆腐 li^{31}ki^{53}

猪血当菜的 tsɿ^{53}

猪蹄当菜的 phɑ^{53}ŋgɑ^{53}

猪舌头当菜的 dʐʅ^{35}

猪肝当菜的 phu^{53}

下水猪牛羊的内脏 nɔ̃^{31}tɕhʉ^{53}dʑyɔ̃^{53}

鸡蛋 nɛ^{31}ʃɿ^{53}

松花蛋 phi^{31}tɛ̃^{35}

猪油 tɕhu^{31}wu^{53}

香油 ɕɑ̃^{55}jəu^{31}

酱油 tɕɑ̃^{35}jəu^{31}

盐名词 tshi^{53}

醋 tshu^{35}

香烟 tshɛ̃^{31}hɛ̃^{53}

旱烟 tshɛ̃^{31}hɛ̃^{53}

白酒 ɑ^{31}lɑ^{53}

hɛ̃^{53}

江米酒酒酿，醪糟 lɑu^{31}tsər^{55}

茶叶 tɕhu^{31}

沏～茶 tsẽ^{55}tɕhɑ^{31}tũ^{31}

冰棍儿 pĩ^{55}kɑu^{55}

做饭统称 zi^{31}bi^{35}

炒菜统称，和做饭相对 tɕhø^{35}

煮～带壳的鸡蛋 ɕɑ^{53}

煎～鸡蛋 pɑ^{53}

炸～油条 tsɑ^{31}

蒸～鱼 khʉ^{53}

揉～面做馒头等 tʉ^{53}

擀～面，～皮儿 kɛ̃^{35}

吃早饭 ȵe^{31}zi^{31}kø^{53}

吃午饭 tsɔ̃^{31}kø^{53}

吃晚饭 dʐʅ^{31}kø^{35}

吃～饭 kø^{35}

喝～酒 tɕhɑ^{35}

喝～茶 tɕhɑ^{35}

抽～烟 tɕhɑ^{35}

盛～饭 zi^{31}tɕhyɔ̃^{53}

zi^{31}khɛ̃^{53}

夹用筷子～菜 kə^{35}

斟～酒 tũ^{53}

khɛ̃^{53}

渴口～ tʃɿ^{31}ɣi^{35}

饿肚子～ pho^{55}ȵu^{31}

噎吃饭～着了 ŋɑ^{35}

七　身体医疗

头人的，统称 uɛ̃^{31}jɛ̃^{53}

头发 zʅ^{31}pu^{53}

辫子 zʅ^{31}pu^{53}pɑ^{53}

旋 ɕyɛ̃^{53}

额头 ȵi^{55}gɑ^{53}

相貌 khə^{55}ntshɛ̃^{53}

脸洗～ v̩^{31}ȵɑ^{53}

眼睛 ȵɛ^{35}nũ^{31}

眼珠统称 ȵɛ^{35}nũ^{31}jɔ̃^{31}

眼泪哭的时候流出来的 ȵɛ^{35}ɣũ^{53}

眉毛 ȵɛ^{35}ŋo^{55}tshɔ̃^{53}

耳朵 ndə^{35}

鼻子 ȵø^{53}kũ^{53}

鼻涕统称 ȵø^{53}

擤～鼻涕 ȵø^{53}qɑ^{53}

嘴巴人的，统称 wũ^{31}pu^{53}

嘴唇 khɑ^{55}pɑ^{53}

口水～流出来 ɕɑ^{31}pi^{53}

舌头 dʐʅ^{35}

牙齿 hui^{53}

下巴 nɛ̃^{31}kʉ^{53}

胡子嘴周围的 ə^{55}tsɔ̃^{53}

脖子 ɣɛ̃^{31}

喉咙 tɕhyo^{31}ko^{53}

肩膀 tʂhɑ^{55}kʉ^{53}

胳膊 khɑ^{55}pɑ^{53}

手他的～摔断了 ko^{53}

左手 wi^{55}lɑ^{53}

右手 tɕyɔ̃^{31}lɑ^{53}

拳头 tɕhɛ̃^{31}thu^{31}

手指 ko^{31}ȵy^{53}

大拇指 ko^{31}ȵy^{53}dɑ^{31}wu^{31}

食指 bə^{31}bə^{31}ȵy^{53}

中指 ʐũ^{35}kʉ^{55}ȵy^{53}

小拇指 dzɿ^{35}zi^{55}ko^{53}ȵy^{53}

指甲 kui^{31}ɕɛ̃^{53}

腿 mɔ^{35}mpɑ^{53}

脚他的～压断了 ŋgɑ^{35}

膝盖指部位 pũ^{55}mu^{53}

背名词 gi^{35}kuɔ̃^{53}

肚子腹部 pɛ^{53}

肚脐 phɑ^{55}xɑ^{53}

乳房女性的 ȵĩ^{55}ȵĩ^{53}

屁股 bo^{31}bo^{53}

肛门 nɔ̃^{31}bo^{35}ji^{31}

阴茎成人的 pe^{35}tsi^{31}

suɔ̃^{55}nde^{53}

女阴成人的 ʃui^{55}tsi^{31}

肏动词 bu^{55}bu^{31}tshe^{53}

精液 pe^{31}ɣɛ̃^{53}

来月经 pɛ^{31}tɕhi^{55}mu^{31}

拉屎 nɔ̃^{31}bo^{35}

撒尿 e^{31}ʃʅ^{31}bo^{35}

放屁 nɔ̃^{31}ku^{53}

病了 tɕhi^{31}

着凉 khu^{31}zi^{55}tɕhi^{31}

咳嗽 tɕhyi^{31}hɑ^{31}

发烧 phʉ^{55}mu^{31}

发抖 the^{31}the^{35}

nde^{35}nde^{53}

肚子疼 pɛ^{53}tɕhi^{55}mu^{31}

拉肚子 pɛ^{53}ɕi^{53}

患疟疾 ndø^{35}nɛ̃^{55}tɕhi^{53}

中暑 mi^{31}ntshə^{53}dʑɑ^{53}

肿 ɣɔ̃^{35}

化脓 pʉ^{53}bi^{31}

疤好了的 pɑ^{55}tshɱ^{53}

癣 ɕyɛ̃^{53}

痣凸起的 nɛ^{31}ɕi^{53}

疙瘩蚊子咬后形成的 qɑ^{35}tɑ^{53}

狐臭 kɑ^{31}li^{55}ɕu^{53}

看病 tɕhi^{55}ȵdʑø^{35}

诊脉 tsɵ^{31}ho^{53}

针灸 khu^{31}tso^{55}di^{31}

打针 khə^{55}di^{53}

打吊针 su^{55}je^{35}

吃药统称 mɛ^{31}kø^{53}

汤药 mɛ^{53}

病轻了 phɛ̃^{53}

八　婚丧信仰

说媒 ŋui^{35}tɕhi^{31}ɕe^{31}ji^{31}

ŋui^{35}tɕhi^{31}lu^{31}ji^{31}

媒人 xõ^{31}je^{31}

相亲 ndzɔ̃^{35}ku^{53}

订婚 tɔ̃^{55}thɑ^{55}tɕe^{53}

嫁妆 phei^{31}liɛ̃^{35}

结婚统称 ɕø^{55}tɕhɔ̃^{53}

娶妻子男子~，动宾 ŋui^{35}tɕhi^{31}ɕɑ^{31}

出嫁女子~ tsʰɳ^{31}mi^{55}khɔ̃^{53}

拜堂 tɕhɑ^{55}bi^{31}

新郎 jɑ^{31}tɕhyi^{31}

新娘子 ŋui^{35}tɕhi^{31}

孕妇 e^{31}le^{55}tsi^{31}bʉ^{35}mɛ^{31}mũ^{31}

怀孕 bʉ^{35}

分娩 nɔ̃^{31}

流产 ɣe^{35}

双胞胎 tshi^{53}mu^{53}khɑ^{55}lɑ^{53}

坐月子 bɔ̃^{31}dzɔ^{53}

吃奶 ȵĩ^{55}ȵĩ^{55}tɕhɑ^{53}

断奶 ȵĩ^{55}ȵĩ^{55}ke^{53}

满月 te^{55}li^{55}ntshɔ̃^{53}

生日统称 nɔ̃^{31}mɛ^{55}zɑ̩^{35}

做寿 ko^{35}sẽ^{55}

死统称 sɿ^{35}

死婉称，最常用的几种，指老人：他~了 mɑ^{31}nɔ̃^{53}

自杀 zɔ̃^{31}sɔ^{55}tɕe^{53}

咽气 wu^{55}tɕhe^{53}

入殓 mɔ̃^{31}tɕhyɔ̃^{53}

棺材 gɔ̃^{35}mbu^{53}

出殡 mɔ̃^{31}tɕhyɛ̃^{53}

灵位 mĩ^{31}dʑɔ̃^{53}

坟墓单个的，老人的 mɔ̃^{31}

上坟 pɔ̃^{55}pɔ̃^{55}bi^{31}wu^{31}

纸钱 tshe^{31}mɛ̃^{53}

老天爷 mɔ̃^{31}nɔ̃^{55}ɬə^{55}kə^{55}mũ^{53}

菩萨统称 ɬə^{53}

观音 dzɿ̃ũ^{35}mø^{53}

灶神口头的叫法 thə^{55}ɬə^{53}

寺庙 ɬə^{55}guɔ̃^{53}

和尚 lə^{55}mu^{53}

尼姑 gə^{31}mũ^{53}

算命统称 tɕi^{55}tɛ̃^{55}tɕhe^{55}wu^{31}

运气 le^{35}

保佑 ȵdʑø^{35}

九　人品称谓

人一个~ mũ^{35}

男人成年的，统称 tsi^{55}ȵɑ^{31}

女人三四十岁已婚的，统称 tsʰɳ^{31}mi^{55}ȵɑ^{31}

单身汉 te^{31}pi^{55}tsi^{31}

婴儿 bɔ̃^{31}dzɔ^{55}e^{55}le^{55}tsi^{31}

tʃʰɳ^{55}tɑ^{55}e^{55}le^{55}tsi^{31}

小孩三四岁的，统称 e^{55}le^{55}tsi^{31}

男孩统称：外面有个~在哭 tsi^{53}

女孩统称：外面有个~在哭 tsʰɳ^{31}mi^{53}

老人七八十岁的，统称 kɛ̃^{35}sɔ̃^{53}

亲戚统称 tshɔ̃^{55}nɔ̃^{31}khʉ^{53}

朋友统称 ndzu^{35}

邻居统称 tɕhɔ̃^{55}tsi^{55}ndzu^{31}mi^{53}

客人 ndzɿuɛ̃^{35}pu^{53}

农民 dʑɛ̃^{35}bi^{53}wu^{53}

商人 tshũ^{55}bi^{53}wu^{53}

手艺人统称 lɑ^{31}dʑe^{55}dɑ^{55}bu^{53}

泥水匠 dø^{35}zʉ^{53}

木匠 sɛ̃^{53}zʉ^{53}

裁缝 zɿi^{31}kə^{53}wu^{31}

理发师uɛ̃^{31}jɛ̃^{55}khue^{31}wu^{31}
厨师tɑ^{31}sɿ^{55}fu^{31}
师傅ki^{35}kɛ̃^{53}
徒弟sũ^{55}mø^{53}
乞丐统称，非贬称tɕy^{55}wu^{31}
妓女bo^{31}bo^{55}ki^{55}wu^{31}
流氓sɔ^{55}tɕhɑ^{55}wu^{31}
贼tɕhyɔ̃^{55}pʉ^{53}
瞎子统称，非贬称ȵɛ^{35}ko^{53}
聋子统称，非贬称uɛ̃^{31}mø^{53}
哑巴统称，非贬称jɑ^{31}pɑ^{53}
驼子统称，非贬称tho^{31}pei^{35}
瘸子统称，非贬称quɑ^{55}je^{53}
疯子统称，非贬称mbɔ^{35}phu^{53}
傻子统称，非贬称ndɑ^{35}tshɔ^{53}
笨蛋蠢的人dɛ̃^{35}mʉ^{53}
爷爷呼称，最通用的ɑ^{31}pu^{53}
奶奶呼称，最通用的ɑ^{31}tsɿ^{53}
外祖父叙称ɑ^{31}pu^{53}
外祖母叙称ɑ^{31}tsɿ^{53}
父母合称phei^{53}le^{31}ŋi^{35}
父亲叙称ɑ^{55}tɑ^{31}
ɑ^{55}pɑ^{31}
phei^{53}
母亲叙称ə^{55}mə^{31}
爸爸呼称，最通用的ɑ^{55}tɑ^{31}
ɑ^{55}pɑ^{31}
妈妈呼称，最通用的ɑ^{55}mɑ^{31}
继父叙称xou^{31}fu^{55}
继母叙称xou^{35}mu^{53}
岳父叙称ɑ̃^{31}ku^{53}
岳母叙称ɑ^{31}ji^{53}
公公叙称ɑ̃^{31}ku^{53}
婆婆叙称ɑ^{31}ji^{53}
伯父呼称，统称o^{55}tɕo^{31}dɑ^{31}wu^{31}pi^{53}
伯母呼称，统称ɑ^{55}mɑ^{31}dɑ^{31}wu^{31}pi^{53}
叔父呼称，统称o^{55}tɕo^{31}
排行最小的叔父呼称，幺叔o^{55}tɕo^{31}ŋi^{31}wu^{31}pi^{53}
叔母呼称，统称ɑ^{31}ji^{53}
姑呼称，统称ɑ^{55}ȵɑ̃^{53}
姑父呼称，统称ɑ̃^{31}ku^{53}
舅舅呼称ɑ̃^{31}ku^{53}
舅妈呼称ɑ^{31}ji^{53}
姨呼称，统称ɑ^{31}ji^{53}
姨父呼称，统称ɑ̃^{31}ku^{53}
弟兄合称ki^{31}ki^{55}pu^{31}tsu^{31}
姊妹合称，可包括男性nɔ̃^{35}tsi^{31}tɕhy^{31}
哥哥呼称，统称ə^{55}tɕə^{53}
嫂子呼称，统称ə^{55}kə^{53}
弟弟叙称mɔ̃^{31}bu^{31}
弟媳叙称mi^{35}mi^{31}
姐姐呼称，统称ə^{55}kə^{53}
姐夫呼称ə^{55}tɕə^{53}
妹妹叙称hɔ̃^{31}tsi^{31}
妹夫叙称mɔ̃^{31}bu^{31}
堂兄弟叙称，统称ki^{31}ki^{55}pu^{31}tsu^{31}
表兄弟叙称，统称ki^{31}ki^{55}pu^{31}tsu^{31}
妯娌弟兄妻子的合称liɑ̃^{53}ku^{55}sɑu^{53}
儿子叙称：我的～ tsi^{53}
儿媳妇叙称：我的～ tsi^{53}ŋui^{35}tɕhi^{31}
女儿叙称：我的～ tshn^{31}mi^{53}
女婿叙称：我的～ zʅ^{35}bʉ^{53}
孙子儿子之子sẽ^{55}sẽ^{53}
重孙子儿子之孙mo^{53}mo^{53}

侄子弟兄之子tshø^{55}wu^{53}

外甥姐妹之子tshə^{55}wu^{53}

外孙女儿之子sẽ^{55}sẽ^{55}

夫妻合称mũ^{35}lə^{55}ŋui^{35}tɕhi^{31}

tɕi^{55}phʉ^{55}mʉ^{53}

丈夫叙称，最通用的，非贬称：她的～jɑ^{31}tɕhyi^{31}

妻子叙称，最通用的，非贬称：他的～ŋui^{35}tɕhi^{31}

名字mĩ^{55}tshɔ^{53}

绰号uɑi^{53}mĩ^{31}

十　农工商文

干活儿统称：在地里～li^{31}kə^{55}bi^{55}

事情一件～li^{31}kə^{53}

插秧dɔ^{35}tshɔ^{35}

割稻dɔ^{35}qɑ^{53}

种菜zɛ̃^{31}pɑ^{31}tshɔ^{53}

犁名词tɕhũ^{55}pi^{53}

锄头wi^{31}

镰刀sɔ^{55}li^{53}

把儿刀～wi^{31}kuɔ̃^{53}

箩筐hũ^{31}tu^{53}

筛子统称xɑ^{31}ɣɑ^{31}

簸箕农具，有梁的tʂi^{53}

簸箕簸米用ʃə^{55}tsɿ^{31}

独轮车tɕɑ^{31}tɕɑ^{31}tshe^{55}

轮子旧式的，如独轮车上的kuẽ^{53}tsɿ^{31}

碓整体ʂu^{31}mbu^{53}

臼kho^{31}pu^{53}

磨名词lɑ^{31}ku^{53}

ndʒɿ^{35}

年成lɵ^{35}

走江湖统称tɕhʉ^{55}mʉ^{55}tɕhye^{53}

打工tɕhʉ^{55}mʉ^{55}li^{31}kə^{55}bi^{53}wu^{53}

斧子pi^{55}zi^{53}

钳子tɕhɛ̃^{31}tsɿ^{53}

螺丝刀kɑi^{53}tɔ^{53}

锤子thø^{55}wu^{53}

钉子ndzi^{35}lu^{53}

绳子zɑ^{31}pu^{53}

棍子sɛ̃^{55}kuɔ̃^{53}

做买卖tshũ^{55}bi^{35}wu^{53}

商店①kõ^{55}sɿ^{55}

贵phu^{31}dɑ^{55}wu^{31}

phu^{55}thθ^{55}wu^{53}

便宜tsh̃^{31}wu^{53}

合算tsh̃^{31}wu^{53}

亏本phɔ̃^{31}

钱统称zɔ^{35}

零钱lĩ^{31}tɕhɛ̃^{31}

硬币xɑu^{31}tsɿ^{53}tɕhɛ̃^{31}

本钱tshũ^{53}zɔ^{53}

tshũ^{55}tɛ̃^{53}

tɛ̃^{35}

工钱mi^{31}phu^{53}

路费Φu^{31}tɕɑ^{31}phu^{53}

花～钱pho^{53}

赚卖一斤能～一毛钱tsh̃^{53}

挣打工～了一千块钱tsẽ^{35}

欠～他十块钱tɕhɑ^{53}

算盘tshuɛ̃^{55}wu^{55}di^{53}wu^{53}

suɛ̃^{35}phɛ̃^{31}

秤统称kuɛ̃^{53}

称用杆秤～khuɔ̃^{35}

赶集tɕhɑ^{35}ji^{31}

---

① 商店此处发为“公司”的读音。

集市 tɕhɑ^{35}

学校 ɕyo^{55}thɑ̃^{31}

教室 tɕɑu^{31}sɿ^{55}

上学 tɕhi^{31}tsɛ̃^{55}ji^{31}

放学 fɑ̃^{31}ɕyo^{55}

书包 su^{55}pɑu^{55}

本子 pẽ^{53}tsɿ^{31}

铅笔 tɕhɛ̃^{55}pi^{55}

钢笔 kɑ̃^{55}pi^{55}

圆珠笔 yɛ̃^{31}tsu^{55}pi^{55}

毛笔 mɑu^{31}pi^{55}

墨 nɛ̃^{53}tsθ^{53}

砚台 nɛ̃^{53}tsθ^{53}sɿ^{55}ji^{53}

信一封～ tɔ̃^{55}te^{53}

连环画 thu^{31}xuɑ^{31}

捉迷藏 nɛ̃^{31}nɛ̃^{31}tsi^{53}

跳绳 thiɑu^{35}suẽ^{31}

毽子 di^{35}tsɿ^{31}

舞狮 sɿ^{55}ŋi^{55}tɕhɔ̃^{53}

鞭炮统称 phu^{31}tɕhɔ̃^{53}

唱歌 ndø^{35}lø^{53}lɵ^{53}

演戏 jɛ̃^{53}ɕi^{35}

二胡 guɛ̃^{35}tṣə^{53}

笛子 gə^{31}lũ^{55}tsi^{53}

划拳 xuɑ^{31}tɕhyɛ̃^{31}

下棋 ɕɑ^{35}tɕhi^{31}

打扑克 phɑi^{31}di^{35}

打麻将 mɑ^{31}tɕɑ̃^{31}di^{35}

变魔术 dɛ̃^{35}ȵdzu^{35}ku^{55}wu^{53}

讲故事 dzu̥^{31}ɕe^{53}

猜谜语 dzu̥^{31}ku^{53}

玩儿游玩：到城里～ ʃuɛ̃^{31}

串门儿 ʃuɛ̃^{31}

走亲戚 tshɔ̃^{55}nɔ̃^{31}khʉ^{31}kɛ̃^{55}ji^{31}

十一　动作行为

看～电视 ȵdʑø^{35}

听用耳朵～ tʃɿ^{35}

闻嗅：用鼻子～ hũ^{31}hũ^{31}

吸～气 wu^{55}ŋɛ̃^{55}ɬɔ̃^{53}

睁～眼 ki^{35}

闭～眼 mĩ^{35}

眨～眼 tsɿ^{31}gə^{35}

张～嘴 ki^{35}

khue^{35}

闭～嘴 dø^{35}

咬狗～人 tsɔ̃^{55}di^{31}

嚼把肉～碎 kø^{31}kø^{53}

咽～下去 nɔ̃^{53}

舔人用舌头～ lɑ^{53}

含～在嘴里 mɔ̃^{35}

亲嘴 wũ^{31}pu^{55}dɛ̃^{31}ku^{31}

吮吸用嘴唇聚拢吸取液体，如吃奶时 tsʉ^{31}tsʉ^{35}

吐上声，把果核儿～掉 dʑɔ̃^{35}

吐去声，呕吐：喝酒喝～了 hɑ^{31}

打喷嚏 hø^{31}thi^{53}

拿用手把苹果～过来 tʃɱ^{53}

给他～我一个苹果 khɔ̃^{53}

摸～头 mɑ^{31}mɑ^{35}

伸～手 wu^{31}tɕe^{53}

挠～痒痒 ŋguɑ^{31}ŋguɑ^{35}

掐用拇指和食指的指甲～皮肉 tɕĩ^{55}di^{31}

拧～螺丝 ʑy^{35}

拧～毛巾 ʑy^{35}

捻用拇指和食指来回~碎 pu^{31}tɕi^{35}

掰把橘子~开，把馒头~开 n̥e^{35}

剥~花生 pu^{31}tɕi^{35}

撕把纸~了 phe^{35}

折把树枝~断 ko^{31}lo^{53}

拔~萝卜 ɕi^{35}

摘~花 qɑ^{53}

站站立：~起来 jø^{35}

倚斜靠：~在墙上 tɛ̃^{53}

蹲~下 ko^{31}tso^{35}

坐~下 tɕhyo^{35}

跳青蛙~起来 tɕye^{35}

迈跨过高物：从门槛上~过去 ŋgə^{35}ŋgə^{35}

踩脚~在牛粪上 dʑø^{35}

翘~腿 thɛ̃^{31}thɛ̃^{53}

弯~腰 ko^{31}lo^{53}

挺~胸 tshɿ^{35}

趴~着睡 bø^{31}bø^{53}

爬小孩在地上~ ʃɿ^{31}ʃɿ^{35}

走慢慢儿~ tɕhyi^{35}

跑慢慢儿走，别~ he^{53}

逃逃跑：小偷~走了 lɑ^{35}

追追赶：~小偷 tɕɔ̃^{53}

抓~小偷 ho^{35}

抱把小孩~在怀里 ʃuɔ̃^{53}

背~孩子 pø^{53}

搀~老人 ho^{35}

推几个人一起~汽车 tɕhyo^{53}

摔跌：小孩~倒了 te^{35}

撞人~到电线杆上 tɕhũ^{35}

挡你~住我了，我看不见 n̥ɛ̃^{35}

躲躲藏：他~在床底下 nɛ̃^{35}

藏藏放，收藏：钱~在枕头下面 pe^{53}

放把碗~在桌子上 tɕhʉ^{53}

摞把砖~起来 thø^{35}

埋~在地下 nʉ^{53}

盖把茶杯~上 hø^{35}

压用石头~住 dʑɑ^{35}

摁用手指按：~图钉 dʑɑ^{35}

捅用棍子~鸟窝 tɕhỹ^{35}

插把香~到香炉里 dʑø^{35}

戳~个洞 pho^{53}

砍~树 tɕo^{35}

lɑ^{35}

剁把肉~碎做馅儿 tsə^{53}

削~苹果 z̥o^{35}

裂木板~开了 phɑ^{35}

皱皮~起来 tɕo^{31}tɕo^{53}

腐烂死鱼~了 bʉ^{35}

擦用毛巾~手 tshɿ^{55}pi^{53}

倒把碗里的剩饭~掉 tũ^{53}

扔丢弃：这个东西坏了，~了它 dʑɔ̃^{35}

扔投掷：比一比谁~得远 ndɑ^{35}ku^{31}

掉掉落，坠落：树上~下一个梨 pɑ^{31}te^{53}

滴水~下来 tsʉ^{53}tsʉ^{53}

丢丢失：钥匙~了 dʑɔ̃^{35}

找寻找：钥匙~到 lu^{53}

捡~到十块钱 khə^{31}khə^{35}

提用手把篮子~起来 pɑ^{53}

挑~担 thiɑu^{55}

扛把锄头~在肩上 pɑ^{53}

抬~轿 pɑ^{53}

举~旗子 pɑ^{53}

撑~伞 dʑyɔ̃^{35}

撬把门~开 kɛ̃^{53}

挑挑选，选择：你自己~一个 tshɿ^{55}tshɿ^{31}

收拾～东西khə^{31}khə^{35}

挽～袖子tʂhɑ^{35}

涮把杯子～一下ɕi^{55}ɕi^{53}

洗～衣服jɑ^{35}

捞～鱼lɔ^{35}

拴～牛tʂhɑ^{53}

捆～起来tʂhɑ^{53}

解～绳子tʃhu^{31}tʃhu^{35}

挪～桌子sue^{31}sue^{35}

端～碗pɑ^{53}

摔碗～碎了pɑ^{31}te^{53}
ndɑ^{35}ku^{31}

掺～水khɛ̃^{53}

烧～柴khuɛ̃^{53}

拆～房子qɑ^{53}

转～圈儿suɛ̃^{35}

捶用拳头～ zũ^{35}di^{31}

打统称：他～了我一下dɛ̃^{35}

打架动手：两个人在～ dɛ̃^{35}dɛ̃^{35}tshe^{53}
di^{35}di^{35}tshe^{53}

休息gɑ^{31}ʃɔ̃^{53}

打哈欠hø^{31}hø^{53}

打瞌睡wu^{31}ȵdʑyi^{55}ȵdʑyi^{31}

睡他已经～了ju^{35}

打呼噜wu^{55}ŋɛ̃^{55}tɑ^{55}wu^{31}

做梦mɔ̃^{35}

起床we^{35}

刷牙hui^{31}jɑ^{53}

洗澡jɑ^{35}

想思索：让我～一下li^{35}gi^{53}

想想念：我很～他li^{35}gi^{53}
ȵi^{55}gɑ^{53}tɕhi^{53}

打算我～开个店li^{35}gi^{53}

记得li^{35}gi^{53}qo^{53}

忘记ʃu^{31}mu^{55}tɑ^{31}

怕害怕：你别～ ŋɔ̃^{35}

相信我～你ȵɛ̃^{55}tɛ̃^{53}

发愁sɑ^{31}ɕu^{53}

小心过马路要～ hɑ^{31}mɛ̃^{55}tsi^{31}

喜欢～看电视tʂhɑ^{55}gi^{31}

讨厌～这个人ndʐu^{35}

舒服凉风吹来很～ tsɿ^{35}pu^{55}ɕø^{53}

难受生理的tũ^{35}ŋə^{35}ɕø^{53}

难过心理的tũ^{35}ŋə^{35}ɕø^{53}

高兴gui^{35}

生气tsɿ^{35}pu^{55}zʉ^{53}

责怪dʑyɔ̃^{35}

后悔sɿ^{55}xui^{31}

忌妒jɛ̃^{53}xɔ̃^{31}

害羞hɑ^{55}

丢脸y̩^{31}ȵɑ^{53}dʑɔ̃^{35}

欺负tɕhi^{55}fu^{35}

装～病dzɔ̃^{35}tɕhi^{53}

疼～小孩儿mʉ^{53}

要我～这个tɕɛ̃^{35}

有我～一个孩子nɔ̃^{35}

没有他～孩子mɑ^{31}nɔ̃^{53}

是我～老师dʐʅ^{35}

不是他～老师me^{31}dʐʅ^{53}

在他～家nɔ̃^{35}

不在他～家mɑ^{31}nɔ̃^{53}

知道我～这件事mɛ^{31}sɿ^{53}

不知道我～这件事mɛ^{31}me^{55}sɿ^{55}

懂我～英语kʉ^{35}

不懂我～英语mø^{35}kʉ^{35}

会我～开车ȵyɔ̃^{35}

不会我～开车mɑ^{31}ȵyɔ̃^{55}

认识我～他mɛ^{31}sɿ^{55}

不认识我～他mɛ^{31}me^{55}sɿ^{55}

行应答语tɕyɔ̃^{35}

不行应答语mɑ^{31}tɕyɔ̃^{53}

肯～来tɕyɔ̃^{35}

应该～去ĩ^{31}kɑi^{55}

可以～去kho^{53}ji^{53}

说～话ɕe^{53}

话说～dzɔ̃^{35}ɕe^{53}

聊天儿tɕo^{31}lo^{31}ɕe^{53}

叫～他一声儿sɑ^{55}tɕhyɛ̃^{53}

吆喝大声喊ŋi^{35}

哭小孩～qo^{35}

骂当面～人dʑyɔ̃^{35}

吵架动嘴dʑyɔ̃^{35}dʑyɔ̃^{53}

骗～人dzɔ̃^{35}

哄～小孩dzɔ̃^{35}

撒谎dzɔ̃^{35}

吹牛dzɔ̃^{35}

拍马屁ŋgʉ^{31}sʉ^{53}

开玩笑tɕo^{55}lo^{53}

告诉～他ɕe^{53}

谢谢致谢语gɑ^{31}lɑ^{55}dʒɿ^{35}

对不起致歉语mɑ^{31}tɕyɔ̃^{55}mø^{35}

再见告别语dɑ^{31}he^{31}ue^{55}

十二　性质状态

大苹果～dɑ^{35}

小苹果～ŋi^{35}

粗绳子～ŋɛ^{55}ŋɛ^{53}

细绳子～khuɛ̃^{35}

长线～xĩ^{35}

短线～ku^{55}tu^{53}

长时间～xĩ^{35}

短时间～tɕhu^{53}

宽路～lɔ̃^{35}

宽敞房子～lɔ̃^{35}

窄路～dɔ^{35}

高飞机飞得～thɵ^{53}

低鸟飞得～mʉ^{53}

高他比我～thɵ^{53}

矮他比我～mʉ^{53}

远路～thɛ̃^{31}xĩ^{53}

近路～nɔ̃^{31}phɑ^{31}

深水～nʉ^{53}

浅水～mø^{31}nʉ^{53}

清水～kuɛ̃^{35}

浑水～xuẽ^{55}

圆lo^{31}lo^{55}tsi^{31}

ku^{31}lu^{55}tsi^{31}

扁tɕɑ^{31}tɕɑ^{55}tsi^{31}

方fɑ̃^{55}

尖ze^{31}ze^{31}

平dʑø^{35}dʑø^{53}

肥～肉dʑɑ^{35}

瘦～肉ɕʉ^{55}mʉ^{53}

肥形容猪等动物dʑɑ^{35}

胖形容人phɑ̃^{35}

瘦形容人、动物xɔ̃^{53}

黑黑板的颜色ȵi^{31}qɑ^{31}

白雪的颜色ʃo^{31}mɑ^{31}

红国旗的主颜色，统称jĩ^{31}xĩ^{31}

黄国旗上五星的颜色wu^{31}ʃɑ^{31}

蓝蓝天的颜色ji^{31}ntsɿ^{53}

绿绿叶的颜色ji^{31}ntsɿ^{53}

多东西～mĩ^{53}

少东西～ŋɛ̃^{35}

重担子～jĩ^{35}

轻担子～jɔ̃^{35}

直线～ʃu^{35}

陡坡～，楼梯～tʉ^{31}tʉ^{53}

弯弯曲：这条路是～的ko^{31}lo^{31}lo^{53}

歪帽子戴～了ʑy^{35}

厚木板～jɑ^{35}

薄木板～dʒɿ^{35}

稠稀饭～sɔ^{53}

稀稀饭～kuɛ̃^{31}tsɑ^{55}tsi^{31}

密菜种得～jɑ^{35}

稀稀疏：菜种得～dzɿ^{31}ɕɑ^{55}tsi^{31}

亮指光线，明亮sɔ̃^{31}tshuɔ̃^{55}tsi^{31}

黑指光线，完全看不见ȵi^{55}ko^{55}lo^{53}

热天气pɔ̃^{35}

暖和天气pɔ̃^{35}zɑ^{55}tsi^{31}

凉天气khũ^{31}tsu^{55}tsi^{31}

冷天气qhuɔ̃^{53}

热水pɔ̃^{35}

凉水khũ^{31}tsu^{55}tsi^{31}

干干燥：衣服晒～了su^{53}

湿潮湿：衣服淋～了thɔ̃^{55}thɔ̃^{53}

干净衣服～tsɔ̃^{55}mɔ̃^{55}tsi^{53}

脏肮脏，不干净，统称：衣服～ȵyɔ̃^{55}mu^{53}

快锋利：刀子～tɕhũ^{53}

钝刀～mø^{31}tɕhũ^{53}

快坐车比走路～ʃɔ̃^{53}

慢走路比坐车～thɔ^{53}

早来得～ȵø^{35}

晚来～了dɔ̃^{35}

晚天色～dɔ̃^{35}

松捆得～sũ^{55}

紧捆得～dɔ̃^{35}

容易这道题～dʑɛ̃^{35}

难这道题～nĩ^{35}

新衣服～sʉ^{55}pʉ^{53}

旧衣服～ŋɛ̃^{55}pʉ^{53}

老人～gie^{35}pu^{53}tsi^{53}

年轻人～le^{31}si^{55}tɕi^{53}

软糖～thɔ̃^{55}thɔ̃^{53}

硬骨头～qɑ^{55}tɑ^{55}lɑ^{53}

烂肉煮得～mĩ^{53}

煳饭烧～了tɕhi^{35}

结实家具～li^{31}ŋkuɛ̃^{53}

破衣服～mbɑ^{35}tɑ^{53}

富他家很～jɛ̃^{31}wu^{53}

穷他家很～mɛ̃^{35}wu^{31}

忙最近很～bɛ^{35}

闲最近比较～ɕø^{35}

累走路走得很～gɑ^{35}

疼摔～了tɕhi^{55}mu^{31}

痒皮肤～tsʉ^{53}

热闹看戏的地方很～ze^{55}lɑu^{31}

熟悉这个地方我很～ndʐi^{35}

陌生这个地方我很～me^{35}ndʐi^{55}

味道尝尝～uei^{31}tɑu^{35}

气味闻闻～khi^{31}

咸菜～khi^{53}

淡菜~ ȵyɔ̃^{31}ȵyɔ̃^{53}tsi^{31}

酸 tsɔ̃^{35}

甜 qhuɑ^{53}

苦 khi^{53}

辣 ɕʉ^{35}

鲜鱼汤~ dʑyɔ̃^{35}

香 mɑ^{53}

臭 ɕʉ^{35}

馊饭~ ɕʉ^{35}

腥鱼~ ɕʉ^{35}

好人~ gie^{35}

坏人~ ndɑ^{35}

差东西质量~ ndɑ^{35}

对账算~了 tɕyɔ̃^{35}

错账算~了 ndʐu^{35}

漂亮形容年轻女性的长相：她很~ ndzɿ^{35}

丑形容人的长相：猪八戒很~ me^{35}ndzɿ^{55}tshẽ^{55}to^{55}xɔ̃^{53}

勤快 ŋɑ^{31}tshɑ^{31}jɔ̃^{53}

懒 lɛ̃^{53}

乖 wũ^{31}pu^{53}tʃɿ^{35}

顽皮 tɕø^{35}

老实 dɛ̃^{35}mʉ^{53}

傻痴呆 ndɑ^{35}tshɔ^{53}

笨蠢 dɛ̃^{35}mʉ^{53}tsi^{53}

大方不吝啬 tɑ^{31}fɑ̃^{55}

小气吝啬 ze^{31}ze^{31}

直爽性格~ thθ^{55}thθ^{53}

犟脾气~ lɛ^{53}

十三　数量

一~二三四五……，下同 tsɿ^{53}

二 ȵi^{53}

三 sɔ̃^{53}

四 ʒɿ^{35}

五 ŋə^{53}

六 dʒu^{35}

七 dɛ̃^{35}

八 dʑe^{35}

九 gi^{35}

十 tʃɿ^{53}

二十 ȵi^{31}ʃɿ^{53}

三十 sɔ̃^{55}tʃɿ^{53}

一百 dʑø^{35}

一千 tũ^{55}tshø^{55}tɕɔ̃^{53}

一万 tɑ^{31}khɔ^{53}

一百零五 dʑø^{35}le^{55}ŋɛ̃^{31}pi^{31}

一百五十 dʑø^{35}ŋə^{53}tʃɿ^{53}

第一~，第二 ʂɿ^{31}kɑ^{55}pi^{31}

二两重量 ȵi^{35}lɔ̃^{53}

几个你有~孩子？ tʃɦn^{31}tɕɑ^{31}

俩你们~ ȵi^{31}pi^{53}

仨你们~ sɔ̃^{55}pi^{53}

个把 te^{31}pi^{53}uɑ^{31}tshe^{31}

个一~人 pi^{53}

匹一~马 tɕɔ̃^{53}

头一~牛 tɕɔ̃^{53}

头一~猪 tɕɔ̃^{53}

只一~狗 tɕɔ̃^{53}

只一~鸡 tɕɔ̃^{53}

只一~蚊子 tɕɔ̃^{53}

条一~鱼 tɕɔ̃^{53}

条一~蛇 tɕɔ̃^{53}

张一~嘴 tɕɑ^{53}

张一～桌子 tɕɑ^{53}

床一～被子 tɕe^{53}

领一～席子 tɕe^{53}

双一～鞋 hɔ̃^{53}

把一～刀 tɕɑ^{53}

把一～锁 ŋɔ̃^{53}

根一～绳子 khɑ^{53}

支一～毛笔 tɕɑ^{53}

副一～眼镜 tɕɑ^{53}

面一～镜子 tɕhɑ^{53}

块一～香皂 po^{31}to^{31}

辆一～车 tɕɑ^{53}

座一～房子 tɕɑ^{53}

座一～桥 tɕɑ^{53}

条一～河 khɑ^{53}

条一～路 khɑ^{53}

棵一～树 mbo^{53}

朵一～花 ku^{53}

颗一～珠子 jɔ̃^{53}

粒一～米 jɔ̃^{53}

顿一～饭 ndzi^{53}

剂一～中药 fu^{53}

股一～香味 tɕɑ^{53}

行一～字 ɣe^{53}

块一～钱 pɑ^{53}

kho^{53}

毛角：一～钱 tɕɔ̃^{53}

件一～事情 khɑ^{53}ji^{53}

点儿一～东西 tɕi^{53}

些一～东西 tɕi^{53}

下打一～，动量，不是时量 ʃo^{31}

会儿坐了一～ ʃo^{31}

顿打一～ ndzi^{53}

阵下了一～雨 ʃo^{53}

趟去了一～ thɛ̃^{53}

十四　代副介连词

我～姓王 ŋə^{31}

你～也姓王 nũ^{31}

您尊称 nũ^{31}

他～姓张 zʉ^{35}

我们不包括听话人：你们别去，～去 ŋə^{31}ku^{53}

咱们包括听话人：他们不去，～去吧 dʑu^{35}ku^{31}

你们～去 nu^{31}ku^{53}

他们～去 tu^{31}zi^{53}

大家～一起干 ɡɔ̃^{31}dʐ̩^{53}

自己我～做的 zɔ̃^{35}su^{53}

别人这是～的 jĩ^{55}nɛ̃^{53}

我爸～今年八十岁 ŋə^{31}mɛ^{55}phei^{53}

ŋə^{31}mɛ^{55}ɑ^{55}tɑ^{31}

你爸～在家吗？ nũ^{31}mɛ^{55}ɑ^{55}tɑ^{31}

nũ^{31}mɛ^{55}phei^{53}

他爸～去世了 zø^{35}mɛ^{55}ɑ^{55}tɑ^{31}

zø^{35}mɛ^{55}phei^{53}

这个我要～，不要那个 ti^{55}pi^{53}

那个我要这个，不要～ li^{55}ki^{55}pi^{53}

哪个你要～杯子？ e^{31}li^{55}tɕɑ^{53}

谁你找～？ sø^{31}

这里在～，不在那里 tø^{31}kɛ̃^{53}

那里在这里，不在～ li^{31}kə^{53}

哪里你到～去？ ə^{31}lə^{55}kɛ̃^{53}

这样事情是～的，不是那样的 tu^{35}

那样事情是这样的，不是～的 li^{31}ki^{55}wu^{31}

怎样什么样：你要～？ e^{31}li^{55}wu^{31}

这么～贵啊tu^{35}

怎么这个字～写？ e^{31}li^{55}wu^{31}

什么这个是～字？ tɕʉ^{53}jə^{31}

什么你找～？ tɕʉ^{53}

为什么你～不去？ e^{31}li^{55}wu^{31}

干什么你在～？ tɕʉ^{53}bi^{31}

多少这个村有～人？ ə^{31}lə^{55}tʃɿ^{31}

很今天～热tshɿ^{53}

非常比上条程度深：今天～热tshɿ^{55}tshɿ^{53}

更今天比昨天～热tʂhʅ^{53}

太这个东西～贵，买不起tʂhʅ^{55}tʂhʅ^{53}

最弟兄三个中他～高tʂhʅ^{53}

都大家～来了gɔ̃^{31}dzʅ^{53}

一共～多少钱？ tsə^{53}

一起我和你～去ȵyɔ̃^{55}mu^{53}

只我～去过一趟tsə^{53}

刚我～到me^{53}

才你怎么～来啊？ mũ^{55}su^{31}

经常我～去tɕhɔ̃^{31}sɿ^{31}

又他～来了ɔ̃^{35}

还他～没回家me^{53}

再你明天～来me^{53}

也我～去；我～是老师ɑ^{31}sɿ^{53}

反正不用急，～还来得及e^{31}li^{55}wu^{31}ɕe^{31}ɕe^{31}

没有昨天我～去me^{35}

不明天我～去me^{35}

别你～去the^{31}

甭不用，不必：你～客气the^{31}

快天～亮了lo^{35}bi^{31}mu^{31}

差点儿～摔倒了te^{31}tɕi^{55}tɕɔ̃^{31}

宁可～买贵的tsə^{53}

故意～打破的li^{35}tsɿ^{31}

随便～弄一下sui^{31}piɛ̃^{35}

白～跑一趟tũ^{55}mø^{55}tɕhɔ̃^{31}ŋi^{31}

肯定～是他干的tsə^{53}

可能～是他干的xɑi^{31}phɑ^{31}
kho^{53}nẽ^{31}

一边～走，～说te^{31}ȵe^{53}te^{31}ȵe^{53}

和我～他都姓王lə^{53}

和我昨天～他去城里了lə^{53}

如果～忙你就别来了lə^{53}

不管～怎么劝他都不听e^{31}li^{55}wu^{31}

第二节

《中国语言资源调查手册 · 民族语言（藏缅语族）》扩展词

一　天文地理

天～地 mɔ̃^{31}

阳光 wi^{35}

日出 mi^{31}ntshə^{53}tɕhye^{53}

日落 mi^{31}ntshə^{53}pʉ^{53}

北极星 mɔ̃^{31}sɔ̃^{55}khə^{53}tɕhə^{53}

光～线 wi^{35}

影子 wũ^{31}pi^{31}pi^{55}tsi^{31}

刮风 mi^{31}ji^{53}ʃo^{53}

风声风呼呼声 mi^{31}ji^{53}sɑ^{53}

打雷 mɔ̃^{35}ɣɑ^{31}

响雷霹雳，名词 mɔ̃^{35}sɑ^{31}tɑ^{55}wu^{31}

大雨 tshɔ̃^{31}dɑ^{31}wu^{53}

小雨 tshɔ̃^{31}ŋi^{31}wu^{53}

毛毛雨 tshɔ̃^{31}sɿ^{31}sɿ^{55}tsi^{31}

暴风雨 tshɔ̃^{31}zɛ̃^{35}wu^{31}

雨声 tshɔ̃^{31}sɑ^{53}

下雪 khʉ^{55}wʉ^{55}wi^{53}

雪崩 khʉ^{55}wʉ^{55}tɕhe^{53}

雪水 khə^{55}tʃɿ^{53}

结冰 pɛ̃^{55}tɕɑ^{31}

融化雪～了 ku^{35}

乌云 ʐũ^{31}kuɛ̃^{53}

彩云 wi^{31}zi^{53}

蒸汽水蒸气 khi^{31}

地总称 dʑɛ̃^{35}

土地 dʑɛ̃^{35}

坡地 tʉ^{31}tʉ^{55}dʑɛ̃^{53}

　dʑɛ̃^{35}tʉ^{31}tʉ^{53}

荒地 pɔ̃^{55}tɕɑ^{53}

山地 ʐʅ^{31}dʑɛ̃^{35}

平地平坦的土地 dʑø^{35}dʑø^{53}

地界田地的边界 xĩ^{55}lɔ̃^{53}

庄稼地 li^{31}thɔ^{53}dʑɛ̃^{53}

坝子山中的平地 thɔ̃^{55}uɔ̃^{53}

地陷 ntɔ̃^{35}

海大~ dʑɔ̃^{35}tshʉ^{53}

田总称 dʑɛ̃^{35}

田坎 pɛ^{53}

秧田 dɔ^{35}dʑɛ̃^{53}

试验田 sɿ^{35}ȵɛ̃^{35}thiɛ̃^{31}

小山 ʐʅ^{35}ɛ̃^{55}ŋɛ̃^{55}tsɿ^{31}

荒山 nɛ̃^{35}

雪山 khʉ^{55}wʉ^{53}ʐʅ^{53}

山顶 ʐʅ^{35}ŋgʉ^{53}

山峰 ʐʅ^{35}ze^{31}ze^{55}tsi^{31}

山腰 ʐʅ^{35}tɑ^{55}tɔ̃^{55}lɔ̃^{53}

山脚 ʐʅ^{31}nɛ̃^{53}

阴山指山背阴一面 jĩ^{55}sɛ̃^{55}phɑ^{55}ȵe^{31}

阳山指山朝阳一面 ȵɛ^{31}lo^{31}phɑ^{55}ȵe^{31}

岩洞 ʐʅ^{35}tʂɑ^{53}bo^{53}

岩石 tʂɑ^{53}

鹅卵石 tʃɿ^{53}ɣũ^{31}phø^{31}

平原 thɔ̃^{55}uɔ̃^{53}

滑坡 ʐʅ^{35}tɕhe^{53}

陡坡 tʉ^{31}tʉ^{53}

悬崖峭壁 nɛ̃^{31}xɔ̃^{53}

石板 dø^{35}tɕhɑ^{53}

小河 ȵɛ^{35}tʃɿ^{53}

河水 ȵyɔ̃^{31}tʃɿ^{53}

上游河的~ tʃɿ^{35}khʉ^{55}ȵe^{53}

下游河的~ tʃɿ^{35}phei^{31}ȵe^{53}

旋涡河里的~ tshn^{55}mə^{55}lə^{53}

泡沫河里的~ pu^{35}pu^{53}

泉水 tɕu^{31}mu^{53}

清水与浊水相对 kuɛ̃^{31}tsɑ^{55}tsi^{31}

瀑布 tshn^{55}də^{53}

草原 pɔ̃^{55}tɕɑ^{53}

峡谷 lũ^{31}pʉ^{53}

泥石流 mʉ^{35}

地洞 tʂɑ^{53}bo^{53}

洞口 mĩ^{31}tɕo^{53}

山路 ʐʅ^{31}fu^{55}tɕɑ^{31}

岔路 fu^{31}tɕɑ^{31}khɑ^{53}lɑ^{53}

大路野外的 fu^{31}tɕɑ^{31}dɑ^{31}wu^{31}

小路野外的 fu^{31}tɕɑ^{31}ɛ^{55}ŋɛ̃^{55}tsi^{31}

公路 mɑ^{53}lu^{31}

桥统称 zɔ̃^{31}pʉ^{53}

石桥 ɣũ^{31}phø^{53}zɔ̃^{31}pʉ^{53}

渡口 də^{55}sə^{53}

菜园 zɛ̃^{31}pɑ^{55}ko^{53}li^{53}

果园 sɿ^{55}to^{53}ko^{53}li^{53}

尘土干燥的泥路上搅起的 thi^{55}thi^{53}

粉末 ʑu^{31}phe^{55}tsi^{31}

渣滓榨油剩下的~ tɕɑ^{55}tɕɑ^{53}

煤渣炭屑，煤炭燃烧后余下的东西 mei^{31}tɕɑ^{55}tɕɑ^{53}

锅烟子 khɑ^{31}mɑ^{55}phe^{31}

金 ȵĩ^{53}

银 wũ^{53}

铜 ʐɔ̃^{31}bu^{53}

铁 ʃɔ̃^{53}

锈名词 tsø^{53}

生锈动词 tsø^{55}nkhĩ^{53}

钢 ʃɔ̃^{31}gie^{31}wu^{53}

锡 sɿ^{55}lɑ^{53}

铝 ʐɑ^{35}

铅 sɿ^{55}lɑ^{53}

玉 li^{35}

翡翠 li^{35}

玻璃 po^{55}li^{31}

硫黄 xɑ^{55}tshɛ̃^{53}

碱 thi^{55}khi^{53}

火药 mi^{31}zi^{53}

硝做火药的~ xɑ^{55}tshɛ̃^{53}

火种 mĩ^{31}tɑ^{53}tɕhyi^{53}

火光 mi^{31}lə^{53}

火焰 mi^{31}lə^{53}

火塘 thi^{53}ko^{53}

打火石 mĩ^{31}tɕhu^{53}

山火 mi^{31}zɑ̥^{53}

火把 xu^{31}tɕɑ^{53}

火星火塘里的 mĩ^{31}tɑ^{53}phe^{31}phe^{55}tsi^{31}

火舌火苗 mi^{31}zə̥^{53}

火灾 mi^{31}zə̥^{53}tɕhø^{53}

火石 mĩ^{31}tɕhu^{53}

火铲 zə^{35}tɕɑ^{53}

汽油 tɕhi^{35}iəu^{31}

油漆 xĩ^{31}

井水~ tɕu^{31}mu^{53}

沸水 tʃʅ^{53}phʉ^{53}

温水 pɔ̃^{31}zɑ̥^{55}tsi^{31}

碱水 thi^{55}khi^{55}tsʅ^{53}

二 时间方位

春天 ju^{55}khʉ^{53}

夏天 ju^{55}zũ^{35}

秋天 guɛ̃^{35}zũ^{35}

冬天 guɛ̃^{35}khʉ^{53}

过年 li^{31}si^{53}

过节 tɕe^{55}tɕhi^{31}

每年 tɑ^{55}ŋɔ̃^{53}te^{31}sʅ^{53}

上半年 lɵ^{35}ji^{31}tshɔ^{55}kɔ̃^{31}

下半年 lɵ^{31}ŋɛ̃^{35}

闰月 dø^{35}ɬɑ^{53}

二月 n̥i^{53}pu^{55}li^{53}

三月 sɔ̃^{53}pu^{55}li^{53}

四月 ʒʅ^{35}pu^{55}li^{53}

五月 ŋə^{31}pu^{55}li^{53}

六月 dʒu^{31}pu^{31}li^{53}

七月 dɛ̃^{35}pu^{55}li^{53}

八月 dʑe^{35}pu^{55}li^{53}

九月 gi^{35}pu^{55}li^{53}

十月 tʃʅ^{55}pu^{55}li^{53}

十一月 sɛ̃^{55}tsʅ^{55}li^{53}

十二月 bi^{35}li^{55}si^{31}

每月 te^{31}li^{55}te^{31}tshe^{53}

月初 te^{31}li^{55}tshɔ^{55}kɔ̃^{31}

月底 te^{31}li^{55}tshø^{55}kɔ̃^{31}

元旦 li^{31}si^{55}ŋi^{31}wu^{55}tɕɑ^{31}

初一除了正月以外，其他月份的初一。下同 tɑ^{31}dʑyɔ̃^{53}

初二 n̥i^{31}dʑyɔ̃^{53}

初三 sɔ̃^{53}dʑyɔ̃^{53}

初四 tsʅ^{31}dʑyɔ̃^{53}

初五 ŋɛ̃^{31}dʑyɔ̃^{53}

初六 kho^{55}dʑyɔ̃^{31}

初七 ŋi^{55}dʑyɔ̃^{31}

初八 je^{53}dʑyɔ̃^{31}

初九 ŋui^{35}dʑyɔ̃^{53}

初十 sʅ^{31}dʑyɔ̃^{53}

昼夜指白天黑夜 te^{31}zʅ̥^{53}te^{31}ŋi^{53}

半天 tɑ^{31}tsɔ̃^{31}tɕɑ^{53}

古时候 ŋə^{55}zə̥^{53}

东 tɔ̃^{55}

南 lɛ̃^{31}

西 ɕi^{55}

北 pe^{55}

正面 ʂɿ^{31}kɑ^{55}ȵe^{31}

反面 ŋgɑ^{31}li^{55}ȵe^{53}

附近 nɔ̃^{31}phɑ^{31}

周围 nɔ̃^{31}phɑ^{31}suɛ̃^{31}

对岸河的～ ʃu^{55}mu^{31}ȵe^{31}

门上挂在～ mĩ^{35}khʉ^{55}ȵe^{53}

楼上 khʉ^{31}tsɑ^{53}

楼下 phe^{31}tsɑ^{53}

角落墙的～ zʉ^{31}khɑ^{53}

在……后 ŋgɑ^{31}li^{53}

在……前 ʂɿ^{31}kɑ^{53}

在……之间 ʐũ^{35}kʉ^{31}

三　植物

杨树 ndʐɿ^{35}sɛ̃^{53}

白桦 tʂhui^{55}pʉ^{53}

桑树 xui^{55}sɿ^{53}

椿树 tɕhyɛ̃^{31}sɛ̃^{53}

冷杉一种树种 thɔ̃^{55}kʉ^{53}

桉树 ŋɛ̃^{55}su^{31}

漆树 xĩ^{31}sɛ̃^{53}

水冬瓜树 tʃɿ^{55}ntʂuɛ̃^{31}

青冈栎 tsɿ^{35}sɛ̃^{53}

树皮 sɛ̃^{31}pu^{53}pɑ^{53}pɑ^{53}

树枝 khɑ^{55}lɑ^{53}

树干 tsũ^{35}tsũ^{53}

树梢 uɛ̃^{31}jɛ̃^{55}tsi^{31}

根树～ mo^{55}ʐɿ^{53}

树浆 sɛ̃^{31}tʃɿ^{53}

年轮树的～ ʐɿ^{31}mũ^{53}

松球 thɔ̃^{55}kɑ^{55}lɑ^{55}jɔ̃^{55}jɔ̃^{53}

松针 thɔ̃^{55}kɑ^{55}lɑ^{55}bi^{35}bi^{53}

松脂 ndzɿ^{35}

松香 ɕɔ^{53}

松包松树枝头上的果实 thɔ̃^{55}kɑ^{55}lɑ^{55}jɔ̃^{55}jɔ̃^{53}

松明劈成细条的山松，可以点燃照明 sũ^{55}kuɑ̃^{55}

火麻路边长的一种扎人的植物 jĩ^{31}pi^{53}

西瓜 ɕi^{55}kuɑ^{55}

桃核 tshɿ^{31}sɿ^{55}kui^{55}jɔ̃^{31}

葡萄 khe^{31}phe^{31}sɿ^{53}

樱桃 ŋẽ^{55}thər^{55}

枇杷 phi^{31}pɑ^{55}

壳核桃～ kho^{53}kho^{53}

核儿枣～ tɕhyi^{53}

菠萝 po^{55}lo^{31}

香蕉 ɕɑ̃^{55}tɕɑu^{55}

柑子 kɛ̃^{55}tsɿ^{31}

橙子 kuɔ̃^{53}kɛ̃^{55}

山楂 sɛ̃^{55}tsɑ^{55}

无花果 wu^{31}xuɑ^{55}ko^{53}

果皮统称 sɿ^{31}to^{55}pɑ^{55}pɑ^{53}

果干晒干了的果实 sɿ^{31}to^{55}su^{55}tɕɔ̃^{53}
　sɿ^{31}to^{55}kuɑ^{53}

杏仁 sɿ^{31}ȵtɕe^{55}nɔ̃^{31}tɕhʉ^{31}

葵花籽未去壳的 ji^{31}me^{55}mi^{31}nto^{31}

荆藤 bɛ̃^{31}tɔ̃^{53}

瓜蔓 bɛ̃^{31}tɔ̃^{53}

艾草 dʑɑ^{31}ŋe^{53}

仙人掌 sɿ^{55}lɑ^{31}bo^{31}

车前草 kʉ^{31}tsɿ^{55}pɑ^{31}

草根 bo^{35}mo^{55}ʐɿ^{53}

青苔 tsɑ^{55}pʉ^{53}

菊花 tɕhɔ̃^{31}tɕhu^{55}mi^{31}nto^{31}

桂花 kui^{35}xuɑ^{55}

杜鹃花 tɑ^{55}mu^{55}mi^{55}nto^{31}

月季花 ie^{55}tɕi^{31}xuɑ^{55}

葵花 n̥i^{31}mø^{53}mi^{31}nto^{31}

桃花 tshɿ^{31}sɿ^{53}mi^{55}nto^{53}

金银花 tɕĩ^{55}jĩ^{31}xuɑ^{55}

花瓣 mi^{31}nto^{53}pɑ^{53}

花蕊 mi^{31}nto^{53}nɔ̃^{55}tɕhʉ^{31}

芦苇 bɑ^{31}dũ^{53}

红菌 ndzɿ^{35}tsi^{53}jĩ^{55}xĩ^{31}

黄菌 ndzɿ^{35}tsi^{53}wu^{55}ɕɑ^{31}

松茸 sũ^{55}ʐũ^{31}

毒菇 tu^{35}bʉ^{35}mɛ^{55}ndzɿ^{35}tsi^{31}

笋衣指笋的嫩壳 sẽ^{53}tsɿ^{53}kho^{55}kho^{53}

瓜子西～ tshe^{55}kuɑ^{53}tɕhyi^{53}

籽菜～ tɕhyi^{53}

莲子 liɛ̃^{31}tsɿ^{53}

薄荷 ɛ̃^{55}tʃɿ^{53}

枸杞 kɑ^{31}li^{53}khu^{53}tsə^{53}

藠头 ʃɿ^{31}pi^{31}

蒲公英 tʃɿ^{31}ɕɛ̃^{53}bɔ^{31}

灵芝 lĩ^{31}tsɿ^{55}

银耳 jĩ^{31}ər^{53}

竹根 me^{31}jɔ̃^{55}mo^{53}ʐʅ^{53}

竹节 me^{31}jɔ̃^{55}tshø^{55}tshø^{31}

竹竿 me^{31}jɔ̃^{55}kõ^{31}

柳絮 mbu^{35}ʐʅ^{53}sɿ^{55}sɿ^{53}

篾条编篮子的～ me^{31}tʃuɛ̃^{53}

发芽 jɑ^{31}tsɿ^{31}ʑi^{35}

结果 jɔ̃^{55}jɔ̃^{53}ʑi^{35}

成熟 mĩ^{53}

开花 mi^{31}nto^{53}phe^{53}

吐须 mu^{35}mu^{53}tɕhye^{53}

凋谢 mi^{31}nto^{53}pɑ^{55}te^{53}

粮食统称 jɔ̃^{55}jɔ̃^{53}

种子 tɕhyi^{53}

秧植物幼苗的统称 pu^{31}tsi^{53}

稻穗 go^{35}dɔ^{53}

抽穗 go^{35}dɔ^{53}tɕhye^{53}

大米脱粒后的 dɔ^{35}

糯米 tɕu^{53}mi^{31}

秕谷 dɔ^{35}tɕɑ^{31}tɕɑ^{55}tsi^{31}

稗子 phʉ^{55}wʉ^{53}

糠 sɿ^{53}

玉米苞玉米棒子 ji^{31}me^{55}po^{55}po^{53}

玉米秆 ji^{31}me^{31}n̥yɔ̃^{53}

玉米须 mu^{35}mu^{53}

青稞 khi^{53}

燕麦 phʉ^{55}wʉ^{53}

荞麦 gi^{35}

苦荞 dʐø^{31}tɕu^{53}

麦芒 jɔ̃^{31}kɛ̃^{53}

麦穗 jɔ̃^{53}tho^{55}po^{53}

jɔ̃^{53}tho^{55}tho^{53}

麦茬麦秆割过余下的部分 jɔ̃^{53}mo^{55}ʐʅ^{53}

荞花 gi^{31}mi^{55}nto^{31}

荞壳 gi^{35}hɔ^{53}

苎麻 khu^{55}ʃɿ^{53}

蓖麻 pĩ^{55}mɑ^{31}

豆子统称 n̥o^{35}

豆秸 n̥o^{31}n̥yɔ̃^{53}

豆芽 tou^{35}jɑ^{31}

四季豆 tɕɔ̃^{55}tu^{53}

豆苗豆类的幼苗ȵo^{35}ho^{53}

扁豆tɕɔ̃^{55}tu^{55}tɕɑ^{55}tɕɑ^{55}tsi^{31}

冬瓜tõ^{55}kuɑ^{55}

苦瓜khu^{53}kuɑ^{55}

青菜tɕu^{55}pu^{53}

菜花一种蔬菜xuɑ^{55}tshai^{31}

空心菜khũ^{55}ɕĩ^{55}tshai^{31}

苋菜xɛ̃^{31}tshai^{31}

蕨菜ndzɿ^{31}go^{53}

卷心菜所有菜心卷起来的菜的统称pau^{55}pau^{55}tshai^{31}

百合蔬菜pe^{31}xo^{55}

蒜苗suɛ̃^{35}miau^{31}

青椒khu^{31}tsə^{53}jĩ^{55}tsɿ^{53}

红椒khu^{31}tsə^{53}jĩ^{55}xĩ^{31}

干辣椒khu^{31}tsə^{53}su^{55}tɕɔ̃^{53}

春笋me^{55}zʅ^{53}

冬笋me^{55}zʅ^{53}

笋壳sẽ^{53}tsɿ^{31}kho^{53}kho^{53}

笋干me^{53}zʅ^{53}su^{55}tɕɔ̃^{53}

萝卜干ɕɑ^{55}wu^{55}su^{55}tɕɔ̃^{53}

萝卜缨子lo^{31}pu^{35}pɑ^{53}pɑ^{53}

根茎菜的～ku^{35}

四　动物

野兽sɔ^{55}tɕhɑ^{53}

狮子sɿ^{55}ŋi^{53}

豹zɿ^{35}nɛ̃^{53}

大熊猫e^{31}ŋgui^{53}

狗熊e^{31}ŋgui^{53}

熊掌e^{31}ŋgui^{53}ŋgɑ^{53}

熊胆e^{31}ŋgui^{53}zɔ̃^{53}

野猪phɑ^{53}gui^{53}

獒藏～，狗的一种bi^{35}tʃʅ^{53}

豺狗wø^{35}

鹿总称ɕʉ^{55}wu^{53}

鹿茸ɕʉ^{55}wu^{53}wi^{53}

麂子nɛ̃^{31}wũ^{53}

狐狸wø^{35}

狼tɕɔ̃^{55}ki^{53}

黄鼠狼wi^{31}zɿ^{53}

水獭tʃʅ^{55}sɔ̃^{53}

旱獭土拨鼠ɕye^{31}tsu^{55}tsɿ^{31}

野牛zʅ^{31}jɑ^{53}

牦牛mau^{31}ȵiou^{31}

挤～牛奶ȵĩ^{55}ȵĩ^{55}tʃʅ^{53}

大象lɔ^{55}mu^{55}tɕhi^{53}

象牙lɔ^{55}mu^{55}tɕhi^{53}hui^{53}

象鼻lɔ^{55}mu^{55}tɕhi^{53}ȵø^{55}kũ^{53}

松鼠e^{31}le^{55}se^{53}

金丝猴ȵo^{35}lθ^{55}mʉ^{53}

啄木鸟sɛ̃^{31}thɔ^{55}thɔ^{53}

布谷鸟kʉ^{55}kʉ^{31}

斑鸠pu^{55}tu^{55}lu^{53}

燕子jɛ̃^{35}tsɿ^{31}

野鸡zʅ^{31}nɛ^{53}

老鹰hɑ^{53}

鹰爪hɑ^{53}di^{35}mũ^{53}

猫头鹰ɣu^{31}pʉ^{53}

孔雀mø^{53}dʑø^{53}

鹦鹉ĩ^{55}kər^{55}

画眉鸟tsɿ^{31}li^{55}ko^{31}

白鹤pe^{31}xər^{55}

鸟蛋tshʅ^{55}tshʅ^{31}nɛ^{31}ʃʅ^{31}

鸟笼tshʅ^{55}tshʅ^{31}hɔ̃^{55}ko^{31}

鱼鹰鸬鹚 sui^{53}lɑ^{53}uɑ^{55}

麝 xi^{53}

麝香 lɵ^{55}tsɿ^{53}

野兔 thu^{35}tsɿ^{53}

毒蛇 tṣu^{53}tu^{35}bʉ^{35}wu^{53}

蟒蛇 dẓui^{35}nɛ^{53}

水蛇 tʃɿ^{31}tṣu^{53}

菜花蛇 tṣu^{31}tʃhʉ^{55}tʃhʉ^{53}

竹叶青一种毒蛇 tṣu^{31}ji^{31}ntsɿ^{53}

蛇皮 tṣu^{31}pɑ^{53}pɑ^{53}

七寸 ŋi^{31}sɿ^{53}

蛇胆 tṣu^{31}mɛ^{55}ẓɔ̃^{35}

蛇洞 tṣu^{31}tṣɑ^{55}bo^{53}

田鼠 dʑɛ̃^{35}tshui^{53}

母老鼠母的家鼠 tshui^{53}

蜥蜴 sɛ̃^{31}tsɿ^{55}lo^{31}

壁虎 tṣu^{31}mɛ^{53}pʉ^{53}

蜈蚣 mbu^{31}tsɿ^{55}lɑ^{31}

头虱 ʃɿ^{31}

虮子虱卵 wɑ^{31}

蟑螂 ẓũ^{35}pu^{55}mbu^{55}lu^{53}

蝗虫蚱蜢 ɑ^{31}lɑ^{55}mbu^{55}lu^{53}

螳螂 ȵo^{35}tsi^{31}mbu^{31}lu^{31}

蟋蟀蛐蛐 gə^{31}tũ^{53}mbu^{31}lu^{31}

地蚕土壤里吃土豆、花生的虫子，色白状似蚕
khu^{31}pi^{55}mbu^{31}lu^{31}

蜂总称 wi^{35}

蜂窝 wi^{35}tsi^{53}hɔ̃^{55}ko^{31}

蜂王 wi^{35}tsi^{53}pɛ̃^{53}

蜂箱 hø^{31}tɕũ^{53}

蜂蜡 ɣə^{35}

飞蛾 khø^{31}lø^{53}

萤火虫 sɔ̃^{55}mbu^{31}kui^{53}

白蚁 mbu^{31}hɑ^{55}ʃo^{31}mɑ^{31}

蚁窝 mbu^{31}hɑ^{55}hɔ̃^{55}ko^{31}

蚁蛋 mbu^{31}hɑ^{55}nɛ^{55}ʃɿ^{31}

田蚂蟥 mbu^{31}tsə^{53}tsə^{53}

山蚂蟥 mbu^{31}tsə^{53}tsə^{53}

牛虻 zɛ̃^{35}zɛ̃^{53}

臭虫 ndẓi^{35}ʃɿ^{53}

毛毛虫 mbu^{31}kui^{53}

蛔虫肚子里的 mbu^{35}di^{53}

肉蛆 mbu^{35}lu^{53}

屎蛆 mbu^{35}lu^{53}

滚屎虫屎壳郎 nɔ̃^{31}tɛ̃^{55}mbu^{31}lu^{31}

绿头蝇 mbu^{31}jɔ̃^{53}

蜘蛛网 dʑo^{35}ko^{55}lo^{55}tṣɑ^{55}bu^{53}

织网蜘蛛～ thɛ̃^{53}

乌龟 ẓɿ^{31}pɛ̃^{53}

蜗牛 ɑ^{31}ȵɑ̃^{55}kho^{31}kho^{31}

田螺 ɑ^{31}ȵɑ̃^{55}kho^{31}kho^{31}

海螺 dũ^{35}gʉ^{53}

蝌蚪 pi^{31}tɕo^{55}tsi^{31}

黄鳝 xuɑ̃^{31}sɛ̃^{35}

泥鳅 mbu^{35}di^{53}

鱼鳍鱼翅膀 tʃɿ^{55}ȵĩ^{55}dɔ^{55}mpɑ^{53}

鱼刺 tsɿ^{31}kɑ^{53}

鱼子鱼卵 tʃɿ^{55}ȵĩ^{55}nɛ^{55}ʃɿ^{53}

鱼苗 tʃɿ^{55}ȵĩ^{55}phe^{55}phe^{55}tsi^{31}

鱼饵 tʃɿ^{55}ȵĩ^{55}dẓɿ^{53}

鱼鳔 tʃɿ^{55}ȵĩ^{55}phɔ^{55}phɔ^{31}

鱼鳃 tʃɿ^{55}ȵĩ^{55}ndɔ^{35}tshø^{53}

剖鱼 tʃɿ^{55}ȵĩ^{55}phɑ^{53}

钓鱼竿 tʃɿ^{55}ȵĩ^{55}sɛ̃^{55}kuɔ̃^{53}

皮子总称 pɑ^{53}pɑ^{53}

毛总称 tshɔ̃^{31}

羽毛 tshɔ̃^{31}

角动物身上长的 wi^{53}

蹄子统称 ŋgɑ^{35}

发情动物～ tshɦ^{31}tsi^{53}bi^{53}wu^{53}

产崽动物～ tsi^{53}tsi^{53}nɔ̃^{53}

开膛剖开宰杀动物的腹部 phɑ^{35}

交尾 bu^{55}bu^{31}tshe^{53}

蝉脱壳 pɑ^{53}pɑ^{53}ʂɿ^{53}

水牛 ȵi^{35}

黄牛 ȵi^{35}wu^{31}ʃɑ^{31}

公牛阉过的 ȵi^{35}

牛犊 ȵi^{35}tsi^{53}

牛角 ȵi^{31}wi^{53}

牛皮 ȵi^{35}pɑ^{55}pɑ^{53}

牛筋 ȵi^{35}ku^{53}

牛打架 gi^{31}gi^{31}tshe^{53}

牛反刍 kø^{31}kø^{31}bi^{53}

公马 mbu^{31}pi^{53}

母马 mbu^{31}ŋi^{53}

马驹 mbu^{35}tsi^{53}tsi^{53}

马鬃 mbu^{35}zɛ^{31}tsɿ^{31}

绵羊 tɕhɔ̃^{31}

山羊 tɕhi^{53}

公羊 tɕhi^{31}pi^{53}

母羊 tɕhi^{31}ŋi^{53}

羊羔 tɕhi^{53}tsi^{31}

羊毛 tɕhi^{31}tshɔ̃^{53}

羊皮 tɕhi^{53}pɑ^{53}pɑ^{53}

公驴 ku^{31}lu^{31}tsi^{31}

母驴 ku^{31}lu^{31}tsi^{31}

看家狗 ŋʉ^{35}tʃɦ^{53}

猎狗 ŋguɛ̃^{55}tʃɦ^{53}

疯狗 khu^{55}mbɔ^{31}wu^{53}

狗窝 khu^{55}hɔ̃^{55}ko^{31}

冠鸡～ ɬø^{55}tɕo^{53}

鸡崽 nɛ^{31}tsi^{53}

鸡爪 nɛ^{31}ŋgɑ^{53}

鸡屎 nɛ^{31}nɔ̃^{53}

鸡胗 nɛ^{31}wi^{55}tsi^{31}

蛋壳 nɛ^{31}ʃɿ^{55}kho^{31}kho^{31}

蛋清 nɛ^{31}ʃɿ^{55}ʃo^{31}mɑ^{31}

蛋黄 nɛ^{31}ʃɿ^{55}wu^{31}ɕɑ^{31}

鸡内金 nɛ^{31}wi^{55}tsi^{31}

嗉囊鸟类食管后部暂存食物的膨大部分 zi^{31}tɕhyɔ̃^{55}ji^{31}

蜕皮 pɑ^{53}pɑ^{53}ʂɿ^{53}

叮蚊子～ tsɔ̃^{55}di^{31}

蜇蜂子～ tsɔ^{35}

爬虫子～ ʃɿ^{31}ʃɿ^{35}

叫牛～ ɣɑ^{35}

五　房舍器具

楼房 tɕhɔ̃^{31}

木板房 ŋgʉ^{35}xɑ^{55}tɕhɔ̃^{53}

砖瓦房 wɑ^{31}tɕhɔ̃^{31}

碓房 dɔ^{35}tɕhʉ^{55}ji^{53}

磨坊 ndʒɿ^{31}tɕhɔ̃^{53}

仓库 dɛ̃^{35}tɕhʉ^{31}ji^{53}

棚子 tɕʉ^{31}lʉ^{53}

草棚 ȵyɔ̃^{31}tɕhɔ̃^{31}

窑炭～ jɑu^{31}tsɿ^{53}

碉楼 tiɑu^{55}lou^{31}

山寨 xũ^{31}tshu^{53}

屋檐 ŋgʉ35tʃɦ53

屋顶 tɕhɔ̃31uɛ̃31jɛ̃53

梁 gui31ɕɛ̃53

椽子 tshuɛ̃31tsɿ53

立柱房屋中间的主要支柱 kʉ55wʉ53

榫头 sẽ31thou31

门 mĩ35

门口 mĩ31tɕo53

闩门～ tẽ55lĩ53

篱笆竹木条～ pɑ31tʃɦ53

栏杆 tɕhɛ̃55lɛ̃31tsɿ31

桩子 phu55pø53

级楼梯的～ khɛ̃55tsi31

木料 sɛ̃53

圆木 sɛ̃31pu53ku31lu31lu53

板子 sɛ̃31tɕhɑ53

墙板 pɛ̃35thɛ̃53

楼板 tɕhɔ̃31tɕe31

木板 sɛ̃31tɕhɑ53

天花板 ŋgʉ35xɑ55sɛ̃53tɕhɑ53

门板 mĩ35sɛ̃53tɕhɑ53

墙壁 tsɿ55pø53

围墙 uei31tɕhɔ̃31

砌墙 tɕhɔ̃31dɔ35

土墙 dɔ35mpɑ55tsɿ55pø53

石墙 ɣũ31phø53mɛ31tsɿ55pø53

房间 ndzʉ35kʉ31

外间 tɕhʉ55mʉ53khɛ̃53

里间 ɕʉ31kʉ31khɛ̃53

箱子统称 xɑ55sɔ̃55tsi53

木箱 sɛ̃53xɑ55sɔ̃55tsi53

皮箱 pɑ53pɑ53xɑ55sɔ̃55tsi53

衣柜 i55kui31

饭桌 tɕo31tsi53

小板凳 tɕo31tsi53tsi53tsi53

棕垫棕树纤维做的床垫 fu31tɕe31

电视 tiɛ̃35sɿ31

冰箱 pĩ55ɕɑ̃55

洗衣机 ɕi53ji55tɕi55

电灯 tiɛ̃35tẽ55

灯泡 tẽ55phɑu55

电线 tiɛ̃35ɕɛ̃31

开关 tɕho31ji53ki31ji53

油灯 tẽ55tɕɑ31

灯罩油灯的～ tẽ55tsɑu31

灯芯 tẽ55ɕĩ55

灯花烧过的灯芯 tẽ55ɕĩ55

灯笼 tẽ55lõ31

松明灯 tɕhɔ̃31fu53

电池 tiɛ̃35tsɦ31

钟敲～ tsɦ55tsi55dɛ̃55ji53

盆洗脸～ kho31lo55tsi31

镜子 mi31nũ53

风箱 khũ53mũ53

篮子 tθ55tθ53

瓜果盘专用于盛放瓜果的 tɕə55tsi31

背篓背小孩的～ kʉ55lʉ53

袋子装粮食的～ khĩ55pɛ̃53

麻袋 khu55ʃɿ55khi53

钩子挂东西用的 tɕo55ko53

抹布 tʃɦ55pi53ji53

手纸便后用的～ ui35sẽ55tsɿ53

蓑衣 tshe55le55kuɑ53

雨衣 y53ji55

吹火筒 bi^{35}dũ^{53}

火钳 kɔ̃^{55}bi^{53}

铁锅 ʃɔ̃^{31}ɣũ^{35}

铝锅 zɑ̣^{35}ɣũ^{53}

砂锅 ɕɑ^{31}kuɛ̃^{53}

小锅 ɣũ^{35}ɛ^{55}ŋɛ̃^{55}tsi^{31}

锅盖 dɔ̃^{31}ŋə^{53}

锅垫圈 tɕhyɛ̃^{55}tɕhyɛ̃^{53}

三脚架柴火灶的～ zɛ̃^{31}nũ^{53}

锅铲 tɕhyɛ̃^{55}tsi^{31}

丝瓜瓤丝瓜晒干后内部丝状物部分 sɿ^{55}sɿ^{53}

刷子统称 suɑ^{55}tsɿ^{31}

锅刷 ɣũ^{35}tɕhɑ^{55}mʉ^{53}

调羹 tɕho^{55}tsi^{31}ɛ^{55}ŋɛ̃^{55}tsi^{31}

勺子盛汤、盛饭用的～统称 tɕho^{55}tsi^{31}

木勺子 sɛ̃^{53}tɕho^{55}tsi^{31}

饭勺 zi^{31}ku^{31}ji^{55}tɕho^{55}tsi^{31}

砧板 tshe^{55}pɛ̃^{53}

饭碗 zi^{31}kho^{53}

大碗 kho^{53}dɑ^{55}wu^{53}

小碗 kho^{53}ŋi^{55}wu^{53}

木碗 khə^{55}pʉ^{55}tsi^{53}

筷子筒 pho^{55}tṣo^{53}

盘子大的 tɕə^{55}tsi^{31}

碟子小的 tɕə^{55}ɛ^{55}ŋɛ̃^{55}tsi^{31}

刀总称 tshe^{31}

尖刀 kə^{31}tu^{53}

刀刃 tshe^{31}hui^{53}

缺口刀刃上坏掉缺少的一块 tshe^{31}khə^{55}tu^{53}

刀面 tshe^{31}ȵe^{53}

刀背 tshe^{31}tɛ̃^{53}pʉ^{53}

刀鞘 tshe^{31}tɕhɔ̃^{53}

柴刀 ṣɔ̃^{55}tu^{53}

磨刀石 sɿ^{55}nũ^{31}

瓦罐 ɕɑ^{31}kuɛ̃^{53}

杯子统称 pei^{55}tsɿ^{53}

玻璃杯 po^{55}li^{31}pei^{55}

酒杯 ɑ^{31}lɑ^{31}kho^{53}

茶杯 tsẽ^{55}tɕhɑ^{31}kho^{31}

蒸笼 khʉ^{31}ji^{53}

箅子 tsẽ^{35}pi^{55}tsɿ^{53}

甑子 tsẽ^{35}tsɿ^{53}

捞箕笊篱 tsɑ^{31}tshɑ^{53}

烧水壶 tɕhɑ^{31}fu^{53}

臼窝 kho^{31}pu^{53}

碓杵 ɕu^{31}mbu^{53}

工具统称 tɕɑ^{55}sɿ^{53}

铁锤 ʃɔ̃^{31}thɵ^{55}wu^{53}

锯子 ɕɛ̃^{55}sɔ^{53}

推刨 mi^{35}ɬɛ̃^{53}

钻子 tsuɛ̃^{35}tsɿ^{53}

凿子 ndzɿ^{35}wu^{53}

墨斗 me^{55}tou^{53}

尺子 tshɿ^{55}tsɿ^{53}

铁丝 yɛ̃^{31}sɿ^{55}

纺车 sɿ^{31}tɕɑ^{55}lɵ^{55}lɵ^{53}ji^{31}

织布机 zị^{35}thɛ̃^{55}ji^{53}

纺线 sɿ^{31}tɕɑ^{55}lɵ^{55}lɵ^{53}

梭子 ŋgʉ^{35}xɑ^{55}tshe^{53}

针眼 khə^{55}tṣɑ^{55}bo^{53}

顶针 tṣɿ^{31}mu^{55}tsi^{31}

枪 ȵe^{31}tɕhũ^{53}

子弹 tɛ̃^{31}tsi^{53}

子弹头 tɛ̃^{31}tsi^{53}uɛ̃^{31}jɛ̃^{53}

子弹壳 tɛ̃^{31}tsi^{53}kho^{55}kho^{53}

土铳火枪 mi^{31}xo^{53}tɕhɔ̃^{53}

炮 phɔ^{53}

长矛 zɔ̃^{35}

弓箭弓与箭的统称 dʒi^{35}sɿ̃^{53}

弓 sɿ̃^{53}

箭 dʒi^{35}

毒箭 tu^{31}mɛ^{55}dʒi^{35}

箭绳弦 dʒi^{35}tʃɛ̃^{55}khɑ^{53}

马笼头 thĩ^{55}ŋgʉ^{53}

马嚼子 tshɑ^{35}tsɿ^{31}

马鞭 mbu^{31}dɛ̃^{31}ji^{53}

马鞍 gʉ^{35}

脚蹬马鞍上的～ dʑə^{31}də^{53}

前鞧固定马鞍用的～ tɕhɛ̃^{31}tɕhʉ^{55}

后鞧固定马鞍用的～ xou^{35}tɕhʉ^{55}

缰绳 mbu^{35}ẓɑ^{55}pu^{53}

缝纫机 fũ^{31}zẽ^{53}tɕi^{55}

箍桶～，名词 zʉ^{31}tshɑ^{55}lo^{55}lo^{53}

柴草枝叶柴 sɛ̃^{31}ȵyɔ̃^{53}

锉子 sɑ^{53}

槌子 tshe^{31}ue^{31}dɛ̃^{31}ji^{53}

锥子 ȵo^{31}zi^{53}

车轴风车或独轮车的 dzũ^{35}dzũ^{53}

铃打～ ɕɛ̃^{55}lɛ̃^{53}

手表 lɑ^{31}ẓo^{53}

眼镜 mʉ^{55}ẓʉ^{53}

扇子 xue^{31}xue^{31}ji^{53}

拐杖 ŋguɛ̃^{55}jɛ̃^{53}

篦子用来篦虱子用的～ wɑ^{31}tɕu^{55}tsi^{31}

钱包 zɔ^{35}tɕhyɔ̃^{55}ji^{31}

大烟罂粟 tu^{31}uø^{53}

烟头 tṣu^{31}lə^{53}tho^{55}po^{53}

烟灰 tshɛ̃^{31}hɛ̃^{55}thi^{55}thi^{53}

烟丝 tshɛ̃^{31}hɛ̃^{55}sɿ^{55}sɿ^{53}

烟斗 tṣu^{31}lə^{53}

水烟筒 ẓɑ^{31}tṣu^{55}lə^{31}

烟嘴 tshɛ̃^{31}hɛ̃^{55}tsʉ^{55}ji^{31}

烟锅 tṣu^{31}lə^{53}tho^{55}po^{53}

竹签 me^{31}ze^{53}

水桶 hø^{31}

洗衣粉 tshe^{31}ue^{31}jɑ^{31}ji^{53}

花瓶 mi^{31}nto^{31}phĩ^{55}tsɿ^{31}

花盆 mi^{31}nto^{31}phẽ^{55}tsɿ^{31}

刨花 pɑu^{35}xuər^{55}

锯末 tɕy^{35}mu^{55}tsɿ^{31}

水磨 ndʒɿ^{35}

筲箕 ɕə^{55}tsi^{31}

磨盘 ndʒɿ^{35}khʉ^{53}

磨眼儿 ndʒɿ^{35}tsɑ^{55}bo^{53}

小钢磨 ɕɑu^{53}kɑ̃^{55}mo^{31}

老虎钳 kɔ̃^{55}bi^{53}

推剪 ẓɿ^{31}pu^{31}kə^{53}ji^{31}

剃头刀 khue^{53}tshe^{53}

剃须刀 khue^{53}tshe^{53}

棉被 pi^{31}tɔ̃^{53}

被里 li^{53}tsɿ^{31}

被面儿 miɛ̃^{35}tsɿ^{53}

毯子 mbɔ^{35}

枕巾 hɔ̃^{31}khi^{55}pɑ^{55}li^{53}

枕芯 hɔ̃^{31}khi^{55}nɔ̃^{55}tɕhʉ^{31}

水池洗碗或涮墩布使用的池子 jɑ^{31}ji^{53}

沉淀物澄清后沉在底层的东西 ntɔ̃^{31}wu^{53}

大刀 tshe^{55}dɑ^{55}wu^{53}

小刀 tshe^{31}tsi^{53}

匕首 bi^{35}tshe^{53}

铁箍 ʃɔ̃^{31}lo^{31}lo^{53}

火镰 kɔ̃^{55}bi^{53}

炭火盆 mi^{31}ntɑ^{31}khə^{53}ji^{31}

瓶塞儿 khə^{55}sui^{53}

水碓 tshe^{55}po^{55}tsɿ^{31}

木臼 sɛ̃^{31}kho^{31}pu^{53}

水碾 ndʒɿ^{35}

拖拉机 tho^{55}lɑ^{55}tɕi^{53}

驮架 gə^{35}tsɑ^{53}

靠背椅～ tɛ̃^{31}ji^{53}

牙刷 hui^{31}jɑ^{55}ji^{31}

牙膏 jɑ^{31}kɑu^{55}

收音机 sou^{55}jĩ^{55}tɕi^{55}

手机 sou^{53}tɕi^{55}

飞机 fei^{55}tɕi^{55}

六　服饰饮食

布总称 zi̥^{35}

棉布 mɛ^{35}xɛ^{53}zi̥^{35}

灯芯绒灯草绒条绒 tẽ^{55}tshɑu^{53}zũ^{31}

线总称 ʃɿ^{31}tɕɑ^{53}

毛线 mɑu^{31}ɕɛ̃^{35}

棉线 mɛ^{35}xɛ^{53}ʃɿ^{55}tɕɑ^{53}

麻线 khu^{55}ʃɿ^{53}ʃɿ^{55}tɕɑ^{53}

线团 ʃɿ^{31}tɕɑ^{53}tɕhʉ^{31}lʉ^{31}

绸子 kui^{31}tɕɛ̃^{53}

皮袄 pɑ^{53}pɑ^{53}tshe^{55}ue^{31}

内衣 xɛ̃^{31}thɑ^{55}tsi^{31}

夹袄 kuɑ^{35}tsi^{31}

外衣 ɕɛ̃^{55}tsi^{31}

单衣 tshe^{31}ue^{31}dzɿ^{31}ɕɑ^{55}tsi^{31}

长袖 tshɔ̃^{31}ȵy^{53}

夹衣 kuɑ^{35}tsi^{31}

短袖 tshɔ̃^{31}ȵy^{53}ku^{31}tu^{31}

扣眼 tɕo^{35}wu^{53}tsɑ^{53}bo^{53}

袖口 tshɔ̃^{31}ȵy^{55}uɛ̃^{31}jɛ̃^{31}

衣襟 kũ^{31}pɛ̃^{53}

大襟 kũ^{31}pɛ̃^{53}dɑ^{31}wu^{55}khɑ^{31}

小襟 kũ^{31}pɛ̃^{53}ŋi^{31}wu^{55}khɑ^{31}

裙子 ɑ^{31}tshɑ^{31}gui^{53}

绣花名词 mi^{31}nto^{53}tsɛ̃^{53}mɛ^{31}

领子 ɣɛ̃^{31}

衣袋 tshe^{31}ue^{31}pɔ^{55}pɔ^{53}

内裤 jɑu^{31}khu^{35}

裤裆 xi^{31}zũ^{35}

布鞋 zi̥^{31}tʂɿ^{53}

靴子 ɕye^{55}tsi^{31}

草鞋 tshɑu^{31}xɑi^{53}

皮鞋 pɑ^{53}pɑ^{53}tʂɿ^{53}

胶鞋 tɕɑu^{55}xɑi^{31}

鞋底 tʂɿ^{35}ti^{53}tsɿ^{53}

鞋后跟 tʂɿ^{35}li^{31}sɔ̃^{53}

鞋带 tʂɿ^{35}tʃɛ̃^{55}khɑ^{53}

草帽凉帽 ȵyɔ̃^{31}mo^{53}

皮帽 pɑ^{53}pɑ^{53}mo^{53}tsi^{31}

棉帽 mɛ^{35}xɛ^{55}mo^{53}tsi^{31}

手套 ko^{55}xue^{53}ji^{31}

腰带 zo̥^{35}ku^{53}

围腰帕 tshɔ̃^{31}mɔ^{31}

绑腿兵～ pɔ^{55}tɕʉ^{53}

带子统称 zo̥^{35}ku^{53}

头巾 pɑ^{55}li^{53}

头绳 zʅ^{31}pu^{55}tʂha^{55}ji^{53}

镯子 la^{31}dʐo^{53}

耳环 pɛ^{55}ndə^{53}

项链 tɕo^{35}wu^{53}tɕha^{53}

珠子 tɕo^{35}wu^{53}jɔ̃^{53}

粉化妆用的 tshɛ̃^{53}

食物总称 kø^{31}lu^{53}tɕha^{31}lu^{53}

肉总称 ɕi^{53}

肥肉 ɕi^{53}dʑa^{31}wu^{53}

瘦肉 ɕi^{53}ɕʉ^{55}mʉ^{53}

肉皮指猪、牛、羊等可食用的～ ɕi^{53}pha^{53}ku^{55}lu^{53}

排骨 nɔ̃^{31}tɕe^{31}

剔骨头 ɕi^{53}lɛ̃^{53}

扣肉 ɕə^{55}ntʂuɛ̃^{53}

腊肉 ɕə^{55}ŋɛ̃^{53}

熏腊肉 ɕi^{55}su^{55}ku^{31}

五花肉 ɯu^{53}xua^{55}zou^{31}

炖肉 ɕi^{55}ɕa^{55}wu^{53}

坨坨肉一块一块的肉 tẽ^{55}tsɿ^{53}

猪腰子 jau^{55}tsɿ^{53}

锅巴 ko^{55}pa^{55}

粉丝细条～ fẽ^{53}thiau^{31}

面片儿 pi^{31}ta^{53}

粑粑 thø^{55}lø^{53}

烧饼 pho^{31}lo^{53}

月饼 ye^{55}pĩ^{53}

素菜 zɛ̃^{31}pa^{53}

荤菜 xuẽ^{55}tshai^{31}

咸菜 xɛ̃^{31}tshai^{31}

酸菜 tɕu^{55}pu^{53}

豆豉 tou^{31}ʂʅ^{55}

汤总称 ɣɛ̃^{31}

米汤 dɔ^{31}ɣɛ̃^{53}

肉汤 ɕi^{31}ɣɛ̃^{53}

菜汤 tshe^{55}thɔ̃^{31}

舀汤 ɣɛ̃^{31}ku^{53}

豆腐干 li^{31}ki^{55}su^{31}tɕɔ̃^{31}

面筋 ku^{35}

糖总称 thɑ̃^{31}

白糖 pe^{55}thɑ̃^{31}

冰糖 pĩ^{55}thɑ̃^{31}

红糖 xuɑ̃^{31}thɑ̃^{31}

瓜子儿 ji^{31}me^{55}mi^{55}nto^{31}

茶总称 tɕhu^{31}

浓茶 tsẽ^{55}tɕha^{31}ɕu^{31}wu^{53}

油总称 mɛ^{31}nɛ^{53}

板油 pha^{55}sɿ^{31}

猪油炼过的～ pha^{31}tɕhu^{55}wu^{31}

油渣 tɕhu^{31}wu^{55}tɕa^{55}tɕa^{53}

菜籽油 tshe^{55}tsi^{31}mɛ^{31}nɛ^{31}

八角 pa^{55}ko^{55}

花椒 tsɔ̃^{55}mɔ̃^{53}

胡椒面儿 fu^{31}tɕau^{55}

豆腐渣 ȵo^{31}pɛ̃^{53}

面糊 dʑø^{31}tsu^{53}

tshɳ^{55}ti^{53}

麻花 ma^{31}xuər^{55}

酥油茶 mĩ^{53}tɕhu^{53}

牛奶 ȵi^{35}ȵĩ^{55}ȵĩ^{53}

酒总称 a^{31}la^{53}

蛇胆酒 tʂu^{31}zɔ̃^{31}a^{55}la^{31}

酒曲 hɛ̃^{53}

冷水 tɕũ^{31}pa^{53}

蒸饭 zi^{31}ŋkhʉ^{53}

夹生饭 tshe^{55}mĩ^{55}tshɿ^{53}

白饭 zi^{35}lɑ^{55}li^{53}

硬饭 zi^{35}kɑ^{55}tɑ^{55}lɑ^{53}

软饭 zi^{35}thɔ̃^{55}thɔ̃^{53}

碎米 dɔ^{35}phe^{55}phe^{55}tsi^{31}

寡蛋孵不出小鸡的蛋 kuɑ^{53}tɛ̃^{31}

粽子 tsɔ̃^{35}tsɿ^{31}

凉粉 liɑ̃^{31}fər^{53}

搅团一种用玉米、荞麦面做的糊糊 phũ^{31}

七　身体医疗

身体统称 li^{31}pu^{53}

uɔ̃^{55}pu^{53}

个头 sẽ^{55}phei^{55}

皮肤 ɕi^{53}pɑ^{53}pɑ^{53}

皱纹 zʅ^{35}mu^{53}

肌肉人的 nɛ̃^{31}ɕi^{53}

血液 tsɿ^{53}

骨头 wu^{55}wu^{31}

骨髓 wu^{55}wu^{31}kuɔ̃^{31}

肋骨 nɔ̃^{31}tɕe^{31}

脊椎 ki^{35}lu^{53}

头盖骨 uɛ̃^{31}jɛ̃^{55}kho^{53}kho^{31}

肩胛骨 tʂhɑ^{55}kʉ^{55}wu^{55}wu^{31}

踝骨 tshɿ^{55}tɔ^{53}

心 tɔ̃^{31}jɔ̃^{53}

肝 phu^{53}

脾 tshe^{55}pʉ^{53}

肺 lø^{55}wu^{53}

肾腰子 ɕu^{31}mbu^{55}tsi^{31}

胃 bɑ^{35}tu^{53}

胆 zɔ̃^{31}

筋 ku^{35}

脉 tsə^{53}

血管 ku^{35}

肠子 bi^{35}tɔ̃^{53}

大肠 tʂʅ^{35}kʉ^{53}

小肠 bi^{35}tɔ̃^{53}ɛ^{55}ŋɛ̃^{55}tsi^{31}

发髻 kuɑ^{35}tɑ^{53}

头顶 uɛ̃^{31}jɛ̃^{55}ŋgʉ^{35}

头旋脑旋 ɕyɛ̃^{31}

脑髓 le^{55}pʉ^{53}

后脑 ŋgʉ^{35}lə^{55}kho^{55}kho^{53}

囟门 le^{55}pʉ^{53}kho^{55}kho^{53}

白发 zʅ^{31}pu^{55}ʃo^{55}mɑ^{53}

鬓角 le^{55}pʉ^{53}ȵe^{53}

睫毛 ȵɛ^{31}tshɔ̃^{53}

气管 wu^{55}ŋɛ̃^{55}ɬɔ̃^{55}ji^{53}

食道 tshɿ^{55}tɔ^{53}

喉结 tʂho^{31}ko^{55}pɔ^{31}tɔ^{31}

酒窝 ndzɔ̃^{35}kho^{53}kho^{53}

颧骨 ndɔ^{35}tshø^{53}ȵe^{55}ȵe^{53}

太阳穴 zø^{31}ŋgʉ^{53}

眼皮 ȵɛ^{35}pɑ^{53}xø^{53}

眼角 ȵɛ^{35}zʉ^{53}

眼白 ȵɛ^{35}ʃo^{55}mɑ^{31}

眼屎 ȵɛ^{31}ndzɿ^{53}

耳孔 ndɔ^{35}tsɑ^{55}bo^{53}

耳垂 ndɔ^{35}ŋguɛ̃^{55}ŋguɛ̃^{33}

耳屎 ndɔ^{35}wu^{53}

痰 tɕhyi^{31}mɔ̃^{31}

鼻孔 nø^{55}kũ^{53}tsɑ^{55}bo^{53}

鼻尖 ȵø^{55}kũ^{53}ze^{31}ze^{55}tsi^{31}

鼻梁 ȵø^{55}kũ^{53}kuɔ̃^{55}tɕo^{53}

鼻毛 ȵø^{55}kũ^{53}tshɔ̃^{53}

鼻屎 ȵø^{55}ʃɿ^{31}

门牙 tũ^{31}hui^{53}

臼齿 ɑ^{31}hui^{53}

齿龈 hui^{31}sɿ^{53}

牙缝 hui^{31}sɿ^{53}kə^{31}dʑø^{31}

假牙 tɕɑ^{53}jɑ^{31}

小舌 dʐʅ^{35}ŋi^{31}wu^{31}tɕɑ^{53}

舌尖 dʐʅ^{35}uɛ̃^{31}jɛ̃^{55}tsi^{31}

兔唇 khø^{53}ɕu^{53}

络腮胡 lo^{31}ər^{55}fu^{31}

八字胡 pɑ^{55}tsɿ^{31}fu^{31}

乳头女性的 ȵĩ^{55}ȵĩ^{55}tho^{55}po^{53}

乳汁 ȵĩ^{55}ȵĩ^{53}

胸脯 uɔ̃^{31}tɕɑ^{53}

腰 zʅo^{35}

小腹 pɛ̃^{31}phei^{53}

手心 ko^{55}zʅũ^{35}

手背 ko^{55}ŋgɑ^{31}li^{31}

手茧子 ko^{55}pɑ^{53}pɑ^{53}

手腕 ko^{55}lɑ^{31}tshθ^{53}

汗毛 ȵĩ^{31}tshɔ̃^{31}

汗毛孔 ȵĩ^{31}tshɔ̃^{31}tsɑ^{55}bo^{53}

粉刺脸上的～ nɛ^{31}ɕi^{53}

痱子 ze^{55}fei^{31}tsɿ^{53}

指纹 ko^{55}zʅ^{31}mu^{31}

虎口 ko^{55}khɑ^{55}lɑ^{53}

倒刺指甲下方的翻起的小皮 tɑu^{35}tɕɛ̃^{53}phi^{31}

腋窝 jɑ^{31}tsɿ^{55}mɛ^{31}

腿肚子 mɔ^{55}mpɑ^{55}mu^{55}lu^{53}

腘窝大腿和腿肚子中间的弯曲处 ŋgə^{35}ko^{53}

脚心 ŋgə^{35}dʑø^{53}

ŋgə^{31}phei^{53}

脚趾 ŋgə^{31}ȵy^{53}

脚印 ŋgɑ^{35}pu^{55}tʂʉ^{53}

响屁 nɔ̃^{31}ku^{53}

闷屁 nɔ̃^{31}ku^{53}

稀屎 nɔ̃^{55}thɔ̃^{55}thɔ̃^{53}

膀胱尿泡 e^{31}ʃɿ^{31}mɔ̃^{55}ko^{31}

子宫 tɕhɔ̃^{31}

阴道 ʃui^{55}tsi^{31}

阴毛 be^{31}tshɔ̃^{53}

睾丸 be^{35}lũ^{55}tsi^{31}

汗 xu^{55}tsɿ^{31}

汗垢 xu^{55}tsɿ^{31}tɕɑ^{53}tɕɑ^{53}

唾沫 ɕɑ^{31}pi^{53}

医院 mɛ^{53}khuɔ̃^{53}

药店 mɛ^{53}khuɔ̃^{53}

中医 bɔ^{35}mɛ^{53}pʉ^{53}

西医 mɛ^{53}pʉ^{53}

小病 tɕhi^{55}ŋi^{31}wu^{53}

大病 tɕhi^{55}dɑ^{31}wu^{31}

内伤 khũ^{55}mbu^{53}tɕhi^{53}

外伤 uɑi^{31}sɑ̃^{55}

药总称 mɛ^{53}

药丸 mɛ^{53}jɔ̃^{55}jɔ̃^{55}tsi^{31}

药粉 mɛ^{53}phe^{53}

药水 mɛ^{53}tʃɿ^{53}

药膏 kɑu^{55}jo^{55}

药酒 ɑ^{31}lɑ^{55}mɛ^{53}

mɛ^{53}ɑ^{55}lɑ^{31}

草药 bo^{35}mɛ^{53}

蛇药 tʂu^{31}mɛ^{53}

毒药 tu^{35}

开药方 fɑ̃55tsɿ31pɑ31dʑø31
熬药 mɛ53ɕɑ53
搽药 mɛ53sɿ53sɿ53
动手术 mɔ31mɔ31phɑ31wu53
麻药 mɛ55xu31wu53
补药 pu53jo55
忌口 wũ31pu55sɛ̃53
治～病 mɛ53bi53
呕干～ hɑ31pʉ53pʉ53
发冷感冒前兆时～ qhuɔ̃55sɿ31phɔ31
打冷战发疟疾时～ the31the31
感冒 khu31zi55tɕhi31
传染 tɕhi55tɕi31wu53
头晕 lə55lĩ55khʉ53
头疼 uɛ̃31jɛ̃55tɕhi53
按摩 hø31hø31wu53
穴位 tsɵ53
发汗 fu55tsɿ31tɕhyɛ̃31
牙痛 hui31tɕhi53
抽筋 ku31ko55tso31
抽风 nde35nde53
瘟疫 zɔ̃35khɑ53
哮喘 kɛ̃31wu53
天花 sɿ31mpɔ53
水痘 sɿ31mpɔ53ȵi31qɑ31
疟疾 dø35lɛ53
麻疹 mɑ31tsɿ53
痢疾 pɛ53ɕi53
中风 tsõ35fõ55
大脖子病 bø31lũ53
骨折 wu55wu31tɕɑ53
脱臼 ko55the31

伤口 tshɛ̃53phɔ31ji55kɛ̃31
痂伤口愈合后结的～ pɑ53pɑ53
疮总称 mɔ55mɔ53
痔疮 tsɿ35tshuɑ̃55
冻疮 tõ35pər55
起泡 tshɿ55tɑ55pɑ53
水泡 tshɿ55tɑ53
血泡 tsɿ55pu31pu31
流鼻血 ȵø35tshɑ53
梅毒 tɕhi55dɑ31wu53
伤痕未好的 me35phɛ̃53wu53
胀肚子～ xɔ̃35
麻手发～ mɵ35lɵ55lɵ53
僵硬 kɑ55tɑ55lɑ53
伤受～ tshɛ̃53
出血 tsɿ55tɕhye31
瘀血 tsɿ55po55to31ɣɑ31
茧手上长的老～ ko55pɑ31pɑ31
雀斑 ŋə31tsɿ53
麻子 mɑ31tsɿ53
胎记 tɑ55ȵo53
结巴 tɕe55tsɿ31
脚气 ŋgɑ35ɕu31wu31
灰指甲 kui31ɕɛ̃53ɕo31mɑ31
瘌痢头癞子 ŋgʉ35tshɿ53
左撇子 wi55lɑ55thɛ̃55ko53
六指 kho55khɑ55lɑ53
近视眼 tɕĩ35sɿ35jɛ̃31
白内障 pei55lui31tsɑ̃31
鸡眼脚茧病 ŋgɑ31tsɿ53
独眼 ȵɛ35tɑ31phɑ55qo31wu53
斜眼 ȵɛ31ɕɛ̃55wu31

歪嘴 wũ^{31}pu^{53}ʑy^{31}wu^{31}

瘫痪 thɛ̃^{55}xuɛ̃^{31}

八 婚丧信仰

招赘 zɿ^{35}bʉ^{53}lu^{55}wu^{31}

接亲 ŋui^{35}tɕhi^{31}ɕɑ^{31}wu^{31}

抢婚 xu^{31}tɕɑ^{31}ju^{55}wu^{55}tshe^{55}wu^{53}

离婚 dʑi^{35}ku^{53}wu^{53}

胎衣 ndzu^{35}

脐带 phɑ^{55}xɑ^{55}tsɛ̃^{55}khɑ^{31}

小产 ɣe^{31}ɣe^{31}

打胎 e^{31}le^{55}tsi^{31}pɑ^{31}te^{55}wu^{31}

寿命 tshi^{53}

岁数人的～ lɵ^{35}

送葬 mɔ̃^{31}phɛ̃^{31}wu^{53}

尸体 mɔ̃^{31}

寿衣 sɿ^{55}pu^{55}tshe^{55}ue^{31}

火葬 mɔ̃^{31}pɔ̃^{53}

土葬 mɔ̃^{31}nʉ^{53}

天葬 thiɛ̃^{55}tsɑ̃^{31}

坟地 mɔ̃^{31}sø^{53}

灵魂 lɵ^{53}

法术 dɛ̃^{35}ŋɛ̃^{53}

作法 dɛ̃^{35}ŋɛ̃^{53}tɕu^{53}

命运 le^{35}

打卦 mu^{31}khui^{53}

拜菩萨 ɬə^{35}tɕhɑ^{55}bi^{31}wu^{31}

佛 ɬə^{53}

鬼 ȵe^{35}

祸～不单行 xo^{35}

仙 sɔ̃^{55}ȵi^{53}

巫师 ɬə^{53}bə^{53}

巫婆 ɬə^{53}bə^{53}

经书 bi^{31}tɕhi^{53}

龙 ndʐu^{35}

许愿 khi^{55}nɛ̃^{55}bi^{53}

还愿 khi^{55}nɛ̃^{53}se^{53}

占卜 lɑ^{31}tsɿ^{53}

供祭品 sɔ̃^{31}

鬼火磷火 ȵe^{35}wu^{53}

凤凰 mø^{55}dʑø^{53}

九 人品称谓

高个儿 kho^{31}pu^{31}thθ^{31}wu^{53}

光头 lɑ^{55}li^{53}

老太太 gie^{35}mu^{53}

老头子 gie^{35}pu^{53}

年轻人 le^{31}si^{31}ŋi^{35}wu^{31}

小伙子 le^{31}si^{31}ŋi^{35}wu^{31}

姑娘 tshɿ^{31}mi^{53}

熟人 mɛ^{31}sɿ^{31}wu^{53}

生人 mɛ^{31}me^{31}sɿ^{31}wu^{53}

富人 jɛ̃^{31}wu^{53}

穷人 mɛ̃^{35}wu^{31}

工人 kõ^{55}zẽ^{31}

官总称 pɛ̃^{53}

头目 pɛ̃^{53}

土司 dʑø^{35}pu^{53}

医生 mɛ^{53}pʉ^{53}

猎人 ŋguɛ̃^{55}pʉ^{53}

屠夫 se^{31}wu^{53}

老板 tshũ^{55}pɛ̃^{53}

强盗 pɔ̃^{31}khe^{53}

土匪 ȵdʑu^{35}bi^{35}wu^{53}

骗子 ndzɔ̃^{35}bi^{35}wu^{53}

胖子 phɔ̃^{35}tsɿ^{31}

贵琼藏族自称 gui^{31}tɕhɔ̃^{53}

汉族 ȵdʑɛ̃^{35}

老百姓 mĩ^{31}di^{53}

姓你～什么？ ɕĩ^{35}

主人 jɔ̃^{31}dɑ^{53}

兵总称 mɑ^{55}mi^{53}

老师 ki^{35}kɛ̃^{53}

学生 su^{55}mø^{53}

敌人 ȵdʑu^{35}

伙伴 ndzu^{35}

裁判 ɕɛ^{55}thɑ^{55}tɕhi^{55}wu^{53}

摆渡人 phɑ^{31}tsi^{31}tø^{31}wu^{53}

酒鬼 ɑ^{31}lɑ^{55}mbu^{55}lu^{53}

证人 tsẽ^{35}zẽ^{31}

鳏夫 phʉ^{55}sʉ^{55}mu^{53}

寡妇 mʉ^{35}sʉ^{55}mu^{53}

接生婆 bɔ̃^{31}jo^{55}bi^{31}wu^{31}

国王皇帝 dʑø^{35}pu^{53}

王后皇后 dʑø^{35}pu^{53}ɑ^{31}ji^{53}

头人 tshʉ^{55}lʉ^{53}

石匠 dø^{35}zʉ^{53}

篾匠 mi^{31}tɕɔ̃^{35}

铁匠 ŋə^{35}ʐə^{53}

渔夫 tsɿ^{55}ȵĩ^{55}te^{55}wu^{31}

中人 zũ^{35}kʉ^{53}mɛ^{53}mũ^{53}

叛徒 ȵdʑu^{35}gɛ̃^{53}

藏族 bi^{35}

彝族 lo^{31}lo^{53}

私生子 ȵe^{31}tʂhu^{53}

囚犯 dʑy^{35}bʉ^{35}wu^{53}

赶马人 mbu^{31}khue^{31}wu^{53}

长辈统称 kɛ̃^{35}sɔ̃^{53}

曾祖父 ɑ^{55}tsu^{31}

曾祖母 ɑ^{55}tsu^{31}

大舅 ɑ̃^{31}ku^{53}dɑ^{31}wu^{31}pi^{53}

小舅 ɑ̃^{31}ku^{53}ŋi^{31}wu^{55}pi^{53}

大舅母 ɑ^{31}ji^{55}dɑ^{31}wu^{31}pi^{53}

小舅母 ɑ^{31}ji^{55}ŋi^{31}wu^{31}pi^{53}

兄弟 pu^{55}tsu^{31}

姐妹 nɔ̃^{35}tsi^{31}tɕhy^{31}

堂兄 ə^{55}tɕə^{53}dɑ^{31}wu^{31}pi^{53}

堂弟 ə^{55}tɕə^{53}ŋi^{31}wu^{31}pi^{53}

堂姐 ə^{55}kə^{53}

堂妹 mi^{35}mi^{31}

表姐 ə^{55}kə^{53}

表妹 mi^{35}mi^{31}

表哥 ə^{55}tɕə^{53}dɑ^{31}wu^{31}pi^{53}

表弟 ə^{55}tɕə^{53}ŋi^{31}wu^{31}pi^{53}

子女 bu^{31}ʐʅ^{53}

侄女 tshø^{55}mu^{53}

外甥女 tshø^{55}mu^{53}

孙女 sẽ^{55}ȵy^{53}

外孙女 uɑi^{31}sẽ^{55}ȵy^{53}

重孙 mo^{55}mo^{55}

祖宗 tsu^{53}ɕɛ̃^{55}

孤儿 dʐu^{31}dʐu^{31}ɣɑ^{55}wu^{53}

母女俩 tshɱ^{31}mi^{53}lə^{31}ŋi^{35}

男朋友 ndzu^{35}

女朋友 ndzu^{35}

大舅子 pu^{55}tsu^{31}dɑ^{31}wu^{31}pi^{53}

小舅子 pu^{55}tsu^{31}ŋi^{31}wu^{31}pi^{53}

大姨子 xɔ̃^{31}tsi^{31}dɑ^{31}wu^{31}pi^{53}

小姨子 xɔ̃^{31}tsi^{31}ŋi^{31}wu^{31}pi^{53}

兄弟俩 liɑ̃^{53}ti^{31}ɕõ^{55}

夫妻俩 tɕi^{55}phʉ^{55}mʉ^{53}

姐妹俩 nɔ̃^{35}tsi^{31}tɕhy^{31}

曾孙 sē^{55}sẽ^{55}

母子俩 e^{31}le^{55}tsi^{31}lə^{31}ŋi^{35}

父女俩 tshɱ^{31}mi^{55}lə^{31}phei^{53}

婆家 ɑ̃^{31}ku^{55}kʉ^{53}

亲家 tɕhĩ^{55}tɕɑ^{55}

亲家公 tɕhĩ^{55}tɕɑ^{55}

亲家母 tɕhĩ^{55}tɕɑ^{55}mu^{53}

父子 phei^{55}lə^{31}tsi^{53}

父女 phei^{55}lə^{31}tshɱ^{31}mi^{53}

母子 ŋi^{35}lə^{31}tsi^{53}

母女 ŋi^{35}lə^{31}tshɱ^{31}mi^{53}

十　农工商文

种水稻 dɔ^{31}tshɔ^{53}

播种 tshɔ^{35}

点播 tshɔ^{35}

撒播 tɕhyi^{31}hʉ^{53}

犁田 dʑɛ̃^{35}dʐ̩u^{53}

种田 dʑɛ̃^{35}li^{53}

栽种 tshɔ^{35}

耙田 dʑɛ̃^{35}tʂ̩ɑ^{31}

挖地 pɔ̃^{55}tɕɑ^{55}hɑ^{53}

锄地 dʑɛ̃^{35}tɕo^{53}

除草 dʑɛ̃^{35}wi^{53}

收割 qɑ^{53}

开荒 pɔ̃^{55}tɕɑ^{55}tɕo^{53}

浇水 tʃɿ^{53}ɬɔ̃^{53}

肥料 hɛ̃^{31}

施肥 hɛ̃^{31}tɕhyɔ̃^{53}

沤肥 hɛ̃^{31}dʑɑ^{53}

收玉米 ji^{31}me^{55}qɑ^{53}

杠子抬物用的 sɛ̃^{53}kuɔ̃^{53}

楔子橛 zø^{35}

连枷 kuɔ̃^{31}ji^{53}

连枷把 kuɔ̃^{31}ji^{53}sɛ̃^{55}kuɔ̃^{53}

连枷头 kuɔ̃^{31}ji^{53}dɛ̃^{55}phu^{53}

锄柄 wi^{31}kuɔ̃^{53}

铁锹 zə^{35}tɕɑ^{53}

铲子 zə^{35}tɕɑ^{53}

犁头 tɕhũ^{53}

犁铧 tɕhũ^{53}bi^{53}

犁架 tɕhũ^{53}

犁弓 li^{31}uɛ̃^{55}

犁把 tɕhũ^{53}dɔ^{53}

铡刀 pə^{55}tsə^{53}

耙～地 tʂ̩ɑ^{35}

牛轭 ɣɛ̃^{31}ko^{31}

打场指在谷场上脱粒 yɛ̃^{35}pɑ^{31}

晒谷 dɔ^{35}thɛ̃^{53}

晒谷场 dɔ^{35}thɛ̃^{53}ji^{53}

风车扇车 gə^{31}gə^{53}

麻绳 khu^{31}ʃɿ^{55}zɑ̩^{55}pu^{31}

撮箕 khuɔ̃^{55}tsi^{53}

木耙 jɑ^{55}pʉ^{53}

鞭子 dɛ̃^{31}phu^{53}

牛鼻绳 n̥ø^{55}lũ^{53}

筐统称 hũ^{31}tu^{53}

粗筛指眼大的筛子 xɑ^{31}ɣɑ^{31}

细筛指眼小的筛子 mi^{31}se^{53}

圈儿统称，名词 lo^{31}lo^{53}

牛圈 ȵi^{31}tɕʉ^{31}lʉ^{53}
马棚 mbu^{31}tɕhɔ̃^{53}
羊圈 tɕhi^{53}tɕʉ^{55}lʉ^{53}
鸡窝 nɛ^{31}hɔ̃^{55}ko^{31}
笼子 lɔ̃^{31}tsɿ^{31}
猪槽 phɑ^{53}ŋgu^{31}
木槽 sɛ̃^{53}phɑ^{53}ŋgu^{31}
谷桶 khu^{55}ɕɑ̃^{53}
碾米 dɔ^{35}dɛ̃^{35}
舂米 dɔ^{35}tɕhũ^{53}
猪草 phɑ^{31}ȵyɔ̃^{53}
猪食 phɑ^{31}zi^{53}
利息 tɕi^{55}khʉ^{53}
买 ȵyɔ̃^{35}
卖 ki^{53}
交换物物～ li^{35}li^{31}
价钱 phu^{53}
借钱 zɔ^{35}ŋi^{53}
还钱 zɔ^{35}dɑ^{31}khɔ̃^{53}
讨价 phu^{55}wu^{31}dʑø^{53}
还价 phu^{55}ji^{31}dʑø^{53}
出租 tsu^{55}
债 ndʒɿ^{35}ndʒɿ^{31}tɕhɑ^{31}
赢～钱 tshm̃^{53}
输～钱 phɔ̃^{53}
戥子厘秤 tẽ^{53}tsɿ^{31}
秤钩 tɕo^{55}ko^{53}
秤盘 tshẽ^{35}phɛ̃^{31}
秤星 kuɛ̃^{31}ȵɑ^{35}
秤砣 dʑø^{35}tø^{53}
火车 xo^{53}tshe^{55}
汽车 tɕhi^{31}tshe^{55}
船总称 de^{35}ntʃɿ^{53}
渡船专门用于摆渡用的～ de^{35}ntʃɿ^{53}
划船 de^{35}ntʃɿ^{53}tø^{53}
邮局 tɔ̃^{55}te^{55}phɛ̃^{53}ji^{31}kɛ̃^{31}
电话 tiɛ̃^{35}xuɑ^{31}
机器 tɕi^{55}tɕhi^{35}
属相 lɵ^{53}
子属鼠 dʑø^{31}uø^{53}
丑属牛 lɔ̃^{53}
寅属虎 tɑ^{53}
卯属兔 ji^{31}bi^{53}
辰属龙 ndʐu^{35}
巳属蛇 tɕy^{35}
午属马 dø^{53}
未属羊 lu^{35}
申属猴 tʂi^{53}
酉属鸡 dʑø^{35}
戌属狗 tʃhm^{53}
亥属猪 phɑ^{53}
国家统称 dʑø^{35}pɛ̃^{53}
政府 dʑø^{35}pɛ̃^{53}
乡政府 ɕɑ̃^{55}tsẽ^{35}fu^{31}
省行政区划的～ sẽ^{53}
县行政区划的～ ɕɛ̃^{35}
村行政～ xũ^{31}tshu^{53}
phu^{55}tsɿ^{53}
印章统称，名词 tɔ̃^{31}gʉ^{53}
私章个人用的 tɔ̃^{31}gʉ^{53}
记号 tɑ^{53}
证据 pɑ^{53}phi^{31}
黑板 xe^{55}pɛ̃^{53}
粉笔 ɸẽ^{53}pi^{53}

笔总称 dʑø^{31}ji^{53}

纸总称 ɕo^{55}wu^{53}

书总称 tɕhi^{31}

念书 tɕhi^{31}lɵ^{53}

小学 ɕɑu^{53}ɕyo^{55}

中学 tsõ^{55}ɕyo^{55}

大学 tɑ^{31}ɕyo^{55}

请假 tɕhĩ^{53}tɕɑ^{31}

放假 tɕhi^{31}tsɛ̃^{55}wu^{31}ɬɔ̃^{53}

毕业 tsɛ̃^{53}tshø^{31}

吹口哨 lɛ^{31}sui^{55}mʉ^{31}

唱调子指民族地区说唱的一种形式 mø^{31}nĩ^{53}tɕhɔ̃^{53}

打弹弓 thɛ̃^{31}põ^{55}tsɿ^{31}di^{31}

翻筋斗 tɑ^{31}kuẽ^{31}bi^{35}

潜水 mi^{31}sui^{53}bi^{55}wu^{53}

跳舞 tɕhɔ̃^{53}

锣总称 ʃuɔ̃^{53}

钹 tɕhɛ̃^{55}lɛ̃^{53}

鼓总称 zɛ̃^{35}

镲小钹 tɕhɛ̃^{55}lɛ̃^{55}ɛ̃^{55}ŋɛ̃^{55}tsi^{31}

箫 gə^{31}lũ^{55}tsi^{53}

号吹～ xɑu^{35}

唢呐 sɑ^{53}lɑ^{55}tsɿ^{53}

口弦 pi^{31}pi^{55}tsi^{31}

簧口弦～ pi^{31}pi^{55}tsi^{31}

哨子 lɛ^{31}sui^{55}tsi^{31}

喇叭 lɑ^{53}pɑ^{55}

木鱼 mu^{55}y^{31}

照相 ũ^{31}pi^{31}pi^{55}tsi^{31}tsʉ^{31}ku^{31}

相片 ũ^{31}pi^{31}pi^{55}tsi^{31}

颜色 ndɔ^{35}khʉ^{53}

射击 ȵe^{31}tɕhũ^{53}di^{53}

墨水 nɛ̃^{55}tsʉ^{53}

墨汁 nɛ̃^{55}tsʉ^{53}

糨糊 mbɑ^{35}

地图 ti^{35}thu^{31}

图画 ɣi^{35}wu^{31}

涂改 tʃɦ^{55}pi^{53}

字写～ tɕhi^{31}

算～数 tɕhe^{35}

数～数 tɕhe^{35}

加数学中的～法 khɛ̃^{53}

减数学中的～法 tʃɦ^{53}

球总称 ku^{31}lu^{31}lu^{53}

倒立 tʉ^{31}tʉ^{53}

对歌 ji^{35}lɵ^{53}wu^{35}lɵ^{53}

唱山歌 ndø^{35}lø^{53}lɵ^{53}

棋子统称 tɕhi^{31}

比赛 pi^{53}

游泳 tʃɿ^{31}gu^{53}

骑马 mbu^{35}zɿ̃^{53}

钓鱼 tʃɿ^{55}ȵĩ^{55}ke^{53}

十一　动作行为

燃烧火～ lə^{53}

哈气 hə^{31}hə^{53}

浮～在水面 ndi^{35}ndi^{53}

流水～动 mi^{31}ndʐue^{53}

飞在天上～ phʉ^{53}

住～旅馆 nɔ̃^{31}

来～家里 he^{35}

吹～火 mʉ^{35}

拉～车 ŋguɛ̃^{35}

挖～土豆 hɑ^{31}

捉～鸡 ho^{35}

挠用手指或指甲抓人 ŋguɑ^{35}

圈动词，～牲口 lo^{31}lo^{53}

刺～了一刀 ndzi^{35}

搓～手掌 hə^{55}hə^{53}

榨～油 dʑɑ^{35}

抹～水泥 dʑø^{35}

sɿ^{55}sɿ^{53}

笑 ɣi^{35}

旋转 suɛ̃^{35}

沉～没 ntɔ̃^{35}

浸～泡 bɔ̃^{35}

漏～雨 ju^{35}

溢水～出来了 tɕi^{35}

取名 mĩ^{31}tshɔ^{31}tɕhyɛ̃^{53}

晾衣 tshe^{31}we^{31}thɛ̃^{53}

补～衣服 pɑ^{31}tɕe^{31}tɕɑ^{53}

剪～布 kə^{35}

裁～衣服 kə^{35}

织～毛线 thɛ̃^{53}

扎～稻草人、风筝等 zʉ^{35}

砍柴 sɛ^{53}ȵũ^{53}

淘米 dɔ^{31}jɑ^{53}

洗碗 kho^{31}jɑ^{35}

搅拌 tsu^{31}lu^{53}

焖～米饭 ɕɑ^{53}

炖～牛肉 ɕɑ^{53}

烤～白薯 khə^{35}

腌～咸肉 tshi^{55}sɿ^{31}

饱吃～了 pɛ^{53}nku^{53}

醉酒～ dʑɑ^{35}

打嗝 kə^{31}lə^{31}

讨饭 zi^{31}ndzʅ^{35}

酿酒 hɛ̃^{55}ue^{55}ku^{31}

搬家 tɕhɔ̃^{31}pʉ^{53}

分家 dʑi^{35}ku^{53}

开门 mĩ^{31}ki^{53}

关门 mĩ^{35}tɕho^{53}

洗脸 v̩^{31}ȵɑ^{31}jɑ^{53}

漱口 ũ^{31}pũ^{55}jɑ^{31}

做鬼脸 ȵe^{31}v̩^{55}ȵɑ^{31}zʉ^{31}

伸懒腰 xĩ^{31}xĩ^{31}tsi^{53}bi^{53}

点灯 tẽ^{35}tɕɑ^{31}tsɔ^{31}

熄灯 tẽ^{55}tɕɑ^{31}ɣɑ^{31}

tẽ^{55}tɕɑ^{31}mʉ^{35}

说梦话 mɔ̃^{35}ɕe^{31}

醒睡～ wũ^{31}sɿ^{55}tɔ^{35}

晒太阳 mi^{31}ntshə^{53}hũ^{53}

烤火 mĩ^{31}tɑ^{31}khə^{53}

暖被窝 phu^{55}kɑi^{31}pɔ̃^{55}ku^{53}

等待 lɔ̃^{35}

走路 tɕhyi^{35}

遇见 dɔ^{35}

去～街上 ji^{35}

进～山 ji^{35}

出～操 tɕhye^{35}

进来 ȵdʑyi^{35}

上来 thu^{31}he^{53}

下去 mi^{31}tɕhyi^{53}

争～地盘 ju^{53}

吃亏 phɔ̃^{53}

上当 sɑ̃^{31}tɑ̃^{35}

道歉 tɑu^{35}tɕhɛ̃^{31}bi^{35}

帮忙 ʐo^{35}

请客 ndʐuɛ̃^{35}pu^{55}ŋi^{55}

送礼 ɣɑ^{35}khɔ̃^{55}

告状 ŋgʉ^{35}thu^{55}tsu^{53}

犯法 dʑyi^{35}bi^{53}wu^{53}

赌博 tu^{53}po^{31}

坐牢 tʃhuɔ̃^{35}tɕhyo^{31}

砍头 uɛ̃^{31}jɛ̃^{55}qɑ^{31}

吻 tsʉ^{31}tsʉ^{35}

呛喝水～着了 nɔ̃^{55}ʂɿ^{55}pho^{53}

呼气 wu^{55}ŋɛ̃^{55}ɬɔ̃^{53}

抬头 uɛ̃^{31}jɛ̃^{55}pɑ^{31}

低头 uɛ̃^{31}jɛ̃^{55}ŋui^{31}

点头 uɛ̃^{31}jɛ̃^{55}tshe^{55}tshe^{53}

摇头 uɛ̃^{31}jɛ̃^{55}tə^{31}tə^{31}

摇动 tə^{55}tə^{53}

招手 ko^{55}xue^{31}xue^{31}

举手 ko^{55}pɑ^{31}

笼手双手在袖子里 ko^{55}ntʃhuẽ^{31}ntʃhuẽ^{55}tsi^{31}bi^{31}

拍手 ko^{55}tɕhɑ^{55}di^{31}

握手 ko^{55}ho^{31}

弹手指～ sɿ^{31}ŋkhə^{53}di^{31}

掐双手指～虱子 tɕĩ^{55}di^{31}

抠手指～ phu^{31}te^{35}

牵～一条牛 ʃɿ^{53}

扳～手腕 pʉ^{53}

捧～水 ŋguɑ^{35}

抛向空中～物 ndɑ^{35}ku^{31}

掏从洞中～出来 tɕhyɛ̃^{53}

骟～猪 tshɑ^{55}lɑ^{53}

夹～腋下 kə^{35}

抓～把米 ŋguɑ^{35}

甩～水 tə^{53}tə^{53}

搓～面条 jo^{35}

跟～在别人的后面 tɕhə^{35}tɕhə^{35}tɕhyi^{35}

跪～在地上 mi^{53}tsu^{53}

踢～了他一脚 dʑø^{35}di^{31}

躺～在地上 wu^{35}ɬɔ̃^{53}

侧睡 gɔ̃^{31}gɔ̃^{55}ju^{31}

靠～在椅子上睡着了 tɛ̃^{53}

遗失 dʑɔ̃^{35}

堆放 mbu^{35}

叠～被子 ji^{31}kũ^{55}tɕɑ^{31}

摆～碗筷 tɕhʉ^{53}

搬～粮食 pʉ^{53}

塞堵～ sui^{53}

抢～东西 ju^{53}

砸～核桃 tɕhũ^{35}

刮～胡子 khue^{35}

揭～锅盖 hɑ^{35}

翻～地 khui^{31}tʂhɑ^{53}

挂～书包 ke^{35}

包～饺子 pɔ^{53}

贴～年画 ndɑ^{35}ku^{31}

割～麦子 qɑ^{55}

锯～木头 kɛ̃^{35}

雕～花 zɿ^{35}mu^{53}zʉ^{53}

箍～桶 dɔ̃^{35}ku^{53}

装～口袋 tɕhyɔ̃^{53}

卷～席子 lʉ^{31}lʉ^{53}

染～花布 tshɛ̃^{31}di^{53}

吓～人 ŋɔ̃^{31}ku^{53}

试～衣服 ȵdʑø^{35}di^{31}

换～灯泡 tʂhɑ^{31}tʂhɑ^{35}

填～土 tɕhyɔ̃^{53}

留～在我这里 ntsɛ̃^{35}ku^{53}

使用 tʃu^{53}

顶用角～ gi^{31}gi^{31}tshe^{53}

刨食鸡用脚～ phu^{31}te^{35}

晒衣 tshe^{31}ue^{31}thɛ̃^{53}

摘菜 zɛ̃^{31}pɑ^{55}qɑ^{53}

切菜 zɛ̃^{31}pɑ^{55}tɵ^{53}

烧开水 tʃɿ^{55}phu^{55}tʉ^{55}ku^{53}

熬～茶 tɕhu^{31}phʉ^{53}

烘把湿衣服～干 khə^{35}

蘸～一点儿辣椒 ȵo^{31}ȵo^{53}

溅水泼到地上～了一身 ȵdʑɑ^{35}

洒水 tʃɿ^{31}kho^{53}

返回 dɑ^{31}he^{35}

到达～北京 dʑy^{35}le^{31}

招待 phɛ̃^{35}

包庇 tɕhyo^{55}tɕhyo^{55}bi^{31}

卖淫 uɔ̃^{55}pu^{55}ki^{55}wu^{31}

偷盗 tṣhuɔ̃^{53}pʉ^{53}

毒～死 tu^{35}khɔ̃^{53}

听见 tɕɑ^{53}

偷听 thɑ^{31}ki^{55}tsi^{31}le^{31}tsɿ^{31}

看见 tɕi^{31}tɕyɔ̃^{53}

瞄准 ʃu^{35}

剐蹭我的车被他的车～了 tʃhɿ^{55}pi^{53}

啃～骨头 ȵdʑye^{35}

磕头 tɕhɑ^{55}bi^{31}

拖在地上～着走 ŋguɛ̃^{35}

拍～肩 tɕhɑ^{55}di^{31}

托用双手～ tɕhyo^{53}

压双手～ dʑɑ^{35}

抽鞭～ dɛ̃^{35}

勒～在脖子上 wɑ^{31}ku^{53}

抖～袋 tə^{55}tə^{53}

拄～杖 tɕu^{53}

垫～在屁股地底下 tɛ̃^{53}

划刀～ ȵe^{35}

锉～锯子 sɿ^{55}sɿ^{53}

钻～在地洞里 ȵdʑyi^{35}

捂用手～住嘴 pe^{53}

渗～透 ju^{53}

滤～沙子 tshɑ^{35}

叼～烟 kə^{35}

叉腰 zọ^{35}ji^{31}dʑɑ^{53}

赤膊 ko^{55}lɑ^{55}li^{53}

敲打 dɛ̃^{35}

撒娇 uɔ̃^{55}jĩ^{55}bi^{31}wu^{31}

呻吟 tshẽ^{55}xuɛ̃^{31}

仰睡 gi^{31}gi^{55}ju^{31}

喂草 ȵyɔ̃^{31}khɔ̃^{53}

放夹捕捉猎物方式 jo^{35}tɕhʉ^{53}

装索套捕捉猎物方式 zɛ̃^{31}tə^{53}tɕhʉ^{53}

拔毛 tshɔ̃^{31}ɕi^{35}

燎毛 tshɔ̃^{31}pɔ̃^{53}

剥皮剥动物皮 pɑ^{55}pɑ^{55}ʃɿ^{53}

烧砖 tsuɛ̃^{55}pɔ̃^{53}

烧窑 wɑ^{31}pɔ̃^{53}

烧石灰 sɿ^{31}xui^{55}pɔ̃^{53}

刷墙 tsɿ^{55}pø^{55}xue^{53}

穿针 khə^{55}uɛ̃^{53}

绣花 mi^{31}nto^{55}tsɛ^{53}

缠足 ŋgɑ^{35}pɔ^{31}

磨刀 sɿ^{55}sɿ^{53}

劈柴 sɛ̃^{31}phɑ^{53}

酒醒 ɑ^{31}lɑ^{55}dɔ̃^{53}

闩门 tɛ̃^{55}lĩ^{55}di^{53}

剪指甲 kui^{31}ɕɛ̃^{53}kə^{31}

掏耳朵 ndɔ^{35}wu^{55}tɕhyɛ̃^{53}

动身 ji^{31}lu^{55}tɕi^{31}

赶路 fu^{31}tɕɑ^{31}ɕɔ̃^{55}ku^{55}

让路 fu^{31}tɕɑ^{31}ʐɑ̃^{35}

劝架 wu^{35}dʑi^{55}ku^{55}

报恩 pɑu^{35}ŋẽ^{55}

报仇 phø^{53}ɕø^{53}

照顾 ȵɑ^{35}ȵdʑø^{53}

收礼 ɣɑ^{35}khə^{53}khə^{31}

抢劫 ju^{53}

杀人 mũ^{31}se^{53}

劳改 lɑu^{31}ke^{53}bi^{53}

鞭打 dɛ̃^{31}phu^{53}nɔ̃^{31}dɛ̃^{31}

胜利 qo^{53}

失败 phɔ̃^{53}

瞪~着双眼 tɛ̃^{53}tɛ̃^{53}

拽用绳子~ ŋguɛ̃^{35}

捋~袖子 thu^{31}tʂhɑ^{53}

搁把东西~在房顶上 tɕhʉ^{53}

揣怀~ tɕy^{35}

携带 ʃɿ^{55}

扒~土 phu^{31}te^{31}

蹦一~老高 tɕye^{35}

跺脚 dʑø^{35}di^{31}

打滚 te^{31}te^{31}bi^{35}

扑猫~老鼠 bø^{31}bø^{55}bi^{31}

粘~贴 ndɑ^{35}

剖~膛开肚 phɑ^{35}

劈分开 phɑ^{35}

漆~桌子 xĩ^{31}di^{35}

xĩ^{31}dʑø^{35}

搓~绳 tshɔ^{53}

钉~钉子 di^{35}

绞~肉 tsu^{31}lu^{53}

蒙~眼 ȵɛ^{35}pe^{53}

胡打麻将~了 tshɵ^{53}

和下象棋~了 xu^{31}

发脾气 tsɿ^{55}pu^{55}zʉ^{53}

赌气 tu^{53}tɕhi^{31}bi^{35}

生长 ʑi^{35}

打猎 ʐ̩^{31}tɑ^{55}se^{53}

蛀虫子吃 kø^{35}

系围裙 ŋuɛ̃^{55}tʃɿ^{53}tʂhɑ^{53}

打结 kuɑ^{35}tɑ^{53}tɕɑ^{55}zʉ^{31}

认得 mɛ^{31}sɿ^{53}

伤心 sɑ^{31}ɕu^{53}

恨你别~我 ndʐ̩u^{35}mu^{53}

满意 sɔ̃^{55}mu^{55}di^{53}

着急 xue^{31}sɿ^{55}tɕi^{53}

理睬 ȵdʑø^{35}

担心 ŋɔ̃^{35}

放心 tɔ̃^{31}jɔ̃^{55}ɬɔ̃^{53}

愿意 tʂhɑ^{55}gi^{31}

变~作 ȵdʑu^{35}

ŋi^{35}ku^{31}

恼火 xue^{31}sɿ^{31}tɕi^{53}

心痛 sɑ^{31}ɕu^{53}

记仇 tʃm̩^{31}bu^{35}

害~人 nte^{55}ku^{31}

反悔 ʃɿ^{55}xui^{31}bi^{31}

可惜 mũ^{31}khʉ^{31}sɿ^{53}

声音 sɑ^{53}

喊~话 ŋi^{35}

问~话 mi^{55}ŋkhɔ̃^{53}

应答声 uø^{35}tsɿ^{31}

介绍 wu^{31}ɕe^{53}

回答 dɑ^{31}ji^{31}ɕe^{31}wu^{53}

造谣 tɕyɛ̃^{55}ɕe^{53}

打听 mi^{55}ŋkhɔ̃^{53}

十二　性质状态

凸 tɕo^{31}tɕo^{53}

凹 qho^{55}qho^{53}

正 thɵ^{53}thɵ^{53}

反 gi^{31}gi^{53}

斜 gɔ̃^{31}gɔ̃^{31}khʉ^{53}tsi^{31}

横 gɔ̃^{31}gɔ̃^{53}

竖 thɵ^{53}thɵ^{53}

活~鱼 su^{31}su^{53}

满水很~ tɕi^{35}

足分量~ ŋgə^{35}

光滑鱼很~ ȵo^{31}mɑ^{55}tsi^{31}

冷清街上~得很 khũ^{31}tsu^{55}tɛ̃^{55}tɛ̃^{53}

浊 thɔ̃^{55}thɔ̃^{53}

空瓶子是~的 tũ^{55}pʉ^{53}

嫩 thɔ̃^{55}thɔ̃^{55}tsi^{31}

生 z̩ɔ̃^{31}quɑ^{53}

熟 mĩ^{53}wu^{31}

乱 lɛ̃^{35}tɑ^{31}

真 dʑɛ̃^{35}

假 me^{35}dʑɛ̃^{53}

暗光~ ȵi^{31}qo^{55}lo^{53}

闷热 xʉ^{35}

破碗~了 si^{31}pɑ^{53}

缩~脖子 ko^{31}tso^{31}

困了 wu^{31}ȵdʑyi^{55}ȵdʑyi^{31}

瘪压~了 tɕɑ^{35}

倒~着放，去声 tʉ^{31}tʉ^{53}

枯叶子~了 su^{53}

潮衣服~ z̩ɔ̃^{31}quɑ^{53}

强身体~ gie^{35}

弱身体~ ndɑ^{35}

焦烤~了 tɕhi^{35}

清楚 mɛ^{31}sɿ^{53}

模糊 mi^{35}li^{55}mʉ^{55}lʉ^{53}

准确 z̩ɛ̃^{35}

耐用 gie^{35}

空闲 mɑ^{31}bɛ̃^{53}

　tũ^{55}pu^{55}jɛ̃^{55}

涩柿子~嘴 dz̩ɿ^{31}tsɔ^{55}tsɔ^{31}

脆花生米~ tshui^{35}

霉烂 bʉ^{35}

不要紧 tɕyɛ̃^{55}mɛ̃^{35}

方便很~ dʑɛ̃^{35}

浪费 mũ^{31}khʉ^{31}sɿ^{53}

顺利 dʑɛ̃^{35}

聪明 dz̩ɑ^{35}

狡猾 dz̩ɑ^{35}

大胆 tɔ̃^{31}jɔ̃^{31}dɑ^{53}

胆小 tɔ̃^{31}jɔ̃^{31}ŋi^{53}

慌张 bɛ^{35}bɛ^{35}tshe^{55}tshe^{31}

麻利 ʃuɔ̃^{53}ʃuɔ̃^{53}thɑ^{55}thɑ^{31}

节俭 sə^{31}tɕɑ^{55}bi^{53}

厉害 qo^{53}

勇敢 tɔ̃^{31}jɔ̃^{31}dɑ^{53}

可怜 bə^{31}tɕhɑ^{53}

麻烦 ŋgə^{35}dʒi^{53}

光荣 ṿ^{31}ȵɑ^{53}bʉ^{53}

亲他跟奶奶特别～ thʉ^{53}

齐心 tɔ̃^{31}jɔ̃^{55}tɑ^{31}khɑ^{55}wu^{31}

贪心 sɔ̃^{55}mu^{55}jĩ^{53}

拖拉做事情～ ʃɿ^{55}ʃɿ^{31}ŋguɛ̃^{31}ŋguɛ̃^{31}

十三　数量

十一 tshɿ^{55}tsɿ^{53}tsɿ^{53}

十二 tshɿ^{55}tsɿ^{53}ȵi^{53}

十三 tshɿ^{55}tsɿ^{53}sɔ̃^{53}

十四 tshɿ^{55}tsɿ^{53}zɿ^{35}

十五 tshɿ^{55}tsɿ^{53}ŋə^{53}

十六 tɕʉ^{53}dʒu^{53}

十七 tɕʉ^{53}dɛ̃^{53}

十八 tɕʉ^{53}dʑe^{53}

十九 tɕʉ^{53}gi^{53}

二十一 ȵi^{31}ʃɿ^{55}tsɿ^{53}

四十 ʒɿ^{35}tsɿ^{53}

五十 ŋə^{53}tsɿ^{53}

六十 dʒu^{31}tsɿ^{53}

七十 dɛ̃^{35}tsɿ^{53}

八十 dʑe^{35}tsɿ^{53}

九十 gi^{35}tsɿ^{53}

一百零一 dʑø^{35}lə^{55}tɑ^{31}jɔ̃^{53}

百把个 dʑø^{35}ɬɑ^{55}tsi^{31}

千把个 tɕɔ̃^{35}ɬɑ^{55}tsi^{31}

左右 mɛ̃^{35}mɛ̃^{31}tsi^{31}

　ɬɑ^{55}ɬɑ^{55}tsi^{31}

三四个 sɔ̃^{55}pi^{53}tsɿ^{53}pi^{53}

十几个 te^{31}sɿ^{55}pi^{53}

十多个 te^{31}tsɿ^{55}ɬɑ^{53}ɬɑ^{53}

第二 ȵi^{31}pi^{55}kʉ^{31}

第三 sɔ̃^{53}pi^{53}kʉ^{53}

半个 te^{31}xui^{53}

串一～葡萄 ntʃhuɛ̃^{53}

间一～房 khɛ̃^{53}

堆一～垃圾 mbu^{53}

节一～竹子 tɔ̃^{53}

本一～书 thø^{53}

句一～话 nɔ̃^{53}

庹两臂伸展开后的长度 hɔ̃^{53}

拃拇指和中指伸开两端间的宽度 tʃɿ^{53}

斤重量单位 kuɛ̃^{53}

两重量单位 lɔ̃^{53}

分重量单位 hɛ̃^{53}

厘重量单位 sɿ^{53}

钱重量单位 zũ^{53}

寸 sɿ^{53}

尺 tɕyɔ̃^{53}

亩一～地 dʑɛ̃^{35}dʑyɔ̃^{53}

里一～地 lũ^{31}khu^{53}tɕɑ^{53}

步走一～ ŋɔ̃^{53}

次玩一～ suɛ̃^{53}

十四　代副介连词

这些近指 ti^{55}ȵɑ^{31}

那些中指 li^{31}ki^{55}ȵɑ^{31}

那些远指 xɔ̃^{55}mi^{55}ȵɑ^{31}

那些更远指 xɔ̃^{55}mu^{53}xɔ̃^{55}mu^{53}ȵe^{53}

哪些 e^{31}li^{55}ȵɑ^{31}

我俩 ŋə^{31}ȵi^{31}pi^{53}

咱俩 dzu^{35}ȵi^{53}pi^{53}

他俩 tu^{31}zi^{55}ȵi^{53}pi^{53}

人家 jĩ^{55}nɛ̃^{53}

每人 mũ^{35}te^{31}pi^{53}tø^{31}zũ^{53}

多久 ə^{31}lə^{55}tʃɿ^{31}

人们 mũ^{35}ȵɑ^{31}

到底 tsə^{53}

差不多 ŋgə^{31}tshe^{55}tsi^{31}

马上 ndzɔ̃^{55}mũ^{53}

先~走 ʃɿ^{53}

后~走 ʑi^{35}ʑi^{53}

一直他~没有来 tsə^{53}

从前 ʃɿ^{31}kɑ^{53}

后来指过去 ʑi^{35}ʑi^{53}

来不及 he^{35}mø^{31}ɕø^{35}

来得及 he^{35}ɕø^{35}

偷偷地 gui^{31}jɑ^{55}tsi^{31}

够~好 ŋgə^{35}

真~好 tʂʅ^{53}

好~看 tʂʅ^{53}

难~看 tʂʅ^{53}

完全 tsə^{53}

全部 gɔ̃^{31}dzʅ^{53}

难道 tsə^{53}

究竟 tsə^{53}

也许 tsə^{53}

一定 tsə^{53}

居然 tsə^{53}

趁~热吃 ɑ^{31}sɿ^{31}tsi^{53}

像~他那样 ju^{35}

归~你管 ke^{53}

第三节

其他词

一　地名

世界 tũ^{55}sɔ̃^{55}khɔ̃^{53}

地球 sø^{55}ʐʅ^{55}sø^{55}jɔ̃^{53}

四方 lĩ^{31}ʐʅ^{55}lĩ^{31}tɕho^{31}

大海 ɣo^{35}ɬi^{53}

海底 ɣo^{35}tɕo^{53}

国家 li^{53}

印度 dʑø^{31}gø^{53}

北京 dʑɛ̃^{35}nɛ^{53}

西藏 ɬø^{55}sø^{53}

鱼通地名，贵琼语主要分布地区 ŋə^{35}thɔ̃^{53}

大渡河 ȵyɔ̃^{31}tʃʅ^{53}

瓦斯河水名，在瓦斯沟汇入大渡河的支流 ȵɔ̃^{35}tʃʅ^{53}

麦崩河水名，在麦崩乡 tɕɑ^{31}tø^{53}

赶羊河水名，因水有药效故名 tʃɱ^{55}mɛ^{53}

前溪河水名，在原前溪乡 tʃɱ^{55}ndzɔ̃^{53}

康定县 ndø^{53}

雅安市 jɑ^{31}tʂu^{55}mu^{53}

天全县 ʃə^{31}pi^{55}mu^{53}

宝兴县 tʃʅ^{31}ȵɑ^{55}mu^{53}

硗碛乡 jɑu^{31}tsi^{53}mu^{53}

小金县 to^{31}pu^{53}mu^{53}

金汤乡 jø^{31}tø^{53}

孔玉乡 khuɔ̃^{55}jĩ^{53}

泸定县 zɔ̃^{31}pu^{53}kʉ^{31}

岚安乡 hø^{31}thɛ̃^{55}mu^{53}

冷碛村 lɛ̃^{31}dzi^{55}mu^{53}

烹坝村 phũ^{55}tø^{55}mu^{53}

岔道村 tshɔ^{55}tɔ^{31}mu^{53}

瓦斯乡 ɣø^{31}sɿ^{55}mu^{53}

姑咱镇 gui^{35}tɕɑ^{53}

时济乡 sɿ^{31}gi^{53}mu^{53}

章古村 tʂɑ^{55}ŋgʉ^{55}mu^{53}

抗州村 khɔ̃^{55}tʃʅ^{53}mu^{53}

日角村 zɿ^{31}tɕo^{55}mu^{53}

黑日村 hø^{31}ʐ̩^{55}mu^{53}

庄上村 tɕo^{55}mu^{53}

原舍联乡 le^{55}mũ^{31}mu^{53}

江咀村 kuɔ̃^{31}tʃʅ^{53}mu^{53}

野坝村 jĩ^{55}mu^{31}

勒树村 le^{31}ʃu^{55}mu^{53}

原前溪乡 tɕhɛ^{31}tʃʅ^{55}mu^{53}

龙安村 ndʐ̩ɑ^{35}gɑ^{55}mu^{53}

俄包村 ŋũ^{35}mu^{53}

赶羊村 kɛ̃^{31}jɛ̃^{55}mu^{53}

楼上村 dʒu^{31}ʃɔ̃^{55}mu^{53}

雄居村 guɛ̃^{35}mu^{53}mu^{53}

初咱村 sø^{55}dø^{55}mu^{53}

高吾村 hũ^{55}mu^{53}

敏迁村 mi^{31}ȵtɕhɛ̃^{53}mu^{53}

麦崩乡 me^{55}pu^{53}mu^{53}

日央村 zɿ^{31}mu^{53}

为舍村 ui^{31}se^{55}mu^{53}

瓜达沟村 ɣo^{35}tɕe^{55}mu^{53}

磨子沟村 ndʒʅ^{35}ə^{55}mu^{53}

昌昌村 khuɔ̃^{55}zɔ̃^{55}mu^{53}

下火地 phe^{55}wu^{31}tɕe^{53}

韭菜坪 ŋgɑ^{31}li^{55}mu^{53}

三岔路口 ʐ̩^{35}ndzɔ̃^{53}

二 人名

杨氏①1ɑ^{31}pu^{55}kʉ^{53}

杨氏2dʑø^{35}wu^{55}kʉ^{53}

杨氏3dʑɑ̃^{35}wu^{55}kʉ^{53}

杨氏4ɑ^{31}wu^{55}kʉ^{53}

杨氏5ɑ^{31}ji^{53}kʉ^{53}

杨氏6ø^{55}pø^{53}kʉ^{53}

张氏1dʑɛ̃^{35}li^{31}kʉ^{53}

张氏2tsɑ̃^{55}tɕɑ^{55}kʉ^{53}

张氏3bɛ^{31}tɛu^{53}kʉ^{53}

张氏4pi^{31}mø^{55}kʉ^{53}

高氏1ɑ̃^{31}ku^{53}kʉ^{53}

高氏2tshi^{55}tɛ̃^{53}kʉ^{53}

高氏3xi^{53}tɕi^{53}kʉ^{53}

高氏4ji^{55}mũ^{53}kʉ^{53}

高氏5kuɛ̃^{31}tɕɑ^{55}kʉ^{53}

高氏6ø^{31}tsø^{53}kʉ^{53}

高氏7xu^{31}tɑ^{55}kʉ^{53}

高氏8dʑɛ̃^{35}li^{31}kʉ^{53}

高氏9gø^{35}mø^{53}kʉ^{53}

周氏 tsou^{55}tɕɑ^{55}kʉ^{53}

朱氏 tsu^{55}tɕɑ^{55}kʉ^{53}

宋氏 sũ^{55}tɕɑ^{55}kʉ^{53}

李氏 li^{53}tɕɑ^{55}kʉ^{53}

庞氏 phɔ̃^{31}tɕɑ^{55}kʉ^{53}

蒋氏 mmbɑ^{35}tɕe^{35}kʉ^{53}

赵氏 tsɔ^{31}tɕɑ^{55}kʉ^{53}

孙氏 sẽ^{55}tɕɑ^{55}kʉ^{53}

沈氏 sẽ^{53}tɕɑ^{55}kʉ^{53}

何氏 xɔtɕɑ^{55}kʉ^{53}

吴氏 v̩^{31}tɕɑ^{55}kʉ^{53}

钱氏 tɕhɛ̃^{31}tɕɑ^{55}kʉ^{53}

郑氏 tsẽ^{31}tɕɑ^{55}kʉ^{53}

陈氏 tshẽ^{31}tɕɑ^{55}kʉ^{53}

常见贵琼女名 tɕɑ^{55}mɛ^{55}tshʉ^{53}

常见贵琼女名 ʃə^{53}ə^{55}dʒui^{31}mø^{53}

常见贵琼女名 dʑɔ̃^{31}tshʉ^{53}dʒui^{31}mø^{53}

常见贵琼女名 mĩ^{31}ȵɑ^{53}tshi^{53}

① 杨高二姓是鱼通地区普遍采用的汉姓，不同房名采用同一汉姓的情况较多，所以每个姓氏下有多个说法。

常见贵琼女名 kɛ̃^{55}li^{55}pu^{55}tʂɦ̩^{53}

常见贵琼女名 nɔ̃^{31}khø^{53}ɬø^{55}mu^{53}

常见贵琼女名 sø^{55}mu^{55}tsi^{53}

常见贵琼女名 zẽ̡^{31}tɕhɛ̃^{55}dʒui^{31}mø^{53}

常见贵琼男名 tɕɑ^{55}thø^{55}tshe^{55}li^{53}

常见贵琼男名 ʃə^{53}lə^{55}phɛ̃^{55}tsho^{53}

常见贵琼男名 sẽ^{55}nɔ̃^{55}dʑɔ̃^{31}tshʉ^{53}

常见贵琼男名 mĩ^{31}ȵɑ^{55}tshe^{55}li^{53}

常见贵琼男名 kɛ̃^{55}li^{55}phɛ̃^{55}tsho^{53}

常见贵琼男名 nɔ̃^{31}khø^{55}tshe^{55}li^{53}

常见贵琼男名 sø^{55}gui^{55}tshe^{55}li^{53}

常见贵琼男名 zẽ̡^{31}tɕhɛ̃^{55}tshe^{55}li^{53}

三　主要食品

主食 mɛ̃^{31}xɛ̃^{53}

玉米饭 y^{31}me^{55}mɛ̃^{31}xɛ̃^{53}

荞米饭 gi^{35}dɔ^{35}wu^{53}

自制面条 pi^{55}tɑ^{53}

手擀面 thi^{55}khi^{55}pi^{55}tɑ^{53}

荞麦面条 gi^{35}pi^{55}tɑ^{53}

面片 miɛ̃^{35}phi^{31}tsɿ^{53}

馍 pho^{31}lo^{53}

荞麦烧饼 gi^{35}pho^{55}lo^{53}

玉米烧饼 y^{31}me^{55}pho^{31}lo^{53}

麦面烧饼 jɔ̃^{55}pho^{31}lo^{53}

烙饼 thø^{53}lø^{53}

土豆饼 iɑ̃^{31}y^{35}pɑ^{55}pɑ^{55}

糌粑 ji^{55}mphe^{31}

糌粑糊糊 ji^{55}mphe^{31}thɔ̃^{55}thɔ̃^{53}

糌粑团捏成一团的糌粑 phu^{55}tʃu^{53}

锅圈子由玉米面等调制的锅边烤饼 ko^{55}tɕhyɛ̃^{55}tsɿ^{53}

汤圆 thɔ̃^{55}yuɛ̃^{31}tsɿ^{53}

面汤 thɑ̃^{55}pɑ^{55}tsɿ^{53}

豆花 li^{31}ki^{53}

佐料 ɕɑ̃^{31}liɑu^{53}

酸汤 tʂu^{55}pu^{53}tshe^{55}thɔ̃^{53}

猪肉 phɑ^{55}ɕi^{53}

牛肉 ȵi^{31}ɕi^{53}

香肠 ɕə^{55}ŋo^{53}

血肠以猪血拌玉米面或荞麦面灌入肠衣而成 tsɿ^{53}mɔ̃^{31}ko^{31}

咂酒 hɛ̃^{53}

泡酒 mʉ^{55}mʉ^{53}

青稞酒 khi^{53}ɑ^{31}lɑ^{53}

玉米酒 y^{31}me^{55}ɑ^{31}lɑ^{53}

荞麦酒 gi^{35}ɑ^{31}lɑ^{53}

麦子酒 jɔ̃^{53}ɑ^{31}lɑ^{53}

蜂蜜酒 wi^{35}ɑ^{31}lɑ^{53}

苦荞酒 dʐø^{31}tɕu^{53}ɑ^{31}lɑ^{53}

高粱酒 kə^{31}bi^{53}ɑ^{31}lɑ^{53}

四　人品称谓

户 ti^{31}tɕhɔ̃^{53}

祖宗藏语借词 sø^{55}dɑ^{55}pu^{53}

后裔 ʑi^{31}ʑi^{55}zə̡^{53}

娘家 phø^{55}ji^{53}

亲生 zɔ̡̃^{31}tʂhu^{53}

私生 ȵe^{31}tʂhu^{53}

拖油瓶嫁到后夫家所带的前夫子女 mə^{31}ndzə̡^{53}

养父 phei^{53}jo^{31}wu^{31}pi^{53}

养母 ŋi^{53}jo^{31}wu^{31}pi^{53}

乳母 lɛ^{55}mu^{53}

干爹 phei^{53}pu^{55}mɛ^{53}

干妈 ŋi^{53}pu^{55}mɛ^{53}

原配 ndzu^{53}dɑ^{31}wu^{31}pi^{53}

继室 ndzu^{53}ʑ̥i^{31}ʑ̥i^{53}pi^{53}

妾藏语借词 tɕhũ^{55}mø^{55}lu^{53}

情人 zə̥̃^{35}tsu^{53}wu^{53}

老一辈 tə^{31}zə̥^{53}thu^{31}dɑ^{55}wu^{31}

同辈 ŋə^{35}tə^{31}zə̥^{53}

晚辈 mʉ^{31}wu^{55}tə^{31}zə̥^{53}

恩人 thø^{55}wu^{31}

管家 khø^{31}uø^{53}khue^{55}wu^{31}pi^{53}

仆人 jo^{31}pu^{53}

帮工 lø^{55}pu^{53}

劳力藏语借词，通常写成乌拉 wu^{31}lɑ^{53}

奴婢 zi^{35}bi^{35}wu^{31}

主人家 jõ^{31}dɑ^{53}kʉ^{31}

渔翁 tʃɿ^{55}ȵi^{55}te^{55}wu^{53}

牧民 ntʂo^{31}jɑ^{55}ɬõ^{53}wu^{53}

劳力 li^{31}kə^{53}bi^{35}wu^{53}

佃农 ku^{35}nõ^{31}

贫农 phĩ^{31}nõ^{31}

中农 tsõ^{55}nõ^{31}

富农 fu^{35}nõ^{31}

地主 ti^{35}tsu^{53}

牧主 mu^{31}tsu^{53}

砌匠 dø^{35}zø^{53}

戏称 ɣũ^{31}phø^{53}kø^{35}wu^{53}

铜匠 zõ^{31}bu^{53}tɕhũ^{31}wu^{53}

制革匠 pɑ^{53}pɑ^{53}ȵi^{31}wu^{53}

鞋匠 tʂɿ^{53}zʉ^{35}wu^{53}

银匠 wũ^{31}tɕhũ^{31}wu^{53}

漆匠 xĩ^{31}qɑ^{55}wu^{53}

厨师 tɑ^{35}sɿ^{55}fu^{35}

补锅匠 ɣũ^{31}tɕɑ^{55}wu^{31}

船夫 tʃɿ^{55}pʉ^{53}

杀猪匠 phɑ^{55}ntsø^{53}

杀牛匠 nõ^{55}ntsø^{53}

指客师红白喜事中帮助主人安排客人入席的人 khə^{31}ɬə^{55}bi^{35}wu^{31}

领头人 ji^{31}ndzu^{55}wu^{31}pi^{53}

会计 khuɑi^{35}tɕi^{35}

秃子 ŋgʉ^{35}gə^{53}

野人 mĩ^{31}gui^{53}

幼儿 ŋɛ^{55}ŋɛ^{55}tsi^{31}

少年 tõ^{31}tõ^{31}tsi^{31}

青年 lɵ^{31}si^{31}ŋi^{55}wu^{31}

中年人 gi^{35}tʂuõ^{31}tʂuõ^{31}

老年人 lɵ^{35}ji^{35}wu^{31}

七八十岁 kɛ^{35}sõ^{53}

普通人 mũ^{35}tɑ^{31}zə̥̃^{53}

英雄 pə^{55}wu^{53}

荣誉军人 mɑ^{55}mi^{53}

烈士 lie^{55}sɿ^{35}

病人 tɕhi^{55}ndɑ^{31}wu^{53}

调解员 bø^{31}thø^{53}bi^{35}wu^{31}pi^{53}

债主 bɛ^{31}lɛ^{53}

伙计 lɑ^{31}dø^{53}

手下 ɕiɑ^{35}ʂou^{53}ȵɑ^{31}

守卫 sũ^{35}ȵɑ^{31}

头领 tsũ^{55}tsũ^{55}ȵɑ^{31}

百姓 mĩ^{31}di^{53}

五　身体

面貌 zu^{35}tshɑ^{53}

脸蛋 ndɔ^{35}tshø^{53}

发辫 tʂə^{55}ntʂhm̃^{53}

头顶分行 tʂə^{55}nɔ̃^{53}

头旋 ŋgʉ^{35}kho^{55}kho^{53}

瞳仁 mũ^{35}pi^{31}pi^{55}tsi^{31}

眼窝 ȵɛ^{35}kho^{53}

鼻根 ȵø^{55}kũ^{53}nɛ^{53}

鼻翼 ȵø^{55}pɛ^{53}

上唇 khɑ^{55}hø^{53}

下唇 phe^{31}hø^{53}

犬牙 sʉ^{55}ndzu^{53}

大牙 hʉ^{55}tɛ̃^{53}

上牙 hui^{55}khø^{55}hø^{53}

下牙 hui^{55}phe^{55}hø^{53}

舌根 dʐ̩^{35}nɛ^{53}

硬腭 kɛ̃^{31}pɑ^{53}

耳朵眼儿 lʉ^{55}tsʉ^{53}

前颈 ɣɛ̃^{31}ʂɿ^{31}kɑ^{53}

后脖颈 ɣɛ̃^{31}ŋgɑ^{31}li^{53}

后颈沟 tɑ^{55}lʉ^{53}kho^{55}kho^{53}

胸窝 tɔ̃^{31}jɔ̃^{55}khʉ^{53}

手掌 ko^{53}dɛ^{35}

手掌纹 ʐ̩^{35}mu^{53}

无名指 tsɿ^{55}pi^{55}kʉ^{53}

肘 khu^{55}pi^{53}tɕo^{53}

上臂 phɑ^{55}tsi^{31}tɕhɔ̃^{53}

肘窝 lɑ^{31}tsʉ^{53}kho^{55}kho^{53}

指甲月痕 kui^{31}ȵy^{53}mi^{31}nto^{53}

大腿根 ʐ̩^{35}pə^{55}sɔ̃^{53}

大腿根后部肌肉 pũ^{55}mu^{53}kho^{55}kho^{53}

膝盖骨 khə^{55}khə^{55}tsi^{31}

膝弯 ŋgə^{31}ko^{53}

脚腕 tshm^{55}to^{53}

脚背 ŋgə^{35}dʑø^{53}

脚掌 ŋgə^{35}phe^{53}

脚后跟 li^{31}sɔ̃^{53}

脚尖 ŋgɑ^{35}ze^{31}ze^{55}si^{31}

脚指甲 ŋgɑ^{35}ɕɛ̃^{53}

卵巢 ʃɑ^{31}kuɛ̃^{55}tsi^{31}

龟头 nɛ^{31}ʃɿ^{53}

阴囊 dzi^{35}ɬɔ̃^{53}

包皮 kə^{55}ɬũ^{53}

内脏 pɛ^{35}ɕʉ^{55}kʉ^{53}

动脉藏语借词 tʂhɑ^{55}nɔ̃^{53}

静脉 tsʉ^{53}

食管 mẽ^{55}thɑ^{53}

淋巴汉语借词 jɔ̃^{31}tsɿ^{53}

胆汁 ʐɔ̃^{35}ɣɛ̃^{53}

扁桃腺 kɛ̃^{31}pɑ^{53}

毛孔 ȵĩ^{55}tshɔ̃^{53}

头皮屑 sɿ^{55}ʐo^{53}

肱二头肌 phɑ^{55}tsi^{31}tɕhɔ̃^{53}

老茧汉语借词 tɕɛ̃^{53}pɑ^{55}

颊骨 hui^{31}tɛ̃^{35}

下巴颏骨 mɛ^{31}ʐ̩^{53}

胸骨 uɔ̃^{31}tɕɑ̃^{55}wu^{55}wu^{31}

锁骨 ɣɛ̃^{31}kuɛ̃^{55}tsɿ^{53}

胯骨汉语借词 sɛ̃^{55}tɕhɑ^{55}ku^{53}

尾椎骨 mi^{31}kue^{53}to^{55}to^{53}

胫骨 mɔ^{31}mpɑ^{31}wu^{55}wu^{31}

踝子骨 tshm^{55}to^{53}wu^{55}wu^{31}

软骨汉语借词 tsɿ^{53}ku^{55}tsɿ^{53}

精子 tʃhm^{55}tɑ^{53}

白带 ʃo^{31}mɑ^{31}tɕhi^{53}

舌苔 dʐʅ^{35}ŋkhẽ^{53}

六　宗教信仰

始祖 dø^{55}tɑ^{53}

玉皇 ɬø^{55}ji^{55}uɔ̃^{55}mu^{53}dʑø^{55}dʐʅ^{55}

天神 mɔ̃^{31}ɬø^{53}

财神菩萨 jɔ̃^{31}tshø^{53}

释迦牟尼 ɕɑ^{31}tɕɑ^{55}thø^{55}pø^{53}

莲花生菩萨 ui^{35}tɕɛ̃^{35}pɛ^{35}mø^{53}

水神菩萨 tʃhɯ^{55}ji^{55}ɬø^{55}mu^{53}

地神 sø^{31}ʐʅ^{55}dʐui^{31}mø^{53}

土地神 sø^{55}tɑ^{53}

山神 ʐʅ^{31}tɑ^{53}

火神 mĩ^{31}ɬø^{53}

水神 tʃhɯ^{55}ɬø^{53}

财神 jɔ̃^{55}ɬø^{53}

门神 mĩ^{35}ɬø^{53}

天老爷 mɔ̃^{55}kø^{55}lø^{53}

佛教 ɬø^{55}tɛ̃^{53}

道教 tɑu^{35}tɕiɑu^{35}

天主教 thiɛ̃^{55}tsu^{53}tɕiɑu^{35}

基督教 tɕi^{55}tu^{55}tɕiɑu^{35}

活佛 sɔ̃^{55}ȵi^{53}

活佛面称 mu^{55}mu^{53}ɑ^{31}pu^{53}

安曲宗教执业者，在公嘛的安排下念经、做法事 ɛ̃^{55}tɕhy^{53}

端公 tɛ̃^{55}kũ^{55}

道士 tɑu^{35}sɿ^{35}

传教士 tɕhy^{55}lũ^{35}

神父 ʂẽ^{31}fu^{35}

修女 ȵiɑ̃^{55}ȵiɑ̃^{55}

算命先生 pɑ^{31}tsɿ^{31}suɛ̃^{35}wu^{53}

民官 mĩ^{31}pɛ̃^{53}

神官 ɬø^{53}pɛ̃^{53}

恶鬼 dʐə^{35}gi^{53}

妖怪 sɿ^{55}mu^{53}

魂魄 nɔ̃^{55}ɕi^{53}

寄魂树 sɔ^{55}ɕɛ̃^{55}pu^{55}

山神经 sɔ̃^{53}

金刚经 dʑi^{31}dø^{53}

长命经 tshe^{31}le^{55}zũ^{53}

平安经 gə^{35}zũ^{53}

祈福经 tũ^{31}tʂhuɛ̃^{53}

免灾经 tĩ^{35}ŋə^{53}

招财经 si^{55}wi^{53}

包经布 mpɔ^{35}

经页 pɑ^{55}pɑ^{53}

法器 tɕhy^{55}tɕhə^{53}

马皮鼓 zɛ̃^{53}

念珠 tʃhuɛ̃^{35}

铃铛 tʂɿ^{31}bu^{53}

长号 ʐʅ^{31}dʑø^{53}

骨质唢呐 nɔ̃^{53}

净水瓶 bũ^{31}mø^{53}

钹 tɕhɛ̃^{55}lɛ̃^{53}

唢呐 sɑ^{31}lɑ^{55}tsɿ^{31}

蟒筒 gø^{35}tũ^{53}

金刚杵 tø^{31}tɕe^{53}

酥油灯 tɕhy^{55}mĩ^{53}

酥油灯窝 kũ^{55}nũ^{53}

酥油花 mø^{31}tɕɛ̃^{53}

净水 tɕhø^{53}tø^{53}

辟邪用骨头 kuɔ̃^{31}li^{53}

柏枝丫 ʃo^{31}pu^{53}khɑ^{53}

唐卡 thɔ̃^{55}gi^{53}

哈达 khø^{55}dø^{53}

嘛呢旗 nu^{55}ndə^{53}

坛城 tʃɿ^{55}ŋkhu^{53}

茅人民间宗教仪式中用于驱鬼除秽的茅草人 mi^{31}nɛ^{53}

糌粑茅人用以驱鬼除秽的用糌粑制作的茅草人 tɕhy^{55}bø^{53}

矮茅人用以驱鬼除秽极矮小的茅草人 li^{55}pu^{53}

半截茅人用以驱鬼的只有半截身躯的茅草人 gɑ^{31}ɬø^{53}

三角铧头形茅人用以驱鬼除秽的头部像铧头的三角形茅草人 ŋguɛ̃^{35}mu^{53}

打卦绳 mʉ^{31}thɑ^{55}

打卦口袋 mʉ^{35}khu^{53}

经筒 khʉ^{55}lʉ^{53}

祈求 ji^{31}kũ^{53}

讲经 tɕhyi^{35}sũ^{31}

卦 mʉ^{31}

占卜 mʉ^{31}khui^{35}

念咒 ŋɛ̃^{55}sɔ^{53}

看日子 zɑ̩^{31}ȵdʑø^{53}

降妖 di^{35}ndi^{35}

祝祷 mi^{31}dʑø^{55}

施法 dzu̩^{35}ku^{31}

改命 lø^{31}bi^{35}

画菩萨 ɬø^{53}zø^{35}

上色 tshɛ^{55}ɬɔ̃^{35}

开光 ze̩^{31}ne^{53}bi^{35}

祈福 khi^{31}nɛ^{53}

击鼓 zɛ̃^{55}dɛ̃^{53}

跳神 ɬø^{55}bø^{55}wu^{53}

信奉 tɛ̃^{35}

拜佛 tɕhɑ^{55}bi^{35}

祭奠 pɔ̃^{55}pɔ̃^{55}bi^{35}

烧香 pi^{53}tsɔ^{53}

招魂 lø^{55}sɿ^{55}bi^{35}

做道场 kuɛ̃^{55}zɿ̩^{35}ɬɔ̃^{53}

布施 tɕu^{55}tɕhɑ^{55}tɕu^{55}khɔ̃^{53}

吃斋 ȵɛ^{31}ɕu^{55}pɔ̃^{53}

修行 tɕhy^{55}bi^{35}

驱鬼 ȵe^{31}dʑɔ̃^{53}

捉妖 tɕĩ^{55}se^{53}

迷信 mi^{31}ɕĩ^{35}

吉日 zɑ̩^{31}gi^{53}

七 农业

农业藏语借词 le^{31}ʑi^{53}

一季 te^{31}ɣi^{35}

土壤藏语借词 sø^{55}zɿ̩^{53}

旱地藏语借词 kɔ̃^{55}jɛ̃^{53}

水田藏语借词 tʃɦn^{55}jɛ̃^{53}

稻田藏语借词 ndʒi^{35}dʑɛ̃^{53}

垄沟藏语借词 tʃɦn^{55}nɔ̃^{53}

黄土 dʑɛ̃^{35}wu^{31}ʃɑ^{31}

黑土 dʑɛ̃^{35}ȵi^{31}qɑ^{31}

黏土 dʑɛ̃^{35}gui^{35}

肥沃 dʑɛ̃^{35}gie^{35}

梯田 tɑ^{31}tɑ^{55}tɑ^{31}tɑ^{53}

撂荒地 pɔ̃^{55}tɕɑ^{53}

菜园子 zɛ̃^{31}pɑ^{55}ko^{55}li^{53}

野猪房 phɑ^{55}gui^{53}tɕhɔ̃^{53}

稻草人 wũ^{31}pi^{31}pi^{55}tsi^{31}

巴扎放置在麦田里类似拨浪鼓的防麻雀器物 pɑ^{55}tsɑ^{31}

水库 tʃɦn^{55}bɔ̃^{53}

大坝 thɔ̃^{55}uɔ̃^{53}

水闸 tʃɦn^{55}khʉ^{53}

笕槽安放在屋檐或田间的引水的长竹管 bɔ31zɿ55tsi31

谷仓 bɔ̃55uɔ̃53

地窖 ndzui35tɕʉ31ʐʉ53

晒坝晒粮食的平坝 sɛ̃55ho53

炕架悬挂在灶上方的竹架，用以熏烤肉制品等 sɑ55ɡi53

火地用火开荒后可以耕作的土地 xo53ti35

农作物 li31thɔ53

经济作物 zɔ35qi55ko55wu53

莜麦 si31jɔ̃53

糯米 tɕou53mi53

黑豆 n̥o35n̥i31qɑ53

红小豆 n̥o35jĩ31xĩ31

农具 tɕɑ55ɬɑ53

芟刀用于剔除剔除枝叶的有柄刀具 suɛ̃35tɑu55

铧尖 tɕhũ55bi53uɛ̃31jɛ̃55tsi31

挖锄主要用于挖地的锄头 tɕo31wi53

耠子翻松土壤用的轻便锄 tʃɑ55wi53

板锄刃平而宽的大锄头 pɔ̃55tɕɑ55wi53

薅锄除草用的短柄小锄 phe31phe53

粮仓 khu55ʃɔ̃53

大斗筐用以晒粮食的长竹筐 tʂi55ɬɔ̃53

圆斗筐用以晒粮食的圆竹筐 tsø55ko53

晒簟摊晒粮食的竹席 tɕɛ̃55tsi31

箩筐汉语借词 lo31khuɔ̃55

竹笆子竹片拼接而成的架子 pɑ31tʃɿ53

竹篓竹制的背篓 pho55tʂo53

水车 khu55lu53

风斗车汉语借词风车 fẽ55tou53

鼓风机 ku53fẽ55tɕi55

碾米机 n̥ɛ̃53mi53tɕi55

脚踏碓杵 kuɔ̃55sɑ̃53

手力碓杵 ɕu31mbu53

大孔背篓 kʉ55lʉ53

小背篓 dʑø31khu55tsi31

四爪钉耙 sɿ35tsɑu53

两爪钉耙 ər35tsɑu53

劳动 li31kə53bi35

做农活 dʑɛ̃35li31bi35

烧山烧火开荒 nɛ̃55pɔ̃53

开渠 tʃɿ55xu55hɑ53

引水 tʃɿ55khɑ53ʃɿ55

蓄水 tʃɿ55ɬɔ̃53

积肥 hɛ̃55qɑ53

农家肥 li31thɔ55hɛ̃53

厩肥马厩里堆积的肥料 mbu35nɔ̃53

移栽 wu31pʉ53

轮种 tʂhɑ31tʂhɑ53

耙地用耙翻松土壤 dʑɛ̃35tʂɑ53

选种汉语借词 ɕyɛ̃53tsõ53

浸种汉语借词 tɕhĩ35tsõ53

撒种汉语借词 sɑ53tsõ53

间苗 pu55tsi31dʑi55ku31

补苗 pɑ31tɕe31tɕɑ53

除虫 mbu31lu53se53

掰玉米 ju31me55ɡui31ɡui35

扬场 sɛ̃55hɔ̃53

筛糠用筛子或者箩将米中的糠通过上下晃动除去 tø55tø53

出土 thu31pɑ53

成长 thu31dɑ53

秀穗 n̥dʑɑ55mu55ɬɔ̃53

堵水 tʃɿ53tɕe53

糊田埂用泥土垒砌田埂 fu35

密植 jɑ31ku53

驱蝗 mbu35lu55dʑɔ̃53

套牛 ȵi^{31}tʂhɑ^{53}

运粮 jɔ̃^{55}jɔ̃^{55}thɔ^{53}

丰年 li^{31}thɔ^{55}gie^{35}

灾年 li^{31}thɔ^{55}me^{31}gie^{35}

歉收 li^{31}thɔ^{55}ndɑ^{35}

化肥 xuɑ^{35}fei^{31}

八 建筑

楼 dʑyi^{35}kui^{53}

平房 dʑø^{35}khuɔ̃^{53}

草房 ȵyɔ̃^{31}tɕhɔ̃^{53}

土房 dɔ^{35}mpɑ^{55}tɕhɔ̃^{53}

竹楼 me^{35}tɕhɔ̃^{53}

碉房汉语借词 tiɑu^{55}pɑu^{53}

地板盖地板上通往地窖的盖子 bə^{31}gi^{53}

地基 sø^{53}

屋基房屋的地基 khuɔ̃^{55}tɛ̃^{35}

天井 thɔ̃^{55}uɔ̃^{53}

院子 ko^{31}li^{53}

耳房 ȵi^{55}ȵe^{31}ȵe^{55}mɛ^{53}ndzui^{53}

正房 jɔ̃^{31}dɑ^{53}mɛ^{53}ndzui^{53}

火塘上方 tɕhy^{55}kui^{53}

火塘下方 khʉ^{55}lʉ^{53}

火塘左方 tɕhɑ^{31}pɑ^{53}

火塘右方 jo^{31}pu^{53}

烟囱 mʉ^{31}khʉ^{53}ji^{35}ji^{53}

门房 lõ^{31}mẽ^{55}tsɿ^{53}

台阶 ji^{31}sɑ^{31}wu^{53}

晒台 nɔ̃^{31}ʐɑ^{53}

廊檐 jɔ̃^{55}tsi^{31}

地面 khuɔ̃^{55}sø^{53}

地板 tɕhɔ̃^{55}tɕe^{53}

楼梯板 tə^{31}thõ^{53}sɛ̃^{55}tɕhɑ^{53}

柱脚石 gʉ^{35}ȵo^{53}

横梁 jɔ̃^{31}tɕɑ^{31}ŋi^{55}wu^{31}

二梁 gui^{31}ɕɛ̃^{55}ȵi^{31}jɔ̃^{53}

神台两边的木板台 pɔ̃^{31}tʂu^{55}tsi^{31}

房顶架 phɑi^{31}lie^{53}

壁板 pɛ̃^{35}thɑ^{53}

房顶白塔 le^{31}tsi^{53}

房顶四角 ŋgə^{55}thu^{53}

前房山 mĩ^{35}tɕo^{53}

后房山 kʉ^{35}khuɔ̃^{53}

房屋滴水槽 zɑ^{31}thi^{55}lũ^{31}pu^{53}

柴堆枕木 ɕɛ̃^{55}tɛ̃^{53}

前门 mĩ^{35}ʂɿ^{31}kɑ^{55}tɕɑ^{53}

二门大门里面的一道总的门 mĩ^{35}ʑi^{35}ʑi^{31}tɕɑ^{53}

房门 ɕʉ^{55}kʉ^{53}mĩ^{35}

后门 mĩ^{35}wu^{31}tshø^{55}wu^{31}tɕɑ^{53}

门枢 wu^{55}tsi^{31}

门套 mĩ^{35}kho^{53}

门枢枕木 mĩ^{35}tɛ̃^{53}

门上开关 dũ^{35}tɛ̃^{53}

拉手 lɑ^{55}sou^{53}

观音窗一种老式的不安装玻璃的木窗 kuɛ̃^{55}jĩ^{55}tshɑ̃^{55}

窗框 tɑ^{55}gʉ^{53}tɛ̃^{35}

窗棂 tɑ^{55}gʉ^{53}mĩ^{53}

横棂 gɔ̃^{31}gɔ̃^{31}kʉ^{31}

竖棂 thø^{55}thø^{55}kʉ^{31}

窗户插销 tshɑ^{31}ɕiɑu^{55}

马厩 mbu^{35}tɕʉ^{55}lʉ^{53}

牛棚 ȵĩ^{35}tɕʉ^{55}lʉ^{53}

栅栏 dɑ^{31}lʉ^{53}

拴马桩 mbu^{35}tʂha^{31}ji^{53}

马槽 ma^{53}tshau^{31}

雨棚 ø^{55}pø^{55}tsi^{31}

奠基 sø^{55}jø^{53}

拆房 tɕhɔ̃^{31}qa^{53}

请工匠 mũ^{35}lu^{53}

绘图样 lø^{55}tɕhyɛ̃^{53}

开工 ji^{31}ndzu^{53}

挖地基 tɕhɔ̃^{55}ji^{31}ha^{53}

伐木 jɔ̃^{31}tɕa^{55}la^{35}

打桩 jɔ̃^{31}tɕa^{55}tsu^{53}

立柱 kø^{55}wu^{31}tsu^{53}

安柱脚 kø^{31}tɛ̃^{55}tʂa^{35}

盖房顶 ua^{31}hø^{53}

做楼板 tɕhɔ̃^{31}tɕe^{53}di^{35}

抹灰 ji^{31}sɿ^{53}

扎篱笆 lɛ̃^{31}ŋa^{53}sui^{53}

扎天花板 thu^{55}tʂa^{53}

和泥 mi^{31}tshø^{53}

铺沙将沙子平铺开 ʂa^{55}tsɿ^{53}khuɔ̃^{55}wu^{53}

刷浆 ji^{31}la^{55}dʑə^{55}wu^{53}

九　器物

炕桌 thø^{55}tɕo^{53}

火塘凳 gui^{31}tɕu^{53}

大箱子 gɔ̃^{35}mbu^{53}

小箱子 ɕɑ̃^{31}tsɿ^{53}

沙发 sa^{55}fa^{55}

石缸 dø^{31}tɕha^{53}tʃɿ^{55}ŋə^{53}

木缸 kɑ̃^{55}tsɿ^{53}

木桶 sɛ̃^{55}zʉ^{31}wu^{53}

酸菜桶 tʂu^{55}pu^{53}zʉ^{31}wu^{53}

桶箍 zʉ^{31}tʂha^{53}

茶壶 tʃẽ^{55}tɕha^{31}tɕha^{31}xu^{31}

开水壶 tʃɿ^{55}phʉ^{53}tɕha^{31}xu^{31}

酒壶 a^{31}la^{53}tɕha^{31}xu^{31}

菜墩 tẽ^{53}te^{53}

面槽揉面用的木槽 ʐũ^{35}pu^{53}

案板 ŋɛ̃^{35}pɛ̃^{53}

擀面棍 miɛ̃^{35}kɛ̃^{53}

灶台 ȵdʑɛ̃^{35}thø^{53}

三石灶贵琼传统的三石垒起的灶头 thø^{53}tʂa^{31}ji^{53}

火筷子 tɕo^{55}ko^{53}

大铜锅 zɔ̃^{31}bu^{53}lɔ^{35}gu^{53}

炊壶 tshui^{55}ɸu^{31}

锅圈 ʃɔ̃^{55}ko^{31}ʐo^{53}

甑子 khʉ^{55}zʉ^{53}

四层蒸笼 liɛ̃^{31}kai^{35}tsɿ^{53}

木瓢 mba^{35}li^{53}

调羹汉语借词 thə^{55}ki^{53}

漏勺 sɿ^{55}phiau^{31}

笊篱捞取面条等的厨房用具 tsha^{31}tsha^{53}

竹炊帚竹制炊帚 me^{31}tɕha^{55}mʉ^{53}

高粱炊帚 kə^{31}bi^{53}tɕha^{55}mʉ^{53}

芦苇炊帚 ba^{31}dũ^{53}tɕha^{55}mʉ^{53}

肩带 tʂha^{31}lũ^{53}

勒条 tʃhu^{35}kha^{53}

砧墩 tsẽ^{55}tẽ^{31}

小铜锅架 lo^{55}ku^{31}tsi^{31}

碟子 tie^{55}tsɿ^{53}

漏斗 tshɑ̃^{53}tsɿ^{53}

锛 kho^{31}pu^{53}

汉语借词 pẽ^{55}tshu^{31}

壶塞 wu^{31}tɛ̃^{53}

吸咂酒用竹棍 tɕhɔ̃^{31}tø^{53}

行李 dʑø^{31}khu^{53}tsi^{31}

针线包 khə^{55}tʂhuɔ̃^{55}ji^{53}

针筒 khə^{55}tɕhɔ̃^{55}tsi^{31}

针锥 ȵo^{31}zi^{53}

烙铁 zə̧^{31}tɕɑ^{53}

鞋楦子 ɬɔ̃^{55}pi^{53}

耳挖子 ndɔ^{35}wu^{31}tɕho^{55}tsi^{31}

簪子 tsɛ̃^{55}tsɿ^{53}

钢钎 kɑ̃^{55}tɕhɛ̃^{55}

木槌 tɕo^{55}ko^{53}

电锯 tiɛ̃^{35}ɕɛ̃^{55}so^{53}

手把锯 lɑ^{31}so^{53}

龙锯 tɕɑ^{55}ɬɑ^{53}

弯把锯 tɕhie^{55}tɕy^{35}

木锉汉语借词 mu^{55}tsho^{35}

金刚钻 ʃɔ̃^{55}sɿ^{55}ndu^{53}

木工用三脚支架 ŋgɑ^{35}sɔ̃^{55}phɑ^{53}

瓦刀 tshuɛ̃^{53}tɑu^{55}

铁钉子 ʃɔ̃^{31}ndzi^{35}lu^{53}

木钉子 sɛ̃^{31}ndzi^{35}lu^{53}

竹钉子 me^{31}ndzi^{35}lu^{53}

打石小锤 ɣũ^{31}phø^{53}thø^{31}wu^{31}

调泥片 ndɔ̃^{35}tɕu^{53}

十　植物

山林 zʅ^{35}nɛ^{53}

黑松 tɕhɔ̃^{55}sɛ̃^{53}

白松 pe^{31}sõ^{55}

刺柏 dzɑ̧^{31}dzɑ̧^{53}

铁杉 thɔ̃^{55}nɛ̃^{53}

麦吊子杉 tsɔ̃^{55}sɛ̃^{53}

红杉 li^{31}ɕɛ̃^{53}

红桦 tʂhui^{55}mə^{53}

铁桦 tʂhui^{55}nɛ̃^{53}

泡桦 tʂhui^{55}lũ^{53}

杂柳 mbu^{35}zʅ^{53}

野白杨 tʃhɿ^{55}nti^{53}

刺叶青冈 dʒɿ^{35}bi^{53}

大叶青冈 dʒɿ^{35}nɛ̃^{53}

小叶青冈 dʒɿ^{35}kə^{53}

樟 tsɛ̃^{55}kʉ^{53}

油桐 thõ^{31}tsɿ^{53}

茶树 tɕhu^{55}sɛ̃^{53}

蜡梅 lø^{55}wu^{31}sɛ̃^{53}

苦楝 khi^{55}sɛ̃^{53}

筷子柴劈开后很直的适合做筷子的柴火 tɕũ^{55}tɕɑ^{31}sɛ̃^{53}

神树林喇嘛念过经的地方生长的树林，不能砍伐，只能维护 tshɔ̃^{31}khuɔ̃^{53}

讨口子柴树皮褴褛似乞讨之人的树 tʂui^{55}wu^{31}sɛ̃^{53}

黄连 tshui^{55}tsɿ^{31}kɑ^{53}

野菊花 jɔ̃^{31}kʉ^{53}mi^{31}nto^{53}

兰花① mɑ^{35}nthe^{55}tsi^{53}

棋盘花 nɔ̃^{31}khø^{53}mi^{31}nto^{53}

薏仁 tsɛ^{31}sɛ^{53}

狗尾巴草 tɕɔ̃^{55}nde^{53}bɔ^{53}

浆白草 ʒɛ̃^{31}ʒɛ̃^{53}

荻 kɑ^{31}li^{53}me^{53}

薄草荒地上生长出的治疗筋骨伤的草药 ʑɛ̃^{31}lɛ^{53}

水藻 tʃhɿ^{53}nɛ^{53}

苔藓 tʃhɿ^{55}ndu^{53}

---

① 因兰草的茎常用于缠绕指头，形如戒指，故与戒指一词同形。

红莓jɔ̃^{55}sɿ^{53}
黑莓ŋi^{35}sɿ^{53}
草莓ku^{31}ku^{55}sɿ^{31}
水麻ȵo^{35}ŋɔ̃^{31}
皇粮树因很少砍伐而得以留存的树pɛ̃^{53}sɛ̃^{53}
鸡血藤ŋguɛ̃^{31}jɛ̃^{55}bɔ^{53}
野茖菜tshɿ^{55}tshɿ^{31}bɔ^{53}
喇叭花gø^{31}ju^{31}bɔ^{53}
马耳朵草竹叶吉祥草，以叶如马耳故名pɑ^{55}pɑ^{55}ȵyɔ̃^{53}
小酸酸草xuɑ^{55}sẽ^{55}ʂɑ^{31}pu^{53}
大酸酸草tʂɿ^{55}pɑ^{53}
野蒿pɔ̃^{55}tɕɑ^{53}tɕhɔ̃^{55}tʂhu^{53}
青蒿zə^{31}tɕe^{53}tɕhɔ̃^{55}tʂhu^{53}
喇嘛炎lø^{31}mø^{55}jɛ̃^{55}
筋骨草ge^{35}mu^{31}tʃɿ^{31}bɔ^{53}
术淡tʂu^{55}tsi^{31}bɔ^{53}
猪花草phɑ^{55}tshɔ̃^{31}bɔ^{53}
白蒿tɕhɔ̃^{55}tʂhu^{53}ʃo^{31}mɑ^{31}
冬葵khu^{55}lu^{55}tsi^{53}bɔ^{53}
土大黄ȵi^{31}bɔ^{53}
灰灰菜mbu^{31}zɑ^{53}
川三七tshɛ̃^{55}sɛ̃^{55}tɕhi^{55}
野芹菜je^{53}tɕhĩ^{31}tshɑi^{35}
何首乌ȵi^{31}tsɿ^{53}bɛ̃^{55}tɔ̃^{53}
小木通ɕɑu^{53}mu^{31}thõ^{55}
仙鹤草ɕɛ̃^{55}xo^{55}tshɑu^{53}
千里光tɕhɛ̃^{55}li^{53}ko^{53}
爬崖姜pɑ^{55}ŋɑi^{31}tɕhɑ̃^{55}
蚊子草mbu^{35}sɿ^{53}ȵyɔ̃^{53}
牛蒡子khe^{31}le^{53}bɔ^{53}
野棉花xɛ̃^{55}tɕhũ^{53}
香草bɔ^{55}pi^{53}
透骨消治筋骨伤的一种草药gə^{31}gə^{55}bɔ^{53}
木通mu^{31}thõ^{55}
九十九条根gi^{31}gi^{55}bɔ^{53}
瓦上霜生长在瓦上的白草，可入药uɑ^{31}tʂɿ^{55}mu^{53}
苍耳ndzɔ̃^{55}pi^{55}li^{53}
茅草nɑ^{31}ȵyɔ̃^{53}
野皂角ȵo^{31}tɕɑ^{53}
竹丛me^{31}mo^{53}
草丛ȵyɔ̃^{31}mo^{53}
花红li^{35}sɿ^{53}
红谷xõ^{31}ku^{55}
稻谷花ȵdʑɑ^{55}mu^{53}
玉米花thu^{55}thu^{53}

十一　疾病及治疗

肺结核lø^{55}wu^{55}tɕhi^{53}
胃痛bɑ^{35}tu^{53}tɕhi^{53}
腰痛khi^{55}mu^{55}tɕhi^{53}
崴脚ŋgɑ^{35}pho^{31}lo^{53}
疥疮ndzuɔ̃^{31}tɕhi^{53}
伤风khu^{55}zi^{55}tɕhi^{53}
牙龅hui^{31}thɑ^{53}
癞头ŋgʉ^{35}tshɿ^{55}tɕhi^{53}
红崩妇科疾病，月经量大不止jĩ^{31}xĩ^{31}tʂhue^{55}wu^{31}
鼻塞ȵø^{31}kũ^{53}tɔ̃^{53}
气管炎wu^{55}tɔ̃^{53}
喉疾tʂho^{31}ko^{55}tɕhi^{53}
发病tɕhi^{55}xue^{53}
便秘tɕɑ^{55}ŋɑ^{55}phɔ^{53}
风寒khu^{55}zi^{55}tɕhi^{53}
脱肛bo^{31}bo^{55}tʂhue^{53}
吐血tsɿ^{53}hɑ^{53}
痨伤lɑu^{31}bi^{35}wu^{31}

带下 ʃo^{31}mɑ^{31}ndʐue^{55}ku^{31}

渍药 tu^{35}khə^{55}tɕhi^{53}

吞服 mi^{31}nɔ̃^{53}

止血 tsɿ^{31}ndʐue^{55}ku^{31}

敷药 mɛ^{53}ndɑ^{35}ku^{31}

搽药 mɛ^{55}sɿ^{55}lu^{53}

打针 khə^{55}di^{53}

针灸 jĩ^{31}tsẽ^{55}di^{35}

开刀 mɔ^{55}mɔ^{53}phɑ^{55}wu^{31}

消毒 ɑ^{31}lɑ^{53}sɿ^{53}

研药 mɛ^{53}wu^{55}wu^{31}

隔离 dʑi^{55}ku^{31}

药方子 mɛ^{53}khɑ^{31}wu^{53}

药引 yo^{55}ĩ^{53}tsɿ^{53}

十二　文化习俗

天干 mɔ̃^{31}su^{53}

地支 sɛ^{31}ndzi^{53}

鼠年 dʑu^{31}uø^{53}lø^{55}ŋɔ̃^{53}

牛年 nɔ̃^{53}lø^{55}ŋɔ̃^{53}

虎年 tɑ^{53}lø^{55}ŋɔ̃^{53}

兔年 jĩ^{31}bi^{53}lø^{55}ŋɔ̃^{53}

龙年 ndʒu^{35}lø^{55}ŋɔ̃^{53}

蛇年 tʂui^{35}lø^{55}ŋɔ̃^{53}

马年 dø^{53}lø^{55}ŋɔ̃^{53}

羊年 lu^{35}lø^{55}ŋɔ̃^{53}

猴年 dʒi^{53}lø^{55}ŋɔ̃^{53}

鸡年 dʑø^{35}lø^{55}ŋɔ̃^{53}

狗年 tʃɦ^{53}lø^{55}ŋɔ̃^{53}

猪年 phɑ^{53}lø^{55}ŋɔ̃^{53}

大年 dʑø^{35}li^{31}si^{31}

小年 bi^{35}li^{31}si^{53}

羊年会贵琼传统节日，通常杀羊祭天 gui^{31}li^{55}fu^{55}tɕɑ^{53}

哑巴经会贵琼节日 nũ^{55}te^{53}tɕhyo^{53}wu^{53}

打扮房子节以石灰粉刷房子的节日 ȵi^{31}pu^{55}si^{55}ti^{53}

野人节贵琼原舍联乡三月十三祭拜野人的日子 ŋɛ̃^{31}lĩ^{55}

木瓜会贵琼节日，兴会以集资助困 tshø^{55}gø^{53}bi^{35}

九皇节贵琼节日，即重阳节 tɕəu^{53}xuɔ̃^{31}tɕhyo^{55}bi^{35}

杨公忌日 ȵɛ^{31}tũ^{53}

月大 nɔ̃^{55}tu^{53}

月小 nɔ̃^{55}tu^{53}mɛ̃^{35}

一七 mø^{31}nĩ^{53}tɑ^{31}tɕɔ̃^{53}

二七 mø^{31}nĩ^{53}ȵi^{31}tɕɔ̃^{53}

三七 mø^{31}nĩ^{53}sɔ̃^{31}tɕɔ̃^{53}

四七 mø^{31}nĩ^{53}tsɿ^{31}tɕɔ̃^{53}

五七 mø^{31}nĩ^{53}ŋɛ̃^{53}tɕɔ̃^{53}

六七 mø^{31}nĩ^{53}khɔ^{55}tɕɔ̃^{53}

七七 mø^{31}nĩ^{53}ŋi^{55}tɕɔ̃^{53}

山歌 ndø^{35}lø^{53}

宗教歌曲 mø^{31}nĩ^{53}

酒曲子 li^{55}ŋguɛ̃^{53}

对歌 ʃɑ^{53}

伤歌子 t^{35}li^{53}

三步歌曲 sɔ̃^{31}tɕɔ̃^{53}

两步歌曲 ȵi^{31}tɕɔ̃^{53}

一步歌曲 tsɿ^{31}dʑø^{53}

古老歌曲 gɑ^{31}li^{53}

萧 gø^{31}lũ^{55}tsi^{31}

口琴 gʉ^{31}gʉ^{31}tsi^{31}

十三　动作

伸直 xĩ^{31}xĩ^{31}bi^{35}

向后仰 gi^{31}gi^{55}wu^{31}le^{53}

欠身鞠躬 ji^{31}ŋui^{55}ŋui^{31}

弯腰 ji^{31}ko^{31}ʐo^{53}

转身 ji^{31}suɛ̃^{55}wu^{31}suɛ̃^{53}

依偎 wu^{31}pu^{53}

依靠~子女 e^{31}le^{55}tsi^{31}tɕhə^{53}

侧躺 gɔ̃^{31}gɔ̃^{31}khʉ^{53}ju^{53}

翻身 dɑ^{31}wu^{31}pho^{55}lo^{31}

趴下 bo^{31}bo^{31}ju^{53}

匍匐 ɛ̃^{31}ko^{31}ko^{55}bi^{35}

挺胸 uɔ̃^{55}tɕɑ^{53}le^{53}

蜷缩 ji^{31}ko^{55}tso^{31}

回头 dɑ^{31}ȵdʑø^{53}

仰头 thu^{31}ŋɛ̃^{55}

打瞌睡 wu^{31}ȵy^{55}ȵy^{31}

白眼看 ȵɑ^{35}zũ^{35}

抽烟 tshɛ̃^{31}hɛ̃^{31}tɕhɑ^{35}

伸手 ko^{53}wu^{31}tɕe^{53}

举手 ko^{53}pɑ^{53}

摆手 ko^{53}ɬɑ^{55}ɬɑ^{53}

空手 tũ^{55}pu^{53}

指示 pɛ̃^{53}nɔ̃^{53}

揣手 ko^{53}ji^{31}pe^{53}

屈指 ko^{55}ȵy^{53}ji^{31}kũ^{53}

打栗暴屈指敲打 ji^{31}tɕhɑ^{55}tɕhɑ^{31}

打榧子 thɛ̃^{31}pər^{55}

掸灰 thi^{55}thi^{55}wu^{31}dɛ̃^{53}

抖衣服 wu^{31}to^{55}to^{31}

双腿跪 pũ^{55}mu^{53}tsu^{53}

单腿跪 tɑ^{31}kuɑ^{53}tɕhe^{53}

迈步 ŋgə^{35}ŋgə^{31}bi^{35}

跑步 he^{31}he^{55}bi^{35}

打来回 ku^{55}lo^{55}bi^{35}

超过 wu^{31}ŋgə^{55}ŋgə^{31}

包头帕 pɑ^{55}li^{53}tʂhɑ^{53}

披衣服 tshe^{31}we^{31}phũ^{53}

镶牙齿 hui^{31}dʐɑ^{35}

打扮 jɛ^{31}tshɛ^{53}bi^{35}

梦魇 mɔ̃^{35}thi^{53}

打盹儿 tshɔ̃^{31}tshɔ̃^{35}

遗尿 e^{31}ʃʅ^{55}ɣe^{31}ɣe^{35}

邀请 tɕɛ̃^{35}

拜访 tɕho^{53}

欢迎 gui^{35}

旅游 suɛ̃^{35}ji^{35}wu^{31}

告别 tɕɑ^{55}tshe^{55}bi^{35}

留客 wu^{31}nɔ̃^{35}ku^{31}

待客 dʐuɛ̃^{55}pu^{53}phɛ̃^{53}

敬酒 ɑ^{31}lɑ^{55}khɔ̃^{53}

让座 tɕhyo^{31}ji^{31}khɔ̃^{53}

列席 ndʒuɛ̃^{55}tɕhyo^{53}

请关照 tɕhy^{55}bi^{35}

不用谢 tɕyɛ̃^{55}mɛ^{35}

带孩子 e^{31}le^{55}tsi^{31}ʃʅ^{31}

逗孩子 e^{31}le^{55}tsi^{31}khi^{55}khi^{31}

上车 tshe^{55}tsʅ^{31}thu^{31}tʂɑ^{53}

下车 tshe^{55}tsʅ^{31}dɑ^{31}mi^{31}tʂɑ^{53}

过溜索 ȵɛ^{31}thɑ^{53}ke^{35}

扑腾 phɑ^{55}tɑ^{31}

分辨 tɕhi^{55}li^{55}bi^{35}

作威作福 pɛ̃^{53}tɕhyo^{53}

打口哨 lɛ^{31}sui^{55}kue^{31}

鼎敬十分尊敬 hu^{31}tə^{53}

宽慰 pɔ̃^{35}ku^{53}

摸底 mẽ^{31}phũ^{53}

十四　四音格和谚语

忐忑不安 ŋɔ̃^{31}ŋɔ̃^{31}to^{53}to^{53}

拖拖拉拉 ŋguɛ̃55ŋguɛ̃55dzø55dzø53
哭笑不得 khi55khi55tɕho53tɕho53
搬弄是非 khui31khui31tʂhɑ53tʂhɑ53
疯疯癫癫 mbo35mbo35n̥u53n̥u53
又哭又笑 qo31qo31ɣi35ɣi35
坑坑洼洼 khi55khi55kho53kho53
蹑手蹑脚 to55to55lũ53lũ53
爽爽利利 ʃuɔ̃31ʃuɔ̃31thɑ53thɑ53
脏脏巴巴 tɕɑ55tɕɑ55pɑ31pɑ31
长短不齐 ki55ti55ku55tu55
家家户户 tɑ31tɕhɔ̃55to31zũ53
衣服不整齐 phe31ʂɿ55phɑ31lɑ53
模模糊糊 mi31li55mʉ55lʉ53
叽叽咕咕 pi55ti55pu55tu55
　tɕi55tɕi55ku55ku55
噼里啪啦 phi55li31phɑ31lɑ31
搅拌混合 ji31tshø53wu31ʃø53
不冷不热 mɑ31qhuɔ̃53mɑ31pɔ̃53
兄弟关系 ki31ki55pu31tsu31
上吐下泻 thu31hɑ35mi31hɑ35
东听西听 thu31tʃɿ55mi55tʃɿ53
啃来啃去 ji31n̥dzye35wu31n̥dzye35
东说西说 ji31ɕe55wu31ɕe53
撕来撕去 ji31phe55wu31phe35
抱来抱去 ji31ɕɛ̃55wu31ɕɛ̃53
左拥右抱 ji31ʃuɔ̃55wu31ʃuɔ̃53
跑来跑去 ji31he35wu31he53
跑上跑下 thu31he35mi31he53
五花八门 tshø31lø31mø55lø31
皱皱巴巴 ko55tso31mo55tso31
披荆斩棘 ji31ʃɔ̃53wu31ʃɔ̃53
搅来搅去 tɕhi55li55tɕhə55li53
三下两下 si31si31sɑ55sɑ53

皱皱巴巴 kuɑ31tɕu31ʐu35tɕu31
鼻脓口水 khə55tʃɱ53n̥ø53tʃɱ53
深山老林 thɔ̃55kʉ55thɔ̃55nɛ̃53
绝世无双 nɔ̃35n̥i31mɑ31nɔ̃35
崇山峻岭 kuɔ̃55kuɔ̃55ʐɿ35ʐɿ35
破铜烂铁 tsɑ31pɑ55ʐɑ31pɑ53
苦乐兼具 khi55wu31qhuɑ55wu31
汗流浃背 fu55tʃɿ31gie31gie31
胡编乱造 ɕe55khɑ55ntʂɑ31khɑ55
沟沟坎坎 lĩ31pi53lũ31pu53
拼拼凑凑 ndʐi31gi55ndʐuɛ̃55gi53
黑漆八拱 n̥i31tɕhɑ31tsɿ55tsɿ53
冷冷清清 khũ31tsu55tɛ̃53tɛ̃53
轻言细语 wu31ɣi35wu31ɕe53
热热乎乎 pɔ̃55pɔ̃55ʐɑ55ʐɑ31
风风光光 gɔ̃35ndʐə31tɕhɑ31tɕhɑ31
罈罈罐罐 dʑi31gi55dʑø35gø35
鲜血淋漓 mø35sə55mø55lo53
精疲力竭 nɔ̃31mũ53tɛ̃55tɛ̃51
合合适适 bø31tʂhui55bu31tʂhui55
昏天黑地 n̥ĩ31tɕhɑ55tsɿ31tsɿ31
四四方方 sɿ31sɿ31fɑ̃55fɑ̃55
大汗淋漓 fu55tʃɿ31tɔ̃55tɔ̃55
不吃不喝 mø31kø35mɑ31tɕhɑ53
驮子鞍子 khi55mə53khi55tɕɑ53
反反复复 khui31khui31tʂhɑ53tʂhɑ53
漫天灰尘 thi55lu53bɑ35lu53
傻不兮兮 dɛ̃31mu53dɛ̃31tɕɑ53
平平展展 thɔ̃55uɔ̃55thɔ̃55ni53
道听途说 ɔ̃55tɔ̃55jɔ̃31tɔ̃53
飞禽虫豸 mø35mbu35ɕɛ̃55sɔ53
自古以来 gø55bø53tũ31bø53
这样那样 tʃɿ35ji55ko55ji53

尊敬 sɔ^{55}tɛ̃^{55}ȵɛ̃^{55}tɛ̃^{55}

叮嘱再三 ɕe^{55}ʃu^{55}ɕe^{55}pɔ^{53}

一点儿一点儿 ȵi^{31}li^{55}ȵo^{55}lo^{53}

高山峡谷 lũ^{31}pu^{53}kuɔ̃^{55}phɑ^{53}

千军万马 tʃhn^{55}mɑ^{53}tũ^{53}mɑ^{53}

火光迸溅 tshø^{55}ʐø^{53}mø^{55}ʐø^{53}

漆黑一片 nɛ̃^{53}le^{55}mi^{33}nɛ̃^{53}

荒林野地 nɛ̃^{31}dʑɛ̃^{53}tũ^{31}dʑɛ̃^{53}

一言既出驷马难追

ɕe^{55}tshø^{53}wu^{55}li^{31}ho^{55}lu^{55}bʉ^{35}

不胫而走

mbɔ̃^{35}mɛ^{55}ji^{31}ki^{55}ȵi^{31}tʂhɑ^{53}le^{31}tɔ̃^{55}ku^{55} mɑ^{31}qo^{53}

话斩钉截铁

ke^{55}tɕhe^{53}nɔ̃^{3}ɕe^{55}kɔ̃^{31}tɑ^{31}tɕo^{53}ȵi^{31}tɔ̃^{53}

十五　拟声词

鸡叫声 ko^{31}to^{31}lo^{55}tsɿ^{31}

鼓声 tũ^{35}tũ^{35}tũ^{35}

拍水声 wu^{31}ʐu^{53}di^{35}ʐu^{53}

舀水声 kɔ̃^{31}tɔ̃^{31}tɔ̃^{31}tɔ̃^{31}tsi^{33}

蛇匍匐声 so^{31}ʐo^{31}ʐo^{31}

竹竿滑动声 thɑ^{31}ʐɑ^{55}ʐɑ^{55}ʐɑ^{31}ʐɑ^{31}

雨声 ti^{31}ti^{31}tɑ^{53}tɑ^{53}

驴马驮物声 ki^{55}ti^{55}li^{31}kuɔ̃^{55}tɔ̃^{55}

口哨声 ɕyi^{35}ɕyi^{35}

乌鸦叫声 ɑ^{31}uɑ^{31}

锦鸡叫声 ɕyɛ̃^{55}xɛ̃^{31}

马叫声 tsuɛ̃^{55}xɛ̃^{31}xɛ̃^{31}

马蹄声 thi^{31}thɑ^{31}thi^{31}thɑ^{31}

蜜蜂声 zɿ^{35}n̩^{53}zɿ^{35}n̩^{53}

打斗声 jĩ^{35}wu^{53}

羊叫声 miɛ̃^{35}

聊天声 ji^{31}uɑ^{31}ji^{31}uɑ^{31}ti^{31}

落地声 kuɑ^{31}tsɿ^{53}

射箭声 ʂuɛ̃^{31}tsɿ^{53}

ʂuɑ^{53}

抽抽地 tshø^{53}tshø^{53}tsɿ^{31}

手镯刮动声 khuɔ̃^{35}tɔ̃^{55}tɔ̃^{53}tsɿ^{35}

吆喝驴子声 xʉ^{55}tɕhʉ^{31}

哎应答词 uø^{35}tsɿ^{31}

第五章 语法

第一节

词 类

贵琼语词类的划分依据主要是形态和词在句中的功能。贵琼语的词类有12种，分别是名词、代词、数词、量词、动词、形容词、副词、助词、连词、语气词、叹词、拟声词。

一　名词

贵琼语名词有事物名词、方位名词和时间名词等类别，有数、小称以及格的语法范畴。名词充当话题时附加话题标记li^{31}。例如：

ti^{53}	mĩ^{31}gui^{53}	li^{31}	tsə^{31}	dʑø^{31}pu^{53}kʉ^{31}tɕhõ^{31}	nõ^{35}	wu^{31}	mo^{35}tsɿ^{31}.	
DEF	野人	TOP	就	土司家	房子	住	PRT	IND

野人就住在土司家的房子里。

（一）名词的数

名词的数采用复数标记ȵɑ^{31}表示。复数标记ȵɑ^{31}既可附加在固有词后面，也可附加在借词后面。例如：

tsh̩^{31}mi^{53}	ȵɑ^{31}	女孩子们	mi^{31}nto^{53}	ȵɑ^{31}	（一些）花藏借
女孩子	PL		花儿	PL	
tsi^{55}	ȵɑ^{31}	男孩子们	wu^{55}wu^{31}	ȵɑ^{31}	（一些）骨头
男孩子	PL		骨头	PL	
ɣi^{35}tsɿ^{31}	ȵɑ^{31}	（一些）星星	tsɿ^{55}sɿ^{31}	ȵɑ^{31}	（一些）知识汉借
星星	PL		知识	PL	

ȵɑ^{31}甚至还可以加在不可数名词、无生名词和集体名词后面。例如：

zʉ^{35}	ʃuõ^{55}ʃuõ^{55}thɑ^{55}thɑ^{31}	hɛ̃^{55}	ȵɑ^{31}	ʂɑ^{55}	le^{31}.
3sg	迅速	酒	PL	煮	PEF

她利落地煮了酒。（不可数名词）

mĩ^{31}di^{53} ɳɑ^{31} gu^{31}nɛ̃^{55} ɳɑ^{31} tsə^{31} ji^{31}kə^{55} kɛ̃^{31} tsə^{31} ndʒi^{31}liɛ̃^{53}.

百姓 PL 古革 PL 就 这里 处 就 练箭

古革土司的百姓在这里练习射箭。（集合名词）

dʒi^{35} ɳɑ^{31} di^{31}wu^{31} li^{31} tsə^{31} ndʑɑ^{35}ndʑɑ^{35}.

箭 PL 射箭 NMLZ TOP 竟 阵阵

箭射出去那么多。（无生名词）

（二）名词的小称

贵琼语有 tsi^{31}、tsi^{31}tsi^{31}、ɛ̃^{55}ŋɛ̃^{55}tsi^{31} 三个小称标记，附加在名词或名词词组后表小。其中，双音节动物名词用tsi^{31}tsi^{31} 表小；含有构词成分 tsi^{31} 的事物名词，则用 ɛ̃^{55}ŋɛ̃^{55}tsi^{31} 表小。例如：

tʂɑ^{31}bo^{53} 岩洞 tʂɑ^{31}bo^{53} tsi^{31} 小岩洞

kho^{55}kho^{55} 坑 kho^{55}kho^{55} tsi^{31} 小坑

mbu^{35}lu^{53} 虫子 mbu^{35}lu^{53} tsi^{31}tsi^{31} 小虫子

tshe^{55}tsi^{31} 刀子 tshe^{55}tsi^{31} ɛ̃^{55}ŋɛ̃^{55}tsi^{31} 小刀

tɕo^{55}tsi^{31} 桌子 tɕo^{55}tsi^{31} ɛ̃^{55}ŋɛ̃^{55}tsi^{31} 小桌子

如果名词有量词和形容词等修饰和限制成分，小称标记附加在修饰或限制成分后。例如：

xũ^{31}phø^{53} phø^{53} 一个石头 xũ^{31}phø^{53} phø^{53} tsi^{31} 一个小石子儿

石头 个 石头 个 小

nɛ^{31}phu^{55} tsɛ̃^{55}dʑu^{53} tɕɔ̃^{55} 一只大红公鸡

公鸡 大红 只

nɛ^{31}phu^{55} tsɛ̃^{55}dʑu^{53} tɕɔ̃^{55} tsi^{31} 一只大红公鸡崽儿

公鸡 大红 只 小

（三）名词的格

贵琼语名词有施事格、受事格、领属格、处所格、受益格、工具格、从由格等格标记，均通过后加格助词来实现。

1. 施事格与受事格

名词施事格标记为nɔ̃^{31}，受事格标记为phø^{53} 和ə^{31}lə^{31}，其中phø^{53} 主要用于遭受不幸事件。例如：

dzu^{31}ku^{55} ɑ^{55}tɑ^{31} nɔ̃^{31} nũ^{35} ə^{31}lə^{31} ji^{31}he^{35} ti^{31} ue^{31} mo^{35}tsɿ^{31}.

1pl：INCL 阿爸 AGT 2sg ACC DIR来 TENT 来 IND

咱家阿爸请你务必来一趟。

mũ^{35} nɔ̃^{31} li^{31} tsø^{31} ɣe^{31}ɣe^{55}, mbu^{35} nɔ̃^{31} li^{31} ɣe^{31}ɣe^{31}.

人 AGT TOP 竟 排队 马 AGT TOP 排队

人成群结队，马也成群结队。

lĩ^{55}gui^{31}si^{55} phø^{53} tẽ^{55}lõ^{31} tɑ^{31} jɔ̃^{55} li^{31} kie^{35} le^{31}.

李国森 ACC 灯笼 一 CLF PRT 吊 PEF

李国森像个灯笼一样被吊在那里。

施事格和受事格标记的添加并不具有强制性，而是取决于两个因素：其一，受事名词的生命度高低。如受事名词的生命度高，则施事和受事标记必须都添加。其二，动作的发出者或承受者是否需要强调，需强调时添加。下面的例子中受事名词的生命度低，施事标记和受事标记均可不添加。如：

tsɦ^{31}me^{55} ŋi^{31}wu^{31} pi^{53} （nɔ̃^{31}） kʉ^{31}lʉ^{53} ȵɑ^{31} wu^{31}tɕɑ^{55} ku^{31}.

女儿 小NMLZ CLF （AGT） 背篓 PL DIR扔 CAUS

小女儿把背篓扔了。

2. 领属格

领属格标记mɛ^{55}附加在起领属、限制作用的名词后面。例如：

tø^{55}tø^{55} mɛ^{55} khʉ^{55}wʉ^{53} tʂɦ^{55} ʃo^{31}mɑ^{55}tsi^{31}.

山坡 GEN 雪 很 白

山坡上的雪很白。

3. 处所格

处所格标记ə^{31}、ə^{31}lə^{31}、ɔ̃^{31}等后附于地点名词之后。例如：

zø^{31} jɔ̃^{35}tsi^{31} ə^{31} ji^{31}suɛ̃^{55}suɛ̃^{55} ti^{31} wu^{35}suɛ̃^{55}suɛ̃^{55} ti^{31}.

3sg 走廊 LOC DIR转 TENT DIR转 TENT

她在走廊上徘徊不前。

ti^{53} sɛ̃^{31}pu^{53} pu^{53} mɛ^{55} ŋgʉ^{35} ə^{31}lə^{31} li^{31}, quɑ^{55}sɑ^{53} tshɔ̃^{55} nɔ̃^{35} .

PROX 树 棵 GEN 顶 LOC TOP 喜鹊 CLF 有

在这棵树的树顶上有一窝喜鹊。

mɔ̃^{35} ɔ̃^{31} ȵi^{31} wu^{55} mɛ^{55} tɛ̃^{35} sɿ^{31} mɛ̃^{35} le^{31} ȵi^{31}, dʑɛ̃^{35} ɔ̃^{31}

天 LOC 也 1sg GEN 任何 事 没有 PRT 也 地 LOC

ȵi^{31} tɛ̃^{35} sɿ^{31} mɛ̃^{35}.

也 什么 事 没有

天上也没我什么事，地上也没我什么事。

4. 受益格

受益格标记mɛ^{55}后附于名词，表示该名词是动作行为的受益者。例如：

ŋi^{35} ŋə^{35} mɛ^{55} tshe^{31}we^{31} sø^{55}pʉ^{53} tɕɑ^{55} khue^{55} le^{31}.

妈妈 1sg BEN 衣服 新 CLF 缝 PEF

妈妈为我缝了一件新衣服。

5. 工具格

工具格标记nɔ̃^{31}后附于名词，表示该名词是动作行为依凭的工具。例如：

zʉ^{35} ko^{53} nɔ̃^{31} pu^{55}mu^{53} ɔ̃^{55} tɑ^{31} dɛ̃^{55} mi^{31}di^{35} le^{31}.

3sg 手 INST 膝盖 LOC 一 打 DIR打 PEF

他用手在膝盖上打了一下。

6. 从由格

从由格标记ȵi^{31}后附于地点名词，表示动作行为从该地点发生。例如：

dʑø^{31}tɕhũ^{53} ɣo^{35}li^{31} ȵi^{31} mɔ̃^{31} thu^{31}phʉ^{55} ji^{35} wu^{31}.

大鹏 海底 ABL 天 DIR飞 去 PRT

大鹏从海底飞到天帝的天宫去。

（四）方位名词

贵琼语的方位名词比较丰富（详见表3-4）。其中，有以身体为坐标的方位，有以河流为坐标的方位，有以山脉为坐标的方位，还有以火塘为坐标的方位。方位名词通常附加处所格、从由格和领属格标记。例如：

tsɑu^{35}thɔ^{31} mɛ^{55} zʉ^{35}khɑ^{55} kʉ^{31} lə^{31} gie^{35}gie^{55}tsi^{31} jø^{35} le^{31}nɔ̃^{31}.

灶头 GEN 角落 里面 LOC 好ADV 站 PROG

（它）在灶头角落里好好地站着呢。

dʐui^{31}nɛ^{53} phø^{53} khʉ^{53} ŋgu^{31} ə^{55} ȵi^{31} wu^{31}ʐu^{53}di^{35}ʐu^{53} dʐui^{35} le^{31}.

蟒蛇 CLF 上面 头 LOC ABL 拟声词 到达 PEF

一条蟒蛇从上面爬过来，发出乌如地如的声音。

（五）时间名词

贵琼语时间名词较为丰富。春夏秋冬、月份、前世今世后世的说法、天干地支以及生肖年份借自于藏语；星期、二十四节气借自于汉语。时间名词通常有领属格、方位格等格标记。例如：

tɕhɑ^{31}ji^{53} mɛ^{55} xui^{35} tø^{55} ȵi^{31} wu^{31}tɕhʉ^{53} le^{31}.

今天 GEN 会 这里 ABL DIR搁置 IND

今天的会就开到这里。

zʉ^{35} tɕhu^{55}ȵu^{53} kɛ̃^{53} le^{31} te^{31}tɕi^{55} mũ^{35} le^{31}.

3sg 昨天 LOC PRT 一点儿 偷 PEF

昨天他偷了点儿东西。

二　代词

代词包括人称代词、指示代词、疑问代词等。代词的数范畴和格范畴和名词具有一致性。就数范畴而言，人称代词第一、第二、第三人称本有专门的复数形式，如今也习惯性地采用ȵɑ^{31}附加在人称代词后叠加复数意义。例如：

	固有形式	添加复数助词的形式
第一人称复数	ŋə^{31}ku^{53}	ŋə^{31}ku^{53}ȵɑ^{31}
第二人称复数	nũ^{31}ku^{55}	nũ^{31}ku^{55}ȵɑ^{31}
第三人称复数	tu^{31}ku^{55}	tu^{31}ku^{55}ȵɑ^{31}

ɑ^{35}　ŋə^{31}ku^{53}ȵɑ^{31}　mi^{31}ji^{35}　le^{31}　ɕi^{55}kø^{35}　ji^{35}　le^{31}.
LNK　1pl　PL　DIR来　CONJ　吃肉　去　PRT
我们下去吃肉吧。

ɑ^{31}jɑ^{31}jɑ^{31},　nũ^{31}ku^{55}ȵɑ^{31}　tɕʉ^{55}　tshe^{55}　o^{31}?
INTER　2pl　PL　什么　打　QUES
啊呀呀，你们为什么来打呢？

tu^{31}ku^{55}ȵɑ^{31}　ŋi^{35}　ji^{35}　wu^{31}　dʐʅ^{35}　le^{31}　tu^{35}　ɕe^{55}　wu^{31}.
3pl　PL　喊　去　PRT　COP　CONJ　这样　说　PRT
去喊他们的时候说了这些话。

就格范畴而言，代词有施事格、受事格、领属格、从由格等格标记。以下分别讨论。

（一）人称代词

人称代词有单数、双数、复数和集体数①的分别。第一人称单数有两个，一个是ŋə^{35}，一个是wu^{55}。其中，ŋə^{35}使用频率略高。第一人称复数和集体数有包括式和排除式的区别。具体情况见表5-1。

表5-1　贵琼语人称代词表

单数	双数	复数	集体
我 ŋə^{35}或wu^{55}	我俩 ŋə^{35}ȵi^{55}pi^{53}或wu^{55}ȵi^{55}pi^{53}	我们排除式 ŋə^{35}zi^{55}	我们家排除式 ŋə^{35}ku^{53}或wu^{55}ku^{53}
	咱俩包括式 dzu^{35}ȵi^{55}pi^{53}	咱们包括式 dzu^{35}zi^{53}	咱们家包括式 dzu^{35}ku^{53}

① 譬如称呼ŋə^{35}mɛ^{55}ɑ^{55}tɑ^{31}（我的爸爸），往往使用ŋə^{35}ku^{53} ɑ^{55}tɑ^{31}（我家爸爸）的说法；ŋə^{35}zi^{55} mɛ^{55}ɑ^{55}tɑ^{31}（我们的爸爸）也总是使用ŋə^{35}ku^{53} ɑ^{55}tɑ^{31}（我家爸爸）这样的说法；指称ŋə^{35}mɛ^{55}mbu^{53}（我的马），也往往使用ŋə^{35}ku^{53}mɛ^{55}mbu^{53}（我家的马）这个说法。这恐怕和贵琼藏族重视家庭及其所有物的观念有一定的关系。

续 表

单数	双数	复数	集体
你 nũ^{35}	你俩 nu^{31}ku^{53}ȵi^{55}pi^{53}	你们 nũ^{35}zi^{53}	你们家 nũ^{31}ku^{53}
他 zø^{35}	他俩 tu^{31}zi^{53}ȵi^{55}pi^{53}	他们 tu^{31}zi^{53}	他们家 tu^{31}ku^{53}

与名词结合表示领属关系时，除了集体人称代词外，其他人称代词均需加领属格标记。例如：

wu^{55} mɛ^{55} wũ^{31}pu^{53} 我的嘴巴　　wu^{31}ku^{55} ɑ^{55}tɑ^{31} 我家阿爸

ŋə^{31} mɛ^{55} ɑ^{55}tɑ^{31} 我的爸爸　　dzu^{31}ku^{55} ɑ^{55}tɑ^{31} 咱家阿爸

nũ^{35} mɛ^{55} hø^{31} 你的水椙　　nu^{31}ku^{55} ɑ^{55}tɑ^{31} 你家阿爸

zø^{35} mɛ^{55} ko^{53} 他的手　　tu^{31}ku^{55} ɑ^{55}mɑ^{31} 他家妈妈

人称代词在句中主要充当主语、定语和宾语。举例如下：

wu^{55} ji^{35} le^{31} ji^{31}kə^{55} lə^{31} wu^{31}mi^{31}ŋkhɔ̃^{55} ti^{31}.

1sg 去 CONJ 那里 LOC DIR问 TENT

我去那里问问。

wu^{31}ku^{55} gui^{31}si^{55} li^{55} dʑø^{31}gø^{55} ə^{31} bɑ^{35} le^{31}.

1pl 李国森 TOP 印度 LOC 去 PRT

我家的李国森到印度去了。

hɔ̃^{55}tsi^{31} ȵɑ^{31} zʉ^{35} ȵdʑø^{35} le^{31}nɔ̃^{31}.

姐姐 PL 3sg 看 PROG

姐姐们正盯着他呢。

（二）指示代词

根据所指称对象的性质，指示代词可分为指代事物、指代地点和指代方式等几类，代指事物的是ti^{31}，代指地点的是tø^{31}，代指方式的是tu^{35}。根据所指对象的远近，贵琼语指示代词有近指、远指和更远指三分，分别为ti^{53}、li^{31}ki^{53}和xɔ̃^{55}mi^{53}。添加不同的构词语素后，指示代词构成指示方位、性状、数量、程度和时间等复合指示代词（详见表5–2）。

表5–2　贵琼语的指示代词

近指		远指		更远指	
这	ti^{53}	那	li^{31}ki^{53}	那	xɔ̃^{55}mi^{53}
这个	ti^{55}tɕɑ^{31}	那个	li^{31}ki^{55}tɕɑ^{31}	那个	xɔ̃^{55}mi^{55}tɕɑ^{31}

续 表

近指		远指		更远指	
这些	ti^{55}ȵɑ^{31}	那些	li^{31}ki^{55}ȵɑ^{31}	那些	xɔ̃^{55}mi^{55}ȵɑ^{31}
这儿	tø^{31}kɛ̃^{53}	那儿	li^{31}ki^{55}kɛ̃^{53}	那儿	xɔ̃^{55}mi^{55}kɛ̃^{53}
这时	ti^{55}kɔ̃^{31}	那时	li^{31}ki^{55}kɔ̃^{31}	那时	xɔ̃^{55}mi^{55}kɔ̃^{31}
这么多	ti^{31}tshe^{55}tsi^{31}	那样多	li^{31}kə^{55}tsi^{31}	无	
这样	tu^{35}	那样	li^{31}ki^{55}wu^{31}	无	

指示代词在句中充当定语、主语、宾语和状语。

（1）做主语。例如：

ti^{55}ȵɑ^{31} ŋə^{35} mɛ^{55}, li^{31}ki^{55}ȵɑ^{31} nũ^{35} mɛ^{55}.

PROXPL 1sg GEN DIST PL 2sg GEN

这些是我的，那些是你的。

（2）做定语。例如：

nu^{31}ku^{55} mɛ^{55} khi^{55}mə^{55}khi^{55}tɕɑ^{53} te^{31} xui^{53} lə^{31} ɸẽ^{31} tɕɛ̃^{35} tsɿ^{31}.

2pl GEN 驮子鞍子 一 份 ACC 分 要 IND

你们的驮子鞍子要分一份。

（3）做宾语。例如：

thɔ̃^{55}gʉ^{55}thɔ̃^{55}nɛ^{53} kʉ^{31} lə^{31} tø^{55} mi^{31}dʐ̥ui^{35} tɕhʉ^{31}.

深山老林 里 LOC 这里 DIR到达 IND

来到了深山老林这个地方。

（4）做状语。例如：

ɑ^{35} nũ^{35} tø^{31}kɛ̃^{53} wu^{55} zi^{31} ʂ̥ɿ^{31} kø^{35} wu^{31} ʐ̥ɿ^{31}.

LNK 2sg 这儿 REFL 饭 先 吃 PRT COP

那你自己在这里先吃饭吧。

（三）疑问代词

根据所替代对象的不同，疑问代词可以分为若干小类，具体情况如表5–3所示。

表5–3 贵琼语的疑问代词

代人	sø^{53}
代物	tɕi^{55}
代地方	ə^{31}lə^{53}
代数量	tsɦ^{53}、ə^{31}lə^{53}tsɿ^{31}、uø^{35}tsɿ^{31}
代方式	e^{31}li^{55}wu^{31}

1. 指代人的疑问代词

指代人的疑问代词主要是sø^{53}，相当于汉语的“谁”。例如：

ti^{53}	lø^{55}ŋɛ̃^{55}	sø^{53}	nɔ̃^{31}	dʐuɛ̃^{35}	mɛ^{55}	jə^{31}?
DEF	主意	谁	AGT	想	GEN	QUES

这主意是谁出的？

2. 指代物的疑问代词

tɕi^{55}用以指代物体，相当于汉语的“什么”。例如：

tsə^{53}	nũ^{35}	tsə^{53}	ŋə^{35}	kɛ̃^{55}	tɕi^{55}	bi^{35}	le^{31}	he^{35}	jə^{35}tsɿ^{31}?
究竟	2sg	究竟	1sg	处	什么	做	CONJ	来	QUES

你究竟到我这里来干什么？

3. 指代处所方位的疑问代词

ə^{31}lə^{53}用于指代处所，相当于汉语的“哪里”。例如：

ŋə^{35}	mɔ̃^{35}ŋi^{35}tsi^{31}	tsə^{31}	ə^{31}lə^{53}	lu^{35}	ji^{35}	ȵi^{31}?
1sg	天黑	到底	哪里	找	去	QUES

天黑我到哪里去找呢？

4. 指代数量的疑问代词

指代数量的疑问代词有tʃɦ^{55}、uø^{35}tsɿ^{31}和ə^{31}lə^{55}tsɿ^{31}。其中，tʃɦ^{55}用于少量事物的询问，相当于“几”。例如：

nu^{31}ku^{53}	ȵi^{35}	tʃɦ^{55}	tɕɔ̃^{55}	nɔ̃^{35}?
1pl	牛	几	CLF	有

你家有多少头牛？

nu^{31}ku^{55}	tsə^{31}	mũ^{53}	ə^{31}lə^{55}tsɿ^{31}	he^{35}	mɛ^{31}?
2pl	究竟	人	多少	来	PRT

你们究竟来了多少人？

5. 指代性状、原因和方式的疑问代词

指代性状、原因或方式的疑问代词是e^{31}li^{55}wu^{31}，相当于汉语的“怎么样”或“为什么”。例如：

ŋə^{35}ku^{55}	e^{31}li^{55}wu^{31}	bi^{35}	ȵi^{31} ?
1pl	怎么	做	QUES

我们怎么办呢？

nu^{31}ku^{31}	mɛ^{55}	ti^{31}	dʒi^{35}di^{35}	le^{31}	li^{31}	e^{31}li^{55}wu^{31}	jə^{35}tsɿ^{31}?
2pl	GEN	PROX	射箭	PEF	TOP	为什么	QUES

你们练习射箭干什么？

（四）反身代词

1. 反身代词的类别

贵琼语采用四种语法形式表示反身意义：一是专用反身代词ʐɔ̃^{35}或ʐɔ̃^{35}su^{53}；二是人称代词重叠形式，如ŋə^{35}ŋə^{35}（我自己）、wu^{55}wu^{31}（咱自己）、nũ^{35}nũ^{35}（你自己）、zø^{35}zø^{35}（他自己）；三是人称代词和反身代词构成的复合形式，如表5–4所示；四是用人称代词兼表反身意义，但仅限于第一人称代词wu^{55}。

表5–4　贵琼语反身代词的复合形式及例词

我自己	ŋə^{35}ʐɔ̃^{35}su^{53}	我们俩自己	ŋə^{35}ȵi^{55}pi^{53}ʐɔ̃^{35} wu^{55}ȵi^{55}pi^{53}ʐɔ̃^{35}
咱俩自己包括式			dzu^{35}ȵi^{55}pi^{53}ʐɔ̃^{35}
你自己	nũ^{35}ʐɔ̃^{35}	你们俩自己	nu^{31}ku^{53}ȵi^{55}pi^{53}ʐɔ̃^{35}
他自己	zø^{35}ʐɔ̃^{35}	他们俩自己	tu^{31}zi^{53}ȵi^{55}pi^{53}ʐɔ̃^{35}
我们自己排除式	ŋə^{35}zi^{55}ʐɔ̃^{35}	我们家自己排除式	ŋə^{35}ku^{55}ʐɔ̃^{35}
我们自己包括式	dʑu^{35}zi^{35}ʐɔ̃^{35}	咱们家自己包括式	dʑu^{35}ku^{55}ʐɔ̃^{35}
你们自己	nũ^{31}zi^{35}ʐɔ̃^{35}	你家自己	nũ^{31}ku^{55}ʐɔ̃^{35}
他们自己	tu^{35}zi^{35}ʐɔ̃^{35}	他家自己	tu^{31}ku^{55}ʐɔ̃^{35}

2. 反身代词的用法

各类反身代词的用法并不完全相同，以下分别讨论。

（1）专用反身代词

专用反身代词ʐɔ̃^{35}、ʐɔ̃^{35}su^{53}可以进入小句中充当定语、主语、宾语。例如：

ʐɔ̃^{35}	mɛ^{55}	ke^{55}tɕhe^{53}	li^{55}	me^{31}	ɕe^{55}	wu^{31}	ʐʅ^{35}	wu^{31}.
REFL	GEN	话	TOP	NEG	说	PRT	COP	PRT

自己的话还没有说。（定语）

ʐɔ̃^{35}su^{55}	kø^{35}lu^{53}	tɕi^{55}	jɛ̃^{35}	le^{31}	ti^{55}	l^{31}	ə^{31}mu^{55}ndʑɑ^{31}.
REFL	吃 NMLZ	点儿	有	PEF	ANPR	PRT	足够

自己得到点儿吃的就足够了。（主语）

ti^{53}	ji^{31}zʉ^{35}	le^{31}	ʐɔ̃^{35}	se^{31}	ji^{31}ŋɔ̃^{35}	tɕɛ̃^{35}.
LNK	DIR 打	CONJ	REFL	杀	DIR 怕	要

打过去呢怕把自己给杀死。（宾语）

（2）人称代词重叠形式

人称代词重叠形式构成的反身代词充当主语、宾语和定语时，表达较强的语气。例如：

ŋə^{35}ŋə^{35}	wu^{55}	mɛ^{31}	pɔ̃^{55}	le^{31}	bʉ^{35}	le^{31}	ji^{35}	le^{31}.
1sg：REFL	1sg	GEN	烧	CONJ	背	CONJ	走	PRT

我自己烧了自己的炭，然后背走了。（主语）

ɑ^{35}	wu^{55}wu^{31}	tsə^{31}	le^{31}	tsə^{31}	wu^{55}wu^{31}	mɛ^{55}	pɔ̃^{55}	le^{31}.
LNK	1sg：REFL	就	PRT	就	1sg:REFL	GEN	烧	PRT

我自己烧我自己的炭好了。（主语、定语）

（3）反身代词复合形式

反身代词复合形式在句中充当主语。例如：

ŋə^{35}n̥i^{55}pi^{53}	zɔ̃^{35}su^{55}	mɛ^{55}	dɑ^{35}sɛ^{31}tɕe^{55}	le^{31}	tsi^{53}	jo^{35}	le^{31}.
2dl	REFL	EMPH	努力	CONJ	儿子	养	PRT

我们俩自己努力供养儿子。（主语）

e^{31}le^{55}tsi^{31}	n̥ɑ^{31}	tui^{35}ɕiɑ̃^{35}	tu^{31}zi^{35}zɔ̃^{35}su^{53}	tʂhɑ^{55}gi^{31}	wu^{31}	lu^{55}.
孩子	PL	对象	3pl：REFL	喜欢	NMLZ	找

孩子们可以找他们自己喜欢的对象。（主语）

（4）第一人称代词wu^{55}兼用作反身代词

wu^{55}作为反身代词可充当主语、宾语和定语。例如：

ɑ^{35}	zʉ^{35}	wu^{55}	mɛ^{55}	ʂo^{55}pu^{53}	kɛ̃^{31}	dɑ^{31}bɑ^{35}.
LNK	3sg	REFL	GEN	柏树	处	DIR去

它又飞到自己的柏树上去。（定语）

li^{55}gui^{31}si^{55}	wu^{55}	nɔ̃^{31}	wu^{55}	dɑ^{31}dʐuɔ̃^{35}.
李国森	REFL	AGT	REFL	DIR骂

李国森自己骂自己。（主语、宾语）

（五）泛指代词

1. 专用泛指代词

专用泛指代词有gɔ̃^{31}dʐʅ^{55}（大家）、jĩ^{55}nɛ̃^{53}（别人）、tʂɑ^{35}mu^{53}（众人）等。例如：

jĩ^{35}nɛ̃^{53}	mbu^{35}zĩ^{35}wu^{31}	nɔ̃^{35},	li^{55}gui^{31}si^{55}	tsə^{31}	mbu^{35}zĩ^{35}wu^{31}	mɛ̃^{35}.
别人	马骑NMLZ	有	李国森	却	马骑 NMLZ	没有

别人都有马骑，李国森没有。

jɔ̃^{55}jɔ̃^{53}	ŋguɛ̃^{55}	le^{31}	dʑy^{35}	kɔ̃^{31},	gɔ̃^{55}dʐʅ^{53}	wu^{31}khɔ̃^{55}	le^{31}.
粮食	拉	CONJ	到达	LNK	大家	DIR分	PEF

粮食运来后就分给大家了。

tʂɑ^{35}mu^{53}	tsə^{53}	ti^{31}	li^{55}gui^{31}si^{55}	phø^{53}	dɑ^{31}dʑe^{55}ndʐʉ^{55}	le^{31}.
大家	竟	DEF	李国森	ACC	DIR 安慰	PEF

大家都反过来安慰李国森。

2. 疑问代词表示泛指

疑问代词表示泛指的有sø^{31}（任何人）、ə^{31}lə^{55}（任何地方）、tɛ̃^{35}（任何），tɛ̃^{55}tɛ̃^{55}（任何事物）等。例如：

sø^{31}	mɛ^{55}	dʑø^{31}khu^{53}	sø^{31}	bu^{35}	le^{31}	ji^{35}	nɛ^{31}.
谁	GEN	东西	谁	拿	CONJ	走	IND

谁的东西谁拿走。

zʉ^{35}	ə^{31}lə^{55}	ȵi^{31}	me^{31}	ji^{35}.
3sg	哪儿	也	NEG	去

他哪儿也不去。

tsɦɿ^{31}mi^{53}	dɑ^{31}wu^{31}	pi^{53}	tɛ̃^{35}	me^{31}	ɕe^{55}.
女孩	大 NMLZ	个	什么	NEG	说

大女儿什么也没有说。

三　数词

贵琼语的数词包括基数词、合成数词、序数词、约数词和分数等。

（一）基数词

1. 固有基数词

基数词分别是：

tɑ^{31} 一	ȵi^{31} 二	sɔ̃^{53} 三	tsɿ^{53} 四	ŋɛ̃^{35} 五
khɔ^{31} 六	ȵi^{55} 七	je^{55} 八	ŋui^{31} 九	ʃɿ^{55} 十

固有基数词在计数时需和量词共现①。例如：

li^{55}	tɑ^{31}	tɕɑ^{55}	一个国家	tsɦɿ^{31}mi^{53}	te^{31}	pi^{53}	一个女儿
国家	一	个		女儿	一	个	
jɔ̃^{55}	tɑ^{31}	jɔ̃^{53}	一粒小麦	jɔ̃^{55}jɔ̃^{53}	tø^{31}	bu^{53}	一揹粮食
小麦	一	粒		粮食	一	揹	

2. 借自藏语的数词

借自藏语的基数词如下：

① 量词的选用取决于与之搭配的名词，可以是jɔ̃^{53}（颗）、tɕɑ^{53}（个）和khɑ^{53}（条）等，形式并不固定。数词和量词之间存在着元音和谐关系（详见语音部分）。

tsɿ^{53}一　ȵi^{53}二　sɔ̃^{53}三　ʒɿ^{35}四　ŋə^{53}五

dʒu^{35}六　dɛ̃^{35}七　dʑe^{35}八　gi^{35}九　tʃʅ^{53}十

这些数词单用以计数，并不和量词组合。

（二）合成数词

贵琼语十以上的数词都是合成数词。合成数词中，十位数上固有词和藏语借词两套并用，百位数借用藏语数词，千位数和万位数用固有数词，亿位数借用藏语数词。

1. 二十以下的合成数词

固有合成数词“十”是si^{55}，从藏语中借用的是tʃʅ^{53}。二十以下的合成数词如表5–5所示：

表5–5　贵琼语二十以下合成数词

固有合成数词	十一	si^{55}ti^{55}jɔ̃^{53}（个）	十六	si^{55}khɔ^{55}jɔ̃^{53}（个）
	十二	si^{55}ȵi^{55}jɔ̃^{53}（个）	十七	si^{55}ȵi^{55}jɔ̃^{53}（个）
	十三	si^{55}sɔ̃^{55}jɔ^{53}（个）	十八	si^{55}je^{55}jɔ̃^{53}（个）
	十四	si^{55}tsɿ^{53}jɔ̃^{53}（个）	十九	si^{55}ŋui^{55}jɔ̃^{53}（个）
	十五	si^{55}ŋɛ̃^{53}jɔ^{53}（个）	二十	ȵi^{31}ʃʅ^{53}jɔ̃^{53}（个）
借用合成数词①	十一	tɕu^{55}tʃʅ^{53}	十六	tɕu^{53}dʒu^{53}
	十二	tɕu^{55}ȵi^{53}	十七	tɕu^{53}dɛ̃^{53}
	十三	tɕu^{55}sɔ̃^{53}	十八	tɕu^{53}dʑe^{35}
	十四	tɕu^{55}ʒɿ^{53}	十九	tɕu^{53}gi^{35}
	十五	tɕu^{55}ŋə^{53}	二十	tɕu^{55}ȵi^{31}tʃʅ^{53}

2. 二十以上一百以下的合成数词

二十以上、一百以下的合成数词也是两套。一套是固有词ʃʅ^{55}（十）和固有词的个位数组合，以连词lə^{55}或tsə^{53}连接，且需和量词同用；另一套是藏语借词tʃʅ^{55}（十）和藏语借词的个位数组合，中间以连词lə^{55}或tsə^{53}连接，也可不用。具体情况如下表5–6所示：

表5–6　贵琼语二十以上一百以下的合成数词

固有合成数词	三十五	sɔ̃^{55}ʃʅ^{55}lə^{55}ŋɛ̃^{31}jɔ̃^{53}（个）	借用合成数词	三十五	sɔ̃^{55}tʃʅ^{53}lə^{55}ŋə^{53}或者sɔ̃^{55}tʃʅ^{53}ŋə^{53}
	九十四	ŋui^{35}ʃʅ^{55}lə^{55}tsɿ^{31}jɔ̃^{53}（个）		九十四	gi^{35}tʃʅ^{53}lə^{55}ʒɿ^{53}或者gi^{35}tʃʅ^{53}ʒɿ^{53}
	九十九	ŋui^{35}ʃʅ^{53}lə^{55}ŋui^{35}jɔ̃^{53}（个）		九十九	gi^{35}tʃʅ^{53}lə^{55}gi^{53}或者gi^{35}tʃʅ^{53}gi^{53}

① 二十以下的借用合成数词主要由80岁左右的贵琼藏族使用。

3. 一百以上一千以下的合成数词

贵琼语百位数用藏语借词表示，如表5-7所示：

表5-7　贵琼语的百位数

一百	dʑø^{53}	六百	dʒu^{31}dʑø^{53}
二百	ȵi^{31}dʑø^{53}	七百	dɛ̃^{35}dʑø^{53}
三百	sɔ̃^{55}dʑø^{53}	八百	dʑe^{35}dʑø^{53}
四百	ʒɿ^{35}dʑø^{53}	九百	gi^{35}dʑø^{53}
五百	ŋə^{53}dʑø^{53}		

一百以上一千以下的合成数词中十位数也有两套，一套以连词lə^{55}或tsə^{53}连接固有基数词，一套以tɔ̃^{55}连接藏语借用基数词。具体如表5-8所示：

表5-8　贵琼语一百到一千的合成数词

固有基数词	一百零一	dʑø^{35}lə^{31}tɑ^{31}jɔ̃^{53}	一百零八	dʑø^{35}lə^{31}je^{31}jɔ̃^{53}（个）
	一百一十	dʑø^{55}lə^{31}ʃɿ^{31}jɔ̃^{53}	二百一十	ȵi^{31}dʑø^{35}lə^{31}ʃɿ^{55}jɔ̃^{53}（个）
借用基数词	一百零一	dʑø^{55}tɔ̃^{55}tsɿ^{53}	一百零八	dʑø^{35}tɔ̃^{55}dʑe^{53}
	一百一十	dʑø^{35}tɔ̃^{55}tʃɿ^{53}	二百一十	ȵi^{31}dʑø^{35}tɔ̃^{55}tʃɿ^{53}

4. 千位以上的合成数词

贵琼语的千位数用固有基数词表示，如表5-9所示：

表5-9　贵琼语的千位数

一千	tɑ^{55}tɕɔ̃^{53}	六千	khɔ^{55}tɕɔ̃^{31}
二千	ȵi^{35}tɕɔ̃^{53}	七千	ȵi^{55}tɕɔ̃^{31}
三千	sɔ^{31}tɕɔ̃^{53}	八千	je^{55}tɕɔ̃^{31}
四千	tsɿ^{31}tɕɔ̃^{53}	九千	ŋui^{55}tɕɔ̃^{53}
五千	ŋɛ̃^{31}tɕɔ̃^{53}		

5. 万位以上的合成数词

贵琼语的万位数用固有基数词表示，如表5-10所示：

表5-10　贵琼语的万位数

一万	tɑ^{31}khɔ^{53}	六万	khɔ^{31}khɔ^{53}
二万	ȵi^{31}khɔ^{53}	七万	ȵi^{55}khɔ^{53}
三万	sɔ̃^{55}khɔ^{53}	八万	je^{55}khɔ^{53}

续表

四万	tsɿ^{53}khɔ^{53}	九万	ŋui^{35}khɔ^{53}
五万	ŋɛ̃^{31}khɔ^{53}	十万	ʃɿ^{55}khɔ^{53}

6. 十万以上的合成数词

十万以上的合成数词中，十万是ʃɿ^{55}khɔ^{53}，百万是khɔ^{55}khɔ^{55}dʑø^{53}，千万是khɔ^{55}tũ^{31}tshø^{55}dʑø^{53}，都是固有词。亿则用藏语借词表示，具体如表5–11所示：

表5–11　贵琼语十万位及更大数

二十万	ȵi^{31}ʃɿ^{55}khɔ^{53}	一千万	khɔ^{53}khɔ^{55}tũ^{31}tshø^{55}dʑø^{53}
一百万	khɔ^{55}khɔ^{55}dʑø^{35}	五千万	ŋɛ̃^{31}khɔ^{55}tũ^{31}tshø^{55}dʑø^{53}
两百万	khɔ^{55}khɔ^{55}ȵi^{31}dʑø^{53}	一亿	tũ^{31}tʃɦn^{53}

可见，贵琼语有两套数词：固有数词需和量词共用，借用的藏语数词可独用。借自于藏语的数词主要是二十以下的数、百位数和亿位数等。

（三）约数

1. 两个相近的数词连用表示约数。例如：

e^{31}le^{55}tsi^{31}　ȵɑ^{31}　ŋi^{55}je^{55}　pi^{53}　七八个孩子

孩子　PL　七 八　个

mũ^{35}　tɑ^{31}dʑø^{53}　ȵi^{31}dʑø^{53}　一两百人

人　一 百　两 百

2. 在数词后面添加ɬɑ^{55}或ɬɑ^{55}ɬɑ^{55}（多、多余）表示约数。例如：

ŋɛ^{55}　kuɛ̃^{53}　ɬɑ^{55}ɬɑ^{55}　五斤多

五　斤　多余

3. 在数词后面添加tʃɦn^{31}（几）表示约数。例如：

e^{31}le^{55}tsi^{31}　tʃɦn^{31}　pi^{53}　几个小孩

小孩　几　个

te^{31}sɿ^{55}　tʃɦn^{31}　pi^{53}　十来个

一 十　几　个

4. 基数词重叠表示约数。例如：

mbu^{35}　dʑø^{55}dʑø^{55}　成百上千的马

马　百　百

dʑø^{55}　nɔ̃^{31}　dʑø^{53}　一百又一百

百　助词　百

5. 在数词后面用ʂɑ^{31} mɛ̃^{35}（没有剩下的）表示不足量。例如：

sɔ̃^{53} mi^{53} ʂɑ^{31} mɛ̃^{35} 不足三米

三 米 剩下 没有

（四）倍数

倍数是在基数词后面添加pu^{53}（倍）构成。例如：

tø^{31}pu^{53} 一倍　　ȵi^{31}pu^{53} 两倍　　sɔ̃^{53}pu^{53} 三倍

另外，用"某数有某数的几个那么大"表示某数是某数的几倍。例如：

ti^{53} gie^{35}mu^{53} phø^{53} ŋə^{35} mɛ^{55} uɛ̃^{31}jɛ̃^{55} ȵi^{31} tɕɔ̃^{53} ɬɑ^{55}ɬɑ^{55} dɑ^{55}.

DIST 老太太 CLF 1sg GEN COMPR 两 CLF 有余 大

那个老太太94岁了，是我年龄的两倍左右。

（五）序数

序数表示方式有两种：

1. 借用空间概念表示：前一个（第一）、后一个（第二）、再后一个（第三），余下的直接用基数词（四个、五个……）表示。例如：

ʂɿ^{31} kho^{55} ku^{55} le^{31} li^{31} tɛ̃^{55}tɕhyo^{55} ɬø^{55} wu^{31}mbi^{35}.

头 碗 舀 PEF TOP 空中 神 DIR献

第一碗献给空中的神。

ʑi^{35}ʑi^{53} kho^{53} ui^{31}tɕho^{55} sø^{53} wu^{31}mbi^{35}.

后 碗 长辈 地方 DIR献

第二碗献给地方的长辈。

ti^{31} ʑi^{35}ʑi^{55} kho^{55} li^{31} wu^{31}ku^{55} ɑ^{55}ko^{55} ə^{31}lə^{31} wu^{31}khɔ̃^{55} wu^{31} ʐʅ^{35}.

DEF 后 碗 TOP 1pl 阿哥 ACC DIR给 PRT COP

第三碗给我的阿哥。

ɑ^{35} tsɿ^{31} kho^{55} li^{31} wu^{55} mɛ^{55} wu^{31}tɕhʉ^{55} wu^{31} ʐʅ^{35}.

LNK 四 碗 TOP 1sg GEN DIR搁置 PRT COP

第四碗我留给自己。

2. 借用汉语序数词。例如：

ti^{35}i^{31} 第一　　ti^{35}ər^{35} 第二　　ti^{35}sɛ̃^{55} 第三

（六）分数

分数的构成方式如下：

sɔ̃^{31} xui^{53} kʉ^{31} lə^{53} mɛ^{55} te^{31} xui^{53} 三分之一

三 份 里 LOC GEN 一 份

tsɿ^{31}	xui^{55}	kʉ^{31}	lə^{53}	mɛ^{55}	ȵi^{31}	xui^{53}	四分之二
四	份	里	LOC	GEN	两	份	

四　量词

贵琼语量词较为丰富①。从历史来源看，量词可以分为固有量词和借用量词；从词的来源看，可以分为专用量词和借用量词两类；从语法功能的差异来看，量词可以分出名量词和动量词两类。

（一）从反响型量词到个体量词

在固有量词中，有少量的反响型量词、一定数量的度量衡量词与集合量词，以及相当数量的个体量词。一般认为，反响型量词是量词系统发展早期的形式，个体量词是量词系统发展成熟阶段的产物。

1. 反响型量词

反响型量词，指的是量词与它修饰的名词同形，例如：jõ^{53}tɑ^{31}jõ^{53}（一粒小麦）、ȵi^{53}te^{31}ȵi^{53}（一个牛工②）。作为量词系统发展初期阶段的遗存，贵琼语反响型量词数量有限，主要有jõ^{53}和ȵi^{35}等少数几个。jõ^{53}既可以作“小麦”讲，也可以作“颗粒”讲；ȵi^{35}既可以作“牛”讲，也可以作“牛工”讲。

2. 度量衡量词

贵琼语的度量衡量词使用较为普遍，一般事物的长、宽、高往往采用随身常用的度量衡量词量度。例如：

tɑ^{31}hõ^{53}：一庹，长度单位，两臂左右平伸的距离。

hõ^{31}phɑ^{53}：半庹，长度单位，一臂往一侧平伸的距离。

te^{31}tʃɿ^{53}：一拃，长度单位，张开大拇指和食指两端的距离。

dɑ^{31}wu^{31}tʃɿ^{53}：一大拃，长度单位，张开大拇指和中指两端的距离。

tɑ^{31}ŋõ^{53}：一步，长度单位，迈步时两脚之间的距离。

3. 集合量词

贵琼语的集合量词比较丰富。例如：

ju^{31}me^{55}	te^{31}	ɣe^{53}	一行玉米	mbu^{35}	tø^{31}	tɕhø^{53}	一群马
dɔ^{35}	tɑ^{31}	ŋgɑ^{53}	一捧米	tshe^{31}we^{31}	te^{31}	ɕɛ̃^{53}	一抱衣服

---

① 常用名量词80来个，其中固有量词占比大于80%，借自于汉语的量词限于个体量词和部分度量衡量词，如tø^{31}fu^{53}（一服）、tɑ^{31}po^{53}（一包）、tø^{31}tʃũ^{55}tʃũ^{55}（一盅）、te^{31}pe^{55}（一杯）、tø^{31}phei^{53}（一坯）等。

② 牛工就是牛耕作一天能完成的工作量。

jɔ̃^{55}jɔ̃^{53}　tɑ^{31} tʃɑ^{53}　一把粮食　　jɔ̃^{55}jɔ̃^{53}　tø^{31} tɕũ^{53}　一抔粮食
jɔ̃^{55}jɔ̃^{53}　tø^{31} bu^{53}　一揹粮食　　sɛ̃^{53}　te^{31} mbi^{53}　一码柴火

4. 个体量词和通用量词

个体量词不仅数量大，而且分类细致。例如：

mũ^{53}　te^{31} pi^{53}　一个人　　tsi^{53}　te^{31} pi^{53}　一个儿子
ni^{53}　tɑ^{55} tɕɔ̃^{53}　一头牛　　phɑ^{53}　tɑ^{31} tɕɔ̃^{53}　一只猪
pi^{31}tɔ̃^{53}　te^{31} tɕe^{53}　一床被子　　ɕi^{55}tsɿ^{31}　te^{31} tɕe^{53}　一领席子
tʃɿ^{53}　tɑ^{31} khɑ^{53}　一条河　　fu^{31}tɕɑ^{31}　tɑ^{31} khɑ^{53}　一条路
tɕo^{35}wu^{53}　tɑ^{31} jɔ̃^{53}　一颗珠子　　ʃɿ^{31}tɕɑ^{55}　tɑ^{31} jɔ̃^{53}　一团线
mi^{31}nto^{53}　tø^{31} ku^{53}　一朵花　　ʃɿ^{31}tɕɑ^{55}　tø^{31} dʑu^{53}　一股线
zɛ̃^{31}pɑ^{55}　tø^{31} pũ^{53}　一根菜　　me^{31}jɔ̃^{53}　tø^{31} tshø^{53}　一节竹子
khe^{31}phe^{31}sɿ^{55}　te^{31} ntʃhuɛ̃^{53}　一串野葡萄　　zi^{53}　te^{31} ndzi^{53}　一顿饭
ndzui^{55}　te^{31} khɛ̃^{53}　一间房　　sɛ̃^{31}pu^{53}　tɑ^{31} mo^{53}　一棵树
dzɔ̃^{55}ɕe^{55}　tɑ^{31} nɔ̃^{53}　一句话　　tɕhi^{31}　tø^{31} thø^{53}　一本书
mi^{31}nũ^{53}　tɑ^{31} tɕhɑ^{53}　一面镜子　　tʃɿ^{55}　tø^{31} tsʉ^{55}tsʉ^{55}　一滴水

通用量词不受与之搭配的名词的语义制约，其搭配范围较广。以通用量词tɕɑ^{53}为例：

tɕhɔ̃^{31}　tɑ^{31} tɕɑ^{53}　一所房子　　nɛ̃^{31}thɛ̃^{53}　tɑ^{31} tɕɑ^{53}　一个抽屉
mo^{55}tsi^{31}　tɑ^{31} tɕɑ^{53}　一顶帽子　　tshe^{31}we^{31}　tɑ^{31} tɕɑ^{53}　一件衣服
ɣũ^{55}　tɑ^{31} tɕɑ^{53}　一口锅　　tẽ^{31}tɕɑ^{31}　tɑ^{31} tɕɑ^{53}　一盏灯
khə^{53}　tɑ^{31} tɕɑ^{53}　一根针　　tɕo^{55}tsi^{31}　tɑ^{31} tɕɑ^{53}　一张桌子
tɑ^{55}gʉ^{53}　tɑ^{31} tɕɑ^{53}　一个窗户　　xũ^{31}tshu^{53}　tɑ^{31} tɕɑ^{53}　一个村子

（二）专用量词和临时量词

专用量词只出现在名词后面，表示名词的量。临时借用的量词，或者源于名词，或者源于动词，或者源于形容词。具体如表5-12所示：

表5-12　贵琼语的专用量词和临时量词

专用量词	搭配的词语	临时量词	搭配的词语
tɑ^{31}phɑ^{53}一只	眼睛、脚、耳朵、碗等	te^{31}tʃɿ^{55}ŋə^{53}一缸	水等
tɑ^{31}khɑ^{53}一条，一根	眉毛、线、腰带、头发、毛线、面条、绳子等	tø^{31}xø^{53}一揹	水
to^{31}zũ^{53}一对	戒指、脚、两口子、鞋等成对出现的事物	tø^{31}khu^{55}ʃɔ̃^{53}一柜子	粮食等

续 表

专用量词	搭配的词语	临时量词	搭配的词语
tɑ^{31}tɕɔ̃^{53}一只	马、狗、虫子、猪、羊、猫、鸡等	tø^{31}xũ^{55}tũ^{53}一筐	粮食等
te^{31}pi^{53}一个	人、孩子等	tø^{31}tshø^{53}一节	竹子等有节的植物
tɑ^{31}tɕhɑ^{53}一扇	门扇、木板、玻璃等	tɑ^{31}ɬɔ̃^{53}一捆	柴火等可捆束的事物
tɑ^{31}pɑ^{53}一张	纸、钱、饼等	te^{31}ɕɛ̃^{53}一抱	柴火等可怀抱的事物
te^{31}khɛ̃^{53}一间	房间、门、木杆等	te^{31}suɛ̃^{53}一圈	转动、玩等动作
tø^{31}tɕũ^{53}一抷等于四揹，八十斤	各种粮食	tɑ^{31}ŋguɑ^{53}一把	米、调料、泥土、蔬菜
tɑ^{31}hɔ̃^{53}一庹庹为双手平伸的长度	各种可以用身高测量的事物	tɑ^{31}tɕo^{53}一刀	砍等动作
te^{31}tʃʅ^{31}一拃食指和拇指叉开的长度	各种可以用指长测量的事物		
tɑ^{31}nɔ̃^{53}一句	语言		
tø^{31}phø^{53}一块	石头、牛粪		
te^{31}dø^{53}一群	羊、鸡、牛等牲畜		

（三）名量词和动量词

1. 名量词

名量词和数词组成的名量短语[①]，后置于名词，可做定语、状语和宾语。例如：

zʉ^{35} tɑ^{31} hɔ̃^{53} nɔ̃^{31} kuɔ̃^{55} tshø^{53} qo^{53}.

3sg 一 庹 INST 量 PFV RST

他用一庹就能量完。（状语）

ɑ^{31} ti^{31} n̥i^{55} pi^{53} tø^{31}zũ^{53} bi^{35} le^{31}.

LNK PROX 两 CLF 一双 做 PEF

这两个就成了一对。（宾语）

2. 动量词

动量词和数词组成的动量短语[②]，前置于动词，可做状语。例如：

nũ^{35} ʂɿ^{31} tɑ^{31} ŋɔ̃^{55} wu^{31}tɕhyi^{55}.

2sg 先 一 步 DIR走

你先走一步。（状语）

---

① 名量词和基数词“一”组合做定语时往往省略基数词“一”。

② 动量词和基数词“一”组合做状语时不能省略基数词“一”。

五　动词

根据语法意义、形态变化以及功能的不同，贵琼语动词可分为一般动词和静态动词两类。一般动词根据论元数目的多少分为不及物动词、单及物动词和双及物动词。一般动词具有趋向、体、态、式、人称①等语法范畴，主要通过词根的屈折、重叠以及各类助词来体现；静态动词包括辅助动词、判断动词（系词）、存在动词、抽象动词和表示心理活动的动词等，缺乏形态变化。

（一）一般动词的类别

1. 不及物动词

不及物动词只有一个必有论元，在句中必须出现。不及物动词在使动态中带上两个论元。例如：

mi^{31}ntshə^{53}	pʉ^{53}	lo^{55}bi^{31}mu^{31}.
太阳	落山	IMDA

太阳就要落山了。

tɕhɑ^{31}ji^{55}	mʉ^{31}ji^{53}lũ^{31}thɔ^{53}	ʂo^{55}	tɕhi^{31}phɔ^{55}	le^{31}.
今天	狂风	吹	程度	PEF

今天风刮得实在太大了。

lĩ^{55}gui^{31}si^{55}	mʉ^{31}ji^{55}lũ^{55}thɔ^{53}	thu^{31}	ʂo^{55}	ku^{31}	le^{31}.
李国森	狂风	DIR	吹	CAUS	PEF

李国森让风吹起来。

2. 单及物动词

单及物动词有两个论元，施事和受事。两个论元并非必须都出现。被动句中如果受事名词生命度较低，及物动词的论元可以只出现一个；使动态动词句中，单及物动词的论元会增加到三个。例如：

li^{55}gui^{31}si^{55}	phø^{53}	kie^{35}	le^{31}.
李国森	ACC	吊	PEF

李国森被吊起来了。

zʉ^{35}	ti^{31}	tshɿ^{31}mi^{55}ȵɑ^{31}	wu^{31}ju^{55}wu^{31}pi^{53}	tshe^{31}we^{31}	we^{55}	ku^{31}	le^{31}.
3sg	PROX	女孩儿	DIR 像 NMLZCLF	衣服	穿	CAUS	PEF

她让这个长得像她的女孩子穿了（她的）衣服。

① 据孙宏开（1983）的描写，贵琼语的动词有人称范畴。

3. 双及物动词

双及物动词可以带三个论元，即施事、受事和与事。使动态动词句中，双及物动词的论元会增加到四个。例如：

mũ^{35}	ȵɑ^{31}	li^{31}	ti^{31}	lĩ^{55}gui^{31}si^{55}	ə^{55}lə^{31}	uɑi^{53}mĩ^{31}	tɕɑ^{55}	wu^{31}tɕhyɛ̃^{55}	wu^{31}.
人	PL	TOP	DEF	李国森	ACC	外名	CLF	DIR取	PRT

人们给李国森取了一个绰号。

ɑ^{55}mɑ^{31}	li^{31}	ŋə^{35}	nũ^{35}	zi^{31}khɔ̃^{55}	ku^{31}	wu^{31}ʐʅ^{35}	mo^{35}tsɿ^{31}.
阿妈	TOP	1sg	2sg	给饭	CAUS	PROS	IND

妈妈要让我拿饭给你吃。

（二）一般动词的语法范畴

一般动词有趋向、体、态、式等语法范畴，以下分别说明一般动词的各类语法范畴：

1. 趋向范畴

贵琼语有五个趋向前缀，分别是ji^{31}、wu^{31}、thu^{31}、mi^{31}、dɑ^{31}。这些前缀具有语法意义而不是真正的构词成分，它们更准确的说法是词头。趋向前缀的具体用法如表5-13所示：

表5-13　贵琼语动词的趋向前缀

趋向前缀	语法意义	搭配
ji^{31}	动作朝着说话者自己的方向前进。	ji^{31}bu^{35}背过来
wu^{31}	动作以说话者为中心朝外进行。	wu^{31}bu^{35}背过去
thu^{31}	动作向空间的上方或者山势的上方进行。	thu^{31}bu^{35}背上去或上去背
mi^{31}	动作向空间下方或者山势下方以及水下游方进行。	mi^{31}bu^{35}背下去或下去背
dɑ^{31}	表示动作由出发地返回原地，或者向相反方向行进。	dɑ^{31}bu^{35}背回去或者再去背

例如：

zʉ^{35}	tʃhn^{31}khu^{55}tsi^{31}	ji^{31}bu^{35}	le^{31}.
3sg	小行李	DIR背	PEF

他背来了小包袱。

ŋə^{35}	tɔ̃^{55}te^{55}	fũ^{55}	wu^{31}bu^{35}.
1sg	信	封	DIR带

我去送封信。

nũ^{35}	ʂʅ^{31}	tʃʅ^{55}	thu^{31}tɕhə^{55}.
2sg	先	水	DIR背

你先上去背水。

zʉ^{35} zʉ^{35} mɛ^{55} phe^{53} mi^{31}bu^{35}.

3sg 3sg GEN 口粮 DIR背

他背起他的口粮下去了。

ə^{55}kə^{53} ɣũ^{31}phø^{53} phø^{53} dɑ^{31}bu^{35} le^{31}.

阿姐 石头 个 DIR背 PEF

阿姐背了个石头回去。

趋向前缀对与之搭配的动词有一定的限制：行为动词和心理动词可以和趋向前缀搭配使用，表示动作行为的方向；而判断动词、存在动词和辅助动词则不与之搭配使用（详见判断动词、存在动词和辅助动词部分）。

2. 动词的体

动词有将行体、即行体、起始体、进行体、已行体、完成体、经历体、尝试体等几种常见体貌形式。动词的体主要通过在动词后附加体助词的方式来体现。

（1）将行体

表示动作将要进行。孙宏开（1983）指出，贵琼语的将行体语法形式有人称的分别：第一人称做主语的动词将行体标记为wu^{31}lɔ^{31}，第二人称做主语的将行体标记为wu^{31}lɑ^{31}，第三人称做主语的将行体标记为wu^{31}ʐʅ^{31}。以下例子引自孙宏开（1983）：

ŋə^{35} tɕhi^{31} tsɛ̃^{53} wu^{31}lɔ^{31}.

1sg 书 读 PROS

我要上学了。

nũ^{35} tɕhi^{31} tsɛ̃^{53} wu^{31}lɑ^{31}.

2sg 书 读 PROS

你要上学了。

zʉ^{35} tɕhi^{31} tsɛ̃^{53} wu^{31}ʐʅ^{31}.

3sg 书 读 PROS

他要上学了。

现在贵琼藏族只采用wu^{31}ʐʅ^{31}这一个将行体标记①。例如：

ŋə^{35} nu^{35}ku^{53}n̥i^{55}pi^{53} uø^{31} khə^{55}tʃʅ^{55} mɛ^{55} nɔ̃^{53} mi^{31}khɔ̃^{55} wu^{31}ʐʅ^{35}.

1sg 2dl ACC 封赠 GEN 句 DIR给 PROS

我要给你们祝福的话。

① 据2015年调查团队的调查结果，贵琼藏族的日常口语及长篇故事中都只出现了wu^{31}ʐʅ^{31}这一个将行体语法形式。

zʉ^{35} dʑø^{31}gø^{55} ji^{35} le^{31} mi^{31}ntshə^{53} tɕhyɛ̃^{55} ji^{35} wu^{31}zɿ^{55}.

3sg 印度 去 CONJ 太阳 取 去 PROS

他要到印度去把太阳取出来。

（2）即行体

即行体表示动作将在较短时间内进行，即行体标记为lo^{55}bi^{31}mu^{31}、lu^{55}tɕi^{31}和lo^{55}tsɿ^{31}。即行体动词往往是非自主动词，如下雨、天晴、沸腾、成熟、死等。例如：

mi^{31}ntshə^{53} pʉ^{55} lo^{55}bi^{31}mu^{31}, tu^{31}ku^{55}n̥i^{55}pi^{53} dɑ^{31}he^{35}.

太阳 落山 IMDA 3dl DIR来

太阳即将落山，他俩就要回来了。

tʃɿ^{31} ji^{35}ku^{55} lu^{55}tɕi^{31} kɔ̃^{31}, thɔ̃^{55}thɔ̃^{55} ndʑɑ^{55} mi^{31}dʐui^{35}.

水 DIR舀 IMDA LNK 浑水 股 DIR到达

即将舀水时，来了一股浑水。

dʐuɔ̃^{55}mə^{53} e^{31}, nũ^{35} he^{35} lɑ^{55} me^{31} he^{35}? ŋə^{35} he^{35} lo^{55}tsɿ^{31}!

讨饭娃娃 INTER 2sg 来 LNK NEG 来 1sg 来 IMDA

要饭的娃娃你来不来？我就来了！

（3）起始体

起始体表示动作进入始发状态。起始体标记由趋向前缀thu^{31}兼表。例如：

nɛ^{35} li^{31} thu^{31}ue^{55}, khu^{53} li^{55} thu^{31}lø^{55}.

鸡 TOP DIR鸣 狗 TOP DIR吠

鸡始鸣，狗始吠。

（4）进行体

进行体表示动作正在进行或状态仍然持续。贵琼语的进行体标记是助词le^{31}nɔ̃^{31}。例如：

ə^{31}mə^{31} ŋu^{31}tsɑ̃^{55}ɬə^{55}mu^{53} gui^{31}si^{55} bʉ^{35} le^{31}nɔ̃^{31}.

阿妈 古章拉姆 李国森 怀孕 PROG

古章拉姆阿妈正怀着李国森。

tshɑu^{55}tʃɿ^{55}pu^{55} ə^{31} nɛ^{53} phø^{53} bø^{35} le^{31}nɔ̃^{31}.

神桦木 LOC 鸡 CLF 栖息 PROG

一只鸡正在桦木神树上栖息。

（5）已行体

已行体标记为助词le^{31}，表示动作行为已经发生。例如：

ŋə^{35}　tɕhyɔ̃^{55}n̥u^{53}　jɔ̃^{55}jɔ̃^{53}　khui^{55}　bɑ^{35}　le^{31}.

1sg　昨天　粮食　背　去　PEF

我昨天背粮食去了。

ɑ^{35}　sɿ^{35}tɕhĩ^{31}　tɑ^{31}　tɕɑ^{55}　n̥dʑɑ^{55} le^{31}.

LNK　事情　一　CLF　完　PEF

事情终于完了一桩。

（6）完成体

完成体表示动作行为完整地完成了，完成体标记为助词tshø^{53}。例如：

ŋə^{31}ku^{55}　tsə^{53}　kø^{35}　tshø^{53}　mɑ^{31}　qo^{55}qo^{53}　jɛ̃^{55}　mo^{35}tsɿ^{31}.

1pl　就　吃　PFV　NEG　行：REOUP　有　IND

我们就有吃不完的东西了。

tu^{31}ku^{55}　liɑ̃^{53}ti^{35}ɕiõ^{55}　li^{55}　tʃɿ^{53}ku^{55}　ji^{35}　tshø^{53}　le^{31}.

3pl　两弟兄　TOP　舀水　去　PFV　PEF

他们两兄弟去舀了水了。

（7）经历体

经历体表示事情已经经历，经历体标记为助词ŋɛ̃^{55}。例如：

ti^{31}　tɕɑ^{55}　me^{31}　ŋɛ̃^{55}　wu^{31}.

PROX　听见　NEG　EXP　PRT

这个闻所未闻。

（8）尝试体

尝试体表示动作是尝试发出的，尝试体标记为助词ti^{31}。例如：

nũ^{35} tɑ^{31} phɔ^{55}　wu^{31}n̥dʑø^{35}　ti^{31}　ji^{35}　tsɿ^{31}.

2sg　一　VCL　DIR看　TENT　去　PRT

你去看一看吧。

3. 动词的态

贵琼语有“态”的语法范畴，主要是使动态和互动态。

（1）使动态

贵琼语动词使动态标记为使动助词ku^{31}。用法如下所示：

自动：phɑ^{55}　裂开　　使动：phɑ^{55}ku^{31}　使裂开

tɕɑ^{55}　断　　tɕɑ^{55}ku^{31}　使断开

lə^{31}lə^{55}　燃烧　　lə^{31}lə^{55}ku^{31}　让它燃烧

mi^{31}ntshə^{53}　nɔ̃^{31}　wũ^{31}phø^{53}　thɛ̃^{55}　le^{31}　phɑ^{55}ku^{31}　le^{31}.

太阳　AGT　石头　晒　CONJ　裂开 CAUS　PEF

太阳把石头晒裂开了。

ɑ^{55}mɑ^{31},　nũ^{35}　li^{55}　tɕhɛ^{31}mɛ^{55}　li^{31}　tu^{35}thø^{31}ku^{55}.

阿妈　2sg　TOP 家　TOP　痛苦别　CAUS

阿妈，你在家里别让自己太辛苦。

（2）互动态

互动态既表示互相间的动作，也表示动作不断重复。部分自主动词具有互动态，不及物动词和不自主动词一般没有互动态。表示互动语法范畴的语法手段因音节而异。单音节动词的互动态通过词根重叠来实现，有的需要添加轻动词bi^{35}（做）或者tshe^{53}（打）；双音节的动词则重叠后一个音节并添加轻动词bi^{35}（做）。例如：

原形：dẓuɔ̃^{55}　骂　　互动态：dẓuɔ̃^{55}dẓuɔ̃^{55}bi^{35}　互相骂

　　　tsɔ̃^{55}di^{31}　咬　　　　　　tsɔ̃^{55}di^{31}di^{31}bi^{35}　互相咬

ȵi^{35}　ȵi^{31}　tɕɔ̃^{53}　zʅ^{35}　gi^{31}gi^{31}tshe^{53}　le^{31}nɔ̃^{31}.

牛　两　CLF　山　顶架　PROG

两头牛在山上顶架。

ŋə^{35}zi^{53}　kho^{55}kho^{55}tsi^{31}　hɑ^{55}　le^{31},　ŋə^{35}ȵi^{55}pi^{53}　tṣue^{35}tṣue^{35}bi^{35}　li^{53}.

2pl　坑　DIM　挖　PEF　2dl　互相跳　IND

我们挖起小坑，我俩就互相跳对方的坑。

4. 动词的式

式范畴，又译为语气范畴。式范畴表现说话人的态度或语气。贵琼语的动词有陈述式、疑问式、祈求式、命令式、否定式等几种形式。陈述式是陈述语气中动词的形式，这在上文中已经充分地讨论过了，此处略去。以下分别讨论其他四种“式”。

（1）疑问式

动词疑问式主要采用词汇手段表示，即通过疑问代词、疑问语气词或疑问前缀来实现疑问语气的传达。此处主要讨论疑问前缀构成的疑问式。贵琼语疑问前缀ə^{31}、e^{31}、ɑ^{35}在动词的前面构成是非问句。疑问前缀的语音受到元音和谐规律的制约，和与之搭配的动词词根的元音一致。疑问前缀的位置在动词和体、态标记之间。具体情况如5-14所示：

表5–14　贵琼语动词的疑问式

疑问前缀	单纯动词	复杂动词
ɑ^{31}	ɑ^{35}tɕyɔ̃^{31}是否合适	tʃui^{35}ɑ^{31}qo^{55}能不能到达 动词加实现体
		pɔ̃^{55}ɑ^{31}ȵyɔ̃^{35}会不会烧炭 动词加辅助动词
e^{31}	e^{31}ji^{35}是否去	ji^{35}lu^{55}e^{31}tɕi^{55}要不要去 动词加即行体
		hɑ^{31}hɑ^{31}e^{31}bi^{35}是否要互相挖 动词互动态
		se^{55}e^{31}tshø^{55}是否杀完了 动词加完成体
ə^{31}	ə^{31}bʉ^{35}是否有	ji^{35}ə^{31}ku^{55}是否同意去 动词加趋向前缀

其具体用法举例如下：

ŋə^{35}　li^{31}　mbɑ^{35}　ɑ^{31}　qo^{55}　tsɿ^{31}?

1sg　TOP　参加　QUES　行　QUES

我加入你们，可以吗？

khø^{55}khø^{55}　lø^{55}　e^{31}　jɛ̃^{55}　mo^{35}?

其他　办法　QUES　有　QUES

有没有其他办法呢？

（2）祈求式

动词祈求式是在动词前添加趋向前缀ji^{31}并在动词后添加使动助词ku^{31}实现的。例如：

zʉ^{35}　gɑ^{31}ji^{31}ʃɔ̃^{55}　ti^{35}　ku^{31}　lɑ^{31}.

3sg　休DIR息　TENT　CAUS　IND

让他休息一下吧。

（3）命令式

动词命令式受到句中主语人称的制约：主语是第二人称时，动词命令式的语法形式为零形式；主语是第三人称时，动词命令式需在动词前添加趋向前缀，并在动词后添加使动助词ku^{31}。例如：

nũ^{31}　ȵdʑø^{35}!　　你看！

2sg　看

zʉ^{35}　wu^{31}ȵdʑø^{35}　ku^{31}!　　让他看！

3sg　DIR看　CAUS

（4）否定式

动词否定式表示对动作行为或状态的否定。否定式主要通过添加否定前缀①构成。贵琼语否定前缀有两个：一个是me^{31}及其语音变体mø^{31}、mɑ^{31}，表示未然；另一个是禁止式the^{31}及其语音变体thø^{31}、thɑ^{31}，表示劝阻。贵琼语中否定前缀的位置值得注意：单音节的否定前缀直接加在动词前面表示否定；而双音节的动词其否定前缀加在动词的两个音节之间；如果动词有趋向、体、态等形态变化，否定前缀往往用在动词和体态标记之间。具体情况如表5-15所示：

表5-15　贵琼语动词的否定式

否定前缀		单音节动词	双音节动词	复杂动词
表示未然	me^{31} mɑ^{31} mø^{31}	me^{31}tʃʅ^{55}不听 me^{31}jɛ̃^{55}＝mɛ̃^{35}没有 mɑ^{31}tɕhɑ^{35}不喝 mø^{31}kø^{35}不吃	sɑ^{55}me^{31}tɕhyɛ̃^{55}不出声 tʂhɑ^{55}me^{31}gi^{31} 不喜欢	tɕhɑ^{55}me^{31}tɕɛ̃^{35}不要喝 动词和助动词之间 tɕɑ^{55}me^{31}ŋɛ̃^{55}闻所未闻 动词和经历体之间 dʐui^{35}mɑ^{31}qo^{55}不能到达 动词和实现体之间
表示劝阻	the^{31} thɑ^{31} thø^{31}	the^{31}tʃʅ^{55}别听 thɑ^{31}tɕhɑ^{35}别喝 thø^{31}kø^{35}别吃	ndɑ^{35}thø^{31}ku^{31}别扔 sɑ^{55}the^{31}tɕhyɛ̃^{55}别出声	dzɔ̃^{35}the^{31}bi^{35}别撒谎 在动词和轻动词之间 tshe^{55}the^{31}tshe^{55}别互相打 在动词互动态之间 tu^{35}thø^{31}ku^{55}别让自己辛苦 在谓词和使动态之间

具体用例如下：

nũ^{31}ku^{53}　tʃʅ^{31}　tʂhɑ^{31}me^{31}gi^{53}.

2pl　听　喜不欢

你们不愿意听。

ti^{53}　tʂhʅ^{35}mu^{55}　bɑ^{35}wu^{31}　ȵɑ^{31}　dɑ^{31}ji^{31}me^{31}dʐui^{35}.

DEF　外面　去NMLZ　PL　DIRDIRNEG到达

跑到外面去的没回来。

ti^{53}　e^{31}le^{55}tsi^{31}　nɔ̃^{31}　kə^{55}pə^{53}　tʂhu^{55}mɛ̃^{33}　bi^{35}　me^{31}　ŋɛ̃^{55}.

DEF　孩子　AGT　从来　出门　做　NEG　EXP

这孩子从来没有出过门。

① 依照刘丹青（2008：142—144）的观点，羌语支语言中羌语和普米语插入前加成分和动词之间的否定成分分析为否定前缀比较合适，“作为副词是不可能插到词的内部去的”。因此这里的否定标记都分析为否定前缀。

ɕe^{31}lu^{55} me^{31} sɿ^{55}, tsø^{53} khə^{55}ke^{53} mɛ̃^{35}.

情况 NEG 知道 竟 口信 没有

既不知道消息，也没有口信。

5. 动词的名物化

动词名物化，是指通过某些特定的方式将动词转化为体词性成分。动词名物化的结果，有的仅是词性发生变化；有的不但词性发生变化，词义也发生了变化。动词名物化形成的体词性成分其用法和名词相同：都有数和小称的语法范畴，都可以附加格助词，都可在句中做主语、定语、宾语等成分。动词的名物化标记如下：

第一类：名物化助词ji^{31}，表示行为的工具和处所。例如：ju^{55}ji^{53}睡的地方。

第二类：名物化助词wu^{31}，表示行为或者某种性质特征的主体。例如：nɔ̃^{55}wu^{31}生的孩子、ju^{55}wu^{31}睡的人。

第三类：名物化助词lu^{31}，表示动作的对象。例如：kø^{35}lu^{53}吃的食物、ɕe^{55}lu^{53}说的消息。

第四类：名物化助词mu^{31}，表示行为或者性质本身，常用作疾病名词的标记，例如：gɑ^{31}mu^{53}疲倦。

动词名物化形式在句中用法如下：

ŋə^{31}ku^{55} mɛ^{55} tɕhɔ̃^{31} xo^{55}pi^{53} ju^{35}wu^{31} pi^{53} li^{31} lĩ^{55}gui^{31}si^{55} dʐ̩^{35}.

1pl GEN 房子 下面 睡NMLZ CLF TOP 李国森 COP

我们的鸟窝下面睡的那个人就是李国森。（主语）

ŋə^{35} kø^{35}lu^{31} tɕi^{55} lu^{35} le^{31}.

1sg 吃NMLZ 点儿 找 PEF

我找了点儿吃的东西。（宾语）

pɔ̃^{55}ji^{31} kɛ̃^{31} dʐ̩ui^{35} kɔ̃^{31} li^{55}, pɔ̃^{55}mu^{31} ɕe^{55}ji^{31} mɛ̃^{35}.

热NMLZ 处 到达 LNK TOP 热NMLZ 说NMLZ 没

热的地方到了也没说热。（定语、宾语）

（三）静态动词

1. 助动词

助动词，又称能愿动词，是介于实词和虚词之间的一类动词，常附着在动词后面，与动词一起做谓语。助动词与动词一起做谓语时，本身没有形态变化。助动词大多虚化程度不高，还带有具体的词汇意义，在一定条件下可以单独运用。

（1）ȵỹ^{55}

助动词ȵỹ^{55}（敢）可以单独回答问题，但不能单独做谓语。例如：

ɑ^{35} gui^{31}si^{55} ju^{35} me^{31} n̠ỹ^{55} le^{31}.

LNK 李国森 睡 不 敢 IND

李国森不敢睡。

（2）tʂhɑ^{55}gi^{31}

助动词tʂhɑ^{55}gi^{31}（喜欢、愿意）兼有相应实义动词的用法，可以带宾语，单独做谓语。否定形式在两个音节中间：tʂhɑ^{55}me^{31}gi^{53}。例如：

zʉ^{35} ti^{31} e^{31}le^{55}si^{51} tʂhɿ^{31} tʂhɑ^{55}gi^{31}.

3sg PROX 孩子 很 喜欢

他很喜欢这个孩子。

ti^{31} lĩ^{55}gui^{31}si^{55} li^{31} ku^{35}lu^{55} tʂhɿ^{31} bi^{35} tʂhɑ^{55}gi^{31}.

DEF 李国森 TOP 玩笑 很 做 喜欢

李国森很喜欢开玩笑。

ti^{31} n̠i^{35} tɕɔ̃^{55} dɑ^{31}ji^{35} tʂhɑ^{55}me^{31}gi^{31}.

PROX 牛 头 DIR去 不愿意

这头牛不肯回去。

（3）n̠yɔ̃^{35}

助动词n̠yɔ̃^{35}（会）可以直接加疑问前缀提问，接受否定前缀的否定，但不能单独充当谓语。例如：

nũ^{35} khɑ^{31}mɑ^{55} pɔ̃^{55} ɑ^{31} n̠yɔ̃^{35} tsɿ^{31}?

2sg 炭 烧 QUES 会 QUES

你会不会烧炭呀？

ŋə^{35} khɑ^{31}mɑ^{55} pɔ̃^{55} n̠yɔ̃^{35} tsɿ^{31}.

1sg 炭 烧 会 IND

我会烧炭。

（4）ku^{53}

助动词ku^{53}(准许)，与使动助词ku^{31}语义联系比较密切。助动词ku^{53}不单独充当谓语。例如：

ŋə^{35} tɑ^{31} phɔ^{55} ji^{35} ə^{31} ku^{53} tsɿ^{31}?

1sg 一 VCL 去 QUES 允许 QUES

能允许我去吗?

ji^{35} lɑ^{55} ku^{53} le^{31} dʐɿ^{35}.

去 TOP 允许 PRT COP

允许去的。

（5）qo^{55}

助动词qo^{55}（可以）可以单独回答问题，但不独立充当谓语。例如：

ta^{31}tø^{35} te^{31} kuɛ̃^{53} nɔ̃^{31} dɔ^{35} te^{31} kuɛ̃^{53} pha^{53}，li^{55} qo^{55} la^{55} ma^{31} qo^{55}?

大豆 一 斤 INST 米 一 斤 半 换 行 CONJ NEG 行

一斤大豆换一斤半米，行不行？

（6）tɕɛ̃^{35}

助动词tɕɛ̃^{35}（要）可单独充当谓语，也可和主要动词组合在一起充当谓语。例如：

nũ^{35} tʉ^{55} tɕɛ̃^{35}?

2sg 什么 要

你要什么？

gui^{31}si^{55} e^{55}tsɿ^{31}thɑ̃^{31} tʂa^{31}bo^{53} kɛ̃^{55} da^{31}ji^{31}he^{35} tɕɛ̃^{35} li^{35}gi^{53}.

李国森 艾知堂 岩洞 处 DIRDIR来 要 想

李国森想要去艾知堂山洞。

2.存在动词

贵琼语有nɔ̃^{35}、jɛ̃^{55}、bʉ^{35}三个表示存在的动词。存在动词的概念结构在藏缅语族语言中的表现不尽相同①，在贵琼语中，存在动词的概念结构以凸显生命度和存在方式为主。贵琼语存在动词缺乏人称、时、体、态的形态变化②。

（1）nɔ̃^{35}

nɔ̃^{35}表示有生命的人、动物和抽象事物的存在。其否定形式是ma^{31}nɔ̃^{53}。例如：

a^{31}ji^{55}kʉ^{31} e^{31}le^{55}tsi^{31} te^{31} pi^{55} nɔ̃^{35}.

阿依谷（女名） 小孩子 一 个 有

阿依谷有一个孩子。

wu^{55} mɛ^{55} tshɿ^{31}mi^{53} ndʒɿ^{35}tɛ̃^{55} lə^{31} ma^{31} nɔ̃^{53}.

1sg GEN 姑娘 凡间 LOC NEG 有

我的女儿世间无双。

（2）jɛ̃^{55}

jɛ̃^{55}既表示山河、火塘、灶头、神龛等宝贵事物的客观存在，也表示对金钱和贵重事物的拥有。其否定形式是mɛ̃^{35}。例如：

---

① 据黄成龙（2014），藏缅语族语言存在动词的概念结构，有的凸显信息源，有的凸显存在方式，有的凸显生命度，有的凸显存在的处所。

② 唯有jɛ̃^{55}是个例外，可以和已行体助词le^{31}搭配使用，表示富有了。

tʃʅ^{53} ʐʅ^{35} uø^{53} jɛ̃^{55}, sɛ̃^{53} ʐʅ^{35} uø^{53} jɛ̃^{55}.

水 山 LOC 有 柴 山 LOC 有

山上有水也有柴火。

ŋə^{35} ʂʅ^{31}mu^{53} gɑ^{31}lɑ^{55} jɛ̃^{55}, nũ^{35} ʂʅ^{31}mu^{53} mɛ̃^{35}.

1sg 力气 多 有 2sg 力气 没有

我有很多力气，你没什么力气。

ɑ^{35} kø^{35} tshø^{31} mɑ^{31} qo^{55}qo^{53} jɛ̃^{55} wu^{31}.

LNK 吃 PFV NEG 行：REOUP 有 PRT

现在有吃不完的东西了。

（3）bʉ^{35}

bʉ^{35}表示不能随意移动的物体的存在。例如：

ɑ^{31}ji^{55}kʉ^{31} e^{31}le^{55}tsi^{31} bʉ^{35}.

阿依谷（女名） 小孩子 怀孕

阿依谷怀孕了。

ti^{53} mũ^{35} li^{55} le^{35}tɕi^{55} bʉ^{35}.

PROX 人 TOP 福气点儿 有

这个人有福气。

和大多数藏缅语一样，贵琼语的存在动词可以兼表存在、领有和处所义。存在动词nɔ̃^{35}本义为居住，除了表示领有义，兼具处所义、存在义。但是兼有三种用法的只有nɔ̃^{35}这一个存在动词。例如：

wu^{55} mɛ^{55} ndzui^{31} kʉ^{31} nɔ̃^{35} ku^{31}.

REFL GEN 房间 里 住 CAUS

让她住在自己王宫的房间里面。（居住）

wu^{55} mɛ^{55} tsi^{53} ə^{31}lə^{55} nɔ̃^{35}?

1sg GEN 儿子 哪里 在

我的儿子在哪里呢？（存在）

ti^{31} sɛ̃^{31}pu^{53} pu^{53} mɛ^{55} ŋgʉ^{35} ə^{31}lə^{31} li^{31}, quɑ^{55}sɑ^{53} tshɔ̃^{55} nɔ̃^{35}.

PROX 树 CLF GEN 顶 LOC TOP 喜鹊 CLF 有

树上有一窝喜鹊。（存在）

在长篇语料中，我们注意到贵琼语存在动词nɔ̃^{35}和jɛ̃^{55}还有一种虚化为证素[1]的用法。请对比：

---

① “证素”最早见于胡壮麟《语言的可证性》一文，文中引述Boas遗作《Kwakuit语法》中evidential的提法，译为“证素”。

ʐʉ³⁵ tɕhi⁵⁵tɕi⁵⁵ ndɑ³⁵ he³⁵ tshø³¹ le⁵⁵.

3sg 病点 粘 来 PFV PEF

他染病了。

ʐʉ³⁵ tɕhi⁵⁵tɕi⁵⁵ ndɑ³⁵ he³⁵ tshø³¹ le⁵⁵ nɔ̃³⁵.

3sg 病点 粘 来 PFV PEF 有

他的的确确是染病了。

可见，没有存在动词的句子只是客观陈述一个已知事件，而加上存在动词的句子表示说话人和听话人对该事件可靠性的确认。值得注意的是，存在动词做证素的句子往往有如下特征：一、必须是第三人称作主语；二、存在动词证素前面必须有已行体助词le³¹；三、句中动词本身具有完整性，或者与完成体标记tshø³¹、实现体标记qo⁵⁵连用，以达成语义的完结性。

3. 判断动词

贵琼语用以表示判断的动词有两个：dʐʅ³⁵和ʐʅ³⁵。dʐʅ³⁵作为实义动词，意思是“对、合适”。dʐʅ³⁵和ʐʅ³⁵都可以对主题和述题的关系做出判断。其基本功能如下：

（1）表示人或事物之间的从属关系。例如：

ti³¹ mũ³⁵ li⁵⁵ dʐɑ³⁵ mɛ⁵⁵ mũ³⁵ dʐʅ³⁵.

PROX 人 TOP 聪明 GEN 人 COP

这个人是一个聪明的人。

（2）说明人和事物的属性。例如：

di³⁵kɛ̃⁵⁵ mɛ⁵⁵ mũ³⁵ li⁵⁵ ze³¹ze⁵⁵ tʂhn³¹ dʐʅ³⁵ wu³¹.

妖 处 GEN 人 TOP 小气 很 COP PRT

妖怪都很小气。

（3）说明处所。例如：

e³¹li⁵⁵wu³¹ bi³⁵ n̥i³¹ ti³¹ jĩ⁵⁵nɛ̃⁵⁵kɛ̃⁵⁵ dʐʅ³⁵.

怎么 做 也 PROX 别人处 COP

无论怎么高兴这儿都是异国他乡。

（4）说明事件的状况。例如：

zʉ³⁵ ji³⁵ tɕɛ̃³⁵ dʐʅ³⁵.

3sg 去 要 COP

他是要去的。

判断动词没有时、体、态等形态变化，通常不和趋向前缀连用。我们还注意到，在长篇语料中，判断动词有一些虚化、主观化的用法。这主要表现为：

（1）充当话题标记。例如：

nũ^{35} dʐʅ^{35} lə^{31} ȵi^{31} tsə^{31}, ə^{31}lə^{55} ji^{31}ji^{35} tʂu^{35}ji^{35} tʂhʅ^{55} bi^{35}.

2sg TOP LNK 也 就 哪里 DIR去 注意 很 做

就是你，到哪里也都要小心呀。

（2）产生了示证的用法。例如：

从广义示证的角度看，判断动词可以对信息的可靠性加以确认、承诺。请对比：

ŋə^{35}ku^{55} mɛ^{55} khi^{55}mə^{55}thi^{55}tɕɑ^{53} te^{31} xui^{55} nũ^{35} lə^{31} Φẽ^{55} le^{31}.

1pl GEN 驮子鞍子 一 份 2sg DAT 分 PEF

我们把驮子鞍子分给你一份了。

ŋə^{35}ku^{55} mɛ^{55} khi^{55}mə^{55}thi^{55}tɕɑ^{53} te^{31} xui^{55} nũ^{35} lə^{31} Φẽ^{55} le^{31} dʐʅ^{35}.

1pl GEN 驮子鞍子 一 份 2sg DAT 分 PRT COP

我们要把驮子鞍子分给你一份。

可以看出：判断动词在句末的添加使句子产生了新的语法意义，即，对将发生的可控事件进行承诺。值得注意的是，判断动词做证素，需要具备两个条件：其一，主语应是第一人称；其二，谓词应具有[+可控性]的语义特征。

六　形容词

形容词是表示事物的性质和状态的词，在句中做定语、谓语、状语和系词的表语。例如：

ti^{31} tshe^{31}we^{31} tɕɑ^{55} te^{31}tɕi^{55} xĩ^{35}.

PROX 衣服 CLF 一点儿 长

这件衣服有点儿长。（谓语）

（一）形容词的级

贵琼语形容词没有表示级的狭义形态。表达程度深浅的语法意义，通过程度副词或不定量词表示。表示程度较深的副词tʂhʅ^{55}（很）、tʂhʅ^{55}tʂhʅ^{55}（十分）和表示程度较浅的不定量词 te^{31}tɕi^{55}（一点儿）或tɕi^{55}（点儿），前置于形容词，表示主观上认为程度较深的tɕhi^{31}phɔ^{55}（太）后置于形容词。例如：

ʃɔ^{31}mɑ^{31} 白 tʂhʅ^{55} ʃɔ^{31}mɑ^{31} 最白

ʃɔ^{31}mɑ^{31} 白 tʂhʅ^{55}tʂhʅ^{55} ʃɔ^{31}mɑ^{31} 最白

ʃɔ^{31}mɑ^{31} 白 te^{31}tɕi^{55} ʃɔ^{31}mɑ^{31} 有点儿白

ʃɔ^{31}mɑ^{31} 白 ʃɔ^{31}mɑ^{31} tɕi^{53} 有点儿白

ʃɔ^{31}mɑ^{31} 白 ʃɔ^{31}mɑ^{31} tɕhi^{55}phɔ^{31} 太白

其用法举例如下：

ʐʅ^{35}jɛ̃^{55}jĩ^{53} kɛ̃^{55} mɛ^{55} khʉ^{55}wʉ^{53} ʃo^{31}mɑ^{55}tsi^{31}.

山边 处 GEN 雪 白

tø^{55}tø^{55} mɛ^{55} khʉ^{55}wʉ^{53} tʂɦ^{55} ʃo^{31}mɑ^{55}tsi^{31}.

山坡 GEN 雪 很 白

ʐʅ^{35}ŋgʉ^{55} mɛ^{55} khʉ^{55}wʉ^{53} tu^{35}ku^{55}tsi^{31} ʃo^{31}mɑ^{55}tsi^{31}.

山顶 GEN 雪 尤其 白

山边的雪是白的，山坡上的雪更白，而山顶的雪最白。

程度的加深也采用形容词重叠的方式表示。重叠的次数越多，表示程度越深。单音节形容词最多可重叠四次，表示程度极深。例如：

dɑ^{31} 大　dɑ^{31}dɑ^{31}tsi^{31} 大大的　dɑ^{31}dɑ^{31}dɑ^{31}dɑ^{31}tsi^{31} 相当大

thø^{55} 高　thø^{55}thø^{53}tsi^{31} 高高的　thø^{55}thø^{55}thø^{55}thø^{55}tsi^{31} 高高长长的

tsɔ̃^{55}mũ^{53} 干净　tsɔ̃^{55}tsɔ̃^{55}mũ^{53}mũ^{53} 干干净净

kɑ^{31}tɑ^{31}lɑ^{55} 硬　kɑ^{31}tɑ^{31}lɑ^{55}gɑ^{31}tɑ^{31}lɑ^{55}tsi^{31} 硬邦邦的

形容词的重叠形式可以充当定语、谓语、状语和系词的表语。例如：

ti^{31} mbu^{35} kuɑ^{35}kuɑ^{35} tu^{31} tɑ^{31} tɕɔ̃^{53} dʐɿui^{35} le^{31}.

PROX 马 瘦骨嶙峋 这样 一 CLF 到达 PEF

这样一匹瘦骨嶙峋的马过来了。（定语）

ʃuɔ̃^{55}ʃuɔ̃^{55}tsi^{31} tshɦ^{31}mi^{53} n̥ɑ^{31} dɑ^{31}he^{35} le^{31} bɑ^{35} le^{31}.

快 快 ADV 女儿 PL DIR来 CONJ 去 PEF

女儿们很快又回去了。（状语）

be^{35}bu^{53} tʃɦ^{35}tshe^{53} tɕɑ^{55}tɕɑ^{55} dʐʅ^{35}.

癞蛤蟆 全部 扁 扁 COP

癞蛤蟆的身体是扁平的。（表语）

（二）形容词的生动形式

形容词的生动形式通过重叠、附加等手段来实现。一般双音节生动形式在原形上重叠一个音节，单音节重叠形式添加垫音。形容词生动形式多是三音节或四音节词，在实现语义增殖的同时凸显了说话者的主观情态。例如：

1. 双音节形容词重叠第二音节。例如：

su^{31}tɕɔ̃^{53} 干　su^{31}tɕɔ̃^{53}tɕɔ̃^{53} 干焦焦的

jĩ^{31}xĩ^{31} 红　jĩ^{31}xĩ^{31}xĩ^{31} 红彤彤的

jĩ^{31}tsɿ^{53} 绿　jĩ^{31}tsɿ^{53}tsɿ^{53} 绿油油的

2. 单音节形容词重叠后在其间添加副词。例如：

tʃhuɛ̃^{55} 褴褛　　tʃhuɛ̃^{55}zũ̥^{31}tʃhuɛ̃^{55} 破烂不堪

ndzɿ^{35} 漂亮　　ndzɿ^{35}tʂɬɿ^{31}ndzɿ^{35} 漂亮无比

3. 单音节形容词附加垫音成分

垫音成分有tɛ̃^{31}tɛ̃^{31}、ɕi^{53}ɕi^{53}、kuɔ̃^{55}kuɔ̃^{53}、pʉ^{53}pʉ^{53}、tʃɿ^{31}tʃɿ^{31}等，其语意不详。添加垫音成分之后形容词整体附加了一定的贬义色彩。例如：

qhuɔ̃^{31} 冷　　qhuɔ̃^{31}tsu^{55}tɛ̃^{31}tɛ̃^{31} 冷清清的

ŋɛ^{31} 粗　　ŋɛ^{31}tʃɿ^{53}tʃɿ^{53} 粗粗的

n̥yɔ̃^{31}mu^{53} 脏　　n̥yɔ̃^{31}tʃɿ^{53}tʃɿ^{53} 脏兮兮的

（三）形容词的形态变化

贵琼语谓语形容词有趋向、态、体等语法范畴。

1. 形容词的趋向

形容词添加趋向前缀thu^{31}、mi^{31}、ji^{31}、wu^{31}、dɑ^{31}等，表示性质或状态的变化，如thu^{31}dɑ^{55}（变大）、mi^{31}ŋi^{55}（变小）等。例如：

ti^{35} gʉ^{35} phø^{53} li^{31} thu^{31}dɑ^{55} wu^{31} li^{31} khi^{53} jɔ̃^{55} wu^{31}, mi^{31}ŋi^{55}

这 鞍子 个 TOP DIR大 PRT TOP 青稞 颗 LKP DIR小

wu^{31} tɕhɛ^{55}tɕhyi^{55} jɔ̃^{55} wu^{31} ŋi^{35} tɕhu^{31}.

PRT 圆根籽儿 颗 LKP 成 IND

这个鞍子（裂开了）大的呢大到和青稞一个样，小的呢小到和圆根籽儿一个样。

2. 形容词的态

形容词使动态以ku^{31}为标记，附着在形容词后面。例如：

mbɔ̃^{35} mɛ^{55} ji^{31}ki^{53} n̥i^{31} tʂhɑ^{31} le^{31} tɔ̃^{55} ku^{31} mɑ^{31} qo^{53} sɔ̃^{31}.

坛子 GEN 那个 也 拴 CONJ 紧 CAUS NEG 行 IND

那个坛子拴不紧了。

3. 形容词的体

形容词和谓语动词一样，具有相同的体标记。但体标记并不直接添加在形容词后面，而是添加在形容词后面的轻动词ŋi^{35}上面。以形容词的开始体为例：

zʉ^{35} mɛ^{55} v̩^{31}n̥ɑ^{53} jĩ^{31}xĩ^{31} thu^{31}ŋi^{35} le^{31}.

3sg GEN 脸 红 DIR变 PEF

他的脸红起来了。

4. 形容词的名物化

贵琼话形容词的名物化助词主要是wu^{31}，表示具有该性质或状态的主体。例如：

gie^{35}wu^{31} 好的　　sũ^{55}wu^{31} 松的

ȵi^{31}ɡɑ^{55}wu^{31}　黑的　　　wu^{31}ɕɑ^{55}wu^{31}　黄的

kɑ^{31}tɑ^{31}lɑ^{55}wu^{31}　硬的　　　ko^{31}lo^{31}lo^{55}wu^{31}　弯的

名物化了的形容词相当于名词，可在句中充当主语、宾语等成分。例如：

ti^{31}	phɑ^{53}	ȵɑ^{31}	li^{31}	dʑɑ^{31}wu^{55}	ȵɑ^{31}	wu^{31}se^{53}.
PROX	猪	PL	TOP	肥NMLZ	PL	DIR杀

这些猪呢，肥的宰掉。

（四）形容词的句法功能

性质形容词既可直接充当谓语，也可和系词或表示变化的动词ŋi^{35}联合充当谓语，或者和副词、助词组成短语充当谓语。状态形容词可直接充当谓语。形容词做定语位于名词前需添加助词mɛ^{55}。

1. 和其他词语一起做谓语。例如：

zʉ^{31}	mɛ^{55}	v̩^{31}ȵɑ^{53}	jĩ^{31}xĩ^{31}	me^{31}	dʐ̩^{55}.
3sg	GEN	脸	红	NEG	COP

他的脸不红。（和系词一起充当谓语）

ŋə^{35}zə̩^{55}	mɛ^{55}	tshɿ^{31}mi^{55}ȵɑ^{31}	ɡɑ^{31}lɑ^{55}	ndzɿ^{35}.
铁匠	GEN	女孩儿	十分	漂亮

铁匠家的女儿十分漂亮。（和副词一起充当谓语）

wu^{55}	mɛ^{55}	tshɿ^{31}mi^{55}	ndzɿ^{35}	wu^{31}.
1sg	GEN	姑娘	漂亮	PRT

我的姑娘真是漂亮。（和助词一起充当谓语）

2. 直接做谓语。例如：

zʉ^{35}	tshe^{31}we^{31}	li^{31}	tʃhuɛ̃^{55}zũ̩^{31}tʃhuɛ̃^{55}.
3sg	衣服	TOP	褴褛

她衣着褴褛。（状态形容词直接做谓语）

3. 做定语。例如：

ti^{31}	mũ^{53}	ɡie^{35}	mɛ^{55}	mũ^{53}	me^{31}	zɿ̩^{35}.
PROX	人	好	GEN	人	NEG	COP

这个人不是一个好人。

七　副词

副词在句子里主要修饰谓语。贵琼语的副词较为丰富，有程度副词、范围副词、时间副词、方式副词和语气副词等几类。

（一）程度副词

贵琼语中的程度副词并不太多。表达程度高的副词有tʂʅ^{55}（很）、tʂʅ^{55}tʂʅ^{55}（非常）、gɑ^{31}lɑ^{55}（非常）、tɕhi^{31}phɔ^{55}（太）。相对程度副词有pẽ^{31}tʃẽ^{55}tsi^{31}（比较）、ɬɑ^{31}pu^{53}（过于）、ko^{35}ji^{31}（过于）等。例如：

zʉ^{35} tø^{31}kø^{55} ə^{31} gɑ^{31}lɑ^{55} ȵɛ^{35}tɛ̃^{31}.

3sg 这里 LOC 十分 忠诚

她在这里非常忠诚。

zʉ^{35} tʂu^{35} tʂʅ^{55}tʂʅ^{55} ŋɔ̃^{55}.

3sg 蛇 很 怕

他特别怕蛇。

（二）范围副词

贵琼语的固有范围副词比较丰富，如te^{31}pi^{55}tsi^{31}（唯独）、khø^{53}khø^{53}（另外）、ȵi^{31}（也、都）；还有相当一部分来自于汉语，如tɛ̃^{55}lĩ^{35}（另外）、ji^{55}kũ^{35}（一共）、pu^{55}liɔ^{53}（不止）、xɑi^{31}sɿ^{31}（还是）、kuɔ̃^{55}（光）、tsũ^{55}tsũ^{55}（独自）等。例如：

tu^{31}ku^{55} tɑ^{31}tɕhɔ̃^{55}mũ^{35} ŋə^{35} ȵi^{31} mɛ^{31}sɿ^{55}.

3pl 一家人 1sg 都 认识

他全家人我都熟悉。

mʉ^{55}ʂɑ^{55}tɕɑ^{55}dʐui^{55}mø^{55} wu^{55} tsũ^{55}tsũ^{55} tʂhue^{35} le^{31} he^{35} le^{31}.

穆萨迦珠姆 REFL 独自 出 CONJ 来 PEF

穆萨迦珠姆独自出来。

（三）时间副词

贵琼语的时间副词较丰富，固有词中有ɔ̃^{35}（再、又）、ʂʅ^{55}（先）、ʑi^{35}ʑi^{53}（后）、ndzɔ̃^{55}mũ^{53}（马上）、ɑ^{31}ʂʅ^{55}tsi^{31}（趁早）、tshɔ̃^{31}sɿ^{31}me^{31}pø^{53}（时常）等；还有一部分来自于汉语，如tshũ^{31}lɑi^{31}（从来）。例如：

zʉ^{35} nɛ̃^{55}ji^{53} ɔ̃^{35} dɑ^{31}suɛ̃^{31} he^{35}.

3sg 明天 再 DIR玩 来

他明天再来玩。

nũ^{31} ʂʅ^{55} ɕe^{55} tsɿ^{31}.

2sg 先 说 PRT

你先说。

（四）方式副词

方式副词有hɑ^{31}mɛ^{55}tsi^{31}（慢慢地）、ʃuɔ̃^{55}ʃuɔ̃^{55}tsi^{31}（快快地）、gie^{35}gie^{35}tsi^{31}（好

好地）、ȵɑ^{31}fu^{55}gɑ^{31}（当面）等，用tsi^{31}做状语标记。例如：

gui^{31}si^{55}	ʃuɔ̃^{55}	ʃuɔ̃^{55}	tsi^{31}	bə^{31}dʐʅ^{53}	phø^{53}	thu^{31}ɕə^{55}	le^{31}	mi^{31}tɕo^{55}.
李国森	快	快	ADV	宝刀	ACC	DIR抽出	CONJ	DIR砍

李国森迅速抽出宝刀砍下。

（五）语气副词

贵琼语语气副词并不多见。目前从汉语中借入的语气副词较多，如li^{35}tsi^{31}（务必）、khũ^{53}phɑ^{35}（恐怕）、kho^{53}nẽ^{31}（可能）、sui^{31}tsɑi^{35}（任随）、ui^{31}pi^{55}zɛ̃^{31}（难道）、ɕi^{53}te^{55}xɑu^{53}（幸好）等。固有语气副词以tsə^{31}（一定、究竟、竟然、本来）最为常用，句法位置灵活，既可以用在句首，也可以在句中和句尾。语气副词用法举例如下：

tsə^{53}	nũ^{35}	tsə^{53}	ŋə^{35}	kɛ̃^{31}	tɕi^{55}	bi^{35}	le^{31}	he^{35}	jə^{35}tsɿ^{31}?
究竟	2sg	究竟	1sg	处	什么	做	CONJ	来	QUES

你究竟到我这里来干什么的？

zɔ^{35}	ŋi^{35}	le^{31}	li^{35}tsi^{31}	dɑ^{31}khɔ̃^{55}	ji^{35}	tɕɛ̃^{35}	mo^{35}.
钱	借	CONJ	一定	DIR给	去	要	IND

借了钱一定要还。

八　助词

贵琼语有比较丰富的助词。根据其功用可分出领属、话题、状语、比拟、施事、受事、处所、从由、比较、时体、使动等类别。施事助词、受事助词、处所助词、从由助词、伴随助词在名词的格部分有详细说明。时体助词详见动词的体部分。使动助词详见动词使动态部分。下面举例说明领属、话题、状语、比拟和比较助词的用法。

（一）领属助词

领属助词mɛ^{55}用在具有领属关系的名词、代词或动词短语后，在起限制作用的同时表示领有。领属助词mɛ^{55}的隐现有一定的规律，试分类说明如下：

1. 表示亲属领属关系的mɛ^{55}不能省。例如：

zʉ^{35}	ɑ^{55}mɑ^{31}	同位关系		zʉ^{35}	mɛ^{55}	ɑ^{55}mɑ^{31}	限制关系
3sg	妈妈			3sg	GEN	妈妈	

2. 表示人对物领属关系的mɛ^{55}不能省。例如：

sø^{31}	mɛ^{55}	lɑ^{31}dʐo^{53}	谁的手镯	ɑ^{31}tɑ^{55}	mɛ^{55}	tshe^{31}we^{31}	阿爸的衣服
谁	GEN	手镯		阿爸	GEN	衣服	

3. 表示地籍领属关系的mɛ^{55}，可省。例如：

gui^{31}tɕhɔ̃^{55} mũ^{53} 贵琼人　　dʒɿ^{55}tɛ̃^{55} mũ^{35} 凡间的人

贵琼 人　　凡间 人

4. 动词短语和被修饰成分之间，mɛ^{55}不能省。例如：

dø^{31} lʉ^{55} mɛ^{55} mũ^{53} 属马的　　ti^{31} ʃɔ̃^{55}tɕhu^{53} mɛ^{55} tshɿ^{31}mi^{53} 打铁的女孩

马 属 GEN 人　　PROX 打铁 GEN 女孩子

5. 表示属性的修饰成分和名词之间加，mɛ^{55}加与不加语法意义不同。例如：

wũ^{35} zo̧^{31}ku^{53} 银色腰带　　wũ^{31} mɛ^{55} zo̧^{31}ku^{53} 真银的腰带

银 腰带　　银 GEN 腰带

（二）话题助词

话题助词li^{31}作为话题标记，既可用在词语构成的话题后，也可用在小句构成的话题后，起到提示作用。例如：

dzu^{31}ku^{55} ɑ^{55}tɑ^{31} nɔ̃^{31} li^{31} nũ^{35} ə^{31}lə^{31} ji^{31}he^{35} ti^{31} ue^{35} tsɿ^{31}.

1pl: INCL 阿爸 AGT TOP 2sg ACC DIR来 TENT 来 IND

我家阿爸请你来一趟。

mɔ̃^{31} ʑy^{35} mø^{31}tʂ̧ɑ^{55}ki^{31} li^{31}, ŋə^{31}zi^{53} ji^{31}me^{55} khø^{31}khø^{53} ji^{35} li^{31}.

天气 晴朗 LNK TOP 1pl 玉米 收 去 IND

天气晴朗的时候，我们就去收玉米。

（三）状语助词

状语助词是状语的标记，用在状语的后面。常用的状语助词为tsi^{31}。例如：

zʉ^{35} te^{31}pi^{55}tsi^{31} wu^{31}ndʑyi^{55} me^{31} n̥ỹ^{55}.

3sg 一个 ADV DIR睡觉 NEG 敢

她不敢一个人睡觉。

（四）比拟助词

比拟助词用在比喻句中的喻词后面。常用的比拟助词为wu^{31}。例如：

ti^{31} e^{31}le^{55}tsi^{31} tɕhɛ̃^{31}kɛ̃^{55} wu^{31} tɑ^{31}n̥dʑɑ^{31}, kuɑ^{31}tɕu^{31}zu̧^{35}tɕu^{31}.

PROX 孩子 圆根干 LKP 一样 皱皱巴巴

这个孩子像圆根干一样皱皱巴巴的。

（五）比较助词

贵琼语有三个比较助词：高比助词uɛ̃^{31}jɛ̃^{55}、低比助词xo^{55}pi^{53}和平比助词dzɔ̃^{31}dzø^{53}。比较助词附于比较基准后。例如：

ə^{55}kə^{53} ŋə^{35} uɛ̃^{31}jɛ̃^{55} gɑ^{31}lɑ^{55} thø^{53}.

阿姐 1sg 比 很多 高

阿姐比我高很多。

pu^{55}tsu^{31} ŋə^{35} xo^{55}pi^{53} gɑ^{31}lɑ^{55} mʉ^{53}.

弟弟 1sg 比 很多 矮

弟弟比我矮很多。

zʉ^{35} ŋə^{35} dzõ^{31}dzø^{53} thø^{53}.

3sg 1sg 一样 高

她和我一样高。

九 连词

贵琼语的连词有两种：连接词语的连词和连接句子的连词。从口语语料中可以看出，贵琼语具有相当丰富的连词，此处只列举连接词语的部分连词。

（一）并列连词

并列连词lə^{31}连接两个并列的名词、动词、形容词、代词、数词等。例如：

ɑ^{31}pu^{53} lə^{31} ɑ^{31}tsɿ^{53} n̥i^{31} tɕhʉ^{55}mʉ^{53} tɕhye^{55} mɑ^{31} qo^{53}.

阿爷 CONJ 阿奶 都 外面 出去 NEG 行

爷爷和奶奶都不能出门了。

mĩ^{31}gui^{53} nɔ̃^{31} xɑ^{55}tsɑ^{31}tsɑ^{31} ɣɑ^{35} le^{31} ɣi^{35} le^{31}.

野人 AGT 拟声词 叫 CONJ 笑 PEF

野人哈哈哈地又叫又笑。

（二）顺承连词

顺承连词le^{31}连接时间上有先后关系或者有因果关系的两个动词。例如：

kɑ^{31}li^{53} mi^{31}suɛ̃^{55} le^{31} mi^{31}mʉ^{53}.

乌鸦 DIR盘旋 CONJ DIR停集

乌鸦盘旋之后停集了。

十 语气词

贵琼语的语气词出现在句尾，表达疑问、祈使、陈述和感叹等语气。以下举例说明：

（一）表示疑问的语气词

1. jə^{31}在疑问代词引导的特殊疑问句句尾，表示疑问语气。例如：

ti^{31} ʂɿ^{31}gi^{53} ke^{35}wu^{31} phø^{53}, tɕʉ^{55} jə^{31}?

PROX 炕架 挂NMLZ CLF 什么 QUES

这个炕架上挂的是什么呀？

kɑ^{55}li^{53}　ȵi^{53}　ȵi^{31}qɑ^{55}　dʐʅ^{35}　wu^{31}　li^{31}，e^{31}li^{55}wu^{31}　jə^{31}?

乌鸦　也　黑色　COP　PRT　TOP　为什么　QUES

为什么乌鸦这么黑呢?

2. lø^{35}tsɿ^{31} ①在疑问前缀ə^{31}或者e^{31}引导的是非问句句尾，表示疑问语气。例如：

tĩ^{55}mĩ^{55}　ȵdʑø^{35}lu^{31}　ə^{31}　bʉ^{35}　lø^{35}tsɿ^{31}?

热闹　看NMLZ　QUES　有　QUES

看到什么热闹了吗?

3. lɑ^{55}在没有疑问词引导的一般疑问句句尾，表示疑问语气。例如：

ɑ^{31}ji^{53}　gie^{35}mu^{53}，ɑ^{31}　nũ^{35}　me^{31}　tʃʅ^{55}tɕhə^{55}　lɑ^{35}?

阿姨　婆子　LNK　2sg　还　背水　QUES

老妈妈，你还要来背水吗?

4. li^{55}用以表示征询的语气。例如：

ʐʉ^{35}　te^{31}tɕi^{55}　ȵi^{31}　mø^{31}　kʉ^{53}，　nu^{31}ku^{55}　li^{55}?

3sg　一点儿　也　NEG　懂　2pl　QUES

他一点儿也不懂，你们呢?

（二）表示祈使的语气词

祈使语气词分布在句尾，包括表建议nɛ^{55}、表提醒的mo^{35}、表否决的sɔ̃^{31}等。例如：

nũ^{35} ȵɛ̃^{31}ji^{55}　le^{55}　hɑ^{31}ʃʅ^{35}　i^{31}kə^{55}　le^{31}　dɑ^{31}lɔ̃^{55}　ji^{35}　nɛ^{55}.

2sg　明天　PRT　还是　那里　PRT　DIR 等　去　IND

你明天还是到那里去等。

e^{31}le^{55}tsi^{31}　ȵɑ^{31}　mɛ^{55}　ti^{31}　pe^{55}　mɑ^{31}　qo^{55}　sɔ̃^{31}.

孩子们　PL　DAT　DEF 隐瞒　NEG　行　IND

不能再对孩子们隐瞒这件事了。

（三）表示陈述的语气词

陈述语气用mɛ^{55}或者mo^{35}tsɿ^{31}表示。例如：

tɕhɑ^{31}ji^{55}　tsə^{31}　ʐɑ^{31}　li^{31}　tʂʅ^{55}　gie^{35}　mo^{35}tsɿ^{31}.

今天　真　时间　TOP 真　好　IND

今天日子真好。

（四）表示感叹的语气词

感叹语气用li^{31}等语气词表示。例如：

---

① lø^{35}tsɿ^{31}是lə^{31}uø^{35}tsɿ^{31}的合音形式。

ti^{31} tu^{35} mɛ^{55} mbu^{35}lu^{53} tɕɔ̃^{55} wu^{31}ndzɿ^{35} wu^{31} li^{31}!

PROX 这样 GEN 虫 CLF DIR漂亮 PRT IND

这样的一条虫子真漂亮！

十一 叹词

叹词独立于句子之外，不充当任何句法成分；一般放在句子的开头，少数可出现在句中。用于表示惊讶、不满、叹惜等语气，和提醒、应答、打招呼等场合。以下分别举例说明：

（一）表示打招呼或提醒

用ue^{53}、xe^{53}、e^{53}等置于句首或者句中，以提请听话者注意。例如：

ɑ^{55}mɑ^{33} e^{31}, ʃuɔ̃^{55}ʃuɔ̃^{55}tsi^{31} dɑ^{31}mi^{31}tʂhue^{53}.

阿妈 INTER 迅速 ADV DIRDIR跳

阿妈哎，请你快点儿跳出来。

（二）表示惊讶的语气

用o^{55}jo^{31}、ø^{55}mø^{31}mø^{31}、u^{31}ju^{31}、ji^{35}等表达奇怪、惊愕等语气。例如：

ø^{55}mø^{31}mø^{31}, gɑ^{31}lɑ^{55} nʉ^{35} tshø^{31} le^{55}!

INTER 很 深 PFV PRT

嗯，好深（的坑）啊！

（三）表示不满的语气

通常用hə^{53}、xɑi^{53}、ɑ^{31}jɑ^{31}jɑ^{31}、u^{55}ju^{31}表示不满的语气。例如：

hə^{53}! ŋə^{35} tɕʉ^{55} bi^{35}? tɕi^{55} bø^{35}①? ŋə^{35} tɕho^{55} lɑ^{55}.

INTER 1sg 什么 做 什么 做 1sg 坐 IND

嗬！我做什么？做什么呢？我坐着呢。

（四）表示叹惜和呻吟

用e^{31}、e^{31}jo^{31}等表示叹惜或呻吟。例如：

e^{31}, dø^{35}uø^{53} sɔ̃^{55} li^{53} ȵyɔ̃^{55}mɔ̃^{53} nɔ̃^{55}uɔ̃^{53} jɛ̃^{55} mo^{35}.

INTER 月数 三 月 一起 恋爱 有 IND

哎，只可以在一起生活三个月。

（五）表示认同和肯定

o^{35}jɑ^{31}表示认同。例如：

o^{35}jɑ^{31}, ŋu^{35}pɑ^{55} tʂhɑ^{31}lũ^{53} ji^{31}tɛ̃^{55} ku^{31} le^{31} ji^{31}bu^{35}.

INTER 勒条 肩带 DIR承担 CAUS IND DIR背

哦呀，用勒条和肩带来背。

---

① bø^{35}是bi^{35}和jø^{35}的合音形式。

（六）表示否定的语气

ũ^{31}xũ^{55}等表示否定。例如：

ũ^{31}xũ^{55},　ŋə^{35}　gui^{31}dʑɑ^{55}　ji^{35}　me^{31}　tɕɛ̃^{35}.

INTER　1sg　姑咱　去　NEG　要

算了，我不去姑咱了。

十二　拟声词

贵琼语的拟声词较为丰富。拟声词大多都有叠韵或者音节重叠的形式特征。例如：

ɕu^{31}ɕu^{31}ɕu^{31}　吆喝动物的声音

tsʉ^{55}tsʉ^{55}　唤猪停声

ɑ^{31}zʅ^{55}zʅ^{55}　唤小狗声

ʃuɛ̃^{55}lɑ^{55}lɑ^{55}lɑ^{55}lɑ^{55}　射箭声

thɑ^{31}zɑ^{55}zɑ^{55}zɑ^{31}zɑ^{31}　骑竹竿声

tũ^{35}tũ^{35}tũ^{35}　鼓声

ɕyɛ̃^{55}xɛ̃^{31}　锦鸡叫声

hə^{31}hə^{31}　叫喊声

go^{55}do^{55}ro^{35}　呼吸声

gu^{35}zu^{31}zu^{31}　鼾声

lø^{35}lø^{55}lø^{55}　唤猪声

tsɑu^{55}tsɑu^{55}　唤狗声

dʑu^{35}dʑu^{55}dʑu^{55}　唤鸡声

ɑ^{31}uɑ^{31}　乌鸦叫声

ko^{31}to^{31}lo^{55}　鸡叫声

kɔ̃^{31}tɔ̃^{31}tɔ̃^{31}tɔ̃^{31}tsi^{31}　水震动声

miɛ̃^{35}　羊叫声

ji^{31}uɑ^{31}ji^{31}uɑ^{31}ti^{31}　聊天儿声

khuɔ̃^{35}tɔ̃^{35}tɔ̃^{53}tsɿ^{35}　手镯碰撞声

xʉ^{55}tɕhʉ^{31}　吆喝驴声

拟声词可独立成句，但主要在句中做状语。例如：

quɑ^{55}sɑ^{55}　e^{31}le^{55}tsi^{31}　gu^{55}gu^{55}gu^{55}　ɕe^{55}　wu^{31}.

喜鹊　孩子　咕咕咕　说　PRT

小喜鹊咕咕咕地说话。

ti^{31}　tʂu^{53}　su^{31}tɕɔ̃^{55}　ʂɿ^{31}zʅ^{55}zʅ^{55}　dɑ^{31}wu^{31}he^{35}　wu^{31}.

PROX　蛇　干　嗞日日　DIRDIR来　PRT

蛇嗞日日地爬来了。

第二节

短 语

短语是大于词小于句子的语法单位。从内部结构关系分出并列短语、偏正短语、同位短语、宾动短语、连谓短语、述补短语、数量短语、方位短语等类别。以下依次说明。

一　并列短语

由两个或两个以上成分并举构成的短语，通常用并列连词连接。贵琼语用lə^{55}连接并列的体词，用le^{31}连接并列的谓词；也用te^{31}ȵe^{55}… te^{31}ȵe^{55}…（一边……一边……）等表示词语间的并列关系。例如：

dɔ̃^{35}　le^{31}　ʂɿ^{31}kɑ^{55}　迟早

迟　CONJ　早

sɔ̃^{55}　dʑø^{53}　lə^{55}　dʒu^{55}tʃɦ^{53}　lə^{55}　ŋɛ̃^{31}　ŋi^{53}　三百六十五天

三　百　CONJ　六十　CONJ　五　天

te^{31}ȵe^{55}　tɕhɔ̃^{53}　te^{31}ȵe^{55}　tʂue^{35}　一边唱一边跳

一边　唱　一边　跳

二　偏正短语

根据中心语的性质，偏正短语可分为体词性偏正短语和谓词性偏正短语。

（一）体词性偏正短语

体词性中心语的修饰和限制成分可以是形容词、代词、名词，也可以是短语。体词性偏正结构的诸多修饰和限制成分之间，有一定的语序排列规律。例如：

nɛ^{31}phu^{55}　tsɑ^{55}dʑu^{55}　tɕɔ̃^{55}　tsi^{31}　一只大红公鸡崽儿（名＋形＋量＋小称）

公鸡　大红　CLF　DIM

ti^{31} fu^{31}tɕɑ^{31} sø^{55}pʉ^{53} zʉ^{35}wu^{55} khɑ^{53} 这条新修的路（代 + 名 + 形 + 动 + 量）
PROX 路 新 修NMLZ 条

me^{31}mo^{55} kʉ^{31} me^{31} ʑi^{35} mɛ^{55} ʃɿ̃^{53} 非产自竹丛里的弓（短语 + 领格助词 + 名）
竹丛 里 NEG 生长 GEN 弓

1. 形容词做修饰语

形容词做修饰语后置于中心词，前置于中心词时需添加助词mɛ^{55}。例如：

n̥ə^{53}kũ^{53} xĩ^{31}xĩ^{31} 长鼻子
鼻子 长

mũ^{35} gie^{35}wu^{53} 好人
人 好NMLZ

khui^{31}khui^{31}tʂhɑ^{55}tʂhɑ^{53} mɛ^{55} ʂɑ^{55}pu^{53} 反反复复的朋友
反反复复 GEN 朋友

2. 代词做修饰语

集体人称代词和指示代词限制中心词不加标记，其他代词则需添加助词mɛ^{55}。例如：

dzu^{31}ku^{55} ɑ^{55}tɑ^{31} 我家阿爸
1pl：INCL 阿爸

wu^{55} mɛ^{55} ɑ^{31}ji^{53} 我的阿姨
1sg GEN 阿姨

3. 名词做修饰语

名词修饰或限制成分置于中心词前面，mɛ^{55}可加可不加。例如：

si^{31} mɛ^{55} tʂhɿ̃^{55} 金色的床（颜色）
金 GEN 布床

si^{55} tʂhɿ̃^{55} 金床（质地）
金 床

ʐɔ^{35}tu^{55} mɛ^{55} tɛ̃^{55}pʉ^{53} 斧头背
斧头 GEN 背

tsɑu^{35}thɔ^{31} mɛ^{55} zʉ^{35}khɑ^{55} 灶头的角落
灶头 GEN 角落

li^{31}thɑ̃^{55} dʑø^{55}pu^{53} 理塘土司
理塘 土司

e^{55}tsɿ^{31}thɑ̃^{31} tʂɑ^{31}bo^{53} 艾知堂山洞
艾知堂 山洞

助词mɛ^{55}的隐现规律参见领格助词部分。

4. 数量短语做修饰语

数量结构限制中心词，置于中心词之后。例如：

tʃɿ^{55}n̥i^{53} n̥i^{31} tɕɔ̃^{53} 两条鱼
鱼 两 CLF

bu^{31}ʐɿ^{55}tsi^{53} sɔ̃^{55} pi^{53} 三个小孩子
孩子 DIM 三 CLF

ɣũ^{31}phø^{53} tʂhɿ^{31} thø^{55} tsɿ^{53} tɕhɑ^{53} 四片长石板
石头 很 长 四 片

5. 动词短语做定语

动词短语限制中心词，前置于中心词，且需添加助词mɛ^{55}。例如：

le^{35}tɕi^{55} bʉ^{35} mɛ^{55} mũ^{35} 一个福气好的人

福气点儿 有 GEN 人

n̥e^{31}tʂhu^{53} di^{31} n̥yɔ̃^{31} mɛ^{55} ŋguɛ̃^{55}pu^{53} n̥ɑ^{31} 会打枪的猎人们

猎枪 射 会 GEN 猎人 PL

（二）谓词性的偏正结构

中心语是动词或者形容词，修饰和限制成分可以是词，也可以是短语。大多数词语做状语需要添加状语助词tsi^{31}或者mø^{31}。例如：

gie^{35}gie^{35}tsi^{31} wu^{31}bi^{35}bi^{35} 好好地做事情

好 ADV DIR做：REDUP

tʂ̥ɑ^{55}tʂ̥ɑ^{55} mø^{53} gɑ^{35} le^{31} 爬着爬着就累了

爬：REDUP 助词 累 PEF

te^{31} thɛ̃^{55} nɔ̃^{31} te^{31} thɛ̃^{55} lu^{35} 一遍又一遍地找

一 VCL 又 一 VCL 找

三 同位短语

同位短语是指两个名词或代词因所指事物相同而相连并用形成的短语。例如：

ə^{55}mə^{31} ŋu^{31}tsɑ̃^{55}ɬə^{53}mu^{53} 阿妈古章拉姆 nu^{31}ku^{55} e^{31}le^{55}tsi^{31} n̥ɑ^{31} 你们这些孩子们

阿妈 古章拉姆 2pl 孩子 PL

四 宾动短语

贵琼语是SOV型语序语言，宾语在动词的前面。宾动短语的动语一般表示动作或行为，而宾语表示与动作或行为相关的事物。宾动短语中，动词修饰成分置于宾语和动词之间。宾语和动语的语义关系，有受事、与事、工具、时间、地点、数量等各种类型。这些语义关系有的通过格标记提示，比如：受事宾语有受事格标记，与事宾语有与事格标记，地点宾语有处所格标记，工具标语有工具格标记。以下仅介绍不用格标记的宾动短语。

（一）单宾语

1. 宾语是动作的受事。

通常情况下，受事宾语不加格助词。除非强调受事语义，且谓语又比较复杂的情况下，需添加施事和受事格标记。例如：

ɕɛ^{55}thɔ^{55} jɔ̃^{55}jɔ̃^{53} kø^{35} 吃仙人掌的果实

仙人掌 果实 吃

tɕhyɔ̃^{53}pu^{53} phø^{53} tɕĩ^{53}tshɑ^{31} nɔ̃^{31} ho^{55} 小偷被警察抓

小偷 ACC 警察 AGT 抓

2. 宾语是心理行为动词的对象。例如：

ku^{31}lu^{55} tʂɦ^{31} bi^{35} tʂhɑ^{55}gi^{31} 喜欢开玩笑

玩笑 很 做 喜欢

3. 宾语表示数量。例如：

tø^{31} mʉ^{55} mi^{31}ndɑ^{55}ku^{31} 吹一口气

一 口 DIR吹

4. 宾语表示时间。例如：

tɑ^{31} ŋɔ̃^{55} lɔ̃^{35} 等了一年

一 年 等

5. 宾语表示被领有物或存在物。例如：

tsɦ^{31}mi^{55} sɔ̃^{55} pi^{53} nɔ̃^{35} 有三个女儿

女儿 三 个 有

（二）双宾语

语义为给予、收取义的动词常带一个受事成分、一个与事成分，构成双宾语。贵琼语中，从双宾语的语序来看，与事宾语在前，受事宾语在后，与事宾语后面需添加格助词 ə^{31}lə^{31}。例如：

ə^{55}mə^{31} ə^{31}lə^{31} tɔ̃^{55}te^{55} dʑø^{35} 给妈妈写信

妈妈 DAT 信 写

zʉ^{35} ə^{31}lə^{31} tsɦ^{31}mi^{53} khɔ̃^{53} 把女儿嫁给他

3sg DAT 女儿 给

五 连谓短语

谓词连用的短语为连谓短语，连谓短语有的通过语义的内在联系衔接，有的通过连接词 le^{31} 连接。连谓短语的两个谓词性成分之间往往存在承接、因果、方式等关系。连谓短语主要在句中充当谓语。

（一）表示因果。例如：

tu^{35} le^{31} ji^{31}li^{35}gi^{53} ti^{35} 痛苦得前思后想

痛苦 CONJ DIR想 TENT

（二）表示承接。例如：

bø^{35}dʐʅ^{53} thu^{31}tɕhyɛ̃^{55} le^{31} mi^{31}tɕo^{55} 把宝剑取出来砍下去

宝剑 DIR取出 CONJ DIR砍

（三）表示方式。例如：

nũ^{53}dø^{53} ʐʅ̃^{35} le^{31} ji^{35} 骑了一匹驽马走

驽马 骑 CONJ 走

六 述补短语

述补短语中述语由谓词充当，补语是补充说明谓词的句法成分。少数趋向动词、形容词、副词常出现在某些谓语动词的后边，而这个位置通常是补语的位置。根据补语的功能可以把述补结构分为表示结果的述补结构、表示程度的述补结构、表示趋向的述补结构等。例如：

（一）表示结果的述补结构。例如：

me^{31} ɕe^{55} ŋgə^{31} 没说够

NEG 说 够

（二）表示程度的述补结构。例如：

tsɿ^{55}pu^{55} zʉ^{35} tɕhi^{31}phɔ^{55} （脾气）大发

脾气 发作 程度

（三）表示趋向的述补结构。例如：

wu^{31}lu^{55} he^{35} 来找

DIR 找 来

七 数量短语

数量短语由数词和量词结合而成。数量短语在句中主要充当定语、状语、宾语等。例如：

zʉ^{35} tsi^{53} sɔ̃^{55} pi^{53} nɔ̃^{35}.

3sg 儿子 三 个 有

他有三个儿子。

nũ^{35} tɑ^{31} mũ^{53} tɑ^{31} mũ^{53} kø^{35}.

2sg 一 嘴 一 嘴 吃

你一口一口地吃。

数量短语可以重叠，以表示量的增殖。数量短语的重叠方式有以下几种。

（一）数词和名量词重叠

1. 直接叠加，表示量大。例如：

dʑɛ̃^{35} tø^{31} tɕhø^{53} tø^{31} tɕhø^{53} 许多块地

地 一 块 一 块

mũ^{35} te^{31} pi^{53} te^{31} pi^{53} 许多人

人 一 个 一 个

2. 添加助词nɔ̃^{31}或者mɛ^{55}，表示一个又一个。例如：

tɑ^{31} tɕɑ^{53} nɔ̃^{31} tɑ^{31} tɕɑ^{53} 一座又一座

一 座 助词 一 座

te^{31} ŋi^{53} nɔ̃^{31} te^{31} ŋi^{53} 一天又一天

一 天 助词 一 天

te^{31} li^{53} mɛ^{55} te^{31} li^{53} 一月又一月

一 月 助词 一 月

3. 添加数量短语to^{31}zũ^{55}，表示每一。例如：

tɑ^{31} tɕhɔ̃^{55} to^{31} zũ^{53} 每家

一 家 一 对

to^{31} bu^{53} to^{31} zũ^{53} 每揹

一 揹 一 对

（二）数词和动量词重叠

数词和动量词重叠时，直接叠加，表示逐一或动作一个挨着一个地进行。例如：

te^{31} thɛ̃^{55} te^{31} thɛ̃^{55} ji^{35} 一趟又一趟地去

一 趟 一 趟 去

八 方位短语

方位短语由名词和方位名词组成。

tshɿ^{31}mi^{55} kʉ^{31} 女儿们中间

女儿 间

tu^{31}ku^{55} ɑ^{55}pɑ^{31} kɛ̃^{55} 她爸爸那里

她家 阿爸 处

wũ^{31}pu^{53} zʉ̃^{35} 嘴巴中间

嘴巴 中

jɑ^{31}tsɿ^{55}me^{55} xo^{55}pi^{53} 胳肢窝下面

胳肢窝 下面

bu^{31}zʅ^{55} ʂɿ^{55}kɑ^{53} 儿女前面

儿女 前面

tɕhɔ̃^{31} ŋgɑ^{31}li^{53} 房子后面

房子 后面

方位短语在句中充当主语、定语或者宾语。例如：

ŋə^{35}ȵi^{55}pi^{53} dʑi^{31}ji^{31} kɛ̃^{55} dʐui^{35} le^{31}.

1dl 分NMLZ 处 到达 PEF

我俩分别的地点到了。（宾语）

zʉ^{35} sɛ̃^{31}pu^{53} pu^{55} xo^{55}pi^{53} ju^{35} le^{31}.

3sg 树 CLF 下面 睡 PEF

他在这棵树下睡了。（状语）

第三节

句子

句子有单句和复句之分，单句根据谓语类型和语气差异分出句型和句类，复句根据分句的语义关系分为联合复句和偏正复句。

一　句型

句型可以分为主谓句和非主谓句。主谓句中主语和谓语齐备，非主谓句欠缺主语或谓语。非主谓句主要分布在感叹句、祈使句中。就主谓句来看，又可以分出体词性谓语句、主谓谓语句、谓词性谓语句等。就谓词谓语句来看，又有被动句、判断句、存现句、连动句等句式。

（一）体词性谓语句

独立充当谓语的体词性词语仅限于时间名词、地点名词和数量短语等。例如：

tɕhɑ^{31}ji^{53}　nɔ̃^{55}tu^{53}.

今天　　除夕

今天除夕。

zʉ^{35}　tɕhɛ^{31}tʃɿ^{53}　mɛ^{55}　mũ^{35}.

3sg　前溪乡　GEN　人

他是前溪乡的人。

（二）主谓谓语句

主谓短语充任谓语的句子叫主谓谓语句。例如：

ɬø^{35}　ɕe^{55}　mɛ^{55}　dzɔ̃^{55}ɕe^{55}　mũ^{35}　mø^{55}　kʉ^{53}.

神仙　说　GEN　话　人　NEG　懂

神仙说的话人不懂。

（三）谓词性谓语句

由动词、形容词等谓词性词语充任谓语的句子叫谓词性谓语句。基于谓词的类型差异进一步分为被动句、判断句、存现句、连动句、比较句和双宾句等句式。

1. 被动句

严格意义上的被动句，指的是动词呈现被动态的句子。贵琼语通过助词和语序来表达被动意义，语序为：受事＋施事＋谓词。受事和施事标记的添加与受事主语的生命度高低有关系，受事主语的生命度低则标记可以省略。例如：

lĩ^{55}gui^{31}si^{55} dʒɿ^{35}tɛ̃^{55} lə^{31} tɕi^{55}uø^{55} phø^{53} dɑ^{31}nɛ^{55} ku^{31} li^{31}.

李国森 凡间 LOC 肉身 ACC DIR 消灭 CAUS IND

李国森凡间的肉身被消灭了。

2. 判断句

判断句是反映说话人主观判断的句子。肯定句中用判断动词dʐʅ^{35}，否定句常用判断动词ʐʅ^{35}。判断句用以说明人和事物的从属关系、人和事物的属性以及说明事件的状况。例如：

ŋə^{35} ʂɿ^{31}kɑ^{55} mɑ^{31}mi^{55}, me^{31}le^{55} ŋə^{35} mɑ^{31}mi^{55} me^{31} ʐʅ^{35} sɔ̃^{31}.

1sg 从前 军人 现在 1sg 军人 NEG COP PRT

我以前是军人，现在不是了。

be^{35}bu^{53} tʃɿ^{35}tshe^{53} tʂuɑ^{31}tɑ^{55}tɑ^{55} dʐʅ^{35}.

癞蛤蟆 全部 疙瘩 是

癞蛤蟆都是长满疙瘩的。

ŋə^{35} tɕi^{31}tɕyɔ̃^{53} le^{31} dʐʅ^{35}.

1sg 看见 PEF 是

我是看见了。

3. 存现句

存现句分为存在句和隐现句两类，存在句表示某个处所存在某一事物，隐现句表示某个处所、某一时间有某种事物出现或消失。

（1）存在句

存现句是以存在动词nɔ̃^{35}、jɛ̃^{55}、bʉ^{35}为谓语或以进行体助词le^{31}nɔ̃^{31}做标记的句子。例如：

nu^{31}ku^{55}ȵi^{55}pi^{53} ti^{31} kø^{35}lu^{53} jɛ̃^{55} tɕhɑ^{55}lu^{55} jɛ̃^{55}.

2dl PROX 吃NMLZ 有 喝NMLZ 有

你们两个有吃有喝。

sɛ̃^{31}pu^{53} uø^{53} mbu^{35} ȵi^{31} tɕɔ̃^{55} tʂhɑ^{55} le^{31}nɔ̃^{31}.

树 LOC 马 两 CLF 拴 PROG

树下拴着两匹马。

（2）隐现句

隐现句以表示人体或物体位移的不及物动词做谓语。例如：

dʐ̥ui^{31}nɛ^{53} phø^{53} khʉ^{53} uø^{53} ȵ̥i^{31} dʐ̥ui^{35} le^{31} mo^{35}.

蟒蛇 CLF 上面 LOC ABL 到达 PEF IND

一条蟒蛇从上面爬过来。

dʑø^{55}tɕhũ^{53} pi^{53} ti^{31} phɑ^{53} uø^{31} mi^{31}pɑ^{31}te^{53}.

大鹏 CLF DEF 边 LOC DIR 落下

大鹏鸟从树的一边掉落下来。

4. 连动句

谓语由连谓短语构成的句子叫连动句。两个谓词之间的关系，可以是承接、目的、因果、方式等。例如：

zʉ^{35} bø^{55}dʐ̥^{53} ji^{31}pɑ^{53} le^{31} bɑ^{35} le^{31} kuɔ̃^{55} phɑ^{55} dʐ̥ui^{35} le^{31}.

3sg 宝剑 DIR 拿 CONJ 走 CONJ 梁 个 到达 PEF

他拿着宝剑走到了山梁上。

ŋə^{35}zi^{31} kø^{35}lu^{55} tɕi^{55} lu^{55} bɑ^{35} le^{31} mo^{35}.

1pl 吃 NMLZ 点儿 找 去 PRT IND

我们去找点儿饭吃。

5. 比较句

贵琼语比较句由比较主体、比较助词和比较内容三部分构成，基本语序是：比较主体甲＋比较主体乙＋比较助词（＋修饰词或者限制成分＋否定词）＋比较内容。例如：

nu^{31}ku^{55}ȵ̥i^{55}pi^{53} dzɔ̃^{35}dzø^{53} thø^{53}.

2dl 两 个 一样 高

你们两个一样高。

ti^{55} me^{31}jɔ̃^{53} kuɔ̃^{53} li^{31}ki^{55} kuɔ̃^{55} xo^{55}pi^{53} khuɛ̃^{31}tsɿ^{55}tsi^{31}.

PROX 竹子 CLF DIST CLF 比 细

这根竹棍子比那根竹棍子细。

6. 双宾句

双宾句是带有直接宾语和间接宾语两个宾语的句子。间接宾语在前，后附与事标记 lə^{31}，直接宾语在后，不附着任何标记。例如：

dʑø^{31}tɕhũ^{53} nɔ̃^{31} li^{31} ɬi^{55}dɔ̃^{31}tʂ̥u^{53} lə^{31} mɑ^{55}nɔ̃^{53} mi^{31} dʑø^{55} le^{31}.

大鹏 AGT TOP 喜当珠 DAT 祝福 DIR 写 PEF

大鹏就给喜当珠许了一个愿。

gui^{31}si^{55} ə^{55}mə^{31} tɛ̃^{55}ŋɛ̃^{55} tsɛ̃^{55} wu^{31} ʐʅ^{35} wu^{31}.

李国森 阿妈 办法 教 PRT COP PRT

李国森教给阿妈一个办法。

二 句类

（一）陈述句

陈述句没有明确的形式标记。语气舒缓的陈述句通常采用mo^{35}、mo^{35}tsɿ^{31}；带有强调语气的陈述句通常采用助词mɛ^{55}加强肯定语气。例如：

wu^{55} nũ^{35} mɛ^{55} ndzu^{35} bi^{35} he^{35} wu^{31}ʐʅ^{35} mo^{35}tsɿ^{31}.

1sg 2sg GEN 伴 做 来 PROS IND

我会来跟你做伴。

zɔ^{35} phei^{55} nɔ̃^{31} khɔ̃^{55} mɛ^{55}.

钱 父亲 AGT 给 PRT

钱是父亲给的。

（二）感叹句

感叹句的形式标记是叹词和语气词。例如：

tø^{31}ue^{31} ndzɿ^{55} e^{31}li^{55}wu^{31} jə^{31}!

这么 漂亮 泛指代词 IND

多漂亮啊！

ɑ^{31}jɑ^{31}! zʉ^{35} tø^{31}ue^{53} bø^{31}tɕhɑ^{53} dʐʅ^{35} wu^{31} li^{31}!

INST 3sg 这么 可怜 COP PRT IND

唉！真可怜！

（三）祈使句

祈使句以动词祈使式和祈使语气词为标记。例如：

nũ^{35} ɑ^{31}lɑ^{55} ji^{31}bu^{55} ue^{31}!

2sg 酒 DIR背 PRT

你拿酒来！

nũ^{35} ŋi^{35} ji^{35} nɛ^{55} tsɿ^{31}, tɑ^{31} phɔ^{53} ŋi^{35} ji^{35} nɛ^{35} tsɿ^{31}.

2sg 喊 去 PRT IND 一 趟 喊 去 PRT IND

你去喊吧，去跑一趟吧。

（四）疑问句

贵琼语疑问句主要分为几类：疑问代词引导的疑问句、疑问前缀引导的疑问句、选择连词连接的疑问句和以疑问语气词为标记的疑问句。

1. 疑问代词引导的疑问句

特殊疑问句的形式标记是疑问代词和疑问语气词。常用的疑问代词有ə^{31}lə^{55}（哪里）、sø^{53}（谁）、uø^{35}tsɿ^{31}（几）、sø^{53}mɛ^{55}（谁的）、tɕʉ^{55}（什么）、e^{31}li^{55}wu^{31}（怎么）等。常见的疑问语气词有lɑ^{35}、jə^{53}、n̥i^{35}等。例如：

ti^{53} ʂɑ^{55}pu^{55}tsi^{31}, nũ^{35} ə^{31}lə^{55} ji^{35} uø^{35}tsɿ^{31}?

PROX 小朋友 2sg 哪里 去 QUES

小子，你要到哪里去呀？

ti^{53} lø^{55}ŋɛ^{55} sø^{55} nɔ̃^{31} dʐuɛ̃^{35} mɛ^{55} jə^{31}?

PROX 主意 谁 AGT 想 GEN QUES

这个主意是谁出的？

wu^{55} khɑ^{31}mɑ^{55} ti^{31}tshe^{55}tsi^{31} e^{31}le^{55} bi^{35} le^{31} pɔ̃^{55} wu^{31}?

1sg 炭 这么多 怎么 做 CONJ 烧 PRT

我一个人怎么才能烧出这么多炭来呢？

反问句也是由疑问代词引导的。例如：

ŋə^{35} sɛ̃^{31}pu^{53} ʑi^{35} mø^{31} ku^{53}, jɔ̃^{55}jɔ̃^{53} tɕʉ^{55} kø^{35} uø^{35}tsɿ^{31}?

1sg 树 养 NEG CAUS 果实 什么 吃 QUES

我不栽树，你吃什么果子？

2. 疑问前缀引导的疑问句

疑问前缀e^{31}及其元音和谐形式，引导是非问句。例如：

nũ^{31}ku^{55} ə^{31} kʉ^{35} lə^{31}?

2pl QUES 懂 QUES

你们懂了没有？

nũ^{35} ɑ^{31} ho^{55} lø^{35}tsɿ^{31}?

2sg QUES 抓 QUES

你抓住了没有？

zʉ^{35} nũ^{35} mɛ^{55}e^{31}sɿ^{55} mũ^{35}?

3sg 2sg 认QUES识 QUES

他认识你吧？

3. 选择连词连接的疑问句

用选择连词lɑ^{31}连接的两个词语或者小句，构成选择疑问句。例如：

ti³¹ li⁵⁵ gie³⁵wu³¹ lɑ³¹ ko⁵⁵tʂu⁵⁵ dʐʅ³⁵ tsɿ³¹?

DEF TOP 好 LNK 坏 COP PRT

这是好是坏呢?

ji³¹kə³¹ ti³¹ tɕu⁵⁵tɕĩ³⁵ di³⁵ ə³¹lə³¹ ndʐu³⁵ tshø⁵³ le⁵⁵ nɔ̃³¹ lɑ³¹, ndʐu³⁵

那里 DEF 究竟 妖 LOC 变 PFV PEF 有 LNK 变

le³¹ mɑ³¹ nɔ̃³⁵?

PEF NEG 有

在妖怪那里究竟变了呢，还是没有变呢?

4. 添加疑问语气词的一般问句

通过疑问语气词和句尾升调表达疑问语气。例如:

nũ³⁵ mɛ⁵⁵ e³¹le⁵⁵tsi³¹ ŋɛ̃³¹ ŋɔ̃⁵³ kɛ̃⁵⁵ mɛ⁵⁵ lɑ³⁵?

2sg GEN 小孩子 五 岁 处 PRT QUES

你的孩子五岁了吗?

三 复句

复句是包含两个或几个分句的句子。根据分句之间的语义关系，可以把复句分为两大类：联合复句和偏正复句。联合复句前后分句之间的关系，大致有并列、对比、选择、承接四类。偏正复句的两个分句之间存在修饰或者限制关系，被修饰和限制的是正句，另一个是偏句。偏句和正句的意义关系，可以分为因果、转折、条件、让步和假设五类。

(一) 联合复句

1. 并列关系的联合复句

通常可不用连接词，只需并举各句。例如:

li⁵⁵ tsɿ⁵⁵ tɕɑ⁵⁵ jɛ̃⁵⁵ le³¹ ti³¹bi³⁵kɔ̃³¹ li³¹, li⁵⁵ tɑ³¹ tɕɑ⁵⁵ ʂɑ³¹ tũ³⁵pu⁵⁵

国家 四 CLF 有 CONJ ANPR 做 LNK TOP 国家 一 CLF 剩下 问题

mɛ̃³⁵, li⁵⁵ tɑ³¹ tɕɑ⁵⁵ li³¹ mɑ⁵⁵tʂhũ⁵⁵ jɛ̃⁵⁵, li⁵⁵ tɑ³¹ tɕɑ⁵⁵ li³¹ ne³⁵ mu³¹gi⁵³,

没有 国家 一 CLF TOP 战争 有 国家 一 CLF TOP 病苦 饥饿

li⁵⁵ tɑ³¹ tɕɑ⁵⁵ li³¹ di³⁵ sɿ⁵⁵mu⁵⁵ jɛ̃⁵⁵.

国家 一 CLF TOP 妖 妖怪 有

有四个国家，一个无病无灾，一个硝烟四起，一个饱受病苦和饥饿，一个兴妖作怪。

2. 对比关系的联合复句

通常不用连接词，只需并举各句。例如:

nu³⁵ mɛ⁵⁵ hɔ̃⁵³ phø⁵³ dɑ⁵⁵ wu³¹ le³¹, zʉ³⁵ mɛ⁵⁵ hɔ̃⁵³ phø⁵³ ŋi³⁵

1sg GEN 庹 CLF 大 PRT IND 3sg GEN 庹 CLF 小

wu^{31} le^{31}.

PRT IND

你的庹大，他的庹小。

3. 选择关系的联合复句

两个以上的分句，分别说出几件事情，要从中选择一件，这样的复句是选择复句。选择复句通过选择连词lø^{35}（要么）、xue^{31}tse^{53}（或者）、lɑ^{55}和短语me^{31}ʐʅ^{35}kɔ̃^{31}（要么）等连接。例如：

lø^{35} nũ^{35} ʐʅ^{35} mɛ^{55} fu^{31}tɕɑ^{31} tɕhyi^{35}, lø^{35} nũ^{35} mɑ^{53}lu^{31} tɕhyi^{35}.

要么 2sg 山 GEN 路 走 要么 2sg 马路 走

你要么走山路，要么走公路。

ʂɑ^{31}tɕɑ^{55}dʐui^{31}mø^{53} dʐʅ^{35} lɑ^{55} ti^{35} ndʒɿ^{31}ȵdʑɑ^{35} mɛ^{55} tshɪ^{31}mi^{53} dʐʅ^{35}?

萨迦珠姆 COP LNK DEF 看磨子 GEN 女孩 COP

（她）是萨迦珠姆呢，还是看磨坊的女孩子呢？

ɑ^{31} me^{31}ʐʅ^{53}kɔ̃^{31} li^{31} pɛ^{55}ŋku^{31} ku^{31} kø^{35}lu^{55} jɛ̃^{55}, me^{31}ʐʅ^{35}kɔ̃^{31} li^{31}

LNK 要么 TOP 吃饱 CAUS 吃NMLZ 有 要么 TOP

kø^{35}lu^{55} mɛ̃^{35}.

吃NMLZ 没有

要么有吃饱肚子的东西，要么没有吃的饿肚子。

4. 承接关系的联合复句

各分句依次叙述连续发生的几个动作或几件事情，各分句的先后次序固定，不能颠倒。承接关系可以用时间副词比如ʂɿ^{31}先和ʑi^{35}ʑi^{53}后表示；也可以采用连接词kɔ̃^{31}提示事件在先；还可以使用顺承连词ɑ^{35}、tɛ̃^{31}li^{55}、mu^{55}ʃu^{31}tsi^{55}等在后一句句首表示事件在后。例如：

wu^{55} pho^{55}ȵu^{31} kɔ̃^{31} li^{31}, ɕɛ^{31}thɔ^{53} jɔ̃^{55}jɔ̃^{55} kø^{35}.

1sg 饿 LNK TOP 仙人掌 果实 吃

我饿了，就吃仙人掌的果实。

nũ^{35} ȵɛ^{31} mɛ^{55} mə^{31}si^{55} ʂɿ^{31} wu^{31}qɑ^{55}, ɑ^{35} wũ^{31}pu^{53} mɛ^{55} mə^{31}ȵɛ^{55}

2sg 眼睛 GEN 鲜酥油 先 DIR取下 LNK 嘴巴 GEN 陈酥油

wu^{31}qɑ^{55}.

DIR取下

你先把眼睛上的酥油取下来，再把嘴巴上的酥油取下来。

zʉ^{35} tʂhue^{55} le^{31} he^{35} le^{55}, mu^{55}ʃu^{31}tsi^{31} li^{55}, li^{31}ki^{55} mũ^{53} mɛ^{55}

3sg 出 CONJ 来 PEF LNK TOP DIST 人 GEN

ŋui^{35}tɕhi^{31} bi^{35} bɑ^{35} tɕɛ̃^{35} dʐʅ^{35} mo^{35}tsɿ^{31}.

妻子 做 去 要 COP IND

于是她走出来，去给那个人做妻子。

（二）偏正复句

1. 因果复句

分句间因果关系不明显的，不用连词连接。分句间因果关系明确的，用连接词kɔ̃^{31}表示因果关系。例如：

n̥i^{31} li^{53} tɕhɔ̃^{31} me^{31} wi^{35} le^{31}, dʑɛ̃^{35} kʉ^{31} mɛ^{55} ku^{55}tsɿ^{31} n̥ɑ^{31} sʉ^{55} le^{31}.

两 月 雨 没 下 PRT, 田 里 GEN 谷子 PL 枯 PEF

两个月没下雨，稻子都死了。

zʉ^{35} dɑ^{31}dʐui^{35} lo^{35}bi^{35}mu^{31} dʐʅ^{35} kɔ̃^{31}, tʃɿ^{35}ŋə^{35} n̥ɑ^{31} ji^{31}dʑi^{35} ku^{31}.

3sg DIR到达 即行体 COP LNK 水缸 PL DIR满 CAUS

他要回来了，所以要把水缸装满。

2. 转折复句

连接词kɔ̃^{31}可以表示转折等语法意义。例如：

ŋə^{35} tsə^{31} ji^{35} tʂhɑ^{55}me^{31}gi^{55} kɔ̃^{31}, n̥ɑ^{35}ɣũ^{53} fu^{55}kɑ^{31} ɕe^{55} mɑ^{31} tɕyɔ̃^{53}.

1sg 也 去 想NEG想 LNK 眼珠 当面 说 NEG 对

虽然我也不想去，但又不便当面说。

3. 条件复句

连接词kɔ̃^{31}、n̥i^{31}在分句句尾可表示条件关系。例如：

sø^{55}ʐʅ^{55}sø^{55}jɔ̃^{53} mi^{31}n̥tɕhɑ^{55} nɔ̃^{35} n̥i^{31}, ɣo^{35}li^{55} mi^{31}n̥tɕhɑ^{55} tsɿ^{31}.

地球 DIR存续 有 LNK 龙宫 DIR存续 IND

只有地球存续下去，龙宫才能存续。

4. 让步复句

泛指代词e^{31}li^{55}wu^{31}和让步连词n̥i^{31}连用可引导让步复句，短语tɕu^{55}ʐʅ^{31}ʐʅ^{31}也可引导让步复句。例如：

e^{31}li^{55}wu^{31} te^{31} pi^{55} dʐui^{35} n̥i^{31}, ji^{31}ho^{55} ʂɑ^{55} me^{31} tɕɛ̃^{35} mo^{35}.

无论什么 一 CLF 到达 也 DIR抓 剩下 不 要 IND

无论是一个什么样的人来这里，都要抓住她。

tɕu^{55}ʐʅ^{31}ʐʅ^{31} tu^{31} te^{55} le^{31} ti^{31}bi^{35}kɔ̃^{31}, zʉ^{35} sɿ^{31} ku^{55} mɑ^{31} qo^{55}.

无论 这样 摔 CONJ ANPR做LNK 3sg 死 CAUS 不 行

无论怎样摔，就是弄不死他。

5. 假设复句

关系连词lø^{35}置于句首，或连词ʃu^{55}置于动词后均可表示假设关系。例如：

lø^{35} ŋə^{35} mø^{35} kʉ^{53} le^{31}, sø^{53} mi^{31}ŋkhɔ̃^{53} ji^{35} li^{31}?

LNK 1sg 不 懂 PRT 谁 问 去 QUES

我要是不懂的话，可以问谁呢?

nũ^{35} tɕhɔ̃^{55}ȵu^{53} ji^{31}ho^{55} ʃu^{55} lə^{31}li^{31}, ŋə^{35}ȵi^{55}pi^{53} li^{31} sɔ̃^{55} ŋɔ̃^{55} jɛ̃^{55}.

2sg 昨天 DIR抓 假如 LNK 2dl TOP 三 年 有

如果你昨天抓住了我，我俩有三年的时光（一起生活）。

（三）紧缩复句

通常是将承接复句的两个分句凝缩成一个单句。主要采用词汇手段，如泛指代词sø^{53}…sø^{53}组合表示泛指的条件关系；ə^{31}lə^{55}…ə^{31}lə^{55}组合表示泛指的地点。例如：

sø^{53} ʂɿ^{55}mu^{53} jɛ̃^{55} wu^{31} sø^{53} dʐø^{31}khu^{55} bu^{35}.

谁 力气 有 PRT 谁 行李 背

谁力气大谁拿行李。

ə^{31}lə^{55} ji^{35} wu^{31} dʐɿ^{35} ə^{31}lə^{55} ju^{35}.

哪里 去 PRT COP 哪里 睡

走到哪里就在哪里睡。

（四）多重复句

多个分句连接后表示复杂而完整的语段意义，且分句间结构层次不止一层，就是多重复句。例如：

wu^{31} li^{31} tsə^{31} e^{31}li^{55} tɕhɔ̃^{31} sø^{55} ʂɿ^{55} dʐui^{35} wu^{31} ʐɿ^{35} wu^{31}, wu^{55} tsə^{31}

1sg TOP 就 无论 房 谁 先 到达 PRT COP PRT 1sg 就

ti^{53} ʃuɔ̃^{31} ɔ̃^{55} mi^{31}dɛ̃^{55}, ʃuɔ̃^{31}sɑ^{55} tɕɑ^{55} le^{31} li^{55}, ti^{31} nu^{31}ku^{55} khø^{55}khø^{53}

PROX 锣 LOC DIR打 锣 声音 听见 PEF TOP LNK 2pl 其他

ȵɑ^{31} ti^{31} he^{35} bi^{35} mɛ̃^{35} sɔ̃^{31}.

PL ANPR 来 做 不 IND

无论哪一家人先到，敲响了这一面锣，让大家听见了，你们其他人就不必再来了。

第六章 语料

第一节

语法例句

001 老师和学生们在操场上玩。

ki^{35}kɛ̃^{53}	lə^{31}	sũ^{55}mə^{55}	ȵɑ^{31}	pɔ̃^{55}tɕɑ^{55}	kʉ^{55}	suɛ̃^{55}	le^{31}nɔ̃^{31}.
老师	CONJ	学生	PL	操场	LOC	玩	PROG

002 老母猪下了五头小猪崽。

phɑ^{53}ŋi^{53}	phɑ^{53}	tsi^{53}tsi^{53}	ŋɛ̃^{31}	tɕɔ̃^{53}	nɔ̃^{55}	le^{31}.
母猪	猪	DIM	五	CLF	生	PEF

003 我爸爸教他们的孩子说汉语。

dzu^{35}ku^{53}	phei^{53}	tu^{31}zi^{55}	mɛ^{55}	e^{55}le^{55}tsi^{31}	ȵɑ^{31}	ȵdʑɛ̃^{35}dʒu^{51}	tsɛ̃^{55}	le^{31}nɔ̃^{31}.
1pl：INC	爸爸	3pl	GEN	孩子	PL	汉语	教	PROG

004 村子里事事都有人做，人人都很高兴。

xũ^{31}tshu^{53}	mɛ^{31}	li^{31}kə^{53}	ɕu^{55}ʐʅ^{31}ʐʅ^{31}	ȵi^{31}	mũ^{35}	bi^{35}wu^{55}	nɔ̃^{31},
村子	GEN	事情	任何	都	人	做NMLZ	有

te^{31}pi^{55}tø^{31}zũ^{53}	ȵi^{31}	tʂɦ^{55}	gui^{35}.
人人	都	很	高兴

005 咱们今天上山去吧。

dzu^{35}ku^{53}	tɕhɑ^{31}ji^{55}	ʐʅ^{35}	ji^{35}	lɑ^{31}.
1pl：INCL	今天	山	去	PRT

006 你家有几口人？

nu^{35}ku^{53}	mũ^{53}	tsɦ^{31}	pi^{31}	nɔ̃^{35}?
2pl	人	几	CLF	有

007 **你自己的事情自己做。**

nũ^{31} zɔ̃^{35}su^{55} mɛ^{55} li^{31}kə^{31} zɔ̃^{35} bi^{35}.

2sg REFL GEN 事情 REF 做

008 **这是我的手镯，那是你的手镯。**

ti^{31} ŋə^{31} mɛ^{55} lɑ^{31}dʐ̥o^{31}， li^{31}ki^{31} nũ^{35} mɛ^{55} lɑ^{31}dʐ̥o^{31}.

PROX 1sg GEN 手镯 DIST 2sg GEN 手镯

009 **这些问题他们说自己去解决。**

ti^{53} li^{31}kə^{53} n̥ɑ^{31} tu^{31}zi^{55} ɕe^{55} wu^{53} zɔ̃^{35}su^{53} tshø^{55} ku^{53} ji^{35} li^{31}.

PROX 事情 PL 3pl 说 PRT REFL 结束 CAUS 去 IND

010 **他是谁?**

zʉ^{35} sø^{31} jə^{53}?

3sg 谁 QUES

011 **你想吃点什么？我什么也不想吃!**

nũ^{35} tɕʉ^{55} kø^{31} tʂ̥hɑ^{31}gi^{31}?

2sg 什么 吃 喜欢

ŋə^{31} tɛ̃^{35} kø^{31} tʂ̥hɑ^{55}me^{31}gi^{31}!

1sg 什么 吃 喜NEG欢

012 **他们从哪儿来的?**

tu^{31}zi^{55} ə^{31}lə^{55} n̥i^{31} he^{35} mɛ^{31} jə^{31}?

3pl 哪里 ABL 来 PRT QUES

013 **你想怎么样?**

nũ^{31} e^{31}li^{55}wu^{31} bi^{35} tɕɛ̃^{55} li^{31}gi^{31}?

2sg 怎么 做 要 想

014 **你家有多少头牛?**

nu^{35}ku^{53} n̥i^{35} tshɿ^{55} tɕɔ̃^{31} nɔ̃^{53}?

1pl 牛 几 头 有

015 **客人什么时候到?**

ndʐ̥uɛ̃^{35}pu^{53} e^{31}li^{55}wu^{31} ə^{31} dʑ̥y^{31}?

客人 什么时候 LOC 到达

016 **今天的会就开到这里。**

tɕhɑ^{55}ji^{53} mɛ^{55} xui^{31} tø^{55} n̥i^{31} wu^{31}tɕhʉ^{53} le^{31}.

今天 GEN 会 这里 ABL DIR搁置 IND

017 **粮食运来后就分给大家了。**

jɔ̃^{35}jɔ̃^{53} ŋguɛ̃^{55} le^{31} dʑy^{35} kɔ̃^{31}, gɔ̃^{55}dʒʅ^{53} wu^{31}khɔ̃^{55} le^{31}.

粮食 拉 CONJ 到达 LNK 大家 DIR分 PEF

018 **人家的事情咱们别多管。**

jĩ^{55}nɛ^{53} mɛ^{55} li^{31}kə^{53} dzu^{31}zi^{55} the^{31} kuɛ̃^{55}.

人家 GEN 事情 1pl：INCL PROH 管

019 **这件事我也不清楚，你去问别人吧！**

ti^{53} li^{31}kə^{53} ŋə^{35} mɛ^{31}me^{31}sɿ^{55}. nũ^{35} jĩ^{55}nɛ̃^{53} mi^{55}ŋkhɔ̃^{53} ji^{35} nɛ^{31}.

PROX 事情 1sg 知NEG道 2sg 别人 问 去 PRT

020 **今天是2015年10月1日。**

tɕhɑ^{55}ji^{53} tũ^{55}tshø^{53} ȵi^{35} tɕɔ̃^{53} lə^{31} si^{31}ŋɔ̃^{55} ŋɔ̃^{31} mɛ^{31} dʑe^{35}pu^{53}

今天 总计 两 千 CONJ 十 五 年 GEN 八月

mɛ^{53} ȵi^{31}ʃʅ^{55}gi^{35}.

GEN 二十九

021 **那个老太太94岁了，是我年龄的两倍左右。**

li^{31}ki^{53} gie^{35}mu^{53} phø^{53} gi^{35}tsɿ^{53} lə^{53} tsɿ^{31} ŋɔ̃^{55} kɛ̃^{55}, lθ^{53} ŋə^{31}

DIST 老太太 CLF 九十 CONJ 四 岁 LNK 年龄 1sg

mɛ^{55} uɛ̃^{31}jɛ̃^{31} ȵi^{35} tɕɔ̃^{53} ɬɑ^{55}ɬɑ^{55} dɑ^{55}.

GEN COMPR 两 CLF 有余 大

022 **山下那群羊有108只。**

zʅ^{35} xo^{55}pi^{31} i^{31}ki^{55} tɕhi^{31} dø^{53} dʑø^{35} lə^{55} je^{55} tɕɔ̃^{31} nɔ̃^{31}.

山 下面 DIST 羊 CLF 百 CONJ 八 CLF 有

023 **我排第一，你排第二，他排老末。**

ŋə^{31} ʂʅ^{31}kɑ^{55} pi^{31}, nũ^{31} bə^{31}bə^{31} pi^{53}, zʉ^{35} mi^{31}ŋi^{35}wu^{31} pi^{31}.

1sg 开头 CLF 2sg 第二 CLF 3sg DIR小NMLZ CLF

024 **我今天买了一只鸡、两条鱼、三斤肉。**

tɕhɑ^{55}ji^{53} ŋə^{31} nɛ^{31} tɕɔ̃^{53} ȵyɔ̃^{55} le^{31}, tʃʅ^{55}ȵĩ^{53} ȵi^{31} tɕɔ̃^{53} ȵyɔ̃^{55} le^{31},

今天 1sg 鸡 CLF 买 PEF 鱼 两 CLF 买 PEF

ɕi^{55} sɔ̃^{31} kuɛ̃^{31} ȵyɔ̃^{31} le^{55}.

肉 三 CLF 买 PEF

025 **这本书我看过三遍了。**

ti^{55} tɕhi^{31} thø^{53} ŋə^{35} sɔ̃^{31} thɛ̃^{55} ȵdʑø^{35} le^{31}.

PROX 书 CLF 1sg 三 VCL 看 EXP

026 你数数看，这圈里有几头猪？

nũ^{35}	wu^{35}tɕhe^{55}	ti^{31},	ti^{53}	dʑʉ^{31}lʉ^{55}	kʉ^{31}	phɑ^{53}	tshn̩^{31}	tɕɔ̃^{55}	nɔ̃^{53}?
2sg	DIR数	TENT	PROX	圈	里	猪	几	CLF	有

027 这两把雨伞是我的。

ti^{53}	ʃo^{55}dũ^{53}	n̥i^{53}	tɕɑ^{53}	ŋə^{31}	mɛ^{53}.
PROX	伞	两	CLF	1sg	GEN

028 他年年都回家。

zʉ^{35}	tɑ^{31}ŋɔ̃^{53}te^{31}sɿ^{53}	tɕhɛ^{31}mɛ^{53}	dɑ^{31}ji^{35}.
3sg	每年	家	DIR走

029 他要去街上买肉。

zʉ^{35}	tɕhɑ^{35}	ji^{35}	le^{31}	ɕi^{31}	n̥yɔ̃^{55}	ji^{35}	lo^{31}bi^{31}mu^{31}.
3sg	街	去	CONJ	肉	买	去	PROS

030 我正在山上砍柴。

ŋə^{31}	zʅ^{35}	ə^{55}	sɛ̃^{55}n̥ũ^{53}	le^{55}nɔ̃^{53}.
1sg	山	LOC	砍柴	PROG

031 昨天我背粮食去了。

ŋə^{31}	tɕhyɔ̃^{55}n̥u^{53}	jɔ̃^{35}jɔ̃^{53}	khui^{55}	bɑ^{35}	le^{31}.
1sg	昨天	粮食	背	去	PEF

032 你们俩一定要好好地学习。

nu^{35}ku^{55}n̥i^{31}pi^{31}	tsə^{53}	tɕhi^{31}	gie^{35}gie^{55}tsi^{31}		tsɛ̃^{55}	tɕɛ̃^{31}.
2dl	一定	书	好好	ADV	学	要

033 他们看电影去了。

tu^{31}zi^{53}	ɯũ^{31}pi^{31}pi^{55}tsi^{31}	n̥dʑø^{35}	bɑ^{35}	le^{31}.
3pl	电影	看	去	PEF

034 他在山上看见过野牛。

zʉ^{35}	zʅ^{35}	ə^{55}lə^{31}	zʅ^{35}jɑ^{55}	tɕɔ̃^{55}	tɕi^{55}tɕyɔ̃^{53}	ŋɛ̃^{31}.
3sg	山	LOC	野牛	CLF	看见	EXP

035 你们今后一定要互相学习，互相帮助，互敬互爱！

nu^{35}ku^{53}	ʑi^{35}ʑi^{53}	tsɛ̃^{53}tsɛ̃^{53}	bi^{31},	ʐo^{31}ʐo^{55}	bi^{31},	ji^{31}gie^{35}wu^{31}gie^{35}	bi^{31}!
2pl	以后	学习：REDUP	做	帮助：REDUP	做	DIR好DIR好	做

036 请你帮他把衣服收起来。

nũ^{31} zʉ^{31} mɛ^{53} z̥o^{55} le^{31} tshe^{31}we^{31} phø^{53} ji^{31}khø^{55}khø^{31} ti^{31}.

2sg 3sg BEN 帮忙 CONJ 衣服 ACC DIR收拾 TENT

037 地震把新修的路震垮了。

sɛ̃^{55} xɔ^{55}də^{53} le^{31}, fu^{31}tɕɑ^{31} sø^{55}pʉ^{53} zʉ^{35}wu^{55} khɑ^{31} tɕhe^{55} le^{31}

地 震 CONJ 道路 新 修NMLZ CLF 垮 PEF

mo^{35}.

IND

038 你们俩把鸡杀了。

nu^{35}ȵi^{55}pi^{53} nɛ^{31} phø^{31} wu^{31}se^{55}.

2dl 鸡 ACC DIR杀

039 你看见那个乞丐了吗？

nũ^{35} i^{31}ki^{31} tɕu^{55}wu^{31} phø^{53} tɕi^{31}tɕyɔ̃^{53} mɛ^{55} lɑ^{55}?

2sg DIST 乞丐 ACC 看见 PRT QUES

040 他笑了。我把他的小孩逗笑了。

zʉ^{35} ɣi^{35} le^{31}.

3sg 笑 PEF

ŋə^{35} nɔ̃^{31} zʉ^{35} mɛ^{55} e^{31}le^{55}tsi^{31} ɣi^{35}ku^{31} le^{31}.

1sg AGT 3sg GEN 孩子 笑 CAUS PEF

041 那个猎人进来以后又出去了，随后拿回来一只野鸡。

i^{31}ki^{53} ŋguɛ̃^{55}pu^{53} phø^{53} ji^{31}ȵdʑyi^{55} le^{31} dɑ^{31}wu^{31}tɕhye^{55} le^{31}, ʑi^{35}ʑi^{53}

DIST 猎人 CLF DIR来 CONJ DIRDIR出去 PEF 后来

nɛ^{55} tɕɔ̃^{53} bu^{35} le^{31} dɑ^{31}dʑy^{55} le^{31}.

野鸡 CLF 拿 CONJ DIR到达 PEF

042 我亲眼看见那只花狗跳上跳下，可好玩了。

ŋə^{35} ȵɛ^{31} nɔ̃^{31} tɕi^{31}tɕyɔ̃^{55} le^{31}, khu^{55} tʃhʉ^{55}tʃhʉ^{53} tɕɔ̃^{53}

我 眼睛 INSTR 看见 PEF 狗 花 CLF

thu^{31}tɕye^{55}mi^{31}tɕye^{55} bi^{35} le^{31}nɔ̃^{31}, tʂʅ^{55} gie^{53}.

DIR跳DIR跳 做 PROG 很 好

043 朝上背四十里，朝下背五十里。

lø^{31}wu^{53} ʒʅ^{35}tʃʅ^{53} thu^{31}bu^{53}, lø^{31} wu^{53} ŋə^{35}tʃʅ^{53} mi^{31}bu^{53}.

数NMLZ 四十 DIR背 数NMLZ 五十 DIR背

044 这个东西拿来拿去太费事了，你就别拿了。

ti^{53} dʑø^{35}khu^{53} phø^{53} ji^{31}bu^{53}wu^{31}bu^{53} ŋgə^{35}dẓi^{55} dɑ^{31} tɕhi^{31}phɔ^{55}

PROX 东西 ACC DIR拿DIR拿 麻烦 大 程度

le^{31}, nũ^{35} thø^{31} bu^{31} sɔ̃^{53}.

IND 2sg PROH 拿 PRT

045 那个穿破衣裳的家伙一会儿过来、一会儿过去的，到底在做什么？

li^{31}ki^{53} tshe^{31}we^{31} mbɑ^{35}tɑ^{53} we^{55}wu^{31} phø^{31} tɑ^{31}ʃo^{31} ji^{31}he^{35}, tɑ^{31}ʃo^{31}

DIST 衣服 破旧 穿NMLZ CLF 一会儿 DIR来 一会儿

wu^{31}ji^{35}, tɕʉ^{55} bi^{35} jə^{31}?

DIR去 什么 做 QUES

046 他是藏族，不是回族。

zʉ^{35} bi^{35} ẓɿ^{35}, xui^{31}tshu^{55} me^{31} ẓɿ^{35}.

3sg 藏族 COP 回族 NEG COP

047 他们家有三个孩子，一个在学校，一个在家里，还有一个已经工作了。

tu^{31}ku^{53} e^{55}le^{55}tsi^{31} sɔ̃^{31} pi^{31} nɔ̃^{53}: te^{31} pi^{53} tɕhi^{31}tsɛ̃^{53} le^{31}nɔ̃^{31}, te^{31} pi^{53}

3pl 孩子 三 CLF 有 一 CLF 教书 PROG 一 CLF

tɕhɛ^{31}mɛ^{55} nɔ̃^{31}, te^{31} pi^{53} dʑø^{35}pɛ̃^{53} mɛ^{55} li^{31}kə^{53} bi^{35} le^{55}nɔ̃^{53}.

家里 在 一 CLF 单位 GEN 活 做 PROG

048 我们很愿意听爷爷讲故事。

ŋə^{31}ku^{53} ɑ^{31}pu^{53} mɛ^{53} tṣu^{31} ɕe^{31}wu^{53} tṣɦ^{55}tṣɦ^{55} tṣhɑ^{31}gi^{31}.

1pl 阿爷 GEN 故事 讲NMLZ 很：REDUP 喜欢

049 这只狗会咬人。

ti^{53} khu^{53} tɕɔ̃^{53} mũ^{35} tsɔ̃^{31}di^{31} ȵyɔ̃^{31}.

PROX 狗 CLF 人 咬 会

050 她不敢一个人睡觉。

zʉ^{35} te^{31}pi^{55}tsi^{31} wu^{31}ndʑyi^{55} me^{31} ȵyĩ^{31}.

3sg 一个 ADV DIR睡觉 NEG 敢

051 你能来吗？我能来。

nũ^{35} he^{35} qo^{55} lɑ^{55}?

2sg 来 RST QUES

ŋə^{35} he^{35} qo^{55} le^{31}.

1sg 来 RST IND

052 这些人我恨透了。

ti^{53} mũ^{35} ȵɑ^{31} ŋə^{35} tsɿ^{55}pu^{55} zʉ^{35} le^{31} ŋgə^{35} le^{31}.

PROX 人 PL 1sg 脾气 发 CONJ 够 IND

053 达娃家的稻子收完了，但格西家的稻子还没有收完。

tɑ^{31}wɑ^{55}kʉ^{31} mɛ^{53} də^{35} khə^{31}khə^{31} tshø^{31} le^{55}, ti^{53} ke^{31}ɕi^{55}kʉ^{31}

达娃家 GEN 稻子 收获 PFV PEF LNK 格西家

mɛ^{53} də^{35} khə^{31}khə^{31} mø^{31} tshø^{53}.

GEN 稻子 收获 NEG PFV

054 我找了一遍又一遍，终于找着了。

ŋə^{35} te^{31} thɛ̃^{55} nɔ̃^{31} te^{31} thɛ̃^{55} lu^{31} le^{55}, ʑi^{35}ʑi^{53} ŋə^{35} tsə^{31} tɕi^{55} qo^{55} le^{31}.

1sg 一 VCL 又 一 VCL 找 PEF 最后 1sg 终于 找 RST IND

055 你先休息休息，我试着跟她谈谈。

nũ^{35} gɑ^{31}ji^{55}ʃɔ̃^{55} ti^{31}, ŋə^{35} ʂɿ^{55} zʉ^{35} wu^{31}ɕe^{55}ɕe^{55} ti^{31} le^{31}.

2sg 休息DIR休息 TENT 1sg 先 3sg DIR说：REDUP TENT PRT

056 他们边唱边跳，玩得可高兴了。

tu^{31}zi^{53} te^{55}ȵe^{55} lθ^{53} te^{55}ȵe^{55} tɕye^{35}, suɛ̃^{35} le^{31} tʂɦ^{55} gie^{35}.

3pl 一边 唱 一边 跳 玩 TOP 很 好

057 吃的、穿的都不愁。

kø^{35}lu^{53} tɕhɑ^{31}lu^{53} ȵi^{31} mø^{31} tu^{35} sɔ̃^{31}.

吃NMLZ 喝NMLZ 都 NEG 担心 PRT

058 这些猪呢，肥的宰掉，瘦的放到山上去。

ti^{53} phɑ^{55} ȵɑ^{31} li^{31} dʑɑ^{31}wu^{55} ȵɑ^{31} wu^{31}se^{55}, ȵɛ̃^{31}pu^{31}

PROX 猪 PL TOP 肥NMLZ PL DIR杀 身体

xɔ̃^{55}wu^{31} ȵɑ^{31} li^{31} zɿ^{35} ə^{53} wu^{31}ɬɔ̃^{53} le^{31}.

瘦NMLZ PL TOP 山 LOC DIR放 IND

059 他的脸红起来了。

zʉ^{35} mɛ^{55} ɣ^{31}ȵɑ^{53} jĩ^{31}xĩ^{31} thu^{31}ŋi^{35} le^{31}.

3sg GEN 脸 红 DIR变 PEF

060 碗里的饭装得满满的。

kho^{31}kʉ^{31} mɛ^{53} zi^{35} tɕhyɔ̃^{55} le^{31} dʑi^{35}dʑi^{35}mø^{55}mø^{53}.

碗里 GEN 饭 装 CONJ 满满的

061 山边的雪是白的，山坡上的雪更白，而山顶的雪最白。

zʅ^{35}jɛ̃^{55}jĩ^{53} kɛ̃^{55} mɛ^{53} khʉ^{55}wʉ^{53} ʃo^{31}mɑ^{55}tsi^{31}.

山边 LOC GEN 雪 白

tø^{55}tø^{55} mɛ^{53} khʉ^{55}wʉ^{53} tʂʅn^{55} ʃo^{31}mɑ^{55}tsi^{31}.

山坡 GEN 雪 很 白

zʅ^{35}ŋgʉ^{55} mɛ^{53} khʉ^{55}wʉ^{53} tu^{55}ku^{55}tsɿ^{55} ʃo^{31}mɑ^{55}tsi^{31}.

山顶 GEN 雪 尤其 ADV 白

062 这把刀好是好，就是太贵了点。

ti^{53} tshe^{31} tɕɑ^{31} gie^{35} lɑ^{55} gie^{35} kɔ̃^{31}, phʉ^{55} dɑ^{31}

PROX 刀 CLF 好 PRT 好 LNK 价钱 大

tɕhi^{31}phɔ^{55} le^{31}.

程度 IND

063 弄坏了人家的东西是一定要赔偿的。

jĩ^{55}nɛ̃^{53} mɛ^{53} tɛ̃^{35} lɛ̃^{31} ku^{55} le^{31} dɑ^{31}phei^{31} tɕɛ̃^{35}.

别人 GEN 什么 烂 CAUS PEF DIR赔 要

064 他经常去北京出差。

zʉ^{35} tɕhɔ̃^{31}sɿ^{31}mø^{55}pø^{53} dʑɛ^{35}nɛ^{53} ji^{35} le^{31} tshu^{55}tshe^{55} bi^{35} tɕɛ̃^{35}.

3sg 经常 北京 去 CONJ 出差 做 要

065 昨天他答应了我的要求，说是明天再来玩。

zʉ^{35} tɕhyɔ̃^{55}ȵu^{53} ŋə^{35} mɛ^{53} jɑu^{55}tɕhou^{31} ɕe^{31} wu^{53}, ɕe^{31} wu^{53}

3sg 昨天 1sg GEN 要求 答应 PRT 说 PRT

nɛ^{55}ji^{53} ɔ̃^{35} dɑ^{31}suɛ̃^{31} he^{35}.

明天 再 DIR玩 来

066 我一会儿就回来。

ŋə^{35} tɑ^{31}ʃo^{55} dɑ^{31}he^{35}.

1sg 一会儿 DIR来

067 村长可是个好人。

tshuẽ^{55}tsɑ̃^{53} mũ^{35} gie^{35}wu^{53} pi^{31} dʐʅ^{35}.

村长 人 好NMLZ CLF COP

068 这条鱼至少有五斤重。

ti^{53} tʃɿ^{55}ȵĩ^{53} tɕɔ̃^{53} ŋɛ̃^{31} kuɛ̃^{31} ɬɑ^{55}ɬɑ^{55} jɛ̃^{55}.

PROX 鱼 CLF 五 斤 多余 有

069 这条河最多有五米宽。

ti^{53} n̥yɔ̃^{31}tʃɿ^{53} khɑ^{53} y̩^{53} mi^{53} ʂɑ^{31} mɑ^{31} lɔ̃^{55}.

PROX 河 CLF 五 米 剩下 NEG 宽

070 他全家人我都熟悉。

tu^{35}ku^{53} tɑ^{31}tɕhɔ̃^{55}mũ^{35} ŋə^{35} n̥i^{53} mɛ^{31}sɿ^{55}.

3pl 一家人 1sg 都 认识

071 妈妈不会来了。妈妈还没回来，你别回去了。

ŋi^{35} dɑ^{31}he^{35} mɑ^{31} n̥yɔ̃^{55}.

妈妈 DIR来 NEG 会

ŋi^{35} me^{53} dɑ^{31} me^{31} he^{35},

妈妈 还 DIR NEG 来

nũ^{35} dɑ^{31} the^{31} ji^{35} nɛ^{31}.

2sg DIR PROH 去 IND

072 客人们都在悄悄地议论这件事。

ndʐuɛ̃^{55}pu^{53} gɔ̃^{31}dʒɿ^{55} n̥ɑ^{31} thɑ^{31}ki^{55}tsi^{31} le^{31} ti^{31} tɕɑ^{31} ɕe^{55}

客人 全部 PL 悄悄 ADV CONJ PROX CLF 说

le^{31}nɔ̃^{31}.

PROG

073 你们究竟来了多少人？

nu^{35}ku^{53} tsə^{53} mũ^{35} ə^{31}lə^{55}tʃɿ^{31} he^{35} mɛ^{31}?

2pl 究竟 人 多少 来 PRT

074 他不去也行，但你不去不行。

zʉ^{35} me^{31} ji^{35} le^{31} tɕyɔ̃^{35}, ti^{55}kɔ̃^{31} nũ^{35} me^{31} ji^{35} le^{31} mɑ^{31} tɕyɔ̃^{35}.

3sg NEG 去 TOP 可以 LNK 2sg NEG 去 TOP NEG 可以

075 这是我的衣服，那是你的，床上摆着的是人家的。

ti^{53} tshe^{31}we^{31} ŋə^{31} mɛ^{53}, li^{31}ki^{53} tshe^{31}we^{31} nũ^{31} mɛ^{53}, tʂhm̃^{55}

PROX 衣服 1sg GEN DIST 衣服 2sg GEN 床

ɔ̃^{55} tɕhʉ^{55} mɛ^{53} tshe^{31}we^{31} jĩ^{55}nɛ̃^{53} mɛ^{53}.

LOC 放置 GEN 衣服 别人 GEN

076 猎人打死了兔子。/猎人把兔子打死了。/兔子被猎人打死了。

nguɛ̃^{55}pu^{53} nɔ̃^{31} thu^{35}tsɿ^{53} tɕɔ̃^{53} dɛ̃^{35} le^{31} sɿ^{31} le^{31}.

猎人 AGT 兔子 CLF 打 CONJ 死 PEF

nguɛ̃^{35}pu^{53} nɔ̃^{31} thu^{35}tsɿ^{53} tɕɔ̃^{53} dɛ̃^{35} le^{31} sɿ^{31} ku^{31} le^{31}.
猎人 AGT 兔子 CLF 打 CONJ 死 CAUS PEF

thu^{35}tsɿ^{53} phø^{53} nguɛ̃^{55}pu^{53} nɔ̃^{31} dɛ̃^{35} le^{31} sɿ^{31} le^{55}.
兔子 ACC 猎人 AGT 打 CONJ 死 PEF

077 **他给了弟弟一支笔。**

zʉ^{35} pu^{55}tsu^{31} ə^{31}lə^{31} pi^{31} tɕɑ^{55} khɔ̃^{55} le^{31}.
3sg 弟弟 DAT 笔 CLF 给 PEF

078 **妈妈为我缝了一件新衣服。**

ŋi^{35} ŋə^{35} mɛ^{55} tshe^{31}we^{31} sø^{55}pʉ^{53} tɕɑ^{55} khue^{55} le^{31}.
妈妈 1sg BEN 衣服 新 CLF 缝 PEF

079 **学生们用毛笔写字。我用这把刀切肉。**

tɕhi^{31}tsɛ̃^{53}wu^{31} ȵɑ^{31} mɑu^{31}pi^{55} ti^{31} tɕɑ^{55} nɔ̃^{31} tɕhi^{31}dʑø^{31}.
读书NMLZ PL 毛笔 PROX CLF INST 写字

ŋə^{35} tshe^{55}tɔ^{31} ti^{31} tɕɑ^{55} nɔ̃^{31} ɕi^{53}tʉ^{53}.
1sg 菜刀 PROX CLF INST 切肉

080 **人们用铁锅做饭。**

mũ^{35} ȵɑ^{31} ʃɔ̃^{31} mɛ^{55} ɣũ^{55} nɔ̃^{31} zi^{31}bi^{35}.
人 PL 铁 GEN 锅 DIST 做饭

081 **树上拴着两匹马。**

sɛ̃^{31}pu^{53} uø^{53} mbu^{35} ȵi^{31} tɕɔ̃^{53} tʂhɑ^{55} le^{31}nɔ̃^{31}.
树 LOC 马 两 CLF 拴 PROG

082 **水里养着各色各样的鱼。**

tʃɿ^{53} kʉ^{31} tʃɿ^{55}ȵi^{53} mĩ^{31}tʂə^{31}uə^{53} ʑi^{35} le^{31}nɔ̃^{31}.
水 里 鱼 各种各样 养 PROG

083 **桌子下躺着一只狗。**

tɕo^{55}tsi^{55} xo^{55}pi^{31} khu^{53} tɕɔ̃^{53} ju^{35} le^{31}nɔ̃^{31}.
桌子 下面 狗 CLF 躺 PROG

084 **山上到山下有三十多里地。**

ʐʅ^{35}ŋgʉ^{55} ȵi^{31} ʐʅ^{35}nɛ^{53} ji^{35}wu^{31} lũ^{31}khu^{53} sɔ̃^{55}tʃɿ^{53} jɛ̃^{55}.
山顶 ABL 山底 走NMLZ 里数 三十 有

085 **哥哥比弟弟高多了。**

ə^{55}tɕə^{53} pu^{55}tsu^{31} uɛ̃^{31}jɛ̃^{31} gɑ^{31}lɑ^{55} thø^{53}.
哥哥 弟弟 COMPR 多 高

086 小弟跟爷爷上山打猎去了。

pu^{55}tsu^{31} ɑ^{31}pu^{53} ȵyɔ̃^{55}mu^{53} zʅ^{35} lə^{31} khu^{53}ɬɔ̃^{53} ji^{35}.

小弟 阿爷 COM 山 LOC 狗放 去

087 今天、明天和后天都有雨，爷爷和奶奶都不能出门了。

tɕhɑ^{55}ji^{53} nɛ^{55}ji^{53} tɕhi^{55}tsɑ^{31} lə^{31} ȵi^{31} tshɔ̃^{31} jɛ̃^{55}. ɑ^{31}tsɿ^{53} lə^{31}

今天 明天 后天 PRT 都 雨 有 阿奶 CONJ

ɑ^{31}pu^{53} ȵi^{31} tɕhʉ^{55}mʉ^{53} tɕhye^{31} mɑ^{31} qo^{55}.

阿爷 都 外面 出去 NEG 行

088 买苹果或香蕉都可以。

phĩ^{31}ko^{53} lə^{53} ɕɑ̃^{55}tɕɑu^{55} ȵyɔ̃^{35} le^{31} ȵi^{31} tɕyɔ̃^{53}.

苹果 CONJ 香蕉 买 TOP 都 对

089 哎呀！好疼！

e^{55}jo^{35}! tu^{35} le^{31} tɕhi^{55} wu^{55} li^{31}.

哎呀 痛苦 CONJ 疼痛 PRT IND

090 昨天丢失的钱找到了吗？

tɕhyɔ̃^{55}ȵu^{53} dʑɔ̃^{35} mɛ^{31} zɔ^{31} dɑ^{31}tɕi^{55} qo^{55} mɛ^{55} lɑ^{55}?

昨天 丢 GEN 钱 DIR找 RST PRT QUES

091 他们早已经走了吧？

tu^{31}zi^{53} ɑ^{31}ʂɿ^{55}tsi^{55} bɑ^{31} le^{55}?

3pl 早早ADV 去 QUES

092 我走了以后，他们又说了些什么？

ŋə^{31} pɑ^{31} tshø^{55} kɔ̃^{31}, tu^{31}zi^{53} ɔ̃^{35} tʉ^{55} ɕe^{55} mɛ^{31} jə^{31}?

1sg 走 PRV LNK 3pl 又 什么 说 PRT QUES

093 叔叔昨天在山上砍柴的时候，看见一只大大的野猪。

tɕhyɔ̃^{55}ȵu^{53} o^{55}tɕo^{31} zʅ^{35} ə^{31} sɛ̃^{31}ȵũ^{35} pɑ^{55} kɔ̃^{31}, phɑ^{31}gui^{53} dɑ^{31}dɑ^{55}

昨天 叔叔 山 LOC 砍柴 去 LNK 野猪 大：REDUP

tɕɔ̃^{53} tɕi^{31}tɕyɔ̃^{55} le^{31}.

CLF 看见 PEF

094 藏族住在上游，纳西族住在下游。

bi^{35} khʉ^{55}ȵe^{53} nɔ̃^{31}, lɑ^{31}ɕi^{53}tshu^{31} phei^{31}ȵe^{53} nɔ̃^{31}.

藏族 上方 住 纳西族 下方 住

095 他不单会说，而且也很会做。

zʉ^{35} ɕe^{55} ȵyɔ̃^{55} le^{31} me^{31}tshe^{35}, tʂhʅ^{55} bi^{35} ȵyɔ̃^{35}.

3sg 说 会 PRT 不止 很 做 会

096 是扎西留下，还是卡佳留下？

tsɑ^{31}ɕi^{53} ntsɛ̃^{55} ku^{55} lɑ^{31} li^{31}, khɑ^{31}tɕɑ^{55}ntsɛ̃^{55} ku^{53}?

扎西 留 CAUS LNK TOP 卡佳 留 CAUS

097 虽然我也不想去，但又不便当面说。

ŋə^{31} tsə^{53} ji^{35} tʂhɑ^{55}me^{31}gi^{31} kɔ̃^{31}, ȵɑ^{35}ɣũ^{53} fu^{55}kɑ^{31} ɕe^{55} mɑ^{31} tɕyɔ̃^{31}.

1sg 虽然 去 想NEG想 LNK 当面 说 NEG 对

098 因为我实在太累了，所以一点都不想去。

ŋə^{31} tsə^{53} gɑ^{31} tɕhi^{31}phə^{55} le^{31} te^{31}tɕi^{55} ȵi^{31} ji^{35} tʂhɑ^{55}me^{31}gi^{31}.

1sg 真 累 程度 PEF 一点儿 也 去 想NEG要

099 如果天气好的话，我们就收玉米去。

mɔ̃^{31} ʑy^{35} mø^{31}tsɑ^{55}ki^{31} li^{31}, ŋə^{35}zi^{53} ji^{31}me^{55} khə^{55}khə^{31} ji^{35} li^{31}.

天气 晴朗 LNK TOP 1pl 玉米 收 去 IND

100 我们现在多积肥，是为了明年多打粮食。

ŋə^{35}zi^{53} me^{55}le^{53} xɛ̃^{31} gɑ^{31}lɑ^{55} dʑɑ^{55} wu^{53}, li^{31}gi^{55} mɛ^{53} jɔ̃^{55}jɔ̃^{53}

1pl 现在 肥料 多 积攒 PRT 明年 GEN 粮食

gɑ^{31}lɑ^{55} dɛ̃^{35} tɕɛ̃^{35} li^{31}gi^{31} wu^{31}.

多 打 要 想 PRT

第二节

话语材料

一　歌谣

1．太阳姐姐

mi^{31}ntshə^{53}　ə^{55}kə^{53}　ji^{31}tø^{55}　ji^{31}tø^{55}　bi^{35},

太阳　姐姐　DIR照　DIR照　做

太阳阿姐你照照吧，

khu^{53}tsi^{31}　phɑ^{55}tsi^{31}　qhuɔ̃^{55}　le^{31}　sɿ^{31}　lo^{55} bi^{31},

狗　DIM　猪　DIM　冷　CONJ　死　PROS

小狗小猪都要冷死了。

ŋɛ̃^{31}wũ^{55}　tsi^{31}　mi^{31}ntɑ^{53}　tʃhn̩^{55}　bɑ^{35}　le^{31}　dɑ^{31}me^{31}dʑy^{35}.

猫　DIM　火　取　去　CONJ　DIRNEG到达

小猫取火去了还没有回来。

nũ^{31}　me^{55}　tø^{31}　nɔ̃^{35},　ŋə^{31}　me^{55}　tø^{31}　nɔ̃^{35},

2sg　还　PROX　在　1sg　还　PROX　在

你还在这里，我还在这里，

jĩ^{55}nɛ̃^{53}　n̥ɑ^{31}　kuɔ̃^{35}　Φɛ̃^{55}　le^{31}　bɑ^{35}　tshø^{31}　le^{55}.

别人　PL　梁子　翻　CONJ　去　PFV　PEF

其他人都翻山梁子走了。

ə^{55}kə^{55}　dɑ^{31}wu^{55}　pi^{53}　ɬø^{55}guɔ̃^{53}　dɑ^{31}wu^{55}　tɕɑ^{53}　kʉ^{31},

阿姐　大NMLZ　CLF　庙子　大NMLZ　CLF　LOC

大姐姐在大庙里，

ji^{31}ndʑyi^{35} ti^{31} kɔ̃^{31} wu^{31}ndʑyi^{55} ti^{31}.

DIR钻 TENT LNK DIR钻 TENT

钻来钻去。

ə^{55}kə^{55} ŋi^{31}wu^{55} pi^{53} ɬø^{55}guɔ̃^{53} ŋi^{31}wu^{55} tɕɑ^{53} kʉ^{31},

姐姐 小NMLZ CLF 庙子 小NMLZ CLF LOC

小姐姐在小庙里，

ji^{31}ndʑyi^{35} ti^{31} kɔ̃^{31} wu^{31}ndʑyi^{55} ti^{31},

DIR钻 TENT LNK DIR钻 TENT

钻来钻去。

xɛ̃^{31}mbu^{31} tsi^{53} tsi^{53} ɛ̃^{3153}ɛ̃^{31}, lũ^{31}pu^{31} tsi^{53} xuɑ^{55}lɑ^{31}lɑ^{31}.

粪球 DIM 崽 小 山沟 DIM 拟声词

粪球小小的，山沟里哗啦啦。

2. 月亮星星

li^{35}tsɿ^{31} li^{35}mɔ̃^{31} tɕhɑ^{31}tɕhɑ^{53}, nɛ^{53} mɛ^{53} zɔ̃^{31}pʉ^{53} tɕhi^{55}tsɑ^{31}.

星星 月亮 堆叠 森林 GEN 桥 多

月亮星星堆着，森林里的桥很多。

kɛ̃^{35}dʑə^{53} sɛ̃^{31} mbi^{35}, ø^{55}tʂʅ^{55}kʉ^{31} pi^{31}tɑ^{53} phʉ^{53}.

高家 柴 堆 额直家 面条 擀

高家的柴堆得高，额直家在擀长面。

ʐũ^{31}mu^{53}tshø^{53}kʉ^{31} mɛ^{53} dzʉ^{55}lʉ^{53} kʉ^{31} ʐʅ^{35}nɛ^{53} mi^{31}kue^{53} jɛ̃^{55}jɛ̃^{55}.

绒姆抽家 GEN 圈 里 豹子 尾巴 有

绒姆抽家的圈里，有豹子的尾巴，

tɑ^{53} ʂʅ^{31} tɑ^{53}, wo^{35} ʂʅ^{31} wo^{35}.

老虎 PRT 老虎 豺狗 PRT 豺狗

有的是老虎，有的是豺狗。

tɛ̃^{55}tʂʅ^{55} ɑ^{31}lɑ^{53} ndʑye^{35} mɑ^{31} ȵyɔ̃^{35},

丹直家 酒 断 NEG 会

丹直家的酒舀不完，

te^{55}pe^{55}　tɕu^{31}mu^{53}　ku^{35}　mɑ^{31}　n̥yɔ̃^{35}.

水井名　水井　舀　NEG　会

水井子的水舀不干。

dʑø^{35}　ʂʅ^{31}　dʑø^{35},　tɕɔ̃^{53}　ʂʅ^{31}　tɕɔ̃^{53}.

百　PRT　百　千　PRT　千

百家人户都这样，千户人家都这样。

（高玉梅发音）

3．哭嫁歌

ŋə^{35}　thɛ̃^{31}xĩ^{55}　ndzu^{55}　mɑ^{31}　nɔ̃^{53},　kuɔ̃^{31}　li^{55}　le^{31}tsi^{53}　ŋə^{35}　mɛ^{53}　ndzu^{35}.

1sg　远　伴　NEG　有　山冈　TOP　塔子　1sg　GEN　伴

我在远行没有伴，山上的塔子来搭伴。

kuɔ̃^{55}　tɑ^{31}　tɕɑ^{53}　ji^{35}　kɔ̃^{31}　ndzu^{35}　mɑ^{31}　nɔ̃^{53},　nũ^{31}tø^{53}　tʂhø^{53} wu^{31}ndzu^{35}.

山冈　一　CLF　走　LNK　伴　NEG　有　经幡　终 DIR做伴

翻过山来没有伴，彩色经幡来搭伴。

nɛ^{31}　kʉ^{53}　ji^{35}　kɔ̃^{31}　ndzu^{35}　mɑ^{31}　nɔ̃^{53},　tɕo^{31}ʐo^{53}　nɛ̃^{31}　tsi^{53}　ŋə^{35}　mɛ^{53} ndzu^{35}.

森林　里　走　LNK　伴　NEG　有　雀　鸟鹊　DIM　1sg　GEN 伴

走进荒林没有伴，画眉喜鹊来搭伴；

tʂɑ^{31}　kɛ̃^{53}　ji^{35}　kɔ̃^{53}　ndzu^{35}　mɑ^{31}　nɔ̃^{53},　tʂɑ^{53}　ŋə^{35}　mɛ^{53}　ndzu^{35}.

山崖　处　过　LNK　伴　NEG　有　山崖　1sg　GEN　伴

走上山崖没有伴，山崖就是我的伴。

tʃʅ^{53}　kɛ̃^{53}　ji^{35}　kɔ̃^{31}　ndzu^{35}　mɑ^{31}　nɔ̃^{53},　zɔ^{31}pʉ^{53}　ŋə^{35}　mɛ^{53}　ndzu^{35}.

水　处　过　LNK　伴　NEG　有　桥　1sg　GEN　伴

走到水边没有伴，小桥弯弯来搭伴。

（金兰贞发音）

二 祝福语

1. 祝福语[①]

ɑ^{31} thu^{55} le^{31} li^{31} ŋə^{31}ku^{31} li^{55} tɕhɑ^{55}ji^{53} nũ^{35} khə^{55}tʃʅ^{55} mɛ^{55} nɔ̃^{53}
LNK 这样 PRT TOP 1pl TOP 今天 2sg 封赠 GEN 句

uɛ̃^{31}jɛ̃^{53} mi^{31}khɔ̃^{55} le^{31} ti^{35}bi^{35}kɔ̃^{31} le^{31} li^{31}, tɕhɑ^{31}ji^{53} nu^{35}ku^{55}ȵi^{55}pi^{53} li^{31}
LOC DIR给 CONJ ANPR做LNK PRT TOP 今天 2dl TOP

tsə^{31}, ɑ^{31}tsʅ^{53} ɑ^{31}pu^{53} tɕhɑ^{55} thu^{31}bi^{35}, tɕhɑ^{55} tsʅ^{53} tɕyɔ̃^{53} thu^{31}bi^{35} le^{31}
就 阿奶 阿爷 磕头 DIR做 磕头 一 CLF DIR做 CONJ

ti^{31}bi^{35}kɔ̃^{31} li^{31}, tɕhɑ^{31}ji^{53} tsə^{31} li^{31} ŋə^{31}ku^{53} li^{55}, tu^{31}ku^{53} li^{31} tsə^{53} jɑ^{31}:
ANPR做LNK TOP 今天 就 PRT 1pl PRT 3pl PRT 就 祝福

tshi^{55}si^{31} lɔ̃^{35} kʉ^{31}lʉ^{53} tɛ̃^{35} uø^{53} nɔ̃^{35}. dʐʅ^{35}tʉ^{31} zɔ^{35} kʉ^{31}lʉ^{55} tɛ̃^{35} uø^{53} nɔ̃^{35}.
命 长 LOC 什么 LOC 有 财产 钱 LOC 什么 LOC 有

bə^{31}bu^{31}ʐʅ^{35} kʉ^{35}lʉ^{53} tɛ̃^{35} uø^{53} nɔ̃^{35} mo^{35}tsʅ^{31}. ɑ^{31} tɕhɑ^{31}ji^{53} tsʅ^{31} wu^{31} li^{31}
儿女 LOC 什么 LOC 有 IND LNK 今天 COP PRT TOP

tsə^{31} ʐɑ^{31} li^{55} tʂhʅ^{55} gie^{35} mo^{35}tsʅ^{31}. ɑ^{35} nu^{35}ku^{31} tsi^{55} le^{31} tshʅ^{31}mi^{53} ȵi^{55}
就 时间 TOP 真 好 IND LNK 2pl 男人 CONJ 女人 两

pi^{53} li^{31}, tɕhɑ^{31}ji^{53} tsə^{31} ŋə^{31}ku^{53} wu^{55}thø^{55} le^{31} li^{31} tɕhɑ^{55} thu^{31}bi^{35} kɔ̃^{31} li^{31},
CLF TOP 今天 既然 1pl DIR站 CONJ PRT 磕头 DIR做 LNK TOP

ŋə^{31}ku^{53} mɛ^{55} ti^{31} ŋui^{55}zʉ^{55}. khũ^{55}tui^{31} uø^{53} wu^{55} tsə^{31} zʉ^{35}, khə^{53}tʃʅ^{31} mɛ^{55}
1pl GEN PROX 封赠 封赠 ACC 1sg 就 做 封赠 GEN

nɔ̃^{53} kɛ̃^{55} li^{31}, nu^{35}ku^{53}ȵi^{55}pi^{53} uø^{53} mi^{31}khɔ̃^{53} wu^{31}ʐʅ^{35} mo^{35}tsʅ^{31}. nu^{35}ku^{55}ȵi^{55}pi^{53} li^{31}
句 LOC TOP 2dl ACC DIR给 PROS IND 2dl TOP

kø^{35}lu^{53} jɛ̃^{55} tɕhɑ^{31}lu^{55} jɛ̃^{55}. kø^{35}lu^{53} li^{31}, ʐʅ^{35} ji^{31} dʑø^{31}pu^{53} ʐʅ^{35} uø^{53} li^{31}
吃NMLZ 有 喝NMLZ 有 吃NMLZ TOP 山 GEN 土司 山 LOC PRT

wu^{31}kø^{35}lu^{53} jɛ̃^{55} mɛ^{31} dɛ̃^{55}dʐʅ^{55}. wu^{31}tɕhɑ^{55}wu^{31} li^{31}, tɕhɑ^{31}lu^{53} jɛ̃^{55}wu^{31} li^{31}
DIR吃 NMLZ 有 GEN 赐予 DIR喝NMLZ TOP 喝NMLZ 有NMLZ TOP

dʑø^{31} lə^{53} dʑɔ̃^{55}tshø^{53} wu^{31}tɕhɑ^{55}lu^{31} jɛ̃^{55} mɛ^{55} li^{31} dɛ̃^{55}dʐʅ^{55} dʐʅ^{35} mo^{35}tsʅ^{31}.
平坝 LOC 海子 DIR喝NMLZ 有 GEN PRT 赐予 COP IND

这么一来，今天要赠予你们祝福的话语。你们俩在阿爷阿奶面前磕一个头吧，磕了头，我会给你们祝福：你们命途多福，钱财不缺，儿女双全。今天是个好日子，男娃娃和女娃

① 此段祝福语由杨晓燕转写。发音人杨金山为舍联乡口音。

娃既然在我们面前磕了头，我会给你们赠言，送祝福的话语：你们俩会吃喝不愁，吃的呢，是山神赐给的美食，喝的呢，是平坝海子神喝的玉液琼浆。

tɕhɑ^{55} ji^{35} tsɿ^{31} wu^{31} li^{31}, ŋə^{31}ku^{55} tø^{55}kɛ̃^{53} ɑ^{31}tsɿ^{53} ɑ^{31}pu^{53} n̥ɑ^{31} mi^{31}tɕhyo^{55} le^{31}
磕头 去 COP PRT TOP 1pl 这里 阿奶 阿爷 PL DIR坐 CONJ
ti^{31}bi^{35}kɔ̃^{31} li^{31}, tɕhɑ^{31}ji^{55} nũ^{35} thø^{55} lə^{53} khə^{55}tʃʅ^{55} mɛ^{55} nɔ̃^{55} wu^{31}khɔ̃^{53}wu^{31}
ANPR做LNK TOP 今天 2sg 上面 ACC 封赠 GEN CLF DIR给NMLZ
nɔ̃^{55} ti^{31}bi^{35}kɔ̃^{31}, ŋə^{35} n̥ui^{55}zʉ^{53} li^{31} ti^{31} jɑ^{55}, hɛ̃^{55} ti^{31} hɛ̃^{55} ti^{31} jɑ^{55}, dzu^{31}ku^{55}
有 ANPR做LNK 1sg 吉祥话 TOP ANPR赠 酒 ANPR酒 ANPR赠 1pl:NCL
li^{31} ti^{31} ji^{31}pei^{55}pei^{55} li^{31} mi^{31}tɕhɑ^{55} sɿ^{53}. ɑ^{35} mi^{31}tɕhɑ^{55} le^{31} ti^{31}bi^{35}kɔ̃^{31}
TOP PROX 一杯杯 PRT DIR喝 PRT LNK DIR喝 CONJ ANPR做LNK
li^{31}, nu^{35}ku^{53}n̥i^{53}pi^{53} li^{31} bu^{31}zʅ^{55} phø^{53} tsɔ̃^{31} dɛ̃^{35} tsɛ̃^{31}mu^{53} mø^{35} tsɔ̃^{31} dʑe^{55}.
TOP 2dl TOP 儿 CLF 共 七 女子 CLF 总 八
wu^{55} mɛ^{55} li^{31} dɛ̃^{31}dzʅ^{35} zʅ^{35} mo^{35}tsɿ^{31}. ŋə^{35}ku^{53} tu^{31}ku^{53} mi^{31}tɕhyo^{55} wu^{31} li^{31}
1sg GEN TOP 赐物 COP IND 1pl 3pl DIR帮衬 PRT IND
tshi^{55}si^{31} lɔ̃^{55}, tsə^{31} e^{31} zʅ^{55} mu^{31}? dzʅ^{35}tʉ^{31} zɔ^{35} bə^{35}bu^{31}zʅ^{55} kʉ^{35}lʉ^{31} tɛ̃^{55}.
寿命 长 一定 QUES COP INT 财产 钱财 儿女 LOC 依靠
nu^{35}ku^{53}n̥i^{55}pi^{53} li^{31} tsə^{31} dʑu^{31}ku^{53} ti^{31} pi^{31} tɕhyo^{55} wu^{31} uɛ̃^{31}jɛ̃^{55} ti^{31} lø^{35}wu^{31}
2dl TOP 就 1pl PROX CLF 帮衬 PRT 上面 PROX 数NMLZ
kɛ̃^{55} kʉ^{55} li^{31} khʉ^{35}lu^{53} dʑø^{35} tɔ̃^{31} n̥i^{31}ʃʅ^{55} kɛ̃^{55} tɕɛ̃^{55} mɛ^{55} li^{31}, dɛ̃^{55} dɛ̃^{55}dzʅ^{31}
处 LOC PRT 上面 百 止 二十 处 要 PRT IND 任何 赐予
zʅ^{35} mo^{35}tsɿ^{31}. kø^{35}lu^{55} tɕhɑ^{31}lu^{55} li^{31} zʅ^{35} ji^{31} dʑø^{31}pu^{53} zʅ^{35} uø^{53} li^{31} tsə^{31}
COP IND 吃NMLZ 喝NMLZ TOP 山 GEN 土司 山 LOC TOP 就
ji^{31}lo^{55}ku^{31} jɛ̃^{55}. dʑø^{35} lə^{53} dʑɔ̃^{55}tshø^{53} lə^{31} li^{31} ji^{31}lo^{55}ku^{31} jɛ̃^{55} mɛ^{31} li^{31}
DIR圆满 有 平坝 LOC 大海 LOC PRT DIR圆满 有 GEN GEN
dɛ̃^{55}dzʅ^{55} zʅ^{35} mo^{35}tsɿ^{31}.
赐予 COP IND

你们在阿爷阿奶的跟前去磕一个头吧。今天我要给你们祝福的话，给你们斟酒。咱们把这一杯杯酒喝下去，你们俩就会生下七儿八女。你们会长命百岁，家财丰足，儿女满堂。我们会祝福你们：一定活到一百二十岁，吃的是神山给予的赐福，喝的是海子神给予的琼浆。

（杨金山发音）

三 故事

1. 野人的故事

tɕhɑ^{55}ji^{53} tsɿ^{31} wu^{31} li^{31} gɔ̃^{31}dɛɿ^{55} wu^{55}ɕe^{55} wu^{31} ti^{31}, ŋə^{31} wu^{55}wu^{31} ti^{31}
今天 COP PRT TOP 大家 DIR说 PRT TENT 1sg 1sg:REFL PEF

mĩ^{31}gui^{53} li^{55} xu^{55}tɕø^{53} le^{31} ji^{31}tɕhye^{55} mɛ^{31} wu^{31}ʐʅ^{55} wu^{31}. ɑ^{31} tsə^{31} mĩ^{31}gui^{53}
野人 GEN 事情 TOP DIR出 EMPH PROS PRT LNK 就 野人

ti^{31} xu^{55}dʑø^{55} le^{31} ji^{31}tɕhye^{55} mɛ^{31} ti^{31}. ŋə^{35} wu^{55} tɕhɑ^{55}ji^{53} ti^{31}
DEF 事情 TOP DIR出 EMPH TENT 1sg REFL 今天 ANPR

wu^{31}ɕe^{55} ti^{31} tɕɛ̃^{35} tsɿ^{31} nɔ̃^{31}. ɑ^{31} ŋə^{31} xɑ^{31}sɿ^{55} jĩ^{55}nɛ̃^{53} gie^{35}pu^{53} gie^{35}mu^{53}
DIR说 TENT 要 EVID 有 LNK 1sg 还是 别人 老头 老太

kɛ̃^{53} mi^{31}ɕe^{55} le^{31} ti^{31}bi^{35}kɔ̃^{31} li^{55}.
处 DIR说 CONJ ANPR做LNK IND

今天我要把我们自己的野人故事拿出来给大家讲讲，把野人的事情拿出来说说。我还是从别的老头儿老太太那里听来的呢。

ti^{31} mĩ^{31}gui^{53} li^{31} tsə^{31} dʑø^{35}pu^{53}kʉ^{31} tɕhɔ̃^{55} nɔ̃^{55} wu^{31} mo^{35}tsɿ^{31}.
DEF 野人 TOP 就 土司家 房子 住 PRT IND

dʑø^{31}pu^{53}kʉ^{31} tɕhɔ̃^{55} mɛ^{55} li^{31} jo^{31}pu^{53} ə^{55}tɕə^{53} jo^{55}u^{53} ɛ^{55}mɛ^{55} tsɿ^{31}. sɛ̃^{55}nũ^{53}
土司家 房子 GEN TOP 佣人 阿哥 佣人 阿妈 COP 砍柴

zʉ^{35} li^{55} dzu^{55}ku^{53} li^{31} tʃʅ^{55}tɕhə^{53}, thu^{35} bi^{35} le^{31} tsə^{31} tɑ^{55} ŋɔ̃^{53} li^{31}, tsə^{31}
3sg TOP 3pl TOP 背水 这样 做 PEF 就 一 年 IND 就

thu^{55} le^{31} wu^{31}bi^{35} le^{31} ti^{31}bi^{35}kɔ̃^{31} le^{31} tsə^{31}, kø^{35}lu^{55} me^{31} gie^{35},
这样 CONJ DIR做 CONJ ANPR做LNK TOP 却 吃NMLZ NEG 好

tɕhɑ^{31}lu^{55} me^{31} gie^{35}, we^{31}lu^{55} me^{31} gie^{35}, dɛ̃^{31}lu^{55} tɕi^{31}. me^{31} dʐʅ^{35} kɔ̃^{31}
喝NMLZ NEG 好 穿NMLZ NEG 好 打NMLZ 点儿 NEG COP LNK

ɔ̃^{55} ji^{31}sɛ̃^{55} ku^{31}.
又 DIR停止 CAUS

野人本来住在土司家的房子里，在那里做佣人。它们砍柴、背水，做了一年，不但吃不好，喝不好，还总要被打骂。（这种遭遇）无休无止。

thu^{31} bi^{35} le^{31} li^{31}, jo^{55}pu^{53} ə^{55}tɕə^{53} jo^{55}pu^{53} ɛ^{55}mɛ^{53} tu^{35}ȵi^{55}pi^{55} li^{55},
这样 做 PRT TOP 佣人 阿哥 佣人 阿妈 3dl TOP

tsə^{53} lɑ^{35}pɑ^{35} mɛ^{55} dʐʅ^{35} mo^{35}tsɿ^{31}. wu^{31}lɑ^{55} le^{31} ti^{31}bi^{35}kɔ̃^{31} li^{55}, ɑ^{55}

就 逃走 EMPH COP IND DIR逃 PEF ANPR做LNK TOP LNK

ti^{31} dɑ^{31}he^{35} mɛ̃^{55} sɔ̃^{55}. ʐʅ^{35} uø^{53} thø^{55} uø^{53} wu^{31}lɑ^{55} mɛ^{31} dʐʅ^{55} mo^{35}tsɿ^{31}.

ANPR DIR来 NEG IND 山 LOC 上面 LOC DIR逃 EMPH COP IND

ʐʅ^{35} uø^{53} wu^{31}lɑ^{55} kɔ̃^{31}, ʐʅ^{35} uø^{53} wu^{31}lɑ^{55} le^{31} ti^{31}bi^{53}kɔ̃^{31} li^{55}, ɑ^{55}

山 LOC DIR逃 LNK 山 LOC DIR逃 CONJ ANPR做LNK TOP LNK

ti^{31} n̥i^{31} pi^{55} tsə^{31} dʐʅ^{35} kɔ̃^{31}, ɔ̃^{35}, dɑ^{31}he^{35} me^{31} nỹ^{55} sɔ̃^{31}. dɑ^{31}he^{35} le^{31}

PROX 两 CLF 就 COP LNK 再 DIR来 NEG 敢 IND DIR来 CONJ

dʑø^{31}pu^{53}kʉ^{31} dʐʅ^{35} kɔ̃^{31}, tsə^{31} dzu^{31}ku^{53} li^{31} se^{31}wu^{55} le^{31} dʐʅ^{35}. thu^{55}

土司家 COP LNK 肯定 1pl:INCL TOP 杀NMLZ PRT COP 这样

le^{31}li^{31} wu^{31}pɑ^{55} le^{31}li^{31} wu^{31}nɔ̃^{55} le^{31} li^{31}, tsə^{31} ʐʅ^{35} uø^{53} mɛ^{55} ti^{31} tʂuɔ̃^{31}mø^{53}

CONJ DIR离开 CONJ DIR住 PEF PRT 就 山 LOC GEN DEF 人参果

hɑ^{55} qo^{53}, ʐʅ^{35} uø^{53} mɛ^{55} ti^{31} sɿ^{31}to^{53} tʂu^{31}pu^{31} kø^{35}, tsa^{53} thu^{31} bi^{35}

挖 RST 山 LOC GEN DEF 水果 酸菜 吃 就 这样 做

le^{31} wu^{31}nɔ̃^{55}.

CONJ DIR住

因此佣人阿哥和佣人阿妈俩就逃走了。逃走了就再不回去，而是逃到了山顶上。这两个不敢回去，心想：回到土司家呢，肯定要被杀死。于是就逃到山顶上住了下来。山上能挖人参果,吃水果酸菜,就这样定居下来。

wu^{31}nɔ̃^{55} bi^{35} kɔ̃^{31} li^{55}, ɛ̃^{31}li^{55} tsə^{31} mĩ^{31}gui^{53} wu^{31}dʑi^{55} wu^{31} le^{31}. mĩ^{31}gui^{53}

DIR住 做 LNK TOP 不料 竟 野人 DIR满 PRT IND 野人

wu^{31}thø^{55} le^{31}li^{31} mĩ^{31}gui^{53} wu^{31} ʑi^{55} mɛ^{31} dʐʅ^{35} mo^{35}tsɿ^{31}. dʐʅ^{35}tɛ̃^{55}mũ^{31} tsɿ^{31}

DIR抬高 CONJ 野人 DIR 养 EMPH COP IND 凡间人 COP

wu^{31} li^{31}, tsə^{31} hɑ^{31}ʂʅ^{55} tsə^{31} mĩ^{31}gui^{53} le^{31}li^{31} tɕi^{31}uø^{55} li^{55} tɑ^{31} tɕɑ^{53} wu^{31}

PRT TOP 就 还是 就 野人 GEN 化身 PRT 一 CLF PRT

ʐʅ^{55} mo^{35}tsɿ^{31}. dʐʅ^{35}tɛ̃^{55}mũ^{35} xɑ^{31}ʂʅ^{35} ti^{35} kø^{35}lu^{53} wu^{31}tɕhye^{55} mɛ^{31} dʐʅ^{35}

COP IND 凡间人 还是 PROX 吃NMLZ DIR拿出 EMPH COP

mo^{35}tsɿ^{31}. mĩ^{31}gui^{53} ti^{31} ɔ̃^{35} thu^{35} le^{31}li^{31} zʉ^{35} tsə^{31} ʐʅ^{35} kʉ^{55} wu^{31}nɔ̃^{55}.

IND 野人 PROX 又 这样 PRT 3sg 就 山 里 DIR住

wu^{31}nɔ̃^{55} le^{31} ti^{31}bi^{35}kɔ̃^{31}, dɑ^{31}he^{35} me^{31} nyĩ^{55} sɔ̃^{31}, thu^{35} le^{31}li^{31} wu^{31}bi^{35}

DIR住 CONJ ANPR做LNK DIR来 NEG 敢 IND 这样 PRT DIR做

wu^{31}nɔ̃^{55} thu^{55} bi^{35} li^{31} tsə^{31}, mĩ^{31}gui^{53} li^{55} tʂhn̩^{55} bi^{35} qo^{53} mɛ^{55} ʐʅ^{35} mo^{35}tsɿ^{31}.

DIR住 这样 做 PRT 就 野人 TOP 很 做 RST EMPH COP IND

mĩ^{31}gui^{53} wu^{31}bi^{35} le^{31} ti^{31}bi^{35}kɔ̃^{31} li^{31}, mĩ^{31}gui^{53} tsə^{31} ɔ̃^{35} ʐʅ^{35} kɛ̃^{55} nɔ̃^{35},
野人 DIR做 CONJ ANPR做LNK TOP 野人 就 又 山 LOC 住

ɛ̃^{31}li^{55} zʉ^{35} tsə^{31} mĩ^{31}gui^{53} li^{55} tsə^{31} le^{31}ʂu^{53}mu^{31} le^{35}mu^{31} ti^{31} mɛ^{55} ʐʅ^{35}
但是 3sg 竟 野人 PRT 却 勒树村 舍联乡 PROX GEN 山

uø^{53} li^{31} to^{55}ji^{31} tsə^{31} mĩ^{31}gui^{53} tsə^{31} khi^{55} mo^{35}tsɿ^{31}.
LOC PRT 多余 竟然 野人 竟然 厉害 IND

野人在山上住下来以后，很快发展得满山都是。野人在上，凡间的人得把野人供养起来。凡间的人呢，就跟野人化身一样。他们把能吃的都拿出来供养野人，野人就这样在山上安居下来。定居下来了呢，就不再回土司家了。但是它们住下来之后，却很能折腾。尤其是住在舍联、勒树一带的野人，十分地猖狂。

tsə^{53} ti^{31} zʉ^{35} ji^{55}pei^{35}tsɿ^{53} tsə^{31} tshə^{31}ʐə̥^{53}ti^{31}ʐə̥^{53} mĩ^{31}gui^{53} li^{55} ʐʅ^{35} uø^{53}
本来 这 3sg 一辈子 本来 前世今生 野人 TOP 山 LOC

nɔ̃^{55} le^{31} ti^{31}bi^{35}kɔ̃^{31} li^{31}, zʉ^{35} li^{55} tsə^{31} le^{35}mu^{31} kɛ̃^{31} bi^{35} li^{55}, mĩ^{31}gui^{53}
住 CONJ ANPR做LNK IND 3sg TOP 竟然 舍联 处 做 IND 野人

bi^{35} wu^{31}ʐʅ^{35} mo^{35}tsɿ^{31}. le^{35}mu^{31}kɛ̃^{31} bi^{35} mĩ^{31}gui^{53} bi^{35} tsɿ^{31}. tsə^{53} le^{35}mu^{31}
做 PROS IND 舍联乡 做 野人 做 EMPH 就 舍联乡

xu^{55}dʑə^{55} bi^{35}wu^{31} dʐʅ^{35} le^{31}, mĩ^{33}gui^{53} zʉ^{35} tsə^{31} bi^{35} jɔ̃^{35}. zʉ^{35} li^{55} tsə^{31}
什么 做NMLZ COP IND 野人 3sg 就 做 CLF 3sg TOP 就

mʉ^{35}lʉ^{53} li^{55} nɛ^{31} kʉ^{53} li^{55} ȵdʑø^{35} nɔ̃^{31} mo^{35}tsɿ^{31}. ɛ̃^{31}li^{55} dzu^{31}ku^{53} li^{31}
白天 PRT 树林 里 PRT 看 PROG IND 不料 1pl:INCL PRT

dʐʅ^{55}tɛ̃^{55}mũ^{31} li^{55} tɕʉ^{55} bi^{35}wu^{31} dʐʅ^{35} li^{31}, zʉ^{35} tɕʉ^{55} bi^{35} nyɔ̃^{35}.
凡间人 TOP 什么 做NMLZ COP PRT 3sg 什么 做 会

本来呢，它们一辈子都住在山上。它们却偏要跟着舍联乡勒树村人学做事情。舍联人怎么做呢，野人就怎么做。舍联人做什么事情，野人也做一样的事情。它白天就在林子里观察。凡间的人会做的，它居然都会做。

dʐʅ^{35}tɛ̃^{55}mũ^{31} li^{55} tɕhɑ^{55}ji^{53} kʉ^{31} sɛ̃^{31}tɕo^{55} ji^{35}, tɕhɑ^{55}ji^{53} thø^{35} bi^{35} le^{31}
凡间人 TOP 今天 LOC 砍柴 去 今天 上面 做 CONJ

ti^{31}bi^{35}kɔ̃^{31}, tsə^{53} ŋə^{35}ku^{53} le^{31}ʂu^{53}mũ^{53} kɛ̃^{31} tsə^{31} mi^{31}ntshə^{53} wu^{31}pu^{55} kɔ̃^{31}
ANPR做LNK 就 1pl 勒树村 LOC 就 太阳 DIR落山 LNK

tsɿ^{31} li^{55}, tsə^{31} dɑ^{31}he^{35} tɕɛ̃^{55} wu^{31} ʐʅ^{31} mo^{35}tsɿ^{31}. mi^{31}ntshə^{53} pu^{55} ʃu^{55}
EMPH TOP 才 DIR来 要 PRT COP IND 太阳 落山 LNK

mo^{35}tsɿ^{31} li^{31}, zʉ^{35} nɔ̃^{31} tsə^{31} ho^{55} le^{31} tsə^{31} kø^{35}. mĩ^{31}gui^{55} nɔ̃^{31} mĩ^{31}gui^{55}
IND TOP 3sg AGT 就 抓 CONJ 就 吃 野人 AGT 野人

li^{55} ʂɿ^{55} nõ^{31}. ɑ^{35} thu^{35} le^{31}li^{31} tsə^{31} sø^{55}tɕhu^{55} wu^{31}dʐʅ^{35}kõ^{31}, xɑ^{31}ʂɿ^{35} sø^{31}ʐʅ^{55}
TOP 先 住 LNK 这样 CONJ 就 地方 DIR是LNK 还是 地盘
mɛ^{55} tɕhɑ^{55}. tʃɿ^{53} ʐʅ^{35} uø^{53} jɛ̃^{55}, sɛ̃^{53} ʐʅ^{35} uø^{53} jɛ̃^{55}. ti^{31} li^{31}kə^{53} pi^{53} me^{31}le^{55}
ACC 争 水 山 LOC 有 柴 山 LOC 有 DEF DIST 个 现在
mø^{31} qo^{53}. tshø^{55} le^{31} ji^{35} le^{31} ti^{31}bi^{35}kõ^{31}, mĩ^{31}gui^{53} nõ^{31} li^{31} tsə^{31}
NEG 行 结束 CONJ 走 CONJ ANPR做LNK 野人 AGT PRT 就
ho^{55} wu^{31} ʐʅ^{35} mo^{35}tsɿ^{31}.
抓 PRT COP IND

我们舍联的人到山上砍柴呢，要到太阳已经落山的时候才会回来。等太阳落了山的时候，野人就来抓人吃。因为野人先来到这里，它们要在住的地方争地盘。山上有水也有柴，如今它们却不满足了。等人们砍完了柴要离开的时候，野人就来抓人了。

ho^{55} le^{31} ti^{31}bi^{35}kõ^{31} li^{55}, dʐʅ^{35}tɛ̃^{55}mũ^{31} li^{55} xɑ^{31}ʂɿ^{35} tsə^{31} lø^{55}ŋɛ^{55}
抓 CONJ ANPR做LNK TOP 凡间人 TOP 还是 当然 主意
li^{55} ʂɿ^{31} jɛ̃^{55} mo^{35}tsɿ^{31}. lɑ^{31}pø^{53}nĩ^{33}ʃu^{55} tsɿ^{53} wu^{31}, lɑ^{31}pø^{53} nĩ^{31}ʃu^{55} tsɿ^{53} wu^{55} li^{31}
TOP 先 有 IND 牛皮圈子 COP PRT 牛皮 圈子 COP PRT TOP
sɿ^{55}tɕɛ̃^{55}pɑ^{53}pɑ^{53} tu^{31} mi^{31}khue^{55} li^{31} tsə^{31}, ti^{31} ke^{53} mi^{31}tɕy^{55} le^{31}, ti^{31}
牛皮 这样 DIR剐 PRT 就 PROX 段 DIR塞 CONJ PROX
ke^{53} thu^{31}ʑy^{35} mɛ^{31} tsə^{31} sɿ^{31}tɕɛ̃^{55}pɑ^{53}pɑ^{53} li^{31} lɑ^{31}ʂu^{53} mi^{31}ntshə^{31} wu^{31} ʐʅ^{35} mo^{35}tsɿ^{31}.
段 DIR弯曲 PRT 就 牛皮 TOP 手镯 名字 PRT COP IND
tsə^{31} mõ^{35} kʉ^{31}lə^{53} wu^{31}thɛ̃^{55} le^{31} su^{55}tɕõ^{55} ŋi^{35} ku^{31} le^{31}li^{55} tɕhʉ^{53} lo^{53}.
然后 天 LOC DIR晒 PEF 干 变 CAUS CONJ 搁置 IND
ɑ^{31}li^{55} sɛ̃^{31}tɕo^{53} ji^{35} tʃɿ^{53}tɕhə^{55} ji^{35} thu^{35}bi^{35}kõ^{31} li^{55}, lɑ^{31}ʂu^{53} ji^{31}xɛ̃^{55} tɕɛ̃^{55}
LNK 砍柴 去 背水 去 这样做LNK TOP 手镯 DIR戴 要
wu^{33}ʐʅ^{35} mo^{35}tsɿ^{31}. lɑ^{31}ʂu^{53} ji^{31}xɛ̃^{55} le^{31} ti^{31}bi^{35}kõ^{31} li^{31}, mĩ^{31}gui^{53} ji^{31}də^{35}
PROS IND 手镯 DIR戴 CONJ ANPR做LNK TOP 野人 DIR遇到
le^{31} ti^{31}bi^{35} kõ^{31} li^{55}, mĩ^{31}gui^{53} nõ^{31} tsə^{31} ko^{53} ji^{31}ho^{55} le^{31} li^{31},
CONJ ANPR 做LNKTOP 野人 AGT 竟 手 DIR抓 PEF TOP
xɑ^{55}tsɑ^{31}tsɑ^{31} ɣɑ^{35} le^{31} ɣi^{35} tsə^{31}, gui^{35} le^{31} tsə^{31} wu^{31}ʃɿ^{55} ji^{35} ʐʅ^{35} mo^{35}tsɿ^{31}.
拟声词 叫 CONJ 笑 就 高兴 CONJ 就 DIR牵 去 COP IND

（野人要）抓人呢，凡间的人当然也有对策。（他们有）一个牛皮做成的手镯。先是自己把牛皮剐下来，弯起来合拢，做成的牛皮圈子就叫作手镯。然后放在太阳底下晒干；晒干了呢，就放在那里。去砍柴、背水的时候呢，再戴上。遇到野人的时候，野人一把抓住，哈哈哈地笑，笑着笑着，就把人带走了。

gui^{35} le^{31} wu^{31}ʃʅ^{55} ji^{35} ti^{31}bi^{35}kɔ̃^{31}, zʉ^{35} tsə^{31} kø^{35} me^{31} nyĩ^{35}. zʉ^{35}
高兴 CONJ DIR牵 去 ANPR做LNK 3sg 就 吃 NEG 敢 3sg

mĩ^{31}ntshə^{53} wu^{31}ȵdʑø^{53}, mi^{31}ntshə^{53} wu^{31}pu^{55} le^{31} ti^{31}bi^{35}kɔ̃^{31}, zʉ^{35} nɔ̃^{31} ju^{35}
太阳 DIR看 太阳 DIR落山 CONJ ANPR做LNK 3sg AGT 再

kø^{35}. ɑ^{31} kø^{35} le^{31} ti^{31}bi^{35}kɔ̃^{31}, tsɑ^{31}kɑ^{55}li^{31} e^{31}, mũ^{35} dɑ^{31}lɑ^{55} mø^{31}
吃 LNK 吃 CONJ ANPR做LNK 咋个哩 INTER 人 DIR逃 NEG

kø^{35} sɔ̃^{31}. ɑ^{31} ti^{53} mũ^{53} nɔ̃^{31} nĩ^{31}ʃu^{53} lɑ^{31}pø^{53}ȵĩ^{55}ʃu^{55} ji^{31}xɛ̃^{55} le^{31} li^{31}, sɛ̃^{31}
吃 IND LNK DEF 人 AGT 手镯 牛皮手镯 DIR戴 PEF IND 柴

tsu^{55} xe^{31} pɑ^{55} kɔ̃^{31}, ji^{31}ho^{55} le^{31} ti^{31}bi^{35}kɔ̃^{31} le^{31} li^{31} ko^{53} ji^{31}ho^{55}
用 来 去 LNK DIR抓 CONJ ANPR做LNK CONJ IND 手 DIR抓

wu^{31}zʅ^{35} mo^{35}tsɿ^{31}. lɑ^{31}pø^{53} ȵi^{31} ȵi^{31}ʃu^{55} ho^{55} le^{31} ti^{31} zʉ^{35} wu^{31}xui^{53}.
PROS IND 手 ABL 圈子 抓 CONJ PROX 3sg DIR脱

xui^{53} le^{31} wu^{31}ʃʅ^{55} le^{31} ti^{31}bi^{35}kɔ̃^{31}, zʉ^{35} hɑ^{55}mɛ^{53}hɑ^{55}mɛ^{53} tsɿ^{31} bi^{35} ko^{53}
脱 CONJ DIR牵 CONJ ANPR做LNK 3sg 慢慢：REDUP ADV 做 手

dɑ^{31}wu^{31}tɕhyɛ̃^{55} le^{31} li^{31}, dɑ^{31}lɑ^{35} he^{35} qo^{55} wu^{31} zʅ^{35} mo^{35}tsɿ^{31}. tsə^{31} dɑ^{31}lɑ^{35}.
DIRDIR拿 CONJ IND DIR逃 来 RST PRT COP IND 就 DIR逃

野人很高兴地把人带走，但是它还不敢吃。它会看着太阳，等太阳下了山以后，它再开始吃。要吃的时候，（才发现）怎么回事呢，人已经逃走了，就没吃成。原来人胳膊肘上套着牛皮手镯；去砍柴被抓住的时候，如果是从手镯那里被抓住呢，他就把镯子褪下来，褪下来先跟着走，再慢慢地把手抽出来，就逃脱了。

dɑ^{31}xui^{55} le^{31} ti^{31}bi^{35}kɔ̃^{31} li^{55}, tsə^{31} ti^{31} dʐʅ^{35}tɛ̃^{55}mũ^{31} li^{31} tsə^{31} lɑ^{35}
DIR脱 CONJ ANPR做LNK TOP 却 DEF 凡间人 TOP 却 逃

mø^{31} qo^{55}. mĩ^{31}gui^{53} nɔ̃^{31} tsə^{31} tsɑu^{55}thɑ^{55} bi^{35} tɕhi^{55}phɔ^{31}, mĩ^{31}gui^{53} nɔ̃^{31}
NEG 行 野人 AGT 竟 糟蹋 做 程度 野人 AGT

tsə^{35} le^{35}mũ^{31}kɛ̃^{31} bi^{35} li^{55}, mĩ^{31}gui^{55} bi^{35} wu^{31}zʅ^{55} mo^{35}tsɿ^{31}. tɕhɑ^{55}ji^{53} tsuɑ̃^{55}tɕɑ^{55}
竟 舍联乡 做 TOP 野人 做 PROS IND 今天 庄稼

bi^{35} le^{31} li^{31} tsə^{31} dzu^{31}ku^{53} tɕhɑ^{53} ji^{31}me^{55} wu^{31}tshɔ^{55}, zʉ^{35} nɔ̃^{31} ji^{31}me^{55}
做 CONJ TOP 就 1pl:INCL 今天 玉米 DIR播 3sg AGT 玉米

wu^{31}tshɔ^{55} kɔ̃^{31}, ji^{31}me^{55} zʉ^{35} nɔ̃^{31} dɑ^{31}xɑ^{55} ji^{35}, dʑɛ̃^{35} wu^{31}dʐu^{35} le^{31}
DIR播 LNK 玉米 3sg AGT DIR挖 去 地 DIR犁 CONJ

ti^{31}bi^{35}kɔ̃^{31}, zʉ^{35} nɔ̃^{31} dʑɛ̃^{35} dɑ^{31}wu^{31}dʐu^{35} ji^{35}. ɑ^{31} mũ^{35} ȵɑ^{31} tsɿ^{55} le^{31}mũ^{35}
ANPR做LNK 3sg AGT 地 DIRDIR犁 去 LNK 人 PL COP PRT人

ȵɑ^{31} li^{55} tsə^{31} li^{31}kə^{53} bi^{35} le^{31} kø^{35}lu^{53} me^{31}dʑi^{55}, tɕhɑ^{31}lu^{53} me^{31} dʑi^{55},
PL TOP 竟然 事情 做 CONJ 吃NMLZ NEG满 喝NMLZ NEG 满
tsə^{31} zʉ^{35} ti^{31} pɛ̃^{31}fɑ^{55} mɛ̃^{35} sɔ̃^{31}. tsə^{31} zʉ^{35} tsə^{31} xu^{31}dʑø^{55} bi^{35} le^{31} tsə^{31}
却 3sg DEF 办法 没有 IND 真 3sg 真 事情 做 CONJ PRT
lu^{35}su^{35} mɛ̃^{35} sɔ̃^{31} mo^{35}tsɿ^{31}. tsə^{53} le^{35}mu^{31}kɛ̃^{31} bi^{35} li^{55} mĩ^{31}gui^{55} bi^{35} tsɿ^{31}wu^{31}
办法 NEG IND IND 那么 舍联处 做 TOP 野人 做 COPPRT
li^{31}, zʉ^{35} tsə^{31} ʑi^{35} le^{31}.
TOP 3sg 就 比照 IND

人可以逃脱，但凡间的人有逃不掉的事情，那就是被野人糟蹋东西。舍联乡的人怎么做，野人就怎么做。今天种庄稼，种玉米，人们把玉米种子播下去之后，野人又去挖出来。犁了地之后，野人又去犁一遍。人们啊吃也吃不够，喝也喝不足，却拿它没有办法。对它捣蛋这件事呢，人们也没有什么对策。舍联怎么做，野人就怎么做。它会比照着人的做法来做。

tɕhɑ^{55}ji^{53} dzu^{31}ku^{55} li^{31} dʑɔ̃^{35} dʐ̩^{35}tɛ̃^{55}mũ^{31} li^{31} sɛ̃^{31} tɕɛ̃^{53}, sɛ̃^{31}ȵũ^{35} ji^{35} le^{31}. zʉ^{35}
今天 1pl：INCL TOP 马上 凡间人 TOP 柴 要 砍柴 去 PEF 3sg
nɔ̃^{31} xɑ^{31}ʂɿ^{55} pi^{55}zi^{53} xø^{53} xɑ^{31}ʂɿ^{55} jɛ̃^{55}. zʉ^{35} nɔ̃^{31} xɑ^{31}ʂɿ^{55} sɛ̃^{31}phɑ^{35} he^{35}.
AGT 还是 斧头 CLF 还是 有 3sg AGT 还是 劈柴 来
ɑ^{31} sɛ̃^{31}phɑ^{53} he^{35} ti^{31}bi^{35}kɔ̃^{31}, zʉ^{35} dʐ̩^{35}tɛ̃^{55}mũ^{31} li^{55} tɔ̃^{31}xɔ̃^{55} xɑ^{31}ʂɿ^{35} zʉ^{35} bi^{35}
LNK 劈柴 来 ANPR做LNK 3sg 凡间人 TOP 戏弄 还是 做 做
wu^{31}ʐ̩^{35} mo^{35}tsɿ^{31}. “jɑ^{55}! ŋə^{35} sɛ̃^{31}phɑ^{55} he^{35} le^{31} ti^{31}bi^{35}kɔ̃^{31} le^{31}, jɑ^{31}.”
PROS IND INTER 1sg 劈柴 来 CONJ ANPR做LNK IND INTER
“ʂɑ^{31}pu^{53} e^{31}, mĩ^{31}gui^{53} ɑ^{31}pu^{53} e^{31}, ŋə^{31}ku^{53} le^{31}ʂu^{53}mũ^{31} kɛ̃^{31} lũ^{31}pu^{53} uø^{53}
伴儿 PRT 野人 阿爷 PRT 1pl 勒树村 地方 沟 LOC
sɛ̃^{53}tɕo^{55} mɑ^{31} tɕo^{53}?” zʉ^{35} ɕe^{55} wu^{31}: “tɕhɑ^{55}ji^{53} ŋɔ̃^{31} sɛ̃^{53}phɑ^{55} lɑ^{31} tsɿ^{31}?
砍柴 NEG 砍 3sg 说 PRT 今天 1sg 劈柴 QUES QUES
uø^{53}, ŋə^{31} sɛ̃^{31}phɑ^{55} wu^{31}.” “nũ^{35} sɛ̃^{31}phɑ^{55} le^{31} mo^{35}tsɿ^{31} le^{31} li^{31}, tɕhɑ^{55}ji^{53}
INTER 1sg 劈柴 PRT 2sg 柴劈 PRT IND LNK IND 今天
jɑ^{31} wu^{55} sɛ̃^{31} mi^{31}phɑ^{55} le^{31}, nũ^{35} mɛ^{55} ko^{53}zθ^{35} mi^{31}ɬɔ̃^{55} tsɿ^{31} nɔ̃^{31}.”
PRT 1sg 柴 DIR劈 TOP 2sg GEN 手楔子 DIR放 EMPH 有

有一天咱们凡间的人就要去劈柴，野人有一把斧头，它也要去劈柴，它还是想戏弄凡间的人。“呀，我就是要劈柴的呀。”“朋友哎，野人阿爷哎，去不去我们的勒树村的山沟里去劈柴？”他说：“今天我是不是要去劈柴？嗯，我要去劈柴。”“你要去劈柴呢，今天我来劈，你务必要把手做成柴楔子放进去。”

ɑ^{31} zʉ^{35} ti^{31} zθ^{35} mi^{31}ɬɔ̃^{55} ti^{31}bi^{35}kɔ̃^{31} li^{31}, tɕhɑ^{55}ji^{53} mĩ^{31}gui^{53} wu^{31}ɕe^{55}
LNK 3sg DEF 楔子 DIR放 ANPR做LNK TOP 今天 野人 DIR说

wu^{31}: "wu^{55} phɑ^{35} le^{31}, wu^{55} ʂɿ^{31} lɑ^{31} phɑ^{35} le^{31}." zʉ^{35} ʂɿ^{31} phɑ^{35} le^{31}
PRT 1sg 劈 IND 1sg 先 PRT 劈 IND 3sg 先 劈 CONJ

ti^{31}bi^{35}kɔ̃^{31} le^{31}li^{31}, zʉ^{35} nɔ̃^{31} ti^{31} sɛ̃^{31} tɕye^{53} le^{31} ti^{31} ɕʉ^{55}kʉ^{53} ji^{31}ho^{55}lo^{31}
ANPR做LNK LNK 3sg AGT DEF 柴 裂开 CONJ DEF 里面 DIR空

thu^{53} le^{31} mi^{31}tɕy^{55} lo^{31}, mi^{31}tɕy^{55} le^{31} ti^{31}bi^{35}kɔ̃^{31} li^{31}, zʉ^{35} sɛ̃^{53}zθ^{35} ti^{31}
这样 CONJ DIR塞 IND DIR塞 CONJ ANPR做LNK TOP 3sg 柴楔 DEF

ɕʉ^{55}kʉ^{53} tɕy^{55} kɔ̃^{31} ko^{53} lɑ^{31}ʂu^{53} tʂhɿ^{55} jɛ̃^{55}. "ɑ^{35} mĩ^{31}gui^{53} ɑ^{31}pu^{53} e^{31},
里面 塞 LNK 手 手劲 很 有 LNK 野人 阿爷 PRT

ŋə^{35} phɑ^{35} lə^{53}, n̩ũ^{35} ko^{53} mi^{31}tɕy^{55} mo^{35}tsɿ^{31}." ko^{53} mi^{31}tɕy^{55} le^{31} ti^{31}bi^{35}kɔ̃^{31},
1sg 劈 IND 2sg 手 DIR塞 IND 手 DIR塞 CONJ ANPR做LNK

pi^{55}zi^{55} xɑ^{31} ʃu^{55} ji^{35} kɔ̃^{31}, ko^{53} mi^{31}tu^{55} ji^{31}kə^{55} ji^{35} lo^{31}. wu^{31}pɑ^{55} mø^{31}
斧头 CLF 瞄准 去 LNK 手 DIR塞 DIR夹 去 IND DIR扛 NEG

qo^{55} sɔ̃^{31}, xɑ^{31}ʂɿ^{55} n̩ũ^{35} tɕɛ̃^{55} tshø^{31} kɔ̃^{31}. ɑ^{31}jə^{31}! mø^{31}mø^{31} ɣɑ^{35} le^{31} tu^{55} le^{31}
行 IND 还是 砍 要 PFV LNK INTER 拟声词 叫 IND 塞 PRT

ji^{31} tu^{55} ku^{31} xɑ^{31}ʂɿ^{55} dɔ̃^{31}, xo^{53}! zʉ^{35} li^{55} tsə^{31} ko^{53} wu^{31}kə^{55} ku^{31} xɑ^{31}ʂɿ^{55}
DIR 塞 CAUS 还是 紧 INTER 3sg TOP 就 手 DIR夹 CAUS 还是

zʉ^{35} ŋɔ̃^{35} mɛ^{55}.
做 害怕 PRT

把楔子放好了以后，野人说："我来劈，我先来劈。"它把柴劈开以后，从缝隙里把手塞进去。它把手塞进去做柴楔子的时候，还是很有力气的。人说："野人老爷哎，我要砍了。你的手要塞进去啊。"野人把手塞进去以后，人用斧头对准一劈，野人的手就被夹住了。它（想）举，又举不起。但人还在不停地砍。啊哟！野人噻噻地叫唤起来，塞进去以后柴里面还是很紧的。它手被夹过以后，就心生畏惧了。

zʉ^{35} nɔ̃^{31} tə^{31}thə^{55}tɔ̃^{31}thə^{53} wu^{31} bi^{35} kɔ̃^{31}, xɑ^{31}ʂɿ^{35} tsə^{31} zʉ^{35} nɔ̃^{31} he^{35}.
3sg AGT 抖抖索索 ADV 做 LNK 还是 竟然 3sg AGT 来

tsə^{31} dʐʅ^{35}tɛ̃^{55}mũ^{31} li^{55} tsuɑ̃^{55}tɕɑ^{55} bi^{35} mø^{31} ku^{55} sɔ̃^{31}. tsə^{31} zʉ^{35} xɑ^{31}ʂɿ^{55}
于是 凡间人 TOP 庄稼 做 NEG 允许 IND 就 3sg 还是

le^{55}mũ^{53} kɛ̃^{31} bi^{35} li^{55} mĩ^{31}gui^{53} bi^{35} wu^{31}zʅ^{55} mo^{35}tsɿ^{31}. ti^{31} li^{55} tsə^{31}
舍联 处 做 TOP 野人 做 PROS IND ANPR TOP 本来

ŋə^{31}ku^{53} gui^{31}tɕhɔ̃^{55} lũ^{55}pu^{53} gɔ̃^{31}dʒʅ^{53} ke^{31} li^{31} tsə^{31} ti^{31} tɕɑ^{53} ɕe^{55} nɔ̃^{31}:
1pl 贵琼 沟沟 大家 话 PRT 就 PROX CLF 说 有

le^{55}mũ^{31} kɛ̃^{31} bi^{35} li^{55} mĩ^{31}gui^{55} bi^{35}, ŋə^{31}ku^{53} kɛ̃^{31} bi^{35} li^{55} mĩ^{31}gui^{53} bi^{35}
舍联 处 做 TOP 野人 做 1pl 处 做 TOP 野人 做
nɔ̃^{55} mo^{35}tsɿ^{31}.
有 IND

野人抖着手却还是要到舍联来，凡间的人因此总是种不成庄稼。野人还是“舍联村人怎么做，它就怎么做”。这句话本来是我们贵琼山沟里大家说的一句老话：舍联村人怎么做呢，野人就怎么做。我们怎么做呢，野人就怎么做。

（杨金山发音）

2. 李国森的故事（节选第一段）

ɣo^{35}ɬi^{53}li^{55} ji^{55} dʑø^{55}pu^{53} li^{55} dʐui^{55}nɑ^{55}zɛ̃^{31}tɕhɛ̃^{31} li^{31} ɣo^{35}tɕo^{55} uø^{31}
大海 GEN 王 TOP 柘南壬千 TOP 海底 LOC
nɔ̃^{55} ti^{31}bi^{35}kɔ̃^{31} li^{31}, zʉ^{35} tshɿ^{31}me^{55} sɔ̃^{55} pi^{53} nɔ̃^{55}. tshɿ^{31}me^{55} sɔ̃^{55} pi^{53}
住 ANPR做LNK PRT 3sg 女儿 三 CLF 有 女儿 三 CLF
ti^{31}bi^{35}kɔ̃^{31} le^{31} li^{31}, ti^{31} tshɿ^{31}me^{55} sɔ̃^{55} pi^{53} kʉ^{31} lə^{55} li^{31}, dɑ^{31}wu^{31}
ANPR做LNK PRT TOP DEF 女儿 三 CLF 里 LOC PRT 大NMLZ
pi^{53} ɕe^{55} wu^{31}: “ɑ^{55}tɑ^{31}, ndʒɿ^{35}tɛ̃^{55} tũ^{31}sɔ̃^{55}khɔ̃^{53} lə^{31} li^{31}, tĩ^{55}mĩ^{55} suɛ̃^{55}
CLF 说 PRT 阿爸 凡间 世界 LOC PRT 热闹 玩
n̥dʑø^{35} ji^{35} tɕɛ̃^{55} mo^{35}？” phei^{53} zʉ^{35} uø^{31} dɑ^{31}wu^{31}ɕe^{55} wu^{31}: “wu^{55} li^{31}
看 去 要 INT 父亲 3sg ACC DIRDIR说 PRT 1sg TOP
nu^{31}ku^{55} tshɿ^{31}me^{55} n̥ɑ^{31} mɛ^{55} mũ^{35} li^{31}, tũ^{35}sɔ̃^{55}khɔ̃^{53} ji^{35} li^{31} ji^{35} ti^{31}bi^{35}kɔ̃^{31}
2pl 女儿 PL GEN 人 TOP 世界 去 TOP 去 ANPR做LNK
li^{31}, dɑ^{31}dʐui^{35} kɔ̃^{31} li^{31}, ɕe^{55}khɑ^{55}ntʂɑ^{31}khɑ^{55} tsə^{31} ɕe^{55}lu^{55}nɔ̃^{35}lu^{55} jɛ̃^{55} mø^{31} ku^{53}
TOP DIR到达 LNK TOP 议论是非 就 闲言碎语 有 NEG 允许
tsɿ^{31}.” “tɕyɔ̃^{35}, tɕyɔ̃^{35}, nũ^{35} tɑ^{31} phɔ^{55} ji^{35} nɛ^{35} tsɿ^{31}.” bɑ^{35} le^{31} li^{31}
EMPH 好 好 2sg 一 VCL 去 PRT IND 去 PEF PRT
ndʒɿ^{35}tɛ̃^{55} thu^{31}dʐui^{35} kɔ̃^{31} li^{31}, li^{53} tsɿ^{55} tɕɑ^{53} jɛ̃^{55} le^{31} ti^{31}bi^{35}kɔ̃^{31} li^{31},
凡间 DIR到达 LNK TOP 国家 四 CLF 有 CONJ ANPR做LNK TOP
li^{53} tɑ^{31} tɕɑ^{53} ʂɑ^{31}tũ^{35}pu^{55} mɛ̃^{35}, li^{53} tɑ^{31} tɕɑ^{53} li^{31} mɑ^{55}tʂhũ^{55} jɛ̃^{55}, li^{53}
国家 一 CLF 剩下问题 没有 国家 一 CLF TOP 战争 有 国家

tɑ^{31} tɕɑ^{53} li^{31} ne^{35}mu^{31} gi^{53}, li^{53} tɑ^{31} tɕɑ^{53} li^{31} di^{35} sɿ^{55}mu^{55} jɛ̃^{55}. tsh̩^{31}me^{53}
一 CLF TOP 病苦 饥饿 国家 一 CLF TOP 妖 妖怪 有 女儿

dɑ^{31}wu^{31} pi^{53} phei^{53} mɛ^{55} khə^{55} ȵɛ^{55} le^{31} li^{31}, dɑ^{31}dʐ̩ui^{35} le^{31} ti^{31}bi^{35}kɔ̃^{31}
大NMLZ CLF 父亲 GEN 话 听 CONJ PRT DIR到达 CONJ ANPR做LNK

li^{31}, tɛ̃^{35} me^{31} ɕe^{55} tɕhu^{31}.
TOP 什么 NEG 说 PRT

海龙王柘南壬千住在海底，他有三个女儿。三个女儿中大的那个说：“阿爸，我要到凡间的世界看热闹去，行吗？”父亲回答说：“你们女儿家到凡间去了回来，我不许你们说什么闲言碎语。行，同意。你去一趟吧。”于是大龙女就去了，上升到了凡间呢，看到有四个国家，只有其中一个国家无病无灾，一个国家硝烟四起，一个国家闹饥馑瘟疫，一个国家兴妖作怪。大女儿听从父亲的话，回到海底，什么也没有说。

tɛ̃^{35} me^{31} ɕe^{55} kɔ̃^{31} li^{31}, tsh̩^{31}me^{53} bə^{31}mə^{31} pi^{53} ɕe^{53}: “ɑ^{55}tɑ^{31}, ŋə^{35}
什么 NEG 说 LNK IND 女儿 老二 CLF 说 阿爸 1sg

tɑ^{31} phɔ^{55} ji^{35} ə^{31} ku^{55} tsɿ^{31}？” “ɑ^{55}jɑ^{31}, ji^{35} lɑ^{55} ku^{55} le^{31} dʐ̩^{35}.” ku^{55}
一 VCL 去 QUES 允许 INT INTER 去 TOP 允许 PRT COP 同意

kɔ̃^{31} li^{31}, ə^{55}kə^{55} uø^{31} ɕe^{55} ʃu^{31} wu^{31}: “khõ^{53}phɑ^{35} nu^{31}ku^{55} ji^{35} ku^{55}
LNK TOP 阿姐 ACC 说 像 PRT 恐怕 2pl 去 CAUS

kɔ̃^{31} li^{31}, dɑ^{31}dʐ̩ui^{35} kɔ̃^{31} li^{31}, ɕe^{55}lu^{31}nɔ̃^{55}lu^{31} jɛ̃^{55}, ɕe^{55}khɑ^{55}ntʂ̩ɑ^{31}khɑ^{55}
LNK TOP DIR到达 LNK IND 说NMLZ有NMLZ 有 闲言碎语

tsø^{31} ji^{31}ŋɔ̃^{35} mo^{35}tsɿ^{31}.” “o^{31}, ɑ^{55}tɑ^{31}, me^{31} ɕe^{55}, me^{31} ɕe^{55} tsɿ^{31}, ŋə^{35} ji^{35}
真 DIR害怕 IND INTER阿爸 NEG 说 NEG 说 IND 1sg 去

nɛ^{31}.” ɔ̃^{35} bɑ^{35} wu^{31} ʐ̩u^{31}①, ti^{35}ʐ̩ɔ̃^{35}ʑi^{53}, li^{53} tsɿ^{53} tɕɑ^{53} kʉ^{31} lə^{31} li^{31} tsø^{31}
IND 再 去 PRT COP 同样 国家 四 CLF 里 LOC TOP 只

tɑ^{31} tɕɑ^{53} ʂ̩ɑ^{31} tũ^{31}pu^{55} mɛ̃^{35}. dɑ^{31}dʐ̩ui^{35} le^{31} ti^{31}bi^{35}kɔ̃^{31}, tĩ^{55}mĩ^{55} ȵdʑø^{35}lu^{31}
一 CLF 剩下 问题 没有 DIR到达 CONJ ANPR做LNK 热闹 看NMLZ

ə^{31} bʉ^{35} lø^{35}tsɿ^{31}? o^{55}jo^{31}, ɑ^{55}tɑ^{31}, tʂh̩^{55} ȵdʑø^{35}lu^{31} bʉ^{35} le^{31}. tɕyɔ̃^{35} le^{55}
QUES 有 QUES INTER 阿爸 很 看NMLZ 有 IND 对 IND

tɕyɔ̃^{35} le^{55} tsɿ^{31}.
对 PRT IND

后来，二女儿跟父亲说：“阿爸，我要去一趟凡间，您同不同意？”“啊呀，同意。同

① ʐ̩u^{31}是ʐ̩^{31}和wu^{31}的合音形式。

意是同意，但就像跟大姐交代的那样：我倒是同意你去，就怕回来的时候呢，你东说西说，乱嚼舌根。”“哦，阿爸，我不说，不说。”二女儿也去了人间，同样是四个国家里面，只一个国家平平安安。回来了呢，阿爸问她：“看到什么热闹了么？”“噢哟，阿爸，我看到了好些东西。”“很好，很好。”

ɑ35 tshɿ31me55 ŋi35wu31 pi53 ɕe55 wu31: “wu55 tɑ31 phɔ53 e31 ji35
LNK 女儿 小NMLZ CLF 说 PRT 1sg 一 VCL QUES 去
nɛ55 tsɿ31?” “ji35 lɑ55 ji31ji35 le31 dʐʅ35 kɔ̃31, ə55kə53 dɑ31wu31 pi53 bɑ35
PRT PRT 去 TOP DIR去 CONJ COP LNK 阿姐 大NMLZ CLF 去
le31, ə55kə53 ȵi31wu31 pi53 bɑ35 le31, dɑ31dʐui35 le31 ti31bi35kɔ̃31 li31,
PEF 阿姐 二NMLZ CLF 去 PEF DIR到达 CONJ ANPR做LNK TOP
ɕe55khɑ55ntʂɑ31khɑ53 mø31 tshø53, ɕe55lu55nɔ̃31lu55 jɛ̃55 mø31 ku55. nũ35 ji35
闲言碎语 NEG 停止 说NMLZ有NMLZ 有 NEG 允许 2sg 去
le31 ti31bi35kɔ̃31 li31, nũ35 tʃɿ55 le31 ȵi31 hɑ31ʃɿ31 ti31le31dʐʅ35 tsɿ31.” tø55
PRT ANPR做LNK TOP 2sg 听 CONJ 也 还是 ANPRPRTCOP IND 这里
ȵi55 tshɿ31me55 ŋi31wu31 pi53 ɕe55 wu31: “ə55kə53 nɔ̃55 kɔ̃31 bi35wu31 bi35
ABL 女儿 小NMLZ CLF 说 PRT 阿姐 有 LNK 做NMLZ 做
qo55.” “ə31, ji35 nɛ55 tsɿ31.” bɑ35 le31 ti31bi35kɔ̃31, ndʒɿ35tɛ̃55 thu31dʐui35
能 INTER 去 IND PRT 去 CONJ ANPR做LNK 凡间 DIR到达
le31 ti31bi35kɔ̃31 li31, li53 tɑ31 tɕɑ53 li31 di35 sɿ31mu55 ue35, li53 tɑ31
CONJ ANPR做LNK TOP 国家 一 CLF TOP 妖 妖怪 出 国家 一
tɕɑ53 li31 mɑ55tʂhũ31 jɛ̃55, li53 tɑ31 tɕɑ53 li31 ne35 mu31gi53 ɕə53, li53 tɑ31
CLF TOP 战争 有 国家 一 CLF TOP 病苦 饥馑 承受 国家 一
tɕɑ53 ʂɑ55 tũ55pu55 mɛ̃35.
CLF 剩下 问题 没有

后来，小女儿也说：“我也要去一趟凡间，行么？”“去吧，大姐二姐都去了，回来都没有乱嚼舌根（有什么事都装在心里）。你要去呢，还是听话，照她们的样做吧。”小女儿说：“阿姐能做到的，我也能做到。”“哦，那你去吧。”小龙女上升到了凡间，看到一个国家兴妖作怪，一个国家硝烟四起，一个国家闹饥馑瘟疫，只有一个国家无病无灾。

ti31 tshɿ31me53 ŋi31wu31 pi53 ji31li31gi55 ti31bi35kɔ̃31 li31, ti31 dɑ31dʐui35
DEF 女儿 小NMLZ CLF DIR想 ANPR做LNK TOP ANPR DIR到达
le31 li31, ɕe55khɑ55ntʂɑ31khɑ55 me31 zʅ35, ɕe55lu31nɔ̃55lu31 jɛ̃55wu31 me31 zʅ55,
CONJ PRT 说闲言碎语 NEG COP 有啥说啥 有NMLZ NEG COP

ti^{31} li^{55} me^{31} ɕe^{55} le^{31} ŋgə^{35} me^{31} dẓui^{35}. tɔ̃^{31}jɔ̃^{55} kʉ^{31} tu^{35} le^{31}
ANPR PRT NEG 说 CONJ 够 NEG 达到 心 里 痛苦 CONJ

ji^{31}li^{31}gi^{55} ti^{35} le^{31}. ti^{31} tɕhɛ^{31}mɛ^{55} dɑ^{31}dẓui^{35} kɔ̃^{31} li^{31}, phei^{53} ɕe^{55} wu^{31}
DIR想 TENT IND DEF 家 DIR到达 LNK TOP 父亲 说 PRT

li^{31}: "tshɿ^{31}me^{55}, nũ^{35} ndʒɿ^{35}tɛ̃^{55} bɑ^{35} le^{31}, tĩ^{55}mĩ^{55} ȵdʑø^{35}lu^{31} ə^{31} bʉ^{53}
PRT 女儿 2sg 凡间 去 PEF 热闹 看NMLZ QUES 有

lø^{31}tsɿ^{31}?" "ɑ^{55}jo^{31}, ɑ^{55}tɑ^{31} bʉ^{35} lɑ^{55} bʉ^{35} le^{31}, bʉ^{55} lɑ^{55} bʉ^{55} kɔ̃^{31} li^{31},
INT INTER 阿爸 有 TOP 有 IND 有 TOP 有 LNK TOP

ŋə^{35} ti^{31} li^{55} ɕe^{55}lu^{55}nɔ̃^{31}lu^{55} jɛ̃^{55}wu^{31} me^{31} ẓɿ^{35}. ɕe^{55}khɑ^{55}ntṣɑ^{31}khɑ^{53}
1sg ANPR PRT 有啥说啥 有NMLZ NEG COP 说闲言碎语

tshø^{53}wu^{31} me^{31} ẓɿ^{35} tsɿ^{31}. ndʒɿ^{35}tɛ̃^{55} tũ^{55}sɔ̃^{55}khɔ̃^{55} lə^{31} li^{31}, li^{53} tsɿ^{53} tɕɑ^{53}
吵NMLZ NEG COP IND 凡间 世界 LOC TOP 国家 四 CLF

jɛ̃^{55} le^{31} ti^{31}bi^{35}kɔ̃^{31} li^{31}, li^{53} tɑ^{31} tɕɑ^{53} ṣɑ^{55} tũ^{55}pu^{55} mɛ̃^{35}, tɑ^{31} tɕɑ^{53}
有 CONJ ANPR做LNK TOP 国家 一 CLF 剩下 问题 没有 一 CLF

li^{31} mɑ^{55}tṣhũ^{53}, tɑ^{31} tɕɑ^{53} li^{31} ne^{35}mu^{31} gi^{53}, tɑ^{31} tɕɑ^{53} li^{31} di^{35} sɿ^{55}mu^{55}
TOP 打仗 一 CLF TOP 病苦 饥馑 一 CLF TOP 妖 妖怪

ue^{53}. sø^{55}ẓɿ^{55}sø^{31}jɔ̃^{53} mi^{31}ȵtɕhɑ^{55} nɔ̃^{55} ȵi^{31} ɣo^{35}li^{55} jɔ̃^{31} mi^{31}ȵtɕhɑ^{55} tsɿ^{31}
出 地球 DIR存续 有 LNK 龙宫 CLF DIR存续 EMPH

mo^{35}tsɿ^{31}. ti^{31} li^{55} ɑ^{55}tɑ^{31} nũ^{35} ndʑɔ̃^{55}zi^{55} lø^{55} me^{31} bi^{35} lə^{31} li^{31}, ŋgə^{35}
IND ANPR TOP 阿爸 2sg 马上 办法 NEG 做 LNK TOP 够

me^{31} dẓui^{35} tsɿ^{31}." "e^{31} ẓɿ^{35} mo^{35} jɑ^{31}? nu^{31}ku^{55} tshɿ^{31}me^{55}ȵɑ^{31} mɛ^{55} mũ^{35}
NEG 达到 PRT QUES COP PRT QUES 2pl 女儿 GEN 人

the^{31} ji^{35} nɛ^{31} the^{31} ji^{35} nɛ^{35} tsɿ^{31} kɔ̃^{31}, ji^{35} wu^{31} ẓɿ^{35} tsɿ^{31}.
PROH 去 PRT PROH 去 PRT EMPH LNK 去 PRT COP IND

ɕe^{55}khɑ^{55}ntṣɑ^{31}khɑ^{55} ø^{55} tshø^{55} lø^{35}tsɿ^{31}? ɕe^{55}lu^{31}nɔ̃^{33}lu^{31} e^{31} jɛ̃^{55} lø^{35}tsɿ^{31}?"
说闲言碎语 QUES 完 QUES 有啥说啥 QUES 有 QUES

小女儿思前想后，回到龙宫呢不能乱嚼舌根，不能东说西说，但是这个不能不说。瞻前顾后，她很是焦虑。回来以后，父亲问："女儿，你到凡间去了，看到热闹的东西没有？""啊哟，阿爸，确实有呢，我这可不是东说西说，也不是乱嚼舌根。凡间世界里，有四个国家。只有一个国家无病无灾，（其余三个国家）一个硝烟四起，一个有饥馑病苦，一个兴妖作怪。只有地球存续下去，龙宫才能存续下去。阿爸，你不马上想办法可不行。"（龙王说：）"是不是啊？你们女儿家，叫你们别去别去呢偏要去。是不是开始乱嚼舌根啦？

是不是有啥说啥啦？”

ɑ^{55} ɬi^{55} ji^{55} dʑø^{55}pu^{53} li^{31} tshɿ^{31}me^{55} mi^{31}ŋi^{55}wu^{31} pi^{53} ə^{31}lə^{31} li^{31}
LNK 大海 GEN 王 TOP 女儿 DIR小NMLZ CLF ACC PRT
ɑ^{35} zʉ^{35} nɔ̃^{31} tu^{35} tɑ^{31} tɕɑ^{53} ɕe^{55} tshø^{55} le^{31} ti^{31}bi^{35}kɔ̃^{31}, ɑ^{35} tshɿ^{31}me^{55}
LNK 3sg AGT 这样 一 CLF 说 PFV CONJ ANPR做LNK LNK 女儿
dɑ^{31}wu^{31} pi^{53} uø^{31} li^{31}, tshɿ^{31}me^{55} ji^{31}kə^{53} bɑ^{35} le^{31} li^{31}, ti^{31} tʂho^{55}ɕɛ^{55}pu^{53}
大NMLZ CLF ACC TOP 女儿 那里 去 PEF PRT DEF 果树
ə^{31}lə^{31} li^{31}, dʑø^{31}tɕhũ^{53} ŋi^{35} ji^{35} nɛ^{55} mo^{35}tsɿ^{31}. ɑ^{35} tshɿ^{31}me^{55} dɑ^{31}wu^{31} pi^{53}
LOC TOP 大鹏 喊 去 语气 IND LNK 女儿 大NMLZ CLF
li^{31} dʑø^{31}tɕhũ^{53} kɛ̃^{55} bɑ^{35} le^{31} ti^{31}bi^{35}kɔ̃^{31} li^{31}: “dʑø^{55}tɕhũ^{53}, dʑø^{31}tɕhũ^{53},
TOP 大鹏 处 去 CONJ ANPR做LNK TOP 大鹏 大鹏
dzu^{31}ku^{55} ɑ^{55}tɑ^{31} nɔ̃^{31} li^{31} nũ^{35} ə^{31}lə^{31} ji^{31}he^{35} ti^{31} ue^{35} tsɿ^{31} mo^{35}tsɿ^{31}.”
1pl:INCL 阿爸 AGT TOP 2sg ACC DIR来 TENT 来 EMPH IND
ti^{31}kɔ̃^{31} li^{31}, ti^{31} dʑø^{31}tɕhũ^{53} li^{31} tshɿ^{31}me^{55} uø^{31} dɑ^{31}wu^{31}ɕe^{55} wu^{31} li^{55}:
这时 TOP DEF 大鹏 TOP 女儿 ACC DIRDIR说 PRT PRT
“wu^{55} tɕi^{55} bə^{31}①? mɔ̃^{35} ɔ̃^{55} ȵi^{31} wu^{55} mɛ^{55} tɛ̃^{55}sɿ^{31} mɛ̃^{55} le^{31} ȵi^{31}, dʑɛ̃^{35}
1sg 什么 做 天 LOC 也 1sg GEN 任何事 没有 IND 也 地
ɔ̃^{31} ȵi^{31} tɛ̃^{35}sɿ^{31} mɛ̃^{55}, wu^{55} pho^{55}ȵu^{31} kɔ̃^{31} li^{31}, ɕɛ^{31}thə^{53} jɔ̃^{55}jɔ̃^{55} kø^{35},
LOC 也 什么事 没有 1sg 饿 LNK TOP 仙桃 果实 吃
tʃɿ^{31}ɣi^{35} kɔ̃^{31} li^{31}, kuɛ̃^{31}sɿ^{55} jɔ̃^{55}jɔ̃^{55} tsʉ^{55}. ŋə^{35} me^{31} he^{35} mo^{35}tsɿ^{31}.” ɑ^{35}
干渴 LNK PRT 露水 珠 吮吸 1sg NEG 来 IND LNK
tshɿ^{31}me^{55} dɑ^{31}wu^{31} pi^{53} dɑ^{31}wu^{31}ji^{35} le^{31}. tu^{31}ku^{55} ɑ^{55}pɑ^{31} kɛ̃^{55} dɑ^{31}wu^{31}bɑ^{35}
女儿 大NMLZ CLF DIRDIR去 PEF 3pl 阿爸 处 DIRDIR去
le^{31}, “e^{31} he^{35} le^{31} uø^{35}tsɿ^{31}?” “he^{35} mɑ^{31} tɕyɔ̃^{55} tsɿ^{31}.”
PEF QUES 来 PRT QUES 来 NEG 对 IND

海龙王对小女儿这样说了呢，就叫大女儿到果树那儿去请大鹏鸟。大女儿到了大鹏住的地方，说：“大鹏，大鹏，我们阿爸请你来一趟。”大鹏鸟对大女儿说：“（龙王）叫我做什么？天也不关我的事，地也不关我的事。我饿的时候，吃果树上的果子，渴的时候，就吸吮露水。我不去。”大女儿回到阿爸这里，龙王问她：“（大鹏）来不来呢？”“（大鹏）不来。”

ɑ^{35} tshɿ^{31}me^{55} bə^{31}mə^{31} pi^{53} ȵi^{31} ji^{35} nɛ^{35} tsɿ^{31}. ɑ^{31} tshɿ^{31}me^{55} bə^{31}mə^{31}
LNK 女儿 老二 CLF 也 走 IND EVID LNK 女儿 老二

① bə^{31}是bi^{35}（做）和jə^{31}（语气词）的合音形式。

pi^{53} he^{35} wu^{31}, tɕyɔ̃^{35}. “dʑø^{31}tɕhũ^{53}, dzu^{31}ku^{55} ɑ^{55}tɑ^{31} nɔ̃^{31} ɕe^{55} wu^{31}, nũ^{35}

CLF 来 PRT 对 大鹏 1pl：INCL 阿爸 AGT 说 PRT 2sg

ji^{31}he^{35} ti^{31} uø^{35}tsɿ^{31}？” “ɑ^{31}jɑ^{31}jɑ^{31}, tɕi^{55} bi^{35} jə^{31}？ ŋə^{35} pho^{53}n̥u^{53} kɔ̃^{31}

DIR来 TENT QUES INTER 什么 做 INT1 1sg 饿 LNK

ɕɛ^{55}thɔ^{55} jɔ̃^{55}jɔ̃^{55} kø^{35}, tʃɿ^{55}ɣi^{35} kɔ̃^{31}, kuɛ̃^{55}sɿ^{55} jɔ̃^{55}jɔ̃^{55} tsʉ^{35}, me^{31} he^{35} mo^{35}tsɿ^{31}.”

仙桃 果实 吃 口渴 LNK 露水 珠珠 吮吸 NEG 来 IND

ɑ^{55} tsɦɿ^{31}me^{55} ti^{31} bə^{31}mə^{31} pi^{53} dɑ^{31}wu^{31}bɑ^{35} le^{31}, tu^{31}ku^{55} ɑ^{55}pɑ^{31} ɕe^{55}

LNK 女儿 DEF 老二 CLF DIRDIR去 PEF 3pl 阿爸 说

wu^{31}: “e^{31} he^{35} uø^{35}tsɿ^{31}？” “me^{31} xe^{55} tsɿ^{31}.” ɑ^{55} ti^{31}kɔ̃^{31} dɑ^{31}ɕe^{55}: “tsɦɿ^{31}me^{55}

PRT QUES 来 QUES NEG 来 IND LNK 这时 DIR说 女儿

ŋi^{31}wu^{31} pi^{53}, nũ^{35} ŋi^{35} ji^{35} nɛ^{55} tsɿ^{31}, tɑ^{31} phɔ^{53} ŋi^{35} ji^{35} nɛ^{35} tsɿ^{31}.” ɑ^{55}

小NMLZ CLF 2sg 喊 去 IND IND 一 VCL 喊 去 IND IND LNK

tsɦɿ^{31}me^{55} ŋi^{31}wu^{31} pi^{53} he^{35} wu^{31}, tɕyɔ̃^{55}. he^{35} le^{31} li^{31}, dʑø^{55}tɕhũ^{53} wu^{31}ɕe^{55}

女儿 NMLZ CLF 来 PRT 对 来 PEF TOP 大鹏 DIR说

le^{31} ti^{31}bi^{35}kɔ̃^{31}, ə^{55}kə^{55} n̥i^{55} pi^{53} uø^{31} ɕe^{55}lu^{31} tɑ^{31} tɕɑ^{53}: “he^{35} mɑ^{31}

CONJ ANPR做LNK 阿姐 两 个 ACC 说NMLZ 一 CLF 来 NEG

tɕyɔ̃^{55}.” ɑ^{55} tsɦɿ^{31}me^{55} ŋi^{31}wu^{31} pi^{53} li^{31} dɑ^{31}wu^{31}bɑ^{35} le^{31}. “e^{31} he^{35} lə^{31}

对 LNK 女儿 小NMLZ 个 PRT DIRDIR去 PEF QUES 来 PRT

uø^{35}tsɿ^{31}？” “he^{35} mɑ^{31} tɕyɔ̃^{35} tsɿ^{31}.”

QUES 来 NEG 对 IND

二女儿也去请了大鹏。二女儿问：“要不要来啊？大鹏。我们阿爸问你愿不愿意来！”（大鹏说：）“啊呀呀，我来做什么？我饿了就吃果子，渴了就喝露水。不来。”二女儿回去，她阿爸问：“大鹏来不来呢？”二女儿说：“不来。”龙王又说：“幺女儿，你去一趟吧。”于是小女儿来问：“大鹏，你要不要来？”大鹏说的跟对两个姐姐说的一样：“不来。”小女儿回去，龙王就问她：“大鹏来不来呢？”“不来。”

dʑø^{55}pu^{53} tsɿ^{55}pu^{53} zʉ^{35} tɕhi^{31}phɔ^{55} le^{31}, tʂɦĩ^{55} xo^{55}pi^{53} zʅ^{35}tu^{53} phø^{53}

土司 脾气 发 程度 IND 床 下面 斧头 ACC

ji^{31}tʃɦɿ^{55} le^{31} zʅ^{35} mi^{31}tɕø^{55} le^{31}, tʃɦɿ^{55}mĩ^{55} kɛ̃^{55} wu^{31}ji^{35} wu^{31}, wu^{31}dʐui^{35}

DIR取 CONJ 腰 DIR别 PEF 水井 处 DIR去 PRT DIR到达

le^{31} ti^{31}bi^{35}kɔ̃^{31} li^{55}, dʑø^{55}tɕhũ^{53} uø^{31} wu^{31}mi^{31}nkhɔ̃^{55}: “dʑø^{35}ʃɿ^{55}dʑø^{31}pɑ^{53},

CONJ ANPR做LNK TOP 大鹏 ACC DIR问 邋里邋遢

ŋə^{35} mɛ^{55} tshɿ^{31}me^{55} sɔ̃^{55} pi^{53} ȵi^{31} bɑ^{35} kɔ̃^{31}, me^{31} he^{35} wu^{31}. tɕi^{55} bø^{35}①
1sg GEN 女儿 三 CLF 都 去 LNK NEG 来 PRT 什么 做
tsɿ^{31}？” “ɑ^{55}jɑ^{31}, dʑø^{55}pu^{53}, ŋə^{35} pho^{55}ȵu^{53} bi^{35} ti^{31}tshɿ^{55} ə^{31} ɕɛ^{55}thɔ^{31} jɔ̃^{55}jɔ̃^{53}
QUES 叹词 龙王 1sg 饿 做 这时 LOC 仙桃 果果
kø^{35}, tʃɿ^{55}ɣi^{35} bi^{35} ti^{31}tshɿ^{55} uø^{31} kuɛ̃^{55}sɿ^{55} jɔ̃^{55}jɔ̃^{55} tsʉ^{55}, tɕi^{55} bø^{35}？ ŋə^{35}
吃 口渴 做 这时 LOC 露水 珠珠 吮吸 什么 做 1sg
he^{35} le^{31} tɕi^{55} bi^{35}lu^{31} jɛ̃^{55} uø^{35}tsɿ^{31}？” “dʑø^{31}ʃɿ^{55}dʑø^{55}pɑ^{53} nɔ̃^{55}, sɛ̃^{31}pu^{53}
来 CONJ 什么 做NMLZ 有 QUES 邋里邋遢 有 树
ʑi^{35} mø^{31} ku^{53}, jɔ̃^{55}jɔ̃^{53} tɕʉ^{55} kø^{35} uø^{35}tsɿ^{31}？ mɔ̃^{35} ɔ̃^{35} ȵi^{31} tshɔ̃^{31} me^{31}
栽 NEG CAUS 果实 什么 吃 QUES 天 LOC ABL 雨 NEG
wi^{55} lə^{31}, kuɛ̃^{55}sɿ^{55} tɕʉ^{55} tɕhɑ^{35}？” o^{55}ho^{31}, tø^{55} ȵi^{55} tsɿ^{55}pu^{55} zʉ^{35} le^{31},
下 LNK 露水 什么 喝 INTER DEF ABL 脾气 发作 CONJ
ʐɔ̃^{35}tu^{55} nɔ̃^{55} li^{31} tʂho^{55}ɕɛ^{55}pu^{53} uø^{31} sɔ̃^{55} tɕo^{53} mi^{31}di^{35} le^{31}.
斧头 INST TOP 神树 LOC 三 刀 DIR打 PEF

海龙王大发脾气，把床底下的那把斧头取来别在腰上，来到了水井边。到了水井边就问大鹏：“邋里邋遢的鸟，我三个女儿都请过你，你为什么请不来呢？”“啊呀，龙王，我饿的时候吃树上的果子，渴的时候喝露水，（我来）干啥呢？我来干什么呢？”（龙王说：）“邋里邋遢的鸟，我不栽培树，你吃什么？天要不下雨，你喝什么？”这下龙王发了很大的脾气，在树上砍了三刀。

ɑ^{35} ti^{31}bi^{35}kɔ̃^{31} li^{31}, dʑø^{55}tɕhũ^{53} pi^{53} ti^{31} phɑ^{31} ə^{31} mi^{31}pɑ^{31}te^{53},
LNK ANPR做LNK TOP 大鹏 CLF PROX 边 LOC DIR落下
wu^{31}pɑ^{31}te^{53} le^{31} ti^{31}bi^{35}kɔ̃^{31} li^{31}, ɬi^{55} ji^{55} dʑø^{55}pu^{53} nɔ̃^{31} dʑø^{31}tɕhũ^{53}
DIR落下 CONJ ANPR做LNK TOP 大海 GEN 王 AGT 大鹏
ji^{31}ho^{55} le^{31} li^{31}, dʑø^{55}tɕhũ^{53} mɛ^{55} ȵi^{31}gɑ^{55} ə^{31}lə^{31} ʐɔ^{35}tu^{55} mɛ^{55} tɛ̃^{55}pʉ^{53} nɔ̃^{55}
DIR抓 PEF PRT 大鹏 GEN 额头 LOC 斧头 GEN 背 INST
li^{31} pɑ^{31}pɑ^{53}ɕi^{35}ɕi^{35} sɔ̃^{55} tɕɑ^{55} mi^{31}bi^{35} wu^{31}, “nũ^{35} ji^{35} lɑ^{55} me^{31} ji^{35}
PRT 把把细细 三 CLF DIR做 PRT 2sg 去 LNK NEG 去
uø^{35}tsɿ^{31}？” “ɑ^{35} dʑø^{55}pu^{53}, ɑ^{55} nũ^{35} nɔ̃^{31} ɕe^{55} tshø^{31} kɔ̃^{31}, ji^{35} lɑ^{55} ji^{35}
QUES LNK 龙王 LNK 2sg AGT 说 PFV LNK 去 LNK 去
le^{31} dʐʅ^{35}. nũ^{35} mɛ^{55} tsi^{53} ɬi^{55}tɔ̃^{55}tʂu^{53} li^{31} ndʐu^{35} ʃɿ^{55} ku^{31} tɕɛ̃^{55} mo^{35}tsɿ^{31}.
CONJ COP 2sg GEN 儿子 喜当珠 TOP 伴儿 牵 CAUS 要 IND

① bø^{35}是bi^{35}（做）和jø^{35}（语气词）的合音形式。

ɑ^{35} ti^{31} lɑ^{31} ʃɿ^{55} ku^{31} le^{31} zɿ^{35} tsɿ^{31}. ə^{35}hə^{31}! ŋə^{35} ji^{35} lɑ^{31} ʃɿ^{55}
LNK ANPR PRT 牵 CAUS CONJ COP IND INTER 1sg 去 PRT 带
ku^{31} tsɿ^{31} mo^{35}tsɿ^{31}."
CAUS EMPH IND

于是大鹏鸟在树的一边跌落下来。跌下来之后，海龙王抓住了它，用斧背在它的头上认认真真地敲了三下，问：“你去还是不去？”“啊，龙王，既然你都说了，我去呢还是要去，但是我要你的儿子喜当珠做伴儿。你同不同意我带他去？我要去呢就得带上他。”

ɑ^{35} mu^{55}ʃu^{31}tsi^{31} li^{31} dʑø^{55}tɕhũ^{53} ji^{31}ʑɔ̃^{55} bi^{35} le^{31} li^{31}, tu^{35} bi^{35} le^{31}
LNK LNK PRT 大鹏 这样 做 PEF TOP 这样 做 PEF
li^{31} dʑø^{55}tɕhũ^{53} ji^{35} ku^{55} lɑ^{31} ʃɿ^{55} le^{31} ji^{31}he^{35} le^{31}, phu^{55}dʐuɔ̃^{55} kʉ^{31}
TOP 大鹏 去 CAUS TOP 带 CONJ DIR来 IND 王宫 里
ji^{31}dʐui^{35} le^{31} li^{31} mu^{31}ʃu^{55}tsi^{31} li^{31} ɬi^{31} ji^{55} dʑø^{55}pu^{53} li^{55} ɬø^{55}ji^{55}uɔ̃^{55}mu^{53}dʑø^{55}dʐɿ^{55}
DIR到达 PEF PRT LNK PRT 大海 GEN 王 TOP 天帝
uø^{31}lø^{31} li^{31} tɔ̃^{55}te^{55} dʑø^{35} le^{31}. ndʒɿ^{35}tɛ̃^{55} lə^{31} li^{31}, li^{55} tɑ^{31} tɕɑ^{53} li^{31} di^{35}
ACC PRT 信 写 PEF 凡间 LOC TOP 国家 一 CLF TOP 妖
sɿ^{55}mu^{55} ue^{55}, li^{55} tɑ^{31} tɕɑ^{53} li^{31} ne^{35}mu^{31} gi^{53}, li^{55} tɑ^{31} tɕɑ^{53} li^{31} mɑ^{55}tʂhũ^{55}
妖怪 出 国家 一 CLF TOP 病苦 饥馑 国家 一 CLF TOP 打仗
jɛ̃^{55}, li^{55} tɑ^{31} tɕɑ^{53} kʉ^{31} lə^{31} li^{31} tɑ^{31} tɕɑ^{53} ʂɑ^{31} tũ^{31}pu^{53} mɛ̃^{35} le^{31}
有 国家 一 CLF 里 LOC TOP 一 CLF 剩下 问题 没有 CONJ
ti^{31}bi^{35}kɔ̃^{31} li^{31}, ɬø^{55}ji^{55}uɑ̃^{55}mu^{55}dʑø^{55}dʐɿ^{53} ə^{55}lə^{31} li^{31} tsə^{31} mũ^{35} phe^{55} le^{31}
ANPR做LNK TOP 天帝 LOC TOP 就 人 派 CONJ
he^{35} kɔ̃^{31}, ndʒɿ^{35}tɛ̃^{55} ə^{31}lə^{31} li^{31} di^{35}nɑ^{55} he^{35} tɕɛ̃^{55} tsɿ^{31} le^{31}. tɔ̃^{55}te^{55} kʉ^{31}
来 LNK 凡间 LOC TOP 降妖 来 要 EMPH IND 信 里
mi^{31}dʑø^{35} le^{31} li^{31} dʑø^{55}tɕhũ^{53} mɛ^{55} tɔ̃^{55}phɑ^{53} kʉ^{31} ji^{31}kə^{55} ku^{31} le^{31} li^{31}.
DIR写 PEF TOP 大鹏 GEN 翅膀 里 DIR夹 CAUS PEF IND

大鹏同意去了，它来到了龙宫。海龙王给天帝写了一封信，说凡间有一个国家兴妖作怪，有一个国家饥馑病苦，有一个国家硝烟四起，只剩下一个国家平平安安。它要天帝派人来消灭凡间的妖魔鬼怪。它写了信，就把信夹在大鹏的翅膀中间。

ɑ^{35} mu^{31}ʃu^{55}tsi^{31} li^{31} ɬi^{55} ji^{55} dʑø^{31}pu^{55} mɛ^{55} tsi^{53} ə^{31}lə^{31} li^{31} ɬi^{31}dɔ̃^{31}tʃu^{53}
LNK LNK PRT 龙 GEN 王 GEN 儿子 ACC PRT 喜当珠
mi^{31}ntshɔ^{31}, ɑ^{35} mu^{55}ʃu^{55}tsi^{31} li^{31} dʑø^{31}tɕhũ^{53} ɬi^{55} ji^{31} dʑø^{55}pu^{53} mɛ^{55} tsi^{53} uø^{31}
名字 LNK LNK PRT 大鹏 海 GEN 王 GEN 儿子 ACC

wu^{31}ɕe^{55} le^{31} li^{31}: " wu^{55} ȵ̥yɔ̃^{31}mu^{55} ji^{35} li^{31} ji^{35} kɔ̃^{31}, ə^{35}hə^{31}! pɔ̃^{55}ji^{31} kɛ̃^{55}
DIR说 PRT IND 1sg COM 去 TOP 去 LNK INTER 热NMLZ 处

tʃui^{55} kɔ̃^{31} li^{55} pɔ̃^{55}mu^{31} tsɿ^{31} le^{31} ɕe^{55}ji^{31} mɛ̃^{35} mo^{35}tsɿ^{31}; tɔ̃^{55}tɑ^{55} ku^{31},
到达 LNK TOP 热 COP CONJ 说NMLZ 没 IND 宣誓 CAUS

qhuɔ̃^{55}ji^{31} kɛ̃^{55} dʐui^{35} kɔ̃^{31}, qhuɔ̃^{55}mu^{31} tsɿ^{31} ɕe^{55}ji^{31} mɛ̃^{35}, ŋgui^{35}ji^{31} kɛ̃^{55}
冷NMLZ 处 到达 LNK 冷 COP 说NMLZ 没 不平NMLZ 处

dʐui^{35} kɔ̃^{31}, ŋgui^{55}mu^{31} ɕe^{55}ji^{31} mɛ̃^{35}; nø^{55}wu^{31} tshø^{55}ji^{33} kɛ̃^{55} dʐui^{35} kɔ̃^{31},
到达 LNK 不平MLZ 说NMLZ 没 热闹NMLZ 闹NMLZ 处 到达 LNK

nø^{55}wu^{31} tshø^{53} ɕe^{55}ji^{31} mɛ̃^{35} mo^{35}tsɿ^{31}." "əu^{31}, tɕyɔ̃^{35}, tɕyɔ̃^{35} tsɿ^{31}. ɑ^{55}
热闹NMLZ 闹 说NMLZ 没 IND INTER 好 好 PRT LNK

ti^{31} le^{55} dʐʅ^{31}." tø^{55}ȵi^{55} li^{31} mu^{55}ʃu^{31}tsi^{31} dʑø^{31}tɕhũ^{53} li^{31} tsø^{31} ɬi^{55}dɔ̃^{31}tʃu^{53}
ANPR PRT COP 从此 PRT LNK 大鹏 TOP 就 喜当珠

phø^{53} wũ^{31}pu^{55} kʉ^{31} ji^{31}kə^{53}. ɣo^{35}li^{31} ȵi^{31} ɑ^{31} mɔ̃^{35} thu^{31}phʉ^{55} ji^{35} wu^{31}.
ACC 嘴巴 里 DIR衔 海底 ABL LNK 天 DIR飞 去 PRT

龙王的儿子叫作喜当珠。大鹏对海龙王的儿子说："我们一起去呢，到了酷热的地方你不能说热，到了寒冷的地方你不能说冷，到了不平的地方你不能说不平，到了热闹的地方你不能说热闹。""哦，好，好吧。"这样大鹏就把喜当珠的嘴巴衔着，从海底出发要飞到天上去。

ɬə^{31}ji^{55}uɔ̃^{55}mu^{53}dʑø^{55}tʃʅ^{53} kɛ̃^{55} thu^{31}phʉ^{55} ji^{35}, ɬə^{55}ji^{55}uɔ̃^{55}pu^{55}dʑø^{31}tʃʅ^{55} thu^{31}bɑ^{35}
天帝 处 DIR飞 去 天帝 DIR去

mɛ^{55} dʐʅ^{35} mo^{35}tsɿ^{31}. thu^{31}bɑ^{35} le^{31} ɬə^{55}ji^{55}uɔ̃^{55}mu^{53}dʑø^{31}tʃʅ^{53} mɛ^{55} phu^{55}dʐuɔ̃^{55}
PRT COP IND DIR去 CONJ 天帝 GEN 王宫

kʉ^{31} le^{31} ti^{31}bi^{35}kɔ̃^{31} li^{31}, tshɑu^{55}tʃʅ^{55}pu^{53} mi^{31}bø^{55} le^{31} ti^{31}bi^{35}kɔ̃^{31} li^{31}
里 CONJ ANPR做LNK TOP 神桦木 DIR栖息 CONJ ANPR做LNK TOP

tsə^{53}, ɬə^{55}ji^{55}uɔ̃^{55}mu^{53}dʑø^{31}tʃʅ^{55} li^{55} li^{31}nɛ^{55}tʂu^{31}dʑø^{55} bi^{35}, tu^{31}mbi^{35}tu^{31}tɕhə^{53} bi^{35}
就 天帝 TOP 唱歌跳舞 做 吹吹打打 做

le^{31} li^{31}, lø^{55}mø^{53} tʃʅ^{35}tshe^{53} khə^{31}khə^{55} le^{31}. o^{35}jɑ^{31}, tu^{35} bi^{35} le^{31} li^{31},
PRT IND 喇嘛 全部 汇集 PEF INTER 这样 做 PEF TOP

tɕhy^{55}dʐə^{53}gi^{35}dʐə^{53} bi^{35} le^{31} li^{31}, dʐui^{35} ȵi^{31} sɿ^{55}wu^{31} mɑ^{31} nɔ̃^{53}. ŋi^{35} jɑ^{55}
念经奏乐 做 PEF TOP 到达 都 知道NMLZ NEG 有 七 天

ŋi^{35} zʅ^{31} wu^{31}bø^{55} kɔ̃^{31}, mũ^{35}su^{55} ji^{31}tʂhue^{55}wu^{31} mɑ^{31} nɔ̃^{53}.
七 夜 DIR栖息 LNK 活人 DIR出NMLZ NEG 有

大鹏飞到了天帝的天宫，栖息在一棵桦木神树上。天帝的天宫正歌舞升平，喇嘛群集，奏乐念经，大鹏到了都没有人知晓。大鹏整整栖息了七天七夜，都没有人出来。

ŋi^{35} jɑ^{31} ŋi^{35} tshø^{53} ȵɛ^{55}pu^{53} li^{55} ti^{31} bɛ^{31}tʃu^{55} pi^{53} tsi^{31} tʃɦ^{55}mu^{53}
七 天 变 PFV 时候 TOP DEF 学徒 CLF 小子 外面

tɕhə^{53}sɔ̃^{55} tʂho^{55} he^{35} le^{31} ji^{31}tʂhue^{55} le^{31} ti^{31}bi^{35}kɔ̃^{31} li^{31}, tshɑu^{55}tʃɿ^{55}pu^{55}
小便 解 来 CONJ DIR出 CONJ ANPR做LNK TOP 神桦木

te^{31}ȵe^{55} wu^{31}hø^{55} ku^{31} mɛ^{55} nɛ^{31} phø^{53} bø^{35} le^{31}nɔ̃^{31}. ɑ^{35} ti^{31} bɛ^{31}tʃu^{55}
一边 DIR盖 CAUS GEN 鸡 CLF 栖息 PROG LNK DEF 学徒

li^{55} ɕʉ^{55}kʉ^{53} tɕhy^{55}kuɔ̃^{55} kʉ^{31} dɑ^{31}thu^{31}bɑ^{35} le^{31} wu^{31}ɕe^{55} le^{31} li^{31}: “o^{31}jo^{31},
TOP 里面 经堂 里 DIRDIR去 CONJ DIR说 PEF IND INTER

dʑø^{55}pu^{53}, ŋø^{35}ku^{55} mɛ^{55} ti^{31} tshɔ^{55}tʃɿ^{55}pu^{53} uø^{31} li^{31} tshɔ^{55}tʃɿ^{55} te^{31}ȵe^{55}
大帝 1pl：EXCL GEN PROX 神桦木 LOC TOP 桦木 一半

wu^{31}hø^{55} mɛ^{55}, nɛ^{31} phø^{53} bø^{35} le^{31}nɔ̃^{31}. u^{31}ju^{31}, gø^{55}bø^{53}tũ^{31}bø^{53} he^{35} me^{31}
DIR盖住 PRT 鸡 CLF 栖息 PROG INTER 自古以来 来 NEG

jɛ̃^{55}, wu^{55} ji^{35} le^{31} ji^{31}kə^{55} lə^{31} ji^{31}ho^{55} le^{31} wu^{31}mi^{31}ŋkhɔ̃^{55} ti^{31}. tɕu^{55}tɕĩ^{35}
有 1sg 去 PRT 那里 LOC DIR抓 CONJ DIR问 TENT 究竟

e^{31}li^{55}wu^{31} dʐɿ^{35}khi^{35} tsɿ^{31}？” ɑ^{55} bɛ^{31}tʃu^{53} khø^{55}khø^{55} pi^{53} ɬɔ̃^{55} le^{31} ji^{31}he^{35}
什么 识辨 QUES LNK 学徒 其他 CLF 放 CONJ DIR来

le^{31} li^{55}, zʉ^{35} lə^{31} mi^{31}ŋkhɔ̃^{55} le^{31} ti^{31}bi^{35}kɔ̃^{31} li^{31}, nɛ^{55} mɛ^{55} ke^{55}tɕhe^{53}
PEF TOP 3sg ACC DIR问 CONJ ANPR做LNK TOP 鸡 GEN 语言

ɬø^{55} mø^{31} kʉ^{53}, ɬø^{55} mɛ^{55} ke^{55}tɕhe^{53} nɛ^{55} mø^{31} kʉ^{53}. ɑ^{31}li^{55} tsə^{31}, tu^{31} le^{55}
神仙 NEG 懂 神 GEN 语言 鸡 不 懂 LNK 就 这样 PRT

ɕe^{55} le^{31} ti^{31}bi^{35}kɔ̃^{31} le^{31} li^{31}, gu^{55}ji^{31} mɛ̃^{55} le^{31} ti^{31}bi^{35}kɔ̃^{31} li^{31},
说 CONJ ANPR做LNK PRT TOP 懂NMLZ 没 CONJ ANPR做LNK TOP

gie^{35} wu^{31} ko^{55}tʂu^{53} li^{31}, ɬə^{55}ji^{55}uɔ̃^{55}mu^{53}dʑø^{55}tʃɿ^{53} tʃɿ^{55} le^{31} ȵi^{31} tɕhi^{55}li^{55} bi^{35}
好 NMLZ 坏 TOP 天帝 听 PEF 也 分辨 做

mɑ^{31} qo^{55}.
NEG 行

七天过后，学徒小子出来解小便。这时他看见桦木神树的一边栖息着一只鸟，学徒小子经过经堂，走上去对天帝说：“噢哟，天帝啊，我们的桦木神树被罩住了一半，有一只鸟停靠在上面。噢哟，这样的事情自古以来闻所未闻。是否去抓来问问，看究竟是怎么回事？”于是派了另一个学徒来问。鸟的话神仙听不懂，神仙的话鸟又听不懂。哎，说来说去都不懂，到底是吉祥的呢还是邪恶的呢，连天帝都不能分辨清楚。

o^{55}jɑ^{31}, tø^{55}n̥i^{55} li^{55}, ɑ^{55}jo^{31}, ji^{31}kʉ^{53}ji^{31} mɛ̃^{35} li^{31}, wu^{31}kʉ^{53}wu^{31} mɛ̃^{35},

INTER 从此 TOP INTER DIR懂NMLZ 没 PRT DIR懂NMLZ 没

e^{31}li^{55}wu^{31} tʃɿ^{35} me^{31} sɿ^{55}. gie^{35}wu^{31} ko^{55}tʂu^{53} li^{31} tɕhi^{55}li^{31} bi^{35} mɑ^{31} qo^{55}

怎么 听 NEG 知道 好NMLZ 坏 TOP 分辨 做 NEG 行

tsɿ^{31}. tu^{31} bi^{35} le^{31} tɕyɛ̃^{55}mɛ̃^{35}. o^{31}jɑ^{31}, tsɑu^{35}thɔ^{31} kʉ^{31} lə^{31} li^{31} gie^{35}wu^{31}

PRT 这样 做 CONJ 不要紧 INTER 灶头 里 LOC PRT 好NMLZ

li^{31} dʐɿ^{35}, ko^{55}tʂu^{55} li^{31} dʐɿ^{35}, tsɑu^{35}thɔ^{31} kʉ^{31} thu^{31}pɔ̃^{55} le^{31} sɔ̃^{55}ŋi^{31}sɔ̃^{55}ʐɿ^{53}

TOP COP 坏 TOP COP 灶头 里 DIR烧 CONJ 三天三夜

wu^{31}pɔ̃^{53}, gie^{35}wu^{31} dʐɿ^{35} le^{31} tɕhi^{31}li^{31} jɛ̃^{55} wu^{31} dʐɿ^{35}, ko^{55}tʂu^{55} dʐɿ^{35}

DIR烧 好 NMLZ COP PRT 分辨 有 PRT COP 坏人 COP

le^{31} tɕhi^{55}li^{55} jɛ̃^{55} wu^{31} ʐɿ^{35} tsɿ^{31}. ɑ^{35} dʑø^{55}tɕhũ^{53} phø^{53} li^{31} bø^{55}tɕhɑ^{53}dũ^{35}ŋø^{35}

CONJ 分辨 有 PRT COP PRT LNK 大鹏 ACC TOP 罪

ɕə^{55} ku^{31} le^{31}, ɬə^{55}ji^{55}uɔ̃^{55}mu^{53}dʑø^{55}tʃɿ^{55} mɛ^{55} li^{31} tsɑu^{35}thɔ^{31} kʉ^{31} thu^{31}dø^{55}

承受 CAUS CONJ 天帝 GEN GEN 灶头 里 DIR烧

le^{31} li^{31}, tsɑu^{35}ɸuɑ̃^{55} kʉ^{31} thu^{31}dø^{55}, wu^{31}lə^{31}lə^{55} ku^{31} le^{31} tɕhʉ^{55} wu^{31} ʐɿ^{35}.

PEF IND 灶房 里 DIR烧 DIR燃烧 CAUS CONJ 放 PRT COP

大鹏说过来大家也不懂，大家说过去大鹏也不懂。到底它是吉祥的还是邪恶的，谁也不能分辨清楚。不要紧。哦呀，不论是吉祥的，还是邪恶的，放到灶头里面去烧，烧它三天三夜，是吉祥的还是邪恶的，就能分辨清楚了。这下大鹏要遭罪了。天帝把它放到灶头里面去烧，还不停地加火，就让它在火里面。

sɔ̃^{55}ŋi^{31}sɔ̃^{55}ʐɿ^{55} mɛ^{55} pɔ̃^{55} zɔ̃^{55} le^{31} ti^{31}bi^{35}kɔ̃^{31} li^{31}, li^{55}nɛ^{55}tʂu^{55}dʑø^{53}

三天三夜 GEN 燃烧 时候 CONJ ANPR做LNK TOP 唱歌跳舞

tũ^{31}bi^{35}tũ^{31}tɕhy^{55} tsø^{31} e^{31}le^{55} li^{31} jɛ̃^{55} wu^{31} ɕi^{31} le^{55} li^{31} ʃu^{31}mu^{55}tɑ^{31} le^{31},

奏乐念经 竟 什么 TOP 有 PRT 扯 CONJ PRT 忘记 PEF

ŋi^{35}jɑ^{31}ŋi^{35}ʐɿ^{53} wu^{31} dʐɿ^{35}, ji^{31}li^{31}gi^{55} le^{31} ti^{31}bi^{35}kɔ̃^{31} li^{31}, ŋi^{35}jɑ^{55}ŋi^{35}ʐɿ^{55} ŋi^{35}

七天七夜 PRT COP DIR想 CONJ ANPR做LNK TOP 七天七夜 成

tshø^{31} kɔ̃^{31}, ɬə^{55}ji^{55}uɔ̃^{55}mu^{53}dʑø^{55}tʃɿ^{53} dʑø^{55}pu^{53} tsũ^{55}tsɿ^{31}tsũ^{55} ɕe^{55} wu^{31} li^{31},

PFV LNK 天帝 土司 亲自 说 PRT IND

“ɑ^{35} tɕhɑ^{31}ji^{55} ti^{31} dʑø^{55}tɕhũ^{53} phø^{53} li^{31} ti^{31} nɛ^{31} phø^{53} li^{31} tsɑu^{35}thɔ^{31}

LNK 今天 DEF 大鹏 CLF TOP PROX 鸡 ACC TOP 灶头

kʉ^{31} thu^{31}tɕɑ^{55} ku^{31} tsɿ^{31}. gie^{35}wu^{31} dʐʅ^{35} lə^{31} li^{31}, sɔ̃^{55} ʐʅ^{31} mɛ^{55} ʐɑ^{31} ʐə̥^{55}
里 DIR扔 CAUS PRT 好NMLZ COP LNK IND 三 天 GEN 时间 过

kɔ̃^{31}, ɑ^{31} tɕhɑ^{31}ji^{55} ŋi^{35} jɑ^{31} tu^{55} ŋi^{35} tshø^{31} kɔ̃^{31}, tɑ^{31} phɔ^{55} ȵdʑø^{35} ji^{35}
LNK LNK 今天 七 天 这样 成 PFV LNK 一 VCL 看 去

le^{31}. pɔ̃^{55} le^{31} mĩ^{31}sɿ^{55} ŋi^{35} le^{31}, ko^{55}tʂu^{55} ʐʅ^{35} le^{31} mĩ^{31}sɿ^{55} ŋi^{35} tshø^{31}
IND 燃烧 CONJ 灰 变 PEF 坏 COP PRT 灰 变 PFV

le^{55}. tɑ^{31} phɔ^{55} wu^{31} ȵdʑø^{35} ti^{31} ji^{35} tsɿ^{31}." ɑ^{55} bɛ^{55}tʃu^{53} he^{35} le^{31} wu^{31}bɑ^{35}
PEF 一 VCL DIR 看 TENT 去 PRT LNK 学徒 来 CONJ DIR去

le^{31}, ȵdʑø^{35} he^{35} le^{31} ti^{31}bi^{35}kɔ̃^{31}, wu^{31}ȵdʑø^{35} kɔ̃^{31}, me^{55} tsɑu^{35}thɔ^{31}
PEF 看 来 CONJ ANPR做LNK DIR看 LNK 正 灶头

mĩ^{35} wu^{31}ki^{55} le^{31} thu^{31}ȵdʑø^{35} le^{31} ti^{31}bi^{35}kɔ̃^{31}, ko^{31}to^{31}lo^{55}① tsɿ^{31} le^{31}
门 DIR揭开 CONJ DIR看 CONJ ANPR做LNK 果多洛（拟声词）ADV CONJ

tsɑu^{35}thɔ^{31} mɛ^{55} zʉ^{35}khɑ^{55} kʉ^{31} lə^{31} gie^{35}gie^{55} tsi^{31} jø^{35} le^{31}nɔ̃^{31}.
灶头 GEN 角落 里 LOC 好 ADV 站 PROG

烧了三天三夜之后，（大家）唱歌跳舞，奏乐念经地把这件事情忘记了。烧到七天七夜的时候，天帝想：这事都过去七天七夜了。于是他说："把这只大鹏鸟扔到灶头里去至今三天的时间过去了，七天的时间过去了。你们去看一看吧，它是吉祥的呢，也变成灰烬了，它是邪恶的呢，也变成灰烬了。你们去看一看吧。"学徒把灶头门打开一看，啊，大鹏"果多洛"地叫了一声，它正在灶头角落里好好地站着呢。

ɔ̃^{35} mi^{31}ɬɔ̃^{55} le^{31} tsø^{31}, tɑ^{31} phɔ^{55} ɕe^{55} le^{31} ti^{31}bi^{35}kɔ̃^{31} li^{31},
再 DIR放 CONJ 就 一 VCL 说 CONJ ANPR做LNK TOP

ji^{31}ɕe^{55} kɔ̃^{31} ji^{31}kʉ^{53} mɑ^{31} qo^{55}, wu^{31}ɕe^{55} kɔ̃^{31} wu^{31}kʉ^{53} mɑ^{31} qo^{55}. ɑ^{55},
DIR说 LNK DIR懂 NEG 行 DIR说 LNK DIR懂 NEG 行 INTER

gie^{35}wu^{31} li^{31} dʐʅ^{35}, ko^{55}tʂu^{53} li^{31} dʐʅ^{53}? ɣũ^{55} kʉ^{31} ji^{31}ʂɑ^{53}, sɔ̃^{55}ŋi^{35}sɔ̃^{55}ʐʅ^{53}
好NMLZ TOP COP 坏 TOP COP 锅 里 DIR煮 三天三夜

ʂɑ^{55} le^{31} wu^{31}tɕhʉ^{53}, sɔ̃^{55}ŋi^{55}sɔ̃^{55}ʐʅ^{53} ʂɑ^{55} le^{31} wu^{31}tɕhʉ^{53} tshø^{31} le^{31}
煮 CONJ DIR搁置 三天三夜 煮 CONJ DIR搁置 PFV CONJ

ti^{31}bi^{35}kɔ̃^{31}, ɣũ^{31} kʉ^{31} tʃɿ^{31} phʉ^{55}ji^{31} kʉ^{31} ʂɑ^{55} le^{31}, tɔ̃^{55}gə^{53} wu^{31}hɑ^{55} le^{31}
ANPR做LNK 锅 里 水 开NMLZ 处 煮 PEF 锅盖 DIR揭开 CONJ

① ko^{31}to^{31}lo^{55}：音译为"果朵洛"，拟声词，指大鹏鸟的叫声。

tɕhʉ^{53} le^{31} ti^{31}bi^{35}kɔ̃^{31}, ɑ^{35} dʑø^{35}jɛ̃^{55}tɕhɔ̃^{55}jɛ̃^{55}, li^{55}nɛ^{55}dʐu^{31}dʑø^{53} bi^{35} le^{31}
搁置 CONJ ANPR做LNK LNK 有唱有跳 唱歌跳舞 做 CONJ

ti^{31}bi^{35}kɔ̃^{31}, ɔ̃^{35} ŋi^{35}jɑ^{31}ŋi^{35}zɿ^{35} ŋi^{35} wu^{31}, ɬø^{55}ji^{55}uɔ̃^{55}mu^{53}dʑø^{55}tʃɿ^{53} ji^{31}li^{31}gi^{55}
ANPR做LNK 又 七天七夜 变 PRT 天帝 DIR想

le^{31} ti^{31}bi^{35}kɔ̃^{31} li^{55}, mø^{31}mø^{55}tsi^{31} nɛ^{35}① phø^{53} sɔ̃^{55}ŋi^{55}sɔ̃^{55}zɿ^{55} ʂɑ^{55} le^{31}
CONJ ANPR做LNK TOP 不知不觉 鸡 CLF 三天三夜 煮 CONJ

wu^{31}tɕhʉ^{53} tsɿ^{31} kɔ̃^{31} gie^{35} wu^{31} ko^{55}tʂu^{53} tɕhi^{55}li^{55} bi^{35} wu^{31} dʐɿ^{35} tsɿ^{31}
DIR搁置 PRT LNK 好 NMLZ 坏 分辨 做 PRT COP EMPH

le^{31}. ɑ^{35} tɕhɑ^{31}ji^{55} ʃɿ^{31}tɕɛ̃^{55} phø^{53} ji^{31}li^{31}gi^{55} le^{31} ti^{31}bi^{35}kɔ̃^{31}, ŋi^{35}jɑ^{31} zɿ^{53}
PRT LNK 今天 时间 ACC DIR想 CONJ ANPR做LNK 七夜 COP

le^{31} tũ^{55} ŋi^{35} tshø^{31} le^{55} nɔ̃^{31}. ɑ^{35} ʃuɔ̃^{55}ʃuɔ̃^{55}tsi^{31} ndʑø^{35} ji^{35} ʃɿ^{55}, e^{31}li^{55}wu^{31}
CONJ 总 成 PFV PEF 有 LNK 快 快 ADV 看 去 先 怎么

dʐɿ^{35}khi^{53}? o^{55}jɑ^{31}! gie^{35}wu^{31} zɿ^{35} le^{31} tʃɦn^{55}kho^{55}nɔ̃^{31}kho^{53} tɕhe^{55} tshø^{31} le^{31}.
分辨 INTER 好NMLZ COP CONJ 骨肉 分开 PFV PEF

ko^{55}tʂu^{53} zɿ^{35} le^{31} tʃɦn^{55}kho^{55}nɔ̃^{31}kho^{53} tɕhe^{55} tshø^{31}.
坏 COP CONJ 骨肉 分开 PFV

再把它放下来说了一遍，说过来它不懂，说过去神仙不懂。啊，是吉祥的，还是邪恶的？在锅里煮了三天三夜，锅里头待了三天三夜，在锅里用水煮了三天三夜，又唱又跳，又吹又打，又到了七天七夜的时候，天帝心想：不知不觉就把鸟煮了三天三夜，是好是坏该分得清楚了。今天时间已经过了七天七夜了，先快去看看怎么样了？哦呀，是吉祥的呢，也骨肉分离了；是邪恶的呢，也骨肉分离了。

bɛ^{31}tʃu^{55} ʃuɔ̃^{55}ʃuɔ̃^{55}tsi^{31} he^{35} le^{31} ɳdʑø^{35} bɑ^{35}. ɑ^{35} dɔ̃^{55}ŋə^{53} wu^{31}hɑ^{55}
学徒 迅速 ADV 来 CONJ 看 去 LNK 锅盖 DIR揭开

kɔ̃^{31}, dɔ̃^{55}ŋə^{31} xo^{55}pi^{53} ndɑ^{35} le^{31}nɔ̃^{31}, ko^{31}to^{31}lo^{55} tsɿ^{31} le^{31}. dɔ̃^{55}gə^{53} xo^{55}pi^{53}
LNK 锅盖 下面 粘 PROG 果多洛（拟声词）COP PRT 锅盖 下面

fu^{55}tʃɿ^{31}gie^{31}gie^{31} tsi^{31} bi^{35} le^{31} jø^{35} le^{31}nɔ̃^{31}. ɑ^{35} tø^{55} ȵi^{55} li^{55}, dʑø^{35}tɕhũ^{53}
汗流浃背 ADV 做 CONJ 站 PROG LNK 这里 ABL TOP 大鹏

phø^{53} li^{31} ho^{55} le^{31} ɬə^{55}ji^{31}uɔ̃^{55}mu^{53}dʑø^{55}tʃɿ^{53} mɛ^{55} ji^{31}to^{31} ji^{31}nɔ̃^{55} ku^{31}
ACC PRT 抓 CONJ 天帝 GEN 厅堂 DIR住 CAUS

le^{31} ti^{31}bi^{35}kɔ̃^{31} li^{31}, bɛ^{31}tʃu^{55} dɑ^{31}bɑ^{35} le^{31}, bɛ^{31}tʃu^{55}tsi^{31} li^{55} dʑø^{55}pu^{55}
CONJ ANPR做LNK TOP 学徒 DIR去 PEF 学徒 DIM TOP 大帝

① 鸡：讲述人认为大鹏鸟和鸡是同类的。

kɛ̃^{55} tɛ̃^{35} ȵdʑø^{35} ji^{35} wu^{31}. tsø^{31} dʑø^{31}sɔ̃^{31}tɕhi^{53}, ti^{31} nɛ^{53} mi^{31} tsø^{53} pɔ̃^{55}
处 什么 看 去 PRT 竟然 敬语 PROX 鸡 DIR 竟然 烧

li^{31} pɔ̃^{55}, ʂɑ^{55} li^{31} ʂɑ^{55} le^{31} ti^{31}bi^{35}kɔ̃^{31}, me^{31} tsø^{31} fu^{55}tʃʅ^{31}gie^{31}gie^{31} bi^{35}
TOP 烧 煮 TOP 煮 CONJ ANPR做LNK 正 竟然 汗流浃背 做

dʐʅ^{35} tsʅ^{31} tsø^{31}.
COP PRT 竟

学徒赶快去看，揭开锅盖，看到大鹏在锅盖下面“果多洛”地叫了起来，它在锅盖下面汗流浃背地站着呢。于是天帝抓着大鹏来到了厅堂，让它待在那儿。学徒也跟着来到天帝的处所去看个究竟。啊呀，烧也烧了，煮也煮了，大鹏居然还能在锅里汗流浃背地站着。

ɬø^{55}ji^{55}uɔ̃^{55}mu^{53}dʑø^{35}tʃʅ^{53} tsũ^{55}tsũ^{55} mi^{31}he^{35} le^{31} li^{31}. wu^{55} tɑ^{31} phɔ^{55}
天帝 专门 DIR来 PEF IND SEFL 一 VCL

wu^{31}ȵdʑø^{35} le^{31}, wu^{31}ȵdʑø^{35} le^{31} wu^{55} ti^{31}bi^{35}kɔ̃^{31} li^{31}, dʑø^{35}tɕhũ^{53} uø^{53}
DIR看 PRT DIR看 CONJ PRT ANP R做LNK TOP 大鹏 ACC

wu^{31}ȵdʑø^{35} le^{31} ti^{31}bi^{35}kɔ̃^{31} li^{31}, gie^{35}gie^{35} tsi^{31} tu^{31} le^{31} tɕy^{55} wu^{31}kie^{35}
DIR看 CONJ ANPR做LNK TOP 好 ADV 这样 CONJ 罪 DIR施加

le^{31} ti^{31}bi^{35}kɔ̃^{31}, tɛ̃^{35} sʅ^{55} mɛ̃^{35}. ɑ^{35} li^{31} wu^{55} ɬø^{55}ji^{55}uɔ̃^{55}mu^{53}dʑø^{55}tʃʅ^{53}
CONJ ANPR做LNK 什么 事情 没有 LNK PRT SEFL 天帝

uø^{31} tsʅ^{31}ʃo^{55}tsʅ^{31}thɛ̃^{31} bi^{35} le^{31}. “ɑ^{55} dʑø^{35}ke^{55} ke^{55}tɕhe^{55} ɬø^{55} mø^{31} kʉ^{53},
ACC 自说自谈 做 IND LNK 鸟语 语言 神 NEG 懂

ɬø^{55}ke^{55} ke^{55}tɕhe^{55} dʑø^{35} mø^{31} kʉ^{53}. ke^{55}tɕhe^{55} mø^{31} kʉ^{53}wu^{31} tɕɑ^{55} xɔ̃^{31}, ji^{31}
神 语言 鸟 NEG 懂 语言 NEG 懂NMLZ CLF 厉害 DIR

li^{55} ji^{31}kʉ^{53} mɑ^{31} qo^{55}, wu^{31} li^{55} wu^{31}kʉ^{53} mɑ^{31} qo^{55} le^{31} li^{31}, zũ^{35}kʉ^{31}
PRT DIR懂 NEG 行 DIR PRT DIR懂 NEG 行 PRT IND 中间

lə^{31} li^{31} tu^{31} bi^{35} le^{31} li^{31} wu^{35}xui^{35} phɔ^{55} le^{31}.”
LOC TOP 这样 做 PRT CONJ 误会 程度 IND

天帝特意下殿来看看。一来就看到大鹏鸟受了好些罪还能完好无损。（于是）天帝自说自话起来：“神仙不懂鸟语，鸟儿也不懂神仙的语言。语言不通这件事情真是太糟糕了，你说过去他不懂，他说过来你也不懂，彼此间的误会就很深了。”

ɑ^{35} wu^{31}li^{31}gi^{55} le^{31} ti^{31} nɔ̃^{55} wu^{31}ɕe^{55} le^{31} ti^{31}bi^{35}kɔ̃^{31} li^{31},
LNK DIR想 CONJ PROX 句 DIR说 CONJ ANPR做LNK TOP

ti^{31} dʑø^{35}tɕhũ^{53} li^{31} ke^{55}tɕhe^{53} kʉ^{53} le^{31} bɑ^{35} le^{31} li^{31}, ke^{55}tɕhe^{55} ti^{35}
DEF 大鹏 TOP 话 懂 CONJ 去 PRT IND 话 PROX

nɔ̃55 kʉ53 le31 ti31bi35kɔ̃31 le31 mu55ʃu31tsi31 ko31to31lo55 tsɿ31 mu55ʃu31tsi55
句 懂 CONJ ANPR做LNK CONJ LNK 果多洛（拟声词）ADV LNK

tɔ̃31phɑ31 wu31kho55so31 le31 wu31tɕe55 le31 li31, tɔ̃31phɑ31 thu31phɑ55tɑ31 le31
翅膀 DIR抖 CONJ DIR展开 PEF TOP 翅膀 DIR扑腾 CONJ

ti31bi35kɔ̃31 li31, mu55ʃu31tsi31 li31 ɬi55 uø55 mɛ55 li31, tɔ̃55te55 fɔ̃55
ANPR做LNK TOP LNK PRT 海 LOC GEN IND 信 CLF

mu55ʃu31tsi55 mi31pɑ31te55. mi31pɑ31te55 le31 ti31bi35kɔ̃31 li31, ti31 tɔ̃55te55 fɔ̃55
LNK DIR掉落 DIR掉落 CONJ ANPR做LNK TOP DEF 信 CLF

wu31ȵdʑø35 le31 ti31bi35kɔ̃31 li31, əu31, ndʒɿ35tɛ̃55 tũ55sɔ̃55khɔ̃53 ə31lə31 li31
DIR看 CONJ ANPR做LNK TOP INTER 凡间 世界 LOC TOP

tsø31, di35 sɿ31mu31 ue55, gi35bø53 tɕhe53 jɛ̃55, ne35mu53 gi53 jɛ̃55. tu31li31gi55
竟然 妖 妖 出 意外 灾难 有 病苦 饥馑 有 这样想

le31 li31, ɑ55 ɣo35li31 ə31 ȵi31 mũ35 ndʐʅ35 he35 le31 li31, ndʒɿ35tɛ̃55 lə31
PEF TOP LNK 海底 LOC ABL 人 派 来 PEF IND 凡间 LOC

li31 di35 ndi35 ue55 tshø31 kɔ̃31, tɕyɔ̃35.
PRT 妖 消灭 来 PFV LNK 对

大鹏思前想后正想说这句话呢。它想来想去终于想明白了，“果朵洛”地一声把翅膀展开了。翅膀一展开呢，海底的信就掉落下来。（天帝）把信一看：哦，凡间世界里妖怪兴风作浪，天灾频繁，人们忍受饥馑病苦，因此海底请求上天派人到凡间去降魔除妖。

ɑ35, tɕyɔ̃35, mu55ʃu31tsi55 li31 dʑø55tɕhũ53 li31 ȵi31gɑ55 dʑø31dʑø55 dʐʅ35
LNK 对 LNK TOP 大鹏 GEN 额头 平 COP

wu31 li31, ɬi31 ji55 dʑø55pu53 nɔ̃31 li31 nũ35 mi31 me31 he35 kɔ̃31, tsɿ55pu55
PRT IND 海 GEN 王 AGT PRT 2sg DIR NEG 来 LNK 脾气

zʉ35 le31 li31 pɑ53pɑ53ɕi35ɕi35 sɔ̃55 tɕɑ53 bi35 mɛ55 zʅ35tu55 tɑ55pu55 nɔ̃31
发 CONJ PRT 仔仔细细 三 CLF 做 PRT 斧头 背 INST

ȵi31gɑ55 lə31 tshe55tshe55 bi35 mɛ31. dʑø35tɕhũ53 mɛ55 ȵi31gɑ53 dʑø31dʑø55
额头 LOC 敲：REDUP 做 PRT 大鹏 GEN 额头 平

dʐʅ35 wu31 li31, tu31 zʅ35 mo35tsɿ31.
COP PRT PRT 这样 COP IND

对了，啊，对了，大鹏的额头平平的，这是龙王来的时候，大发脾气，仔仔细细地用斧背在它额头上敲打的缘故。大鹏鸟平平的额头，就是这样来的。

ɑ^{55}jɑ^{31}, be^{35}bu^{53}① li^{55} tʂuɑ^{35}tɑ^{55}tɑ^{55} dzɿ^{35} wu^{31} li^{31}, ĩ^{55}ui^{35} dʑø^{55}tɕhũ^{53} nɔ̃^{31}
叹词 癞蛤蟆 TOP 疙瘩 COP PRT TOP 因为 大鹏 AGT

be^{35}bu^{53} thu^{31}ʃɿ^{55} le^{33} thu^{31}bɑ^{35} kɔ̃^{31} li^{31}, ŋgui^{35}ji^{31} kɛ̃^{55} dʐui^{35} kɔ̃^{31},
癞蛤蟆 DIR带 CONJ DIR去 LNK IND 不平NMLZ 处 到达 LNK

ŋgui^{35}mu^{55} tsɿ^{31} kɔ̃^{31}, sɑ^{55} me^{31} tɕhyɛ̃^{55}, pɔ̃^{55}ji^{31} tʃui^{55} le^{31} pɔ̃^{55}mu^{31} dʐui^{35}
不平NMLZ COP LNK 声音 NEG 出 热NMLZ 到达 PEF 热NMLZ 到达

kɔ̃^{31}, sɑ^{55} me^{31} tɕhyɛ̃^{55}, qhuɔ̃^{55}ji^{31} kɛ̃^{55} dʐui^{35} kɔ̃^{31}, khuɔ̃^{55}mu^{31} dʐui^{35} kɔ̃^{31},
LNK 声音 NEG 出 冷NMLZ 处 到达 LNK 冷NMLZ 到达 LNK

sɑ^{55} me^{31} tɕhyɛ̃^{55}, nø^{55}wu^{31} tshø^{55}ji^{31} kɛ̃^{55} dʐui^{35} le^{31} ti^{31}bi^{35}kɔ̃^{31}, nø^{55}wu^{31}
声 NEG 出 热闹NMLZ 闹NMLZ 处 到达 CONJ ANPR做LNK 热闹NMLZ

tshø^{31} tɕhi^{31}phɔ^{55} le^{31} dʐui^{35} kɔ̃^{31}, tʃui^{55} lo^{55}bi^{31}mu^{31} tsɿ^{31} le^{31} ti^{31}bi^{35}kɔ̃^{33}
闹 程度 CONJ 到达 LNK 到达 PROS PRT CONJ ANPR做LNK

li^{31}, wũ^{55}pu^{55} kʉ^{31} kho^{55}pho^{55} wu^{31}ki^{55} kɔ̃^{31} li^{31}, ĩ^{55}ui^{35} ɬi^{55}dɔ̃^{31}tʃu^{53}② li^{31}
TOP 嘴巴 里 牙 DIR张开 LNK TOP 因为 喜当珠 TOP

dɑ^{31}mi^{31}pɑ^{31}te^{53} le^{31}.
DIRDIR落 PEF

啊呀，癞蛤蟆的身上布满疙瘩，那是有原因的……大鹏带上癞蛤蟆一起飞上天的时候，到了凹凸不平的地方，不平也没出声；到了酷热的地方，热了也没出声；到了寒冷的地方，冷了也没出声；到了热闹的地方，（因为）热闹得不得了，（竟然）在快要到了时候，嘴巴一张，喜当珠就掉落下来了。

pɑ^{31}te^{53} le^{31} dʑø^{33}tɕhũ^{53} pɑ^{55}tshe^{55}sɿ^{55}je^{55} tɕɔ̃^{55} dɑ^{33}ho^{55} tɕɛ̃^{55} li^{31}gi^{55} le^{31}
落 CONJ 大鹏 十万八千 里 DIR抓 要 想 CONJ

ho^{55} mɑ^{31} qo^{55} le^{31} ti^{31}bi^{35}kɔ̃^{31} li^{31}, dʑø^{31}tɕhũ^{53} nɔ̃^{31} li^{31} ɬi^{55}dɔ̃^{31}tʂu^{53}
抓 NEG 行 CONJ ANPR做LNK TOP 大鹏 AGT PRT 喜当珠

lə^{31} li^{31} mɑ^{55}nɔ̃^{53} mi^{31}dʑø^{55} le^{31} li^{31}, kuɔ̃^{55}kuɔ̃^{55}ʐɿ^{35}ʐɿ^{35} ndɑ^{35} thø^{31} ku^{53},
LOC PRT 祝福 DIR写 PRT TOP 山崖山沟 扔 PROH CAUS

lĩ^{31}pi^{53}lũ^{31}pu^{53} uø^{31} ndɑ^{35} thø^{31} ku^{53}, ȵyɔ̃^{31}mo^{53} kʉ^{31} mi^{31}ndɑ^{55} ku^{31} mo^{35}tsɿ^{31}
山谷 LOC 扔 PROH CAUS 草丛 里 DIR扔 CAUS IND

① 癞蛤蟆，此处指龙王的儿子喜当珠，它的真身是一只癞蛤蟆。

② 喜当珠，即龙王的儿子，是一只跟随大鹏上天庭报信的癞蛤蟆。

kɔ̃^{31} li^{31}, dø^{31}tɕhɑ^{53} phø^{53} mi^{31}tɕhə^{55} le^{31}. ɑ^{35} jĩ^{31}pi^{53}mo^{31} kʉ^{31} wu^{31}pɑ^{31}te^{55}

LNK IND 石板 CLF DIR落 PEF LNK 荨麻丛 里 DIR摔

le^{31}. ĩ^{31}ui^{31} be^{35}bu^{53} tʃɿ^{35}tshe^{53} tɕɑ^{55}tɕɑ^{53} dʐʅ^{35}. be^{35}bu^{53} tʃɿ^{35}tshe^{53} tʂuɑ^{31}tɑ^{31}tɑ^{55}

PEF 因为 癞蛤蟆 全部 扁 COP 癞蛤蟆 全部 疙瘩

dʐʅ^{35} li^{31}, tɕɑ^{55}tɕɑ^{31} li^{31} dø^{55}tɕhɑ^{53} ɔ̃^{55} ndɑ^{35}ku^{31} mɛ^{55}, tʂuɑ^{31}tɑ^{31}tɑ^{55} li^{31}

COP TOP 扁 TOP 石板 LOC 扔 PRT 疙瘩 TOP

jĩ^{31}pi^{53} tsɔ^{55} mɛ^{55}.

荨麻 咬 PRT

大鹏降下十万八千里，想去抓却抓不住，（于是）大鹏就给喜当珠许了一个愿：别落到高山上，别落到山沟里，落到草丛里去吧。结果喜当珠落到了石板上，那里刚好有一丛荨麻。癞蛤蟆的身体是扁平的，癞蛤蟆身体扁平呢是因为落到了石板上，满身疙瘩呢是被荨麻给咬的。

3. 李国森（节选第三段）

ɑ^{31} ji^{31}kə^{53} tɕu^{31}mu^{53} kɛ̃^{55} lə^{31} ȵdʑø^{35} le^{31} ȵdʑø^{35} kɔ̃^{31} le^{31} phø^{53}li^{31}thɔ̃^{55}

LNK DIST 水井 处 LOC 看 CONJ 看 LNK CONJ 帕理塘

dʑø^{55}pu^{55} mɛ^{55} ŋui^{35}tɕhi^{31} ə^{55}mə^{55} ŋʉ^{31}tsɑ̃^{5}ɬə^{53}mu^{53} tʃɿ^{31}tɕhø^{55} he^{35} wu^{31}.

土司 GEN 妻子 阿妈 古章拉姆 背水 来 PRT

tʃɿ^{31}tɕhø^{55} he^{35} le^{31} ti^{31}bi^{35}kɔ̃^{31} li^{55}, "ɑ^{55}ju^{31}, ɑ^{35}ji^{31} gie^{35}mu^{53}, ɑ^{31} nũ^{35}

背水 来 CONJ ANPR做LNK TOP INTER 阿姨 婆子 LNK 2sg

me^{31} tʃɿ^{55}tɕhø^{55} lɑ^{35} tsɿ^{31}?" e^{31}, ti^{55} ə^{55}mə^{31} ŋʉ^{31}tsɑ̃^{55}ɬə^{53}mu^{53} wu^{31}ȵdʑø^{35}

还 背水 QUES PRT INTER DEF 阿妈 古章拉姆 DIR看

kɔ̃^{31}, tɕhɑ^{31}ji^{55} tsø^{31} nɛ^{31}phu^{53} tsɑ^{55}dʑu^{53} tɕɔ̃^{55} tsi^{31} ndzĩ^{35} tʂhʅ^{31} ndzĩ^{35} kɔ̃^{31},

LNK 今天 竟然 雄鸡 大红 CLF DIM 漂亮 很 漂亮 LNK

ti^{31} nɛ^{31}phu^{53} tɕɔ̃^{55} ɕe^{55} bi^{35} wu^{31}. ɑ^{55} mũ^{35} li^{35}gi^{55} le^{31} wu^{31}ȵdʑø^{35} ti^{31},

DEF 雄鸡 CLF 说 做 PRT QUES 人 想 CONJ DIR看 TENT

wu^{31}ȵdʑø^{35} ti^{31} bi^{35} le^{31} kɔ̃^{31}, wu^{31}ɣi^{35} ti^{31} wu^{31}ɣi^{35} ti^{31} le^{31}

DIR看 ANPR 做 PEF LNK DIR笑 TENT DIR笑 TENT CONJ

ti^{31}bi^{35}kɔ̃^{31} li^{55}, ti^{31} nɛ^{31}phu^{53} tsɑ^{55}dʑu^{53} tɕɔ̃^{55} tsi^{31}: "ɑ^{31}ju^{53}, nũ^{35} ŋə^{35}

ANPR做LNK TOP DEF 雄鸡 大红 CLF DIM INTER 2sg 1sg

mɛ^{55} ŋi^{35} e^{31} bi^{35} wu^{31} tsɿ^{31}？ tshn^{31}me^{55}ȵɑ^{31} mũ^{35} li^{55} tsø^{31}， ndɑ^{35}tshɔ^{53}
GEN 妈 QUES 做 PRT QUES 女人 PL 人 TOP 就 傻瓜

bi^{35} le^{31} tsɿ^{31}， me^{31} ȵyĩ^{35} wu^{31} dʐʅ^{35}.” “ŋə^{35} lɑ^{55} bi^{35} le^{31} dʐʅ^{35} kɔ̃^{31}，
做 PRT EVID NEG 敢 PRT COP 1sg TOP 做 PRT COP LNK

ŋə^{35} dzu^{31}ku^{55} phø^{53}li^{31}thɑ̃^{55} lɑ^{55} tɑ^{31} nɔ̃^{55} me^{31} ɕe^{55} lə^{31}， ŋə^{35} bi^{35} me^{31}
1sg 1pl：INCL 帕理塘 PRT 一 句 NEG 说 LNK 1sg 做 NEG

ȵyĩ^{55} tsɿ^{31}.” “ə^{31}， tɕyɛ̃^{55}mɛ̃^{35}， tɕyɛ̃^{55}mɛ̃^{35}. nũ^{35} dɑ^{31}ji^{35} le^{31} li^{31} phø^{53}li^{31}thɑ̃^{55}
敢 PRT INTER 不要紧 没关系 2sg DIR去 CONJ PRT 帕理塘

tɑ^{31} nɔ̃^{55} wu^{31}ɕe^{53}. nũ^{35} li^{31} nu^{31}ku^{55}ȵi^{55}pi^{53} li^{31} wu^{55} mɛ^{55} phei^{53} le^{31} ŋi^{35}
一 句 DIR说 2sg TOP 2dl TOP 1sg GEN 父亲 CONJ 母亲

bi^{35} li^{31}， nu^{31}ku^{55} mɛ^{55} tsi^{53} bi^{35} wu^{31}ʐʅ^{35} tsɿ^{31}?”
做 IND 2pl GEN 儿子 做 PROS QUES

李国森顺着水流漂到水井边,（在那里）左顾右盼。理塘土司的妻子阿妈古章拉姆来背水的时候，他说起话来：“老妈妈,你都要来背水呀？”咦？阿妈古章拉姆循声看去，竟有只鲜红漂亮的雄鸡崽儿在那里，心想：这只会说话的雄鸡是不是人呢？就走过去看。这鲜红的雄鸡崽儿笑嘻嘻地说：“你可以做我的母亲么？嗯，女人们犯傻不敢答应做我的母亲。”“啊哟，我呢答应（做你的母亲），但我们帕理塘土司如果不说这么一句，我也不敢。”“哦，不要紧。没关系。你回去跟理塘土司问一句，看你们俩能不能做我的父母，我能不能做你们的儿子？”

ɑ^{35} ti^{31} ə^{55}mə^{31} ŋu^{31}tsɑ̃^{55}ɬø^{53}mu^{53} tʃʅ^{31}hø^{55} bu^{35} le^{31} li^{55}， ti^{31} dʑø^{55}pu^{53}
LNK DEF 阿妈 古章拉姆 水捎 背 PEF PRT DEF 土司

mɛ^{55} phu^{55}dʐuɔ̃^{55} kʉ^{31} dɑ^{31}bu^{35} ji^{35} wu^{31}， dɑ^{31}bu^{35} ji^{35} kɔ̃^{31}， sɑ^{55} me^{31} tɕhyɛ̃^{55}，
GEN 王宫 里 DIR背 去 PRT DIR背 去 LNK 声音 没 出

ti^{31} ʃo^{31}mu^{55}tɑ^{31} le^{31} tɕhʉ^{31}. ɑ^{55} ti^{31} tɕu^{31}mu^{55} kɛ̃^{55} dɑ^{31}ji^{31} dʐui^{35} wu^{31}
ANPR 忘记 PEF IND LNK PROX 水井 处 DIRDIR 到达 PRT

ʐʅ^{35} wu^{31}： “u^{31}ju^{31}， e^{31} ɕe^{55} me^{31} tsɿ^{35}？” “ə^{31}jə^{31}， ŋə^{35} mɛ^{55} tɕi^{55}ɕĩ^{35}
COP PRT INTER QUES 说 没 QUES INTER 1sg GEN 记性

wu^{31}ndɑ^{55} wu^{31} lɑ^{31}， ʃo^{31}mu^{55}tɑ^{31} le^{31} bɑ^{35} le^{31} tsɿ^{31}.” tø^{55} ȵi^{55} li^{55}，
DIR笨 PRT IND 忘记 CONJ 去 PEF IND PROX ABL PRT

li^{55}gui^{31}si^{55} ɕe^{55} wu^{31} ʐʅ^{35}： “o^{55}jo^{31}， ɑ^{55}mɑ^{31}， tø^{31}ȵi^{31} wu^{55} li^{31} ŋə^{35} nũ^{35} mɛ^{55}
李国森 说 PRT COP INTER 阿妈 这会儿 1sg TOP 1sg 2sg GEN

ti^{31} hø^{31} kɛ̃^{55} lə^{31} li^{31} xũ^{31}phø^{53} phø^{53} mĩ^{55}tɕhu^{55} le^{31}. ŋə^{35} tʃʅ^{31}hø^{53}
DEF 水捎 处 LOC TOP 石头 个 DIR搁置 PEF 1sg 水捎

mi^{31}tũ^{55} le^{31} ti^{31}bi^{35}kɔ̃^{31} li^{31}, xũ^{31}phø^{53} mi^{31}pɑ^{31}te^{55} kɔ̃^{31} li^{31}, wu^{55} ji^{31}li^{31}gi^{55}
DIR倒 CONJ ANPR做LNK TOP 石头 DIR落 LNK TOP SELF DIR想
le^{31} wu^{31}ɕe^{55} tɕhʉ^{31} mo^{35}tsɿ^{31}. nũ^{35} li^{31}thɑ̃^{55} dʑø^{55}pu^{53} lə^{31} wu^{31}mi^{31}ŋkhɔ̃^{53} e^{31}
CONJ DIR说 RST IND 2sg 理塘 土司 ACC DIR问 QUES
zʅe^{35} tsɿ^{31}？” “əu^{31}, tɕyɔ̃^{35}. nũ^{35} nɔ̃^{31} ɕe^{55}wu^{31} tɕɑ^{55} tɕyɔ̃^{35} tsɿ^{31}.” ɑ^{35}
合适 QUES INTER 对 2sg AGT 说NMLZ CLF 对 IND LNK
xũ^{31}phø^{53} phø^{53} tɕhʉ^{53} tsɿ^{31}.
石头 个 搁置 IND

阿妈古章拉姆背水回到土司的王宫里。回家后她把这件事忘了，就什么也没说。再次到水井边的时候，（李国森问：）“说了没有呢？”“噢哟，我的记性不好，忘了。”李国森说：“阿妈，现在我在你的水捎里放个石头，你倒水的时候，石头就会掉下来，那时你就会想起我说的话来了。你要跟理塘土司问一问，看看你们做我的父母合适不合适？”“好，好。你说的这个办法好。”于是在背水的时候，在水捎里面放了个小石子儿。

ɑ^{35} tʃɿ^{31}hø^{53} ji^{31}bu^{35} ndʑɑ^{55} tsi^{31} li^{31}, hø^{55} kɛ̃^{55} lə^{31} xũ^{31}phø^{53}tsi^{31}
LNK 水捎 DIR背 接近 ADV TOP 水捎 处 LOC 石头 DIM
phø^{53} mi^{31}tɕhʉ^{53}. ɑ^{35}, kɔ̃^{31}tɔ̃^{31}tɔ̃^{31}tɔ̃^{31} tsi^{31}, ə^{55}mə^{31} ŋu^{31}tsɑ̃^{55}ɬə^{53}mu^{53} bu^{35}
CLF DIR搁置 INTER 拟声词 ADV 阿妈 古章拉姆 背
le^{31} dɑ^{31}ji^{35} le^{31} phu^{55}dʐuɔ̃^{35} kʉ^{31} dʐui^{35} le^{31} ti^{31}bi^{35}kɔ̃^{31} li^{55}, tʃɿ^{31}hø^{53}
CONJ DIR走 CONJ 王宫 里 到达 CONJ ANPR做LNK TOP 水捎
phø^{53} mi^{31}tũ^{55} kɔ̃^{31} li^{31}, xũ^{31}phø^{53} phø^{53} ti^{31} hø^{53} mɛ^{55} kɛ̃^{55} tɕhʉ^{35} le^{31}
ACC DIR倒 LNK TOP 石头 CLF DEF 水捎 GEN 地方 搁置 CONJ
jɛ̃^{55} wu^{31} dʐʅ^{35} kɔ̃^{31}, xũ^{31}phø^{53} phø^{53} ʂɿ^{31} mi^{31}pɑ^{31}te^{55} wu^{31}, kuɑ^{55}dɑ^{31}dɑ^{53}
有 PRT COP LNK 石头 CLF 先 DIR落下 PRT 拟声词
tsi^{31} le^{31} xũ^{31}phø^{53} phø^{53} mi^{31}pɑ^{31}te^{55} wu^{31}. phø^{55}li^{31}thɑ̃^{53} dʑø^{55}pu^{53} ɕe^{55}
ADV CONJ 石头 CLF DIR落下 PRT 帕理塘 土司 说
wu^{31} li^{31}: “ə^{31}jə^{31}, dzu^{31}ku^{53} ə^{55}mə^{31} ŋu^{31}tsɑ̃^{5}ɬə^{55}mu^{53} li^{31} tʃɿ^{55} ȵi^{55} bu^{35} mɑ^{31}
PRT IND INTER 1pl：INCL 阿妈 古章拉姆 TOP 水 也 背 NEG
qo^{55} kɔ̃^{31}, xũ^{31}phø^{53} phø^{53} bu^{35} le^{31} he^{35} wu^{31}, tɕi^{55} bø^{35} tsɿ^{31}？” “ɑ^{55}jo^{31},
行 LNK 石头 CLF 背 CONJ 来 PRT 什么 做 QUES INTER
ɕe^{55} mɑ^{31} qo^{55}, ɕe^{55} mɑ^{31} qo^{55}. wu^{55} ʂɿ^{31} hø^{53} ȵi^{31} nũ^{35} ə^{31}lə^{31} tɑ^{31} nɔ̃^{53}
说 NEG 行 说 NEG 行 1sg 头 捎 就 2sg LOC 一 句

wu^{31}ɕe^{55} tɕɛ̃^{55} li^{31}gi^{55} kɔ̃^{31} ŋə^{35} ʃo^{31}mu^{31}ta^{31} le^{31} ba^{35} le^{31}, ŋə^{35}ku^{53}

DIR说 要 想 LNK 1sg 忘记 CONJ 去 PEF 1pl：EXCL

mɛ^{55} tʃɿ^{55}mĩ^{55} kɛ̃^{55} lə^{31} li^{31}, nɛ^{31}phu^{55} tsa^{55}dʑu^{55} tɕɔ̃^{55} tsi^{31} la^{31} wu^{31}ndzɿ^{55}

GEN 水井 处 LOC TOP 雄鸡 大红 CLF DIM TOP DIR漂亮

wu^{31}. ji^{31}kə^{55} jø^{55} le^{31}nɔ̃^{31} le^{31} ti^{31}bi^{35}kɔ̃^{31} li^{31}, ndzɔ̃^{55}ɕe^{55} bi^{35} le^{31},

PRT DIST 站 PROG CONJ ANPR做LNK TOP 说话 做 PEF

ŋø^{35}ku^{55}ȵi^{55}pi^{53} ə^{31}lə^{31} li^{31} wu^{55} mɛ^{55} phei^{53}ŋi^{53} bi^{35} a^{31} qo^{55} tsɿ^{31} le^{31}

1dl ACC TOP SELF GEN 父母 做 QUES 行 QUES CONJ

ɕe^{55} wu^{31}, a^{35} ʂɿ^{31}hø^{53} ȵi^{31} ɕe^{55} tɕɛ̃^{55} li^{31}gi^{55} kɔ̃^{31}, wu^{55} ʃo^{31}mu^{55}ta^{31} le^{31}

说 PRT LNK 头揹 ABL 说 要 想 LNK 1sg 忘记 CONJ

pa^{55} kɔ̃^{31}, ti^{31} xũ^{31}phø^{53} phø^{53} li^{31} zʉ^{35} nɔ̃^{31} tɕhʉ^{53} mɛ^{55} dʐɿ^{35}." "ai^{31}jə^{31},

去 LNK PROX 石头 CLF TOP 3sg AGT 搁置 PRT COP INTER

nu^{31}ku^{55} tshɿ^{31}me^{55}ȵa^{31} mɛ^{55} mũ^{35} la^{31}, tũ^{55} mĩ^{31}di^{55} ti^{35}ər^{31}tʂɿ^{35} kɔ̃^{55} li^{31}

2pl 女人 GEN 人 TOP 上千 百姓 这么多 LNK TOP

phei^{53}ŋi^{31} xe^{31}xe^{55} bi^{35} le^{31} bi^{35} qo^{55} kɔ̃^{31}, nɛ^{31}pu^{53} tsa^{55}dʑu^{53} tɕɔ̃^{55} tsi^{31} mɛ^{55}

父母 像 做 PEF 做 行 LNK 雄鸡 大红 CLF DIM GEN

phei^{53}ŋi^{55} bi^{35} ma^{31} qo^{55}lu^{31} jɛ̃^{55} la^{31}? qo^{55}, qo^{53} wu^{31} tsɿ^{31}. o^{35}ja^{31},

父母 做 NEG 行NMZL 有 QUES 行 行 PRT IND INTER

a^{55} ti^{31} le^{55} dʐɿ^{35}."

LNK ANPR PRT COP

"哐当哐当"地，阿妈古章拉姆再次把水背回王宫。她倒水的时候，水揹里的石子儿"呱嗒"一声先落下来，帕理塘土司说："噢哟，我们的古章拉姆，连背水都不行了，背个石头回来干什么呀？""别提了，别提了。我背头揹水的时候想在你跟前说一句话，居然忘了。我们水井边上有一只鲜红的雄鸡崽儿，很漂亮。（它）站在那里问我们能不能做它的父母？我从头揹水就想要说的，竟然忘记了。这个石头是它放的。""哎哟，你们女人们啦，成千上万的百姓的父母，我们都能做得了，一只鲜红公鸡崽儿的父母就做不了啦？做得了，做得了。哦呀，就这么办。"

ə^{55}mə^{31} ŋu^{31}tsã^{55}ɬə^{53}mu^{53} ti^{31} nɔ̃^{55} li^{31}thã^{55} dʑø^{55}pu^{53} nɔ̃^{31} ɕe^{55} tshø^{31}

阿妈 古章拉姆 PROX CLF 理塘 土司 AGT 说 PFV

kɔ̃^{31}, ja^{31}tɕhyi^{31} nɔ̃^{31} ɕe^{55} tshø^{31} kɔ̃^{31} le^{31}, ʃuɔ̃^{31}ʃuɔ̃^{31}tha^{53}tha^{53}, hø^{55} phø^{53}

LNK 丈夫 AGT 说 PFV LNK IND 迅速 水揹 ACC

da^{31}ji^{31}bu^{35} le^{31} li^{31}, tʃɿ^{31}mĩ^{55} kɛ̃^{55} da^{31}ji^{35} wu^{31} dʐɿ^{35} wu^{31}. da^{31}wu^{31}dʐui^{35}

DIRDIR背 PEF TOP 水井 处 DIR去 PRT COP PRT DIRDIR 到达

le^{31} ti^{31}bi^{35}kɔ̃^{31}, tʃɦn^{55}mĩ^{55} kɛ̃^{55} wu^{31}dʐui^{35} le^{31} ti^{31}bi^{35}kɔ̃^{31}, ti^{31} gui^{31}si^{55}
CONJ ANPR做LNK 水井 处 DIR到达 CONJ ANPR做LNK DEF 李国森

ɕe^{55}lu^{31} ʂʅ^{55} tshø^{31}：“ɑ^{35} tɑ^{55}jĩ^{31} e^{31} bi^{35} lø^{35}tsɿ^{31}?” “ə^{31}jə^{31}, wu^{31} dʐʅ^{35}.
说NMLZ 先 PFV LNK 答应 QUES 做 QUES INTER 1sg COP

dzu^{31}ku^{55} li^{31}thɑ̃^{55} dʑø^{55}pu^{53} ɕe^{55} wu^{31}, tũ^{55} mĩ^{31}di^{53} ti^{35}ər^{31}tsɿ^{53} mɛ^{55} li^{31},
咱家 理塘 土司 说 PRT 成千 百姓 这么多 PRT TOP

phei^{53}ŋi^{55} ȵi^{31} xe^{55}xe^{55} bi^{35} qo^{55} kɔ̃^{31}, nũ^{35} mɛ^{55} phei^{53}ŋi^{55} lɑ^{31} bi^{35}
父母 都 像 做 行 LNK 2sg GEN 父母 TOP 做

qo^{55}qo^{55} tsɿ^{31}.” “ɑ^{353}, tu^{35} bi^{35} le^{31} li^{55}, ŋə^{35} nũ^{35} uø^{31} ɑ^{55}mɑ^{31} sɔ̃^{55}
行: REDUP IND LNK 这样 做 PEF TOP 1sg 2sg ACC 阿妈 三

nɔ̃^{55} tsɿ^{31} kɔ̃^{31}, nũ^{35} uø^{53} sɔ̃^{55} nɔ̃^{53} tsɿ^{31} uø^{35}tsɿ^{31}?” ɑ^{55} ti^{31} lɑ^{55} dʐʅ^{35}
声 COP LNK 2sg ACC 三 声 COP QUES LNK ANPR TOP COP

le^{31} tsɿ^{35}, dʐʅ^{35} le^{31} tsɿ^{31}. ɑ^{35}li^{55} dʐʅ^{35} le^{31} tsɿ^{31}tsɿ^{31} le^{31} ti^{31}bi^{35}kɔ̃^{31}
PRT PRT COP PRT EVID LNK COP CONJ EVID: REDUP CONJ ANPR做LNK

ȵi^{31}, ɑ^{35} ti^{31} nɛ^{31}phu^{53} tsɑ^{55}dʑu^{53} tɕɔ̃^{55} tsi^{55} ɑ^{55} zʉ^{35} lə^{31} ŋi^{35} wu^{31}
都 LNK DEF 雄鸡 大红 CLF DIM LNK 3sg DAT 喊 PRT

dʐʅ^{35} wu^{31}: “ɑ^{55}mɑ^{31}” tsɿ^{31} kʉ^{31}, “ɣə^{35}” tsɿ^{31}. “ɑ^{55}mɑ^{31}” tsɿ^{31} kʉ^{31}, “ɣə^{35}”
COP PRT 阿妈 COP PRT 哎 PRT 阿妈 COP PRT 哎

tsɿ^{31}. “ɑ^{55}mɑ^{31}” tsɿ^{31} kʉ^{31}, “ɣə^{35}” tsɿ^{31} lə^{31}.
PRT 阿妈 COP PRT 哎 PRT IND

古章拉姆看到丈夫同意了，就赶紧背上水揹，来到水井边。到了水井边，李国森问：“土司是不是答应了呢？”“噢哟，是的，是的。我们理塘土司说，成千上万人的父母都能当，你的父母也能当的。”“那么我叫你三声阿妈，你能答应三声吗？”“成，成，成。”于是，大红公鸡崽儿就对她喊：“阿妈。”“哎。”“阿妈。”“哎。”“阿妈。”“哎。”

ɣə^{35} sɔ̃^{31} nɔ̃^{55} wu^{31} dʐʅ^{35} kɔ̃^{31}, nɛ^{31} wu^{55}ȵdʑø^{35} kɔ̃^{31}, nɛ^{31}phu^{53} tsɑ^{55}dʑu^{53}
唉 三 CLF PRT COP LNK 鸡 DIR看 LNK 雄鸡 大红

tsi^{31} mɑ^{31} nɔ̃^{55} sɔ̃^{55}. ji^{35} tsɿ^{31}, ti^{31} lø^{55}tsɿ^{31} ti^{31} ə^{55}mə^{31} ŋʉ^{31}tsɑ̃^{55}ɬə^{53}mu^{53}
DIM NEG 在 IND 走 PRT DEF 灵魂 DEF 阿妈 古章拉姆

pɛ^{53} kʉ^{31} lə^{53} bɑ^{35} tshø^{31} le^{31} nɔ̃^{31} wu^{31} dʐʅ^{35} kɔ̃^{31}, ɑ^{31} tɕhɑ^{31}ji^{55} ə^{55}mə^{31}
肚子 里 LOC 去 PFV PEF 有 PRT COP LNK LNK 今天 阿妈

ŋu^{31}tsɑ̃^{55}ɬə^{53}mu^{53} li^{31}gi^{55} kɔ̃^{31}, thɛ̃^{55}dɛ̃^{31} le^{55}, ti^{31} ȵdʑø^{35}ȵdʑø^{35} mø^{31} tø^{31}
古章拉姆 想 LNK 完蛋 PEF DEF 看看 ADV 这里

ŋə^{35} lə^{31} ŋi^{35} mɛ^{55} dʐʅ^{35} kɔ̃^{31}, ə^{31}lə^{55} me^{31}le^{55} li^{31}ɡi^{55} kɔ̃^{31}, ə^{31}lə^{31} wu^{31}ndʑyi^{55}

1sg LOC 喊 PRT COP LNK 哪里 现在 想 LNK 哪里 DIR钻

bɑ^{35} le^{31} me^{31} sɿ^{55}. ɑ^{35}, ʐo^{35}, ʐo^{35}, ʐo^{35}. ɑ^{35} tʃʅ^{31}hø^{55} bu^{35} le^{31} dɑ^{31}he^{35}

去 PEF NEG 知道 LNK 算了 算了 算了 LNK 水揹 背 CONJ DIR来

wu^{31} ʐʅ^{35} wu^{31}, dɑ^{31}he^{35} le^{31} li^{55}, tɛ̃^{35} mø^{31} ɕɑ^{53} le^{31} ti^{31}bi^{35}kɔ̃^{31} le^{31}.

PRT COP PRT DIR来 PEF TOP 什么 没有 承受 CONJ ANPR做LNK IND

ɑ^{35} ə^{55}mə^{31} ŋu^{31}tsɑ̃^{55}ɬə^{53}mu^{53} li^{31} ɑ^{31} bu^{35}ʐʅ^{55} li^{31} tɕhɑ^{55} le^{31}.

LNK 阿妈 古章拉姆 TOP LNK 孩子 TOP 怀孕 PEF

古章拉姆答应了三声，再看那只小鸡崽儿，已经不见了。（它的）灵魂钻到古章拉姆的肚子里去了。阿妈古章拉姆心想：糟了，眼看着它正在叫阿妈，却不知道它钻到哪里去了。哎，算了，算了，算了。（她）背了水揹回来后，就当什么也没发生过。不想古章拉姆已经怀孕了。

ȵi^{31} sɔ̃^{55} li^{31} ŋi^{35} kɔ̃^{31} le^{31}, bɛ̃^{31} phø^{53} thu^{31}dɑ^{55} bi^{35}, ti^{31}tsɦ^{31} ə^{31}

两 三 月 成 LNK PRT 肚子 个 DIR大 做 这时 LOC

li^{31} dɑ^{55} le^{31} dɑ^{55} tshe^{55} me^{31} ʐɛ^{55}. mĩ^{31}ŋi^{35} bi^{35} ti^{31}tsɦ^{31} lə^{31} li^{31}

TOP 大 CONJ 大 比较 NEG 合适 DIR小 做 这时 LOC TOP

bɛ̃^{31} ȵi^{31} tɕɑ^{55}kho^{55}kho^{31} tsø^{31}, zi^{31} mø^{31} kø^{35} ʃu^{31} wu^{31}. ɑ^{35} tu^{35} ʐʅ^{35}

肚子 都 干瘪 竟然 饭 NEG 吃 像 PRT LNK 这样 COP

le^{31} ti^{31}bi^{35}kɔ̃^{31} li^{55}, khɛ̃^{35}tɑu^{53} ti^{31} dʑø^{55}pu^{53} mɛ^{55} tsø^{31} ti^{31} tʃhu^{55}ʐu^{53}

CONJ ANPR做LNK TOP 看着 DEF 土司 GEN 竟 DEF 头人

ȵɑ^{31} nɛ^{31}mu^{55} ȵɑ^{31} dʑø^{55}pu^{53} mɛ^{55} tɕyɛ̃^{53}ɕe^{55} he^{35} tshø^{31} wu^{31} ʐʅ^{35} wu^{31}.

PL 头人 PL 土司 GEN 说闲话 来 PFV PRT COP PRT

古章拉姆怀孕到两三个月的时候，肚子大起来的时候，大得不得了；凹下去的时候，干瘪得不得了，就像没有吃饭一样。看到（这个情形），土司的头人们竟说起土司的闲话来了。

“ɑ^{55}jo^{31}, ŋə^{35}ku^{55} mɛ^{55} dʑø^{55}pu^{53} li^{31} ə^{55}mə^{31} ŋu^{31}tsɑ̃^{55}ɬə^{53}mu^{53} li^{31}, ɑ^{55}

INTER 我家 GEN 土司 TOP 阿妈 古章拉姆 TOP LNK

ti^{31} ɕe^{55} he^{35} me^{31} ȵyĩ^{55} kɔ̃^{31} li^{31}, ji^{35}, ti^{31} dʑø^{55}pu^{53} mɛ^{55} ŋə^{35}ku^{55}

ANPR 说 来 NEG 敢 LNK TOP INTER DEF 土司 GEN 我家

mɛ^{55} ti^{31} di^{35}tʂhu^{53} dʐʅ^{35} wu^{31}ntshɛ̃^{53} me^{31} ʐʅ^{35} mo^{35}, ti^{31} phɔ^{55} mɛ^{55}

GEN PROX 亲儿子 COP DIR像 NEG COP IND PROX 趟 GEN

li^{55} xɑ^{31}phɑ^{31} ʐɔ̃^{35}tʂhu^{53} dʐʅ^{35} wu^{31}, ntshɛ̃^{55} dʐʅ^{35} mo^{35}? tɕɑ^{55} me^{31} ŋɛ̃^{55}

TOP 恐怕 私生子 COP PRT 像 COP QUES 听见 NEG EXP

wu^{31}, thu^{31}dɑ^{55} bi^{35} ti^{31}tshɿ^{55} ə^{31}lə^{31} li^{31} dɑ^{55} tshe^{55} me^{31} zɛ^{55}, mi^{31}ŋi^{55} bi^{35}
PRT DIR大 做 这时 LOC TOP 大 比较 NEG 合适 DIR小 做
ti^{31}tshɿ^{31} ə^{31}lə^{31} li^{31} mĩ^{31} tshe^{53} me^{31} zɛ^{55}, nu^{31}ku^{55} ɕe^{55}lu^{55} e^{31} sɿ^{55}
这时 LOC TOP 小 比较 NEG 合适 你家 说NMLZ QUES 知道
tsɿ^{31}?” ɑ^{35} ti^{31} tsø^{31}, ti^{31} lə^{55} tsø^{55} ti^{31} tsø^{31}, tʃhu^{55}zu^{55} tʃɿ^{55}tshe^{55} ȵɑ^{31}
QUES LNK ANPR 竟 ANPR LNK 竟 ANPR竟 头人 全部 PL
lẽ^{35} tsø^{53}, ȵi^{31}lẽ^{35} bi^{35} le^{31} tsə^{31} ȵi^{31}gɑ^{55} tɕyɛ̃^{55} ɕe^{55} tɕhu^{31}.
讨论 竟 议论 做 CONJ 就 黑色 闲话 说 IND

“啊哟，我们土司的古章拉姆啊，咦，这次怀的不像是我们土司的亲生儿子，倒像是个私生子。真是闻所未闻，大呢大得不得了，小呢又小得不得了。你们知道这回事吗？”头人们几乎都在搬弄是非。

ɑ^{35} ti^{31} phø^{53}li^{31}thɑ̃^{55} dʑø^{55}pu^{53} tɕi^{55}phu^{55}mu^{53} dzɿ^{35} kɔ̃^{31}, ti^{31} me^{31}
LNK DEF 帕理塘 土司 两口子 COP LNK ANPR 现在
kɛ̃^{31} tu^{31} bi^{35} me^{31} ŋɛ̃^{55}. ti^{31} kə^{55}pə^{53} tɕɑ^{55} me^{31} ŋɛ̃^{55} mɛ^{55}, ti^{31} tsɿ^{31}ŋɛ̃^{55}
时候 这样 做 NEG EXP ANPR 从来 听见 NEG EXP PRT DEF 四五
li^{35} ŋi^{35} le^{31} li^{31}, bɛ̃^{55} phø^{53} thu^{31}dɑ^{55} bi^{35} ti^{31}, ti^{31}tshɿ^{31} uø^{55} dɑ^{55} tshe^{55}
月 成 PEF IND 肚子 CLF DIR大 做 TENT 这时 LOC 大 比较
me^{31} zɛ^{55}, mi^{31}ŋi^{55} bi^{35} ti^{31}tshɿ^{31} uø^{31} bɛ̃^{35} ȵi^{31} tɕɑ^{55}kho^{31}kho^{31}. ɑ^{35} zʉ^{35}
NEG 合适 DIR小 做 这时 LOC 肚子 还 干瘪 LNK 3sg
tɔ̃^{31}jɔ̃^{55} kʉ^{31} lə^{31} ji^{31}mɑ^{31}zo^{35}zo^{35} tɕi^{35} li^{31}gi^{55} tshø^{31} wu^{31} zɿ^{35} ti^{55}kɔ̃^{31}
心 里 LOC DIR怀疑 点儿 想 PFV PRT COP 这时
tɕi^{55}phu^{55}mu^{55} dzɿ^{35} kɔ̃^{31}, wu^{31}ɕe^{55} tø^{55} me^{31} di^{53}.
两口子 COP LNK DIR说 这里 NEG 做

帕理塘土司两口子的生活里，以前从来没有发生过这样的事情。古章拉姆已经怀孕四五个月了，肚子大呢大得不得了，小呢小得凹进去。土司心里起了疑，只是碍于夫妻的关系，不好说什么。

ɑ^{35} ti^{31} nɛ^{31}mu^{53} kʉ^{31} lə^{31} li^{31} mũ^{35} te^{31} pi^{53} tʂhɿ^{55} xɔ̃^{55} tɕhu^{31},
LNK DEF 头人 里面 LOC TOP 人 一 CLF 很 凶恶 IND
tʂhɿ^{55} ȵi^{35} wu^{31} tɑ^{31} tɕɔ̃^{53}, ke^{55}tɕhe^{53} nɔ̃^{53} ɕe^{55} kɔ̃^{31} tɑ^{31} tɕo^{53} ȵi^{31} tɔ̃^{53},
很 牛 比拟助词 一 CLF 话 句 说 LNK 一 砍 两 段
khø^{31}khø^{31}ȵɑ^{31} li^{55} me^{31} tsø^{31}, dʑø^{55}pu^{53} phø^{53} ȵyĩ^{35}ji^{31} ŋɔ̃^{35}, ɑ^{35} dʑø^{55}pu^{53}
其他 PL TOP 正 竟 土司 ACC 得罪NMLZ 怕 LNK 土司

mɛ^{55} ti^{31} tsɛ^{55}mũ^{53} ti^{31} ə^{55}mə^{31} ŋu^{31}tsã^{55}ɬə^{53}mu^{53} ȵyĩ^{35}ji^{31} ŋɔ̃^{35}, kuã^{55}ʂʅ^{31}
GEN DEF 女子 DEF 阿妈 古章拉姆 得罪NMLZ 怕 光是

ŋgɑ^{31}li^{55} ɕe^{55}, ʂʅ^{31}kɑ^{55} me^{31} ɕe^{55} tɕhu^{31}. ɑ^{35} ti^{31} mũ^{35} xɔ̃^{55} phø^{53} ʂʅ^{31}kɑ^{55}
背后 说 前面 NEG 说 IND LNK DEF 人 厉害 CLF 跟前

ɕe^{55} le^{31} ti^{31}bi^{35}kɔ̃^{31}, “nu^{31}ku^{55} li^{31} ŋə^{35} ɕe^{55}lu^{31} me^{31} sɿ^{55} kɔ̃^{31},
说 CONJ ANPR做LNK 2pl TOP 1sg 情况 NEG 知道 LNK

ti^{31} ŋə^{35}ku^{55} mɛ^{55} dʑø^{55}pu^{53} uø^{31} tu^{31} dʐʅ^{35} kɔ̃^{31} le^{31} li^{31}, ɕe^{55} me^{31}
DEF 我家 GEN 土司 ACC 这样 COP LNK PRT TOP 说 NEG

ȵyĩ^{55} le^{31}, tɕi^{55} bø^{35}? di^{35}tʂhu^{53} me^{31} ʐʅ^{35}, zɔ̃^{35}tʂhu^{53} dʐʅ^{35} le^{31} ɕe^{55} tɕɛ̃^{55}
敢 IND 什么 做 亲儿子 NEG COP 私生子 COP CONJ 说 要

tsɿ^{31}. nu^{31}ku^{55} ɕe^{55} ji^{35} me^{31} ȵyĩ^{55} lə^{31}, ŋə^{35} ɕe^{55} ji^{35} wu^{31}ʐʅ^{35} wu^{31}.” “ji^{353},
IND 2pl 说 去 NEG 敢 LNK 1sg 说 去 PROS PRT INTER

ŋə^{35}ku^{55} lɑ^{55} ɕe^{55} me^{31} ȵyĩ^{55}, tø^{35} nũ^{35} ɕe^{55} ȵyĩ^{35} nɛ^{31}, tɑ^{31} pho^{55} ɕe^{55}
1pl TOP 说 NEG 敢 这样 2sg 说 敢 IND 一 VCL 说

ji^{35} nɛ^{31}.” “ə^{53}! ŋə^{35} ɕe^{55} ji^{35} le^{31} dʐʅ^{35}.”
去 IND INTER 1sg 说 去 PRT COP

头人们中间有个厉害角色，像头牛一样。他说话斩钉截铁。其他的人害怕土司，害怕得罪土司的老婆阿妈古章拉姆，只是在背后说，不敢当面说。这个厉害的人竟到土司跟前去说了。“噢哟，我不知道你们为啥不敢到土司跟前说？明明不是亲生儿子，而是私生子。你们不敢去说，我去说。”“哎，我们不敢。你敢的话，你就去一趟吧。”“哦，我去说就是了。”

ɑ^{35} ti^{31} mũ^{35} xɔ̃^{55} phø^{53} he^{35} le^{31} li^{31}, li^{31}thã^{55}dʑø^{55}pu^{53} mɛ^{55}
LNK DEF 人 厉害 CLF 来 CONJ TOP 理塘土司 GEN

tɕhɛ^{55}mɛ^{55} he^{35} le^{31} li^{31}. ɑ^{35} dʑø^{55}pu^{53} ə^{31}lə^{31} ɕe^{55} tɕhu^{31}: “ə^{31}jə^{31}, dʑø^{55}pu^{53}
家 来 PEF IND LNK 土司 LOC 说 IND INTER 土司

tu^{31}zi^{55} nɛ^{55}mu^{53}ȵɑ^{31} li^{31} tsə^{31} phe^{53} lə^{55} li^{31} tsø^{31} lĩ^{31}gɑ^{53} tsø^{31} dʑø^{55}pu^{53}
3pl 头人 PL TOP 就 下面 LOC TOP 竟 背后 竟 土司

mɛ^{55} tsø^{31} tɕyɛ̃^{55} ɕe^{55} le^{31} ti^{31}bi^{35}kɔ̃^{31}, dʑɛ̃^{55} lɑ^{31} me^{31} dʑɛ̃^{55} dʐʅ^{35} me^{31}
GEN 竟 闲话 说 CONJ 这样做LNK 真 CONJ 不 真 COP NEG

sɿ^{55}. ŋə^{35} tʃɿ^{55} le^{31} ȵi^{31} ndə^{35} kʉ^{31} tɕɑ^{55} le^{31} ti^{31}bi^{35}kɔ̃^{31}, ŋə^{35} nu^{31}ku^{55}
知道 1sg 听 CONJ 也 耳朵 里 听见 CONJ ANPR做LNK 1sg 2pl

kɛ̃^{55} ti^{31} ȵdʑø^{35} he^{35} mɛ^{55} dʐʅ^{35}. ŋə^{35}ku^{55} mɛ^{55} bɛ̃^{35} thu^{31}dɑ^{55} bi^{35} li^{31}
处 ANPR 看 来 PRT COP 1pl GEN 肚子 DIR大 做 TOP

ti^{31}tsɿ^{31} ə^{31}lə^{31} li^{31} tshe^{55} me^{31} ʐɛ^{55}, mi^{31}ŋi^{55} bi^{35} li^{31} ti^{31}tsɿ^{31} ə^{31}lə^{31} li^{31}
这时 LOC TOP 比较 NEG 合适 DIR小 做 TOP 这时 LOC TOP

mĩ^{31} tshe^{55} m^{31} ʐɛ^{55}. bɛ̃^{35} ȵi^{31} mø^{31} bʉ^{55} tshø^{31} le^{31} ti^{31}bi^{35}kɔ̃^{31}, di^{35}tʂhu^{55}
小 较量 NEG 合适 肚子 也 NEG 怀孕 PFV CONJ ANPR做LNK 亲儿子

dʐʅ^{35} lɑ^{55} ʐɔ̃^{35}tʂhu^{55} dʐʅ^{35} lɑ^{55}, tɕhi^{55}li^{55} bi^{35} mɑ^{31} qo^{55}. ɑ^{35}jɑ^{31}, tʂʅ^{31} ʐɔ̃^{35}tʂhu^{55}
COP LNK 私生子 COP LNK 分辨 做 NEG 行 INTER 当真 私生子

dʐʅ^{35} kɔ̃^{31} lə^{31}, se^{55} ji^{35} tɕɛ̃^{55} li^{31}gi^{55} ɕe^{55} tɕhu^{31}."
COP LNK LNK 杀 去 要 想 说 IND

头人们当中那个厉害角色来到理塘土司的家里，对土司说："噢哟，土司啊，头人和底下人在背后说您的闲话，说的不知是真是假。我一听到这些闲话就到您这里来了。我们（土司太太）的肚子还没有到月份，大呢大得没法说，小呢小得没法说，究竟是私生子还是亲生儿子呢，实在不太能分辨。若真是私生儿子呢，您说说看要不要杀掉。"

ɑ^{35} tø^{55}ȵi^{55} li^{55} li^{31}thɑ̃^{55} dʑø^{55}pu^{53} li^{31} ti^{31} nɛ^{55}mu^{53} ti^{31} mũ^{31} xɔ̃^{55}
LNK 这时 TOP 理塘 土司 TOP PROX 头人 ANPR 人 厉害

tɑ^{31}tɕo^{55}ȵi^{31}phɑ^{53} ɕe^{55} le^{31} wu^{31}ɕe^{55} tɕhu^{31}. "ŋə^{35} lɑ^{55} li^{31}gi^{55} gɑ^{31}lɑ^{55}
斩钉截铁 说 CONJ DIR说 IND 1sg TOP 想 很

ŋi^{35} le^{31}, jĩ^{55}nɛ̃^{53} ɕe^{55}wu^{31} me^{31} dʐʅ^{35}, dʐʅ^{35} li^{31} tu^{31} dʐʅ^{35} mo^{31}tsɿ^{31}, ti^{31}kɔ̃^{31}
成 PEF 别人 说NMLZ NEG COP COP TOP 这样 COP IND 这时

tɕi^{55}phu^{53}mu^{53} ʐʅ^{35} kɔ̃^{31}, e^{31}li^{55} bi^{35} ȵi^{31}? ŋə^{35}zi^{55} tɑ^{31} tɕɑ^{53} li^{31}gi^{55} kɔ̃^{31},
两口子 COP LNK 怎么 做 QUES 1pl 一 CLF 想 LNK

ȵdʑø^{35} kɔ̃^{31} ɑ^{31} tɕyɔ̃^{55} mɑ^{31} ɕyɔ̃^{55}? ə^{55}tsɿ^{31}thɔ̃^{31} tʂɑ^{31}bo^{53} kʉ^{31} li^{31} bʉ^{35} li^{31}
看 LNK QUES 对 NEG 对 艾知堂 岩洞 里 TOP 有 TOP

ti^{31}bi^{35}kɔ̃^{31}, ŋə^{35} zʉ^{35} lə^{31} kø^{35} tɕhɑ^{55} tɕi^{55} wu^{31}khɔ̃^{55} le^{31}, ji^{31}kə^{55} wu^{31}tʂhũ^{55}
ANPR做LNK 1sg 3sg DAT 吃 喝 点儿 DIR给 PEF DIST DIR流放

e^{31} ji^{35} tsɿ^{31}? se^{55} le^{31} sɔ^{55} khɑ^{53} dʐʅ^{35}." ti^{31} nɛ^{31}mu^{53} xɔ̃^{55} phø^{53} ɕe^{55}
QUES 走 QUES 杀 LNK 命 CLF COP DEF 头人 厉害 CLF 说

wu^{31}: "dʑø^{55}pu^{53}, ti^{31} tɕɑ^{55} lɑ^{55} tʂʅ^{55} tɕyɔ̃^{35}. ŋə^{35} tu^{35} tɑ^{31} tɕɑ^{55} li^{31}gi^{55}
PRT 土司 PROX CLF TOP 很 对 1sg 这样 一 CLF 想

le^{31} nɔ̃^{31}." ɑ^{35} mu^{31}ʃu^{55}tsi^{31} li^{55} phø^{55}li^{31}thɑ̃^{53} dʑø^{55}pu^{53} nɔ̃^{31} li^{31} ə^{55}mə^{31}
PEF 有 LNK LNK PRT 帕理塘 土司 AGT TOP 阿妈

ŋu^{31}tsɑ̃^{55}ɬə^{55}mu^{53} e^{55}tsɿ^{31}thɑ̃^{31} tʂɑ^{31}bo^{53}tsi^{31} ji^{31}kɛ̃^{31} lə^{31} li^{31} tʂhũ^{55} bɑ^{35} le^{31},
古章拉姆 艾知堂 岩洞 DIM 那处 LOC TOP 流放 去 IND

ɑ^{35} zʉ^{35} lə^{31} khi^{55}mə^{53}khi^{55}tɕɑ^{55}tsi^{31} kø^{35}lu^{55} tɕhɑ^{31}lu^{55} tɕi^{55} khɔ̃^{55} le^{31}
LNK 3sg DAT 驮子鞍子 DIM 吃NMLZ 喝NMLZ 点儿 给 PEF
li^{31}. bø^{35}tɕhɑ^{53}! ə^{31}mə^{31} ŋu^{31}tsɑ̃^{55}ɬə^{53}mu^{53} li^{31} li^{55}gui^{31}si^{55} bʉ^{35} wu^{31} ʐʅ^{35} kɔ̃^{31}.
IND 可怜 阿妈 古章拉姆 TOP 李国森 怀孕 PRT COP LNK
ɑ^{31} e^{55}tsʅ^{31}thɑ̃^{31} tʂɑ^{31}bo^{53} tsi^{31} ji^{35} kɔ̃^{55} li^{31}, nɛ^{31}tɕɛ̃^{55}tũ^{31}tɕɛ̃^{53}. o^{35}jɑ^{31},
LNK 艾知堂 岩洞 DIM 走 LNK TOP 荒林 INTER
tʂɑ^{55}kə^{55}dʑø^{53} tu^{31}ku^{55} tʃʅ^{53}ŋɛ̃^{55} ŋi^{31} tɕhyi^{55} tɕɛ̃^{55} mɛ^{55} tu^{35} mɛ^{55} fu^{31}tɕɑ^{31}.
岩石缝隙 3pl 四五 天 走 要 GEN 这样 GEN 路

理塘土司对这个说话斩钉截铁的厉害角色说："我想了很久，别人说的虽然不对，但情况倒真是有些不妙。我们是两口子啊，事情怎么处理才妥当呢？我想了一个办法，不知道行不行？我把她流放到艾知堂山洞里，给点儿吃的喝的让她住在那里，这怎么样？杀了呢会伤生。"这个头人中的厉害角色对土司说："对。我也想了这么一个主意。"于是帕理塘土司就把阿妈古章拉姆流放到艾知堂山洞里去，给她驮子鞍子和一点儿吃的喝的。可怜啊，古章拉姆正怀着李国森。艾知堂山洞那里是荒山野岭，要在悬崖峭壁中走四五天的路。

ɑ^{55} ti^{31} tɕhũ^{55} ji^{35} wu^{31}, tɕhũ^{55} bɑ^{35} le^{31} ti^{31}bi^{35}kɔ̃^{31}, e^{55}tsʅ^{31}thɑ̃^{31}
LNK ANPR 流放 去 PRT 流放 去 CONJ ANPR做LNK 艾知堂
tʂɑ^{31}bo^{53} mɛ^{55} lũ^{31}pu^{53} kʉ^{31} dɑ^{31}ji^{31}khi^{55}ji^{31} kɛ̃^{55} di^{35}kɛ̃^{55} gie^{35}mu^{53} pi^{53} nɔ̃^{31}.
岩洞 GEN 山沟 里 DIRDIR转身NMLZ 处 妖处 婆子 CLF 有
ɑ^{35}jɑ^{31}, ɑ^{31} ji^{31}kɛ̃^{55} dʐui^{35} tshø^{31} le^{31} ti^{31}bi^{35}kɔ̃^{31}, khø^{55}khø^{55} nɛ̃^{31}tɕɛ̃^{55} kʉ^{31}
INTER LNK 那里 到达 PFV CONJ ANPR做LNK 其他 三岔路 里
ndzu^{35}wu^{31} mɑ^{31} nɔ̃^{55}. o^{35}, ɑ^{31} ji^{31}tɕĩ^{55} ʂʅ^{31} tɕhũ^{55} le^{31} dʐui^{35} tshø^{31}
伴NMLZ NEG 有 INTER LNK 已经 是 流放 CONJ 到达 PFV
le^{55}. ɑ^{31} ji^{55}kə^{31} nɔ̃^{35} le^{31} ti^{31}bi^{35}kɔ̃^{31} li^{55}, nɔ̃^{31}nɔ̃^{35} bi^{35} kɔ̃^{31} li^{31},
PEF LNK 那里 住 CONJ ANPR做LNK TOP 住：REDUP 做 LNK TOP
di^{35}kɛ̃^{55} gie^{35}mu^{53} le^{55} ȵi^{31} pi^{53} li^{31} ɑ^{35} ʂɑ^{31}pu^{55} tɑ^{55} wu^{31}.
妖处 婆子 PRT 两 个 TOP LNK 朋友 结 PRT

在艾知堂山洞的山沟里住着一个妖婆子，啊呀，她住在三岔路口没有伴儿。古章拉姆被流放到这里，住着住着就和妖婆子结成了伴儿。

ȵi^{31}pi^{55}tsi^{31} ʂɑ^{55}pu^{55} tɑ^{55} le^{31} li^{31}. ɑ^{35} tsə^{31} lũ^{31}pu^{53} tɑ^{31} tɕɑ^{55}
两个 DIM 朋友 结 PEF TOP LNK 就 山沟 一 CLF
kʉ^{31} lə^{31}, khø^{55}khø^{55} kø^{35}lu^{31} mɛ̃^{35}, mu^{31}xɑ^{55} dʐuɔ̃^{31}mə^{55} xɑ^{55} le^{31} kø^{35} le^{31}.
里 LOC 其他 吃NMLZ 没有 花生 人参果 挖 CONJ吃 PEF

ɑ^{55} ti^{31}ʐɑ^{31} gɑ^{31}lɑ^{55} tɑ^{31}thɑ^{53} wu^{31}ŋi^{35} tshø^{31} le^{31}, tɑ^{55}wu^{31} ji^{35} le^{31}
LNK 这时 很 久 DIR变 PFV PRT 结NMLZ 去 CONJ
ti^{31}bi^{35}kɔ̃^{31} li^{31}, di^{35}kɛ̃^{55} gie^{35}mu^{53} li^{31} bʉ^{35} le^{31}nɔ̃^{31}, ə^{55}mə^{31} ŋu^{31}tsɑ̃^{55}ɬə^{55}mu^{53}
ANPR做LNK TOP 妖处 婆子 TOP 怀孕 PROG 阿妈 古章拉姆
gui^{31}si^{55} bʉ^{35} le^{31}nɔ̃^{31}. ɑ^{35} ȵi^{31} pi^{55} ʂɑ^{31}pu^{55} tɑ^{55} le^{31} wu^{31}ȵdʑɑ^{35} wu^{31}
李国森 怀孕 PROG LNK 两 个 朋友 结 CONJ DIR相好 PRT
tu^{35} dʐʅ^{35} le^{31} ti^{31}bi^{35}kɔ̃^{31} li^{55}, ɑ^{55} ti^{31} di^{35}kɛ̃^{55} gie^{35}mu^{53} ɕe^{55} wu^{31}
这样 COP CONJ ANPR做LNK TOP LNK DEF 妖处 婆子 说 PRT
li^{31}: "nũ^{35} mɛ^{55} nɔ̃^{31} ȵɛ^{55}pu^{53}, wu^{55} ə^{31}lə^{31} mɛ^{55} sɑ^{31} nɔ̃^{55} ji^{31}tɕhyɛ̃^{55} wu^{31},
IND 2sg GEN 生 时候 1sg ACC ACC 声音 句 DIR出 PRT
nũ^{35} mɛ^{55} ndzu^{35} bi^{35} he^{35} wu^{31}ʐʅ^{35} mo^{35}tsʅ^{31}." ə^{31}mə^{31} ŋu^{31}tsɑ̃^{55}ɬə^{55}mu^{53} ɕe^{55}
2sg GEN 伴 做 来 PROS IND 阿妈 古章拉姆 说
wu^{31}: "tɕyɔ̃^{35}, tɕyɔ̃^{35}, e^{31}li^{55} pi^{55} mɛ^{55} ʂʅ^{31} nɔ̃^{31} wu^{55} dʐʅ^{35} me^{31} sʅ^{55}. nũ^{35}
PRT 对 对 哪 个 GEN 先 生 PRT COP NEG 知道 2sg
mɛ^{55} ʂʅ^{31} nɔ̃^{55} lə^{31}, wu^{55} lə^{31} sɑ^{31} nɔ̃^{55} ji^{31}tɕhyɛ̃^{55} wu^{31}. ŋə^{35} nũ^{35} mɛ^{55}
GEN 先 生 LNK 1sg ACC 声音 句 DIR喊 PRT 1sg 2sg GEN
ndzu^{35} bi^{35} he^{35} le^{31} mo^{35}tsʅ^{31}." "o^{31}, tɕyɔ̃^{35}, tɕyɔ̃^{35}, tɕyɔ̃^{35}."
伴 做 来 PRT IND INTER 对 对 对

山谷里没什么可吃的，全靠挖花生果度日。妖婆子怀孕了，古章拉姆也怀了李国森，久而久之，两个人就结成了伴儿。妖婆子说："你生孩子的那一天，叫我一声，我来跟你搭伴。"古章拉姆说："行，行，还不知道谁先生呢。你要是先生呢叫我一声，我来跟你搭伴。""好，好，好。"

ɑ^{35} te^{31} ʐʅ^{35} ȵɛ^{55}pu^{53} li^{31}, o^{535}, di^{35} ntʂhũ^{55} le^{31}, di^{35}kɛ̃^{55} gie^{35}mu^{53}
LNK 这 COP 时间 TOP 叹词 妖儿 生 PEF 妖处 婆子
li^{55} di^{35} ntʂhũ^{55} le^{31} ti^{31} di^{35} phø^{53} nɔ̃^{55}. ə^{31}jə^{31}, tshɛ^{55}zũ^{53}gĩ^{35}nɑ^{53} li^{31}
TOP 妖儿 生 CONJ DEF 妖 CLF 生 INTER 半夜三更 TOP
ɑ^{33}, khu^{55}sɑ^{53}, phɑ^{55}sɑ^{53}, nɛ^{31}sɑ^{53}, khu^{55}nɔ̃^{53}, phɑ^{55}nɔ̃^{53}, nɛ^{31}nɔ̃^{53}, dʐʅ^{35}ŋɑ^{55}ko^{55}tʂu^{53}
LNK 狗声 猪声 鸡声 狗屎 猪屎 鸡屎 又脏又臭
ɕu^{55} le^{31} li^{31} lũ^{55}pu^{55}phɑ^{55}phɑ^{53}. ə^{55}mə^{31} ŋu^{31}tsɑ̃^{55}ɬə^{55}mu^{53} li^{31} tsø^{31} ju^{35} mɑ^{31}
臭 PRT TOP 声势浩大 阿妈 古章拉姆 TOP 竟 睡觉 NEG
qo^{55}. e^{31}jɑ^{31}, tɕhɑ^{31}ji^{55} wu^{55} mɛ^{55} ʂɑ^{31}pu^{53} li^{55} sɑ^{55}tɕhyɛ̃^{55} me^{31} he^{35}, tɕhɑ^{31}ji^{55}
行 叹词 今天 1sg GEN 朋友 TOP 喊 NEG 来 今天

lũ^{31}pu^{53}phɑ^{53}phɑ^{53} lɑ^{31} e^{31}li^{55}wu^{31} tɑ^{31} tɕɑ^{53} lɑ^{31} dʐʅ^{35} le^{35} li^{31}gi^{55} wu^{31}.
声势浩大 TOP 怎么 一 CLF PRT COP CONJ 想 PRT

这天，妖婆子生了一个妖儿。噢哟，半夜三更地（听到）狗叫声、猪叫声、鸡叫声，（闻到）狗屎、猪屎、鸡屎味道，臭气熏天。（那场景简直是）惊天动地。阿妈古章拉姆睡不着。她想：哎呀，伴儿也不过来叫我，外面动静这么大，这到底是怎么一回事啊？

nɛ^{31}jĩ^{55} ȵɛ^{55}pu^{53} ȵe^{31}zi^{53}, ɑ^{35} ti^{31} ʂɑ^{55}pu^{53} ʐʅ^{35} kɔ̃^{31}, lũ^{31}pu^{53} kʉ^{31}
明天 时候 早上 LNK DEF 朋友 COP LNK 山沟 里

thu^{31}ji^{35} le^{31} li^{31}, ʂɑ^{55}pu^{53} mɛ^{55} tʂɑ^{31}bo^{53} kʉ^{31} ȵdʑø^{35} ji^{35} wu^{31}. ȵdʑø^{35} bɑ^{35}
DIR去 PRT TOP 朋友 GEN 岩洞 里 看 去 PRT 看 去

kɔ̃^{31}, “ɑ^{55}jə^{31}, ʂʅ^{31}zɔ̃^{55} nũ^{35} li^{31} sɑ^{55} me^{31} tɕhyɛ̃^{55}, nũ^{35} kɛ̃^{55} lɑ^{31} khu^{55}sɑ^{53}
LNK 叹词 昨晚 2sg TOP 声 NEG 出 2sg 处 TOP 狗声

phɑ^{55}sɑ^{53} tɕʉ^{55} ɣɑ^{35} li^{31} ɣɑ^{35} mɛ^{55} tsø^{31}, dʐʅ^{35}ŋɛ̃^{55}ko^{55}tʂu^{53} ɕu^{55} le^{31}, thu^{31}he^{35}
猪声 什么 喊 PRT 喊 PRT 都 又脏又臭 臭 PRT DIR来

tɕɛ̃^{55} li^{31}gi^{55} kɔ̃^{31}, mɔ̃^{35}ŋi^{35}tsi^{31} he^{35} me^{31} ȵyĩ^{55}. e^{31}li^{55}wu^{31} jə^{35} tsɿ^{31}?” “hə^{53},
要 想 LNK 晚上 来 NEG 敢 怎么 QUES PRT INTER

ʂɑ^{31}pu^{53} the^{31} ɕe^{55}, the^{31} ɕe^{55}, ʂʅ^{31}zɔ̃^{55} li^{55}, ȵdʑø^{35} wu^{31}, ŋə^{35} tsi^{53} gie^{35}wu^{55}
朋友 PROH 说 PROH 说 昨晚 TOP 看 PRT 1sg 儿子 好NMLZ

phø^{53} nɔ̃^{31} le^{55}, wu^{31}nɔ̃^{55} kɔ̃^{31} ȵi^{31} tø^{31} tɕũ^{55} kø^{35}kø^{35}, ȵdʑø^{35}.” ji^{31}tɕhyɛ̃^{55}
CLF 生 PEF DIR生 LNK 也 一 秖 吃：REDUP 看 DIR出

le^{31} wu^{31}ȵdʑø^{35} ku^{31} kɔ̃^{31} lɑ^{31}. o^{55}, o^{353}, phɑ̃^{35} le^{31} tsə^{31}tsə^{31} ndʐə^{35}gɔ̃^{35}tɕhɑ^{31}tɕhɑ^{31}
CONJ DIR看 CAUS LNK IND INTER INTER 胖 PRT 就：REDUP 身强力壮

phø^{53} ti^{31} di^{35} ʐʅ^{55} kɔ̃^{31}. ɑ^{35} ti^{31} le^{55} dʐʅ^{35}.
CLF DEF 妖 COP LNK LNK ANPR PRT COP

第二天早上，她到朋友的岩洞里去打探。“啊哟，昨天晚上你没有来叫我，（我听到）你这里猪狗连声叫唤，什么气味都有，我本想过来呢，太晚了不敢来。（现在你）怎么样了？”“嗬！伴儿，别说了。你看，昨晚我生了个儿子，生下来就吃了八十斤粮食。看。”（说着）就去抱出来给阿妈古章拉姆看。哦，哦，这孩子是个妖儿，又胖又壮。原来如此。

ɑ^{35} ə^{55}mə^{31} ŋu^{31}tsɑ̃^{55}ɬə^{55}mu^{53} dɑ^{31}he^{35} wu^{31} ʐʅ^{35} wu^{31}. nɛ^{31}jĩ^{55} ȵɛ^{55}pu^{53}
LNK 阿妈 古章拉姆 DIR来 PRT COP PRT 明天 时候

mɔ̃^{35}ŋi^{35}tsi^{31} li^{31} gui^{31}si^{55} ntʂhũ^{53} wu^{31}, e^{55}tsɿ^{31}thɑ̃^{31} tʂɑ^{31}bo^{53} kʉ^{31} lə^{31} gui^{31}si^{55}
晚上 TOP 李国森 诞生 PRT 艾知堂 岩洞 里 LOC 李国森

ntʂhũ^{55} wu^{31}. e^{55}tsɿ^{31}thɑ̃^{31} tʂɑ^{31}bo^{53} kʉ^{31} lə^{31} gui^{31}si^{55} ntʂhũ^{53}. ɑ^{55} ti^{31} di^{35}kɛ̃^{55}
诞生 PRT 艾知堂 岩洞 里 LOC 李国森 诞生 LNK DEF 妖处

gie35mu53 ji31tʃʅ55 kɔ̃31 lɑ31, mɔ̃35ȵi35tsi31 lɑ31 dʐʅ35zɔ̃53 ɕu55 le31 li55nɛ55dʑu31dʑø35

婆子 DIR听 LNK IND 晚上 TOP 煨桑 香 CONJ 唱歌跳舞

bi35, tũ35mbi35tũ35dʑø53 bi35, sɛ̃55tɑ55sɛ̃55tʂhui31 dɛ35. lũ31pu53phɑ55phɑ53. ɑ35 ti31

做 念经跳神 做 三打三锤 打 声势浩大 LNK DEF

di35kɛ̃55 gie35mu53 li31gi55 le31 ti31bi35kɔ̃31, ə31mə31 ŋu31tsɑ̃55ɬə55mu53 xɑ31phɑ35

妖处 婆子 想 CONJ ANPR做LNK 阿妈 古章拉姆 恐怕

bu35ʐʅ55 tɕhyo55 le31, ɑ35 ti31 le55 dʐʅ35.

小孩 生 PEF LNK ANPR PRT COP

阿妈古章拉姆回去了。第二天晚上，李国森诞生在艾知堂山洞里。诞生的时候，妖婆子去听了一下，煨桑的香气缭绕，鼓声大作，动静很大。妖婆子心想，阿妈古章拉姆恐怕是生了。

nɛ31jĩ55 nɛ55pu53 ȵe31zi55 li31, ɑ35 ti31 tʃʅ55tɕhə53 he35 kɔ̃31 li31,

明天 时候 早上 TOP LNK DEF 背水 来 LNK TOP

ə55mə31 ŋu31tsɑ̃55ɬə55mu53 mɛ55 tʂɑ31bo55 mĩ35tɕo55 tɕɑ55 gu31 tɕɛ̃55 wu31. di35kɛ̃55

阿妈 古章拉姆 GEN 岩洞 门脚 CLF 经过 要 PRT 妖处

gie35mu53 li31 ɕʉ55kʉ53ȵe55 nɔ̃55. ə55mə31 ŋu31tsɑ̃55ɬə55mu53 li31 lũ31pu55 mɛ55

婆子 TOP 里边 住 阿妈 古章拉姆 TOP 山沟 GEN

tʃɱ55mu53 ȵe55ȵe55 tsi31 kɛ̃55 nɔ̃55. ɑ35 hø31pø31 bu35 le31 tʃʅ55tɕhə53 he35 kɔ̃31

外面 边 DIM 处 住 LNK 水背 背 CONJ 水背 来 LNK

li31, "o35jo31, ʂɑ31pu53 ɑ31, ʂʅ55zɔ̃55 li31 nũ35 kɛ̃55 tɕu55 bi35 le31 tsʅ31 me31

TOP INTER 朋友 INTER 昨晚 TOP 2sg 处 什么 做 PRT COP NEG

sʅ55. wu55 lɑ53 nø35wu31 tshø55 le31 ŋgə35 le31 mo35. lɪ̃55lɪ̃55nɛ̃55nɛ̃53 li55nɛ̃53dʑu31dʑø53,

知道 1sg TOP 热闹 闹 CONJ 够 PEF IND 吹吹打打 唱歌跳舞

tũ31mbi53tũ31dʑø53, dʐʅ35zɔ̃31 ɕu55 le31." "ɑ35 the31 ɕe55, ʂɑ55pu53, ʂʅ31zɔ̃55 li31

又念又跳 煨桑 香 PRT LNK PROH 说 朋友 昨晚 TOP

wu55 li55 sɔ̃55 phø53 tu31 wu31nɔ̃55 mo35tsʅ31. ɑ35jɑ31, jɑ31tsʅ55me55 xo55pi53

1sg TOP 三 CLF 这样 DIR生 IND INTER 胳肢窝 下面

te31 pi53 nɔ̃55 kɔ̃31, ə31lə31 wu31 bɑ35 le31 me31 sʅ55. phɑ31xɑ31 kʉ31 tɕɑ53 te31

一 CLF 生 LNK 哪里 DIR 去 PEF NEG 知道 肚脐 里 CLF 一

pi55 wu31nɔ̃55 kɔ̃31, ə31lə55 wu31bɑ35 le31 dʐʅ35 me31 sʅ55. dʒʅ35tɛ̃55tɕhə55nũ53 bi35

CLF DIR生 LNK 哪里 DIR去 PEF COP NEG 知道 私处 做

le31 nɔ̃55wu31 pi53, ȵdʑø35, tø31kɛ̃55 nɔ̃55 wu31. ȵdʑø35." ji31tɕhyɛ̃55 lɑ31

PEF 有NMLZ 个 看 这里 有 PRT 看 DIR拿出 IND

wu^{31}n̥dʑø^{35} ku^{31} kɔ̃^{31} lɑ^{31}, ji^{353}, tɕhɛ̃^{31}kɛ̃^{55} wu^{31} tɑ^{31}n̥dʑɑ^{31}, kuɑ^{31}tɕu^{31}ʐu^{35}tɕu^{31}.
DIR看 CAUS LNK TOP INTER 圆根干 LKP 一样 皱皱巴巴

o^{35}jɑ^{31}, ndʑø^{35} kɔ̃^{31} lɑ^{31}, wu^{31} ɣi^{35} tsi^{31} tɕi^{31} dʐʅ^{35}.
INTER 看 LNK TOP 自己 笑 助词 点儿 COP

第二天早上背水，经过阿妈古章拉姆的山洞门口。妖婆子住在山洞靠里的一边，阿妈古章拉姆住在山沟的外面一点儿。（妖婆子）问阿妈古章拉姆：“噢哟，伴儿哎，你昨晚上干些啥呢？我的耳根就没有清静过。吹吹打打，又念又跳，煨桑的香气四处缭绕。”“别说了，伴儿哎。昨晚上我生了三个。啊呀，胳肢窝下面生出来一个，不知跑到哪里去了；肚脐眼生出来一个，也不知到哪里去了；下面生出来的那一个，在这里，看。”她把孩子拿出来给朋友看，咦，像圆根干一样皱皱巴巴的。（大家）一看他呢，他就笑。

di^{35}kɛ̃^{55} gie^{35}mu^{53} ji^{31}li^{31}gi^{55} le^{31} ti^{31}bi^{35}kɔ̃^{31}, m^{35}, ti^{31} mũ^{35} pi^{53} lɑ^{55},
妖处 婆子 DIR想 CONJ ANPR做LNK INTER DEF 人 个 TOP

sɔ̃^{55} pi^{53} lə^{55} tu^{35} nɔ̃^{35} kɔ̃^{31}, ȵi^{31} pi^{53} mɑ^{31} nɔ̃^{55} sɔ̃^{55} kɔ̃^{31}, tsø^{31} nɔ̃^{55}wu^{31}
三 个 PRT 这样 生 LNK 两 个 NEG 在 IND LNK 竟 生NMLZ

tɕi^{55} phø^{53} tsø^{31} xɑ^{31}ʃʅ^{31} gie^{35} mɛ^{55} me^{31} ʐʅ^{35}, li^{31}gi^{55} ʐʅ^{35} kɔ̃^{31}, zʉ^{35} mɛ^{55}
点儿 CLF 竟 还是 好 GEN NEG COP 想 COP LNK 3sg GEN

tɔ̃^{31}jɔ̃^{55} kʉ^{31} ko^{55}tʂu^{55} li^{31}gi^{55} tshø^{31} wu^{31} ʐʅ^{35}. ə^{55}mə^{31} ŋu^{31}tsɑ̃^{55}ɬə^{55}mu^{53} li^{31}
心 里 坏 想 PFV PRT COP 阿妈 古章拉姆 TOP

mũ^{35} dɛ̃^{35}mu^{55}tsi^{31}, tɕu^{55}ʐʅ^{31}ʐʅ^{31} tsø^{31} tɛ̃^{35} wu^{31}khɔ̃^{55}wu^{31} ji^{31}tɛ̃^{55} le^{31}. ti^{31}
人 本分 无论 都 什么 DIR应许 DIR靠 PRT DEF

khui^{31}khui^{31}tʂhɑ^{55}tʂhɑ^{53} mɛ^{55} ʂɑ^{55}pu^{53} dʐʅ^{35} kɔ̃^{31}, ɑ^{35} ti^{31} le^{31} dʐʅ^{35}. ɑ^{35}li^{31}
反反复复 GEN 朋友 COP LNK LNK ANPR PRT COP LNK

ȵi^{53} pi^{53} e^{31}le^{55}tsi^{31} ə^{31}mũ^{55} te^{31} pi^{53} li^{31} tʂɑ^{31}bo^{55} kʉ^{31} wu^{31}nɔ̃^{55} ku^{31}. ɑ^{55}
两 个 孩子 每人 一 个 TOP 岩洞 里 DIR住 CAUS LNK

wu^{55}ȵi^{31}pi^{53} li^{31} mu^{31}xɑ^{53} dʐuɔ̃^{55}mə^{53} hɑ^{55} le^{31} kø^{35} li^{55}, wu^{55} mu^{31}xɑ^{31}
1dl TOP 花生 人参果 挖 CONJ 吃 TOP 1sg 花生

dʐuɔ̃^{31}mə^{53} hɑ^{55} le^{31} kø^{35} le^{31} ti^{31}bi^{35}kɔ̃^{31} li^{55}, ɑ^{55} ti^{31} e^{31}le^{55}tsi^{31}
人参果 挖 CONJ 吃 CONJ ANPR做LNK TOP LNK DEF 孩子

ə^{55}mũ^{55} te^{31} pi^{53} jo^{31} tɕɛ̃^{55} wu^{31}. ɑ^{55} ti^{31} hɑ^{55} le^{31} hɑ^{55}le^{31} kø^{35} le^{31}
各人 一 个 供养 要 PRT LNK ANPR 挖 CONJ 挖CONJ 吃 CONJ

ʐɔ̃^{35}su^{53} pɛ^{35}ŋku^{31} he^{35} le^{31} ti^{31} bi^{35} li^{31}, e^{31}le^{55}tsi^{31} kɛ̃^{55} dɑ^{31}bu^{35} tɕɛ̃^{55},
SELF 饱 来 CONJ ANPR 做 TOP 孩子 处 DIR背 要

fu^{31}tɕɑ^{31} dɑ^{31}mi^{31}he^{35} kɔ̃^{31} li^{31}, di^{35}kɛ̃^{55} gie^{35}mu^{53} tɛ̃^{31}ŋɛ̃^{55} tɕhyɛ̃^{55} tshø^{31} wu^{31}
路 DIRDIR来 LNK TOP 妖处 婆子 计谋 设 PFV PRT
ʐʅ^{35} wu^{31}.
COP PRT

妖婆子心想：嗯，这个人生了三个，两个都不见了，留下来的这个小不点儿还不知道好不好。想着想着，她心里就打起了坏主意。阿妈古章拉姆是个本分人，许了什么愿都会答应。她的伴儿呢，是一个反反复复的人。现在，两个人都带孩子住在山洞里，都要去挖人参果来供养孩子，得先把自己的肚子填饱了，再给孩子背回来。回来的路上，妖婆子打起了坏主意。

“ə^{31}jə^{31}, ə^{55}mə^{31} ŋu^{31}tsɑ̃^{55}ɬə^{55}mu^{53} ɑ^{31}, nũ^{35} tø^{31} phø^{53} jo^{35}, ŋə^{35} tø^{31}
INTER 阿妈 古章拉姆 LNK 2sg 一 CLF 供养 1sg 一
phø^{53} jo^{35}, ti^{31} n̥i^{53} pi^{53} wu^{31}nɛ̃^{35}. n̥dʑø^{35}, ŋə^{35} mɛ^{55} phø^{53} li^{31} ɑ^{31}
CLF 供养 PROX 两 个 DIR艰难 看 1sg GEN CLF TOP LNK
nũ^{35} nɔ̃^{31} ʑi^{35} wu^{31} le^{31} dʐʅ^{35}. tʂhɿ^{35} tɕɑ^{55}ʐʅ^{35} jɛ̃^{55} mɛ^{55} mũ^{31} me^{31} ʐʅ^{35}
2sg AGT 养 PRT CONJ COP 很 主见 有 GEN 人 NEG COP
tsə^{31} tɕhɛ̃^{31}kɛ̃^{55} wu^{31} tɑ^{31}n̥dʑɑ^{55} wu^{31} dʐʅ^{35} kɔ̃^{31}, pu^{55}ke^{55} nũ^{35} mɛ^{55} pi^{53} wu^{31}nɛ̃^{55}
就 圆根 LKP 一样 PRT COP LNK 不该 2sg GEN CLF DIR消灭
ji^{35} nɛ^{31}. n̥i^{55} pi^{53} nɔ̃^{31} ŋə^{35} mɛ^{55} pi^{53} ʑi^{35} le^{31} li^{31}, n̥i^{55} pi^{53} xɑ^{31}ʃʅ^{55}
去 IND 两 个 AGT 1sg GEN 个 养 LNK TOP 两 个 还是
tʃʅ^{55}pu^{55}ɕə^{55} le^{31} ʃɔ̃^{55}, uɔ̃^{55}mu^{53} wu^{31}gie^{35} wu^{31}, wu^{31}nɔ̃^{55} wu^{31} kɔ̃^{31}, n̥i^{31} tø^{55}
享福 PRT 快 身体 DIR好 PRT DIR生 PRT LNK 竟 一
tɕũ^{53} kø^{35}kø^{35}.” ɑ^{35} ti^{31} ə^{55}mə^{31} ŋu^{31}tsɑ̃^{55}ɬə^{55}mu^{53} lɑ^{31} dɛ̃^{31}ŋɛ̃^{55} ʃʅ^{55} le^{31}
杯 吃：REDUP LNK DEF 阿妈 古章拉姆 TOP 计谋 使 PEF
li^{31} ti^{31} gui^{31}si^{55} phø^{53} nɛ̃^{55} ku^{31} tɕɛ̃^{55} li^{31}gi^{55}. ə^{55}mə^{31} ŋu^{31}tsɑ̃^{55}ɬə^{55}mu^{31} li^{31}
TOP DEF 李国森 ACC 杀 CAUS 要 想 阿妈 古章拉姆 TOP
mũ^{35} mɛ^{55} khə^{55} tʂhɿ^{55} dʑɔ̃^{35}, zɔ̃^{35}su^{55} thø^{55}thø^{55}kʉ^{31} tsu^{55} mɑ^{31} qo^{55}. ji^{31}li^{31}gi^{55}
人 GEN 话 很 追赶 SELF 端正 自主 NEG 行 DIR想
ti^{31} le^{31} ti^{31}bi^{35}kɔ̃^{31}, dʐʅ^{35}, dʐʅ^{35}, wu^{55} mɛ^{55} phø^{53} tsø^{31}tsø^{31} ti^{31}
TENT CONJ ANPR做LNK 对 对 1sg GEN CLF 竟：REDUP DEF
tɕhɛ̃^{55}kɛ̃^{55} wu^{31} tɑ^{31}n̥dʑɑ^{31} tsø^{31}, uø^{35}tʃʅ^{31} mɛ^{55} n̥i^{31}mø^{53} lə^{31} tɕɑ^{55}ʐʅ^{55} jɛ̃^{55}
圆根 LKP 一样 竟 什么 GEN 时间 LOC 出息 有
qo^{53}? nũ^{35} nɔ̃^{31} ɕe^{55} wu^{31} dʐʅ^{35}. ɑ^{35} tsə^{31} dɑ^{31}he^{35} le^{31} li^{31} nɛ^{31}jĩ^{55}
行 2sg AGT 说 PRT COP LNK 就 DIR来 CONJ TOP 明天

ȵɛ^{55}pu^{53} li^{31} ɑ^{35} di^{35}kɛ̃^{55} gie^{35}mu^{53} mɛ^{55} wũ^{31}pu^{55} tʃɿ^{55} le^{31} li^{31}: ɑ^{35}
时候 TOP LNK 妖处 婆子 GEN 嘴巴 听 PEF IND LNK

gui^{31}si^{55} phø^{53} li^{31} ʐ̩^{35}ndzɑ^{55} lə^{55} li^{31} nɛ̃^{55} ji^{35} wu^{31} dʐ̩^{35} mo^{35}.
李国森 ACC TOP 三岔口 LOC TOP 杀 去 PRT COP IND

“噢哟，阿妈古章拉姆啊，你养一个，我养一个，养两个太艰难。（不如）你也养我的那个吧，（你那个）像个圆根干一样，不如拿去弄死。我们两个（一起）养（一个）呢，很快就会享福了。（我的孩子）生下来就身体好，要吃八十斤的东西。”阿妈古章拉姆人云亦云，没啥主见，就想把李国森给杀了。她想：对啊，我这个儿子像圆根干一样，什么时候才能出息呢？说得好。于是她就听信了妖婆子的话，要在第二天把李国森带到三岔口埋掉。

ɑ^{35} ti^{31}kɔ̃^{31} nɛ^{31}jĩ^{55} ndʑɑ^{35}tsi^{31}, dɛ̃^{35}mu^{55} dʐ̩^{35} tsɿ^{31} kɔ̃^{31}, ɑ^{35} dʐɑ^{35}dʐɑ^{35} ȵɛ^{35}
LNK 这时 明天 接近 老实 COP IND LNK LNK 聪明 眼睛

lə^{31} li^{31} mə^{31}si^{53} tɕi^{55} mi^{31}sɿ^{55}, wũ^{31}pu^{53} kʉ^{31} lə^{31} li^{31} mə^{31}ȵɛ^{53} mi^{31}zɔ̃^{53}.
LOC TOP 酥油 点儿 DIR抹 嘴巴 里 LOC TOP 陈酥油 DIR喂

tɛ^{55}li^{55} bɑ^{35} le^{31} ji^{35} le^{31} li^{31}, fu^{31}tɕɑ^{31} lø^{35}ʐ̩^{35}ndzɑ̃^{55} kɛ̃^{55} dʐui^{35} le^{31} ti^{31}
LNK 去 CONJ 去 CONJ TOP 路 三岔口 处 到达 CONJ ANPR

bi^{35}kɔ̃^{31} li^{31}, kho^{55}kho^{55} tɕɑ^{53} tsi^{31} mi^{31}hɑ^{55} le^{31} ti^{31}bi^{35}kɔ̃^{31} li^{55}, gui^{31}si^{55}
做LNK TOP 坑 CLF DIM DIR挖 CONJ ANPR做LNK TOP 李国森

phø^{53} ji^{35}kʉ^{55}kʉ^{31} mi^{31}tɕhʉ^{53} wu^{31} ʐ̩^{35} mo^{35}. mi^{31}tɕhʉ^{53} le^{31} li^{31}, kuɔ̃^{55} lɑ^{55}
ACC 那里 DIR搁置 PRT COP IND DIR搁置 PEF TOP 脚 手

zø^{35} ʒɿ^{35} ə^{31}lə^{31} li^{31} phu^{55}bø^{53}tsɿ^{31} ȵɑ^{31} mi^{31}dɛ̃^{53}, uɔ̃^{55}tɕɑ^{53} lə^{31} li^{31} phɔ̃^{55}uɔ̃^{53}
端 四 LOC TOP 桩 PL DIR打 身体 LOC TOP 石头

phø^{53} mi^{31}tɕhʉ^{53}. ɑ^{35} ti^{31} mi^{31}tɕhʉ^{53} le^{31} li^{31}, ə^{55}mə^{31} ŋu^{31}tsɑ̃^{55}ɬə^{55}mu^{53}
CLF DIR搁置 LNK PROX DIR搁置 PRT TOP 阿妈 古章拉姆

dɑ^{31}ji^{31}khi^{55} le^{31} li^{31}, e^{55}tsɿ^{31}thɑ̃^{31} tʂɑ^{31}bo^{53} kɛ̃^{55} dɑ^{31}ji^{31}he^{35} tɕɛ̃^{55} li^{31}gi^{55} wu^{31},
DIRDIR转身 PRT TOP 艾知堂 岩洞 处 DIRDIR来 要 想 PRT

dɑ^{31}ji^{31}he^{35} tɕɛ̃^{55} li^{31}gi^{55} kɔ̃^{31} li^{31}, li^{55}gui^{31}si^{55} ti^{31} ntʂhũ^{35} mɛ^{55} mũ^{35} dʐ̩^{35} kɔ̃^{31},
DIRDIR来 要 想 LNK TOP 李国森 DEF 诞生 GEN 人 COP LNK

ti^{31} kho^{55}kho^{55} wu^{31}xuɛ̃^{35} ti^{31} wu^{31} le^{31} dʐ̩^{35}.
DEF 骨骼 DIR换 DEF PRT PRT COP

第二天，老实本分的古章拉姆，在孩子明亮的眼睛上抹了点儿新鲜酥油，在嘴巴里喂了点儿陈酥油，然后来到一个三岔路口，挖了一个坑，把李国森往坑里一放，放进去就在手和脚上钉了木桩，在躯体上压了石头，然后转身要回到艾知堂山洞。李国森虽是初生婴儿，竟要经历脱胎换骨的考验。

ɑ^{35} ndzɔ̃^{35}mũ^{53} lə^{53} li^{31}, ti^{31} ŋi^{35} le^{31} dɑ^{31}ji^{31}ŋi^{35} tɕhu^{31}. "ə^{31}jə^{31},
LNK 马上 PRT TOP LNK 喊 CONJ DIRDIR喊 IND INTER
ɑ^{55}mɑ^{31}, nu^{31}ku^{55} mɛ^{55} ȵɑ^{31} le^{31} wu^{55} mə^{31}si^{55} sɿ^{55} wu^{31} bi^{35}, lø^{55}ŋɛ̃^{55} sø^{55}
阿妈 2pl GEN PL PRT 1sg 酥油 抹 PRT 做 办法 谁
nɔ̃^{31} dʐuɛ̃^{35} mɛ^{55} jə^{31}? wũ^{31}pu^{53} kʉ^{31} mə^{31}ȵɛ^{53} zɔ̃^{53}wu^{31} ti^{31} lø^{55}ŋɛ̃^{55} sø^{55}
AGT 想 PRT QUES 嘴巴 里 陈酥油 喂NMLZ ANPR 办法 谁
nɔ̃^{31} dʐuɛ̃^{35} mɛ^{55} jə^{31}? wu^{55} mɛ^{55} uɔ̃^{55}tɕɑ^{53} phuɔ̃^{55}uɔ̃^{53} dʑɑ^{55}wu^{31} ti^{31}
AGT 想 PRT QUES 1sg GEN 胸口 石头 压NMLZ ANPR
lø^{55}ŋɛ̃^{55} sø^{55} nɔ̃^{31} dʐuɛ̃^{35} mɛ^{55} jə^{31}? wu^{55} mɛ^{55} ti^{31} ŋgɑ^{35} lə^{31} kə^{55} lɑ^{55}
主意 谁 AGT 想 PRT QUES 1sg GEN DEF 脚 LOC 这里 PRT
ŋgɑ^{35} ə^{31} phu^{55}bø^{53} dʑø^{35}wu^{31} ti^{31} lø^{55}ŋɛ̃^{55} sø^{55} nɔ̃^{31} dʐuɛ̃^{31} mɛ^{55} jə^{31}
脚 LOC 木桩 钉NMLZ ANPR 办法 谁 AGT 想 PRT QUES
tsɿ^{31}? he^{53}!"
PRT INTER

（于是李国森马上就连声高喊）:"噢哟，阿妈，你往我的眼睛上抹酥油，这主意是谁想出来的？你往我的嘴巴里喂酥油，这主意是谁想出来的？你往我的身上压石头，这主意是谁出的？你往我的手脚上钉木桩，这个主意是谁出的？"

ti^{53} ə^{55}mə^{31} ŋu^{31}tsɑ̃^{55}ɬə^{55}mu^{53} dɑ^{31}wu^{31}khi^{55} le^{31} wu^{31}ȵdʑø^{35} kɔ̃^{31},
DEF 阿妈 古章拉姆 DIRDIR转身 CONJ DIR看 LNK
e^{31}le^{55}tsi^{31} nɔ̃^{31} tu^{35} ɕe^{55} le^{31} ti^{31}bi^{35}kɔ̃^{31}, tɔ̃^{31}jɔ̃^{55} kʉ^{31} lə^{31} ndzɔ̃^{55}mũ^{53}
孩子 AGT 这样 说 CONJ ANPR做LNK 心 里 LOC 马上
le^{31} mi^{31}dʑy^{55} ȵdʑɑ^{31} le^{31}. ɑ^{55}jɑ^{31}, wu^{55} tu^{35} bi^{35} le^{31} mɑ^{31} tɕyɔ̃^{55} le^{55}
PRT DIR塌 一样 PRT INTER 1sg 这样 做 CONJ NEG 对 CONJ
bɑ^{35} le^{31}. ɑ^{35} mu^{31}ʃu^{55}tsi^{31} e^{31}li^{35} ʃuɔ̃^{31}ʃuɔ̃^{31}thɑ^{55}thɑ^{55} mɑ^{55}nɔ̃^{55} tɕi^{55} dɑ^{31}wu^{31}dʑø^{35}
去 PRT LNK LNK 怎样 迅速 祝福 点儿 DIRDIR写
le^{31}: "nũ^{35} mɛ^{55} ȵɛ^{31} ə^{31}lə^{31} li^{31} mə^{31}si^{55} sɿ^{55}wu^{31} li^{31} ȵɛ^{31} gie^{35}, ndzɔ̃^{55}mũ^{53}
PRT 2sg GEN 眼睛 LOC TOP 新酥油 抹NMLZ TOP 眼睛 好 马上
li^{31} tɑ^{31} tɕɑ^{53} wu^{31}tʃɿ^{31}tɕyɔ̃^{55} qo^{55} mɛ^{55}, ŋui^{55}dʐu^{53} jɛ̃^{35} tsɿ^{31}. nũ^{35} mɛ^{55}
TOP 一 CLF DIR看见 RST PRT 祝福 有 IND 2sg GEN
uɔ̃^{55}tɕɑ^{53} lə^{31} phuɔ̃^{55}uɔ̃^{53} dʑɑ^{55} wu^{31} li^{31}, ndzɔ̃^{55}mũ^{53} li^{31} ə^{31}lə^{55} li^{31} ko^{55}tʂu^{53}
胸口 LOC 石头 压 PRT TOP 马上 PRT 哪里 TOP 坏人

tʃʅ^{31}tshe^{53} li^{31} nɛ^{55} qo^{55} mo^{35}tsɿ^{31}. nũ^{35} mɛ^{55} kuɔ̃^{55} lɑ^{55} ngɑ^{35} lə^{31}

全部 TOP 消灭 实现体 IND 2sg GEN 大腿 CONJ 脚 LOC

li^{31} phu^{55}bø^{55} dʑø^{55} wu^{31} li^{31}, kuɔ̃^{55} tsə^{31} gie^{35} ji^{31}, e^{31}li^{55} tʃʅ^{55}ji^{31} tsø^{31}

TOP 木桩 钉 PRT TOP 腿 就 好 NMLZ 什么 听NMLZ 就

dʐui^{35} qo^{55} mɛ^{55} ŋui^{35}dʐu^{53} ʐʅ^{35} mo^{35}tsɿ^{31}. ”

到达 实现体 GEN 祝福 COP IND

嗬！阿妈古章拉姆回转身来一看，孩子在说着话呢，心里顿时就像塌了一样，啊呀，我这样做不对啊。于是给孩子祝祷说：“往你的脸上抹酥油呢，祝福你马上就能看得见；身上压个石块呢，祝福你马上就能扫除妖孽；大腿钉上木桩呢，祝福你一听风声就能到达。都是祝福啊。”

“tu^{35} ɑ^{55}mɑ^{31} tu^{35} dʐʅ^{35} ŋɛ̃^{31} le^{31} li^{55}, dɑ^{31}ji^{31}he^{35} le^{31} li^{55}, nũ^{35} wu^{55}

这样 阿妈 这样 COP EXP PRT TOP DIRDIR来 PRT TOP 2sg 1sg

mɛ^{55} tɑ^{31} khɑ^{53} wu^{31} tɑ^{31} khɑ^{53} wu^{31} tɑ^{31} khɑ^{53} wu^{31} tʃɦ^{55} le^{31}, ɳɛ^{31}

GEN 一 CLF ADV 一 CLF ADV 一 CLF ADV 取 PRT 眼睛

mɛ^{55} mə^{31}si^{55} ʂʅ^{31} wu^{31}qɑ^{55}, ɑ^{35} wũ^{31}pu^{53} mɛ^{55} mə^{31}ɳɛ^{55} wu^{31}qɑ^{55}, tɛ̃^{31}li^{55}

GEN 鲜酥油 先 DIR取下 LNK 嘴巴 GEN 陈酥油 DIR取下 LNK

wu^{55} mɛ^{55} uɔ̃^{55}tɕɑ^{53} mɛ^{55} phuɔ̃^{55}uɔ̃^{53} dɑ^{31}wu^{31}tʃɦ^{55} tɛ̃^{31}li^{55} wu^{55} mɛ^{55} kuɔ̃^{55}

1sg GEN 身体 GEN 石头 DIRDIR取掉 LNK 1sg GEN 腿

lɑ^{55} ŋgɑ^{53} mɛ^{55} phu^{31}bø^{55} dɑ^{31}wu^{31}ɕə^{53} mo^{35}tsɿ^{31}.” ɑ^{55}mɑ^{31} ŋu^{31}tsɑ̃^{55}ɬə^{53}mu^{53}

CONJ 脚 GEN 木桩 DIRDIR取下 IND 阿妈 古章拉姆

dɑ^{31}wu^{31}bɑ^{35} le^{31} li^{31}, gui^{31}si^{55} nɔ̃^{31} gɔ̃^{31}ɕe^{55} tɕɑ^{53} bi^{35} tɕhu^{31}.

DIRDIR去 PEF TOP 李国森 AGT 话 CLF 做 IND

“阿妈，尽管如此，你还是把我身上的东西一样一样地取下吧。你先把眼睛上的酥油取下来，再把嘴巴上的酥油取下来，然后把身体上的石头取下来，最后把手脚上的木桩取下来吧。”阿妈古章拉姆就回去，照着李国森说的话去做了。

wu^{55} bi^{35} le^{31} ti^{31}bi^{35}kɔ̃^{31} li^{31}, dɑ^{31}ji^{31}ʂɑ^{55} le^{31} ti^{31}bi^{35}kɔ̃^{31} li^{55},

SELF 做 CONJ ANPR做LNK TOP DIRDIR迎接 CONJ ANPR做LNK TOP

“ə^{31}jə^{31}, ɑ^{55}mɑ^{31}, nũ^{35} wu^{31}ndɑ^{55} wu^{31} li^{31}. ɑ^{31} nũ^{35} jĩ^{55}nɛ̃^{53} mɛ^{55} khə^{55} ɳɛ^{53}

INTER 阿妈 2sg DIR傻 PRT IND LNK 2sg 别人 GEN 话 听

le^{31} ti^{31}bi^{35}kɔ̃^{31}, wu^{55} ŋə^{35} lə^{31} ɕe^{55} le^{31} ji^{31}ki^{55} gie^{35}mu^{53} gie^{35} mɛ^{55}

CONJ ANPR做LNK SELF 1sg ACC 说 PRT DIST 婆子 好 GEN

mũ^{35} me^{31} ʐʅ^{55}, me^{31} gie^{35} mɛ^{55} gie^{35}mu^{53} dʐʅ^{35} mo^{35}tsɿ^{31}. nũ^{31} li^{31} e^{55}

人 NEG COP NEG 好 GEN 婆子 COP IND 2sg TOP QUES

nε^{55} le^{31} tsɿ^{31} kɔ̃^{31}, nε^{55} le^{31} wu^{31} tsɿ^{31}? nũ^{35} ŋə^{35} tɕɑ^{55}tɛ̃^{55} mɑ^{31}tɑ^{31} ʂo^{55}
消灭 PEF EVID LNK 消灭 PEF PRT QUES 2sg 1sg 尿布 布片 片
tsi^{31} li^{31} dɑ^{31}ji^{31}pɔ^{55} le^{31} li^{31}, tʂɑ^{31}bo^{55} mε^{55} kə^{55}dʑə^{55} kʉ^{31} ji^{31}pe^{55} le^{31}
DIM TOP DIRDIR包 PEF TOP 岩洞 GEN 缝隙 里 DIR藏 PEF
tɕhu^{31}. ɑ^{35}jɑ^{31}, ə^{35} nũ^{35} e^{55} nε^{55} le^{31} tsɿ^{31} kɔ̃^{31} li^{31}, zʉ^{35} nɔ̃^{31} lə^{31}
IND INTER QUES 2sg QUES 消灭 PEF EVID LNK TOP 3sg AGT ACC
mi^{31}ŋkhɔ̃^{55} kɔ̃^{31} li^{31} nε^{55} le^{31} wu^{31} tsɿ^{31}. e^{31}li^{55} bi^{35} le^{31} nε^{55} mε^{55} jə^{31}tsɿ^{31}
问 LNK TOP 杀 CONJ PRT IND 怎么 做 CONJ 杀 PRT INT
kɔ̃^{31} li^{55}, nũ^{35} te^{31}kɛ̃^{55} wu^{55} ə^{31} gɔ̃^{31} bi^{53} nũ^{35} zʉ^{35} wu^{31}ɕe^{55} mo^{35}tsɿ^{31}."
LNK TOP 2sg 这里 1sg ACC 这样 做 2sg 3sg DIR说 IND
ə^{31}, ə^{55}mə^{31} ŋu^{31}tsɑ̃^{55}ɬə^{55}mu^{53} ɕe^{55} wu^{31}: "dʐʅ^{35}. dʐʅ^{35}. ɑ^{35} nũ^{35} nɔ̃^{31} ɕe^{55}wu^{31}
INTER 阿妈 古章拉姆 说 PRT 好 好 LNK 2sg AGT 说NMLZ
tɕɑ^{53} jɑu^{55}ər^{31} nɔ̃^{31} ɕe^{55}wu^{31} tɕɑ^{53} dʐʅ^{35}." ɑ^{31}li^{55} dɑ^{31}ji^{31}pɔ^{55} le^{31} li^{55}, dɑ^{31}ʃɿ^{55}
CLF 幺儿 AGT 说NMLZ CLF COP LNK DIRDIR包 PEF TOP DIR带
le^{31} he^{35} wu^{31} dɑ^{31}ʃɿ^{55} le^{31} he^{35} le^{31}, tʂɑ^{31}bo^{55}kʉ^{31} dʐui^{35} le^{31} ti^{31}bi^{35}kɔ̃^{31}
CONJ 来 PRT DIR带 CONJ来 PEF 岩洞里 到达 CONJ ANPR做LNK
li^{55}, tʂɑ^{31}bo^{55} mε^{55} kə^{55}dʑə^{53} ɕʉ^{55}kʉ^{53} thu^{31}tø^{53} le^{31} li^{31}, xu^{31}phø^{53} phø^{53} nɔ̃^{31}
TOP 岩洞 GEN 缝隙 里面 DIR塞 PEF TOP 石头 CLF INST
dɑ^{31}ji^{31}sui^{55} le^{31} tɕhu^{31}.
DIRDIR掩盖 PEF IND

接下来，要把孩子接回去。"噢哟，阿妈，你太傻了，居然听信了别人的话。那个婆子不是好人，是一个恶人呐。若（她）问你弄死了没有？你就把我用一片尿布包起来放在岩石缝隙里。啊呀，她要是问弄死了没有呢，（就）说弄死了。（要是问）怎么弄死的，你就如实相告。"阿妈古章拉姆说："成，成。幺儿说什么我就说什么。"于是又包起来抱回山洞。回到山洞里，塞在岩洞的缝隙里面，用一块石头掩盖起来。

（杨学武讲述，杨孝云翻译）

参考文献

巴登尼玛 2000《文明的困惑——藏族教育之路》，成都：四川民族出版社。

伯纳德·科姆里著，沈家煊译 1989《语言共性和语言类型》，北京：华夏出版社。

陈保亚 1996《语言接触与语言联盟——汉越语源关系的解释》，北京：语文出版社。

陈保亚 2005 语言接触导致汉语方言分化的两种模式，《北京大学学报》（哲社版）第3期。

陈国强 1990《简明文化人类学词典》，杭州：浙江人民出版社。

〔清〕陈松林 1859《天全州志》，咸丰八年木刻本。

戴庆厦 2006 从词源关系看藏缅语名量词演变的历史层次，《藏缅语族语言研究》，北京：中央民族大学出版社。

戴庆厦主编 2004《中国濒危语言个案研究》，北京：民族出版社。

邓廷良 1992 明正土司考察记，《雅砻江上游考察报告》，中国西南民族研究学会、甘孜藏族自治州人民政府编印。

范俊军、宫　齐、胡鸿雁译 2006 语言活力与语言濒危，《民族语文》第3期。

〔南朝宋〕范　晔 1965《后汉书·西羌传》，北京：中华书局。

贡布吉村、杨嘉铭 1989 鱼通“公嘛”经文目录调查记实，《甘孜州文史资料》第八辑，中国人民政治协商会议甘孜，藏族自治州委员会编印。

郭声波 2001 贵琼人的来源与迁徙初探，《西南民族学院学报》第3期。

国家统计局人口统计司编 1994《中国民族人口资料（1990年人口普查数据）》，北京：中国统计出版社。

黄布凡主编 1992《藏缅语族语言词汇》，北京：中央民族学院出版社。

黄成龙 2005 语法描写框架及术语的标记，《民族语文》第3期

黄成龙 2013 藏缅语存在动词的概念结构，《民族语文》第2期。

黄 行 2000《中国少数民族语言活力研究》，北京：中央民族大学出版社。

黄 行 2002 我国的语言和语言群体，《民族研究》第1期。

黄 行 2005 语言接触与语言区域性特征，《民族语文》第4期。

江 荻 2000 论汉藏语言历史比较词表的确定，《民族语文》第3期。

江 影 2007 康定鱼通民歌的旋法特征与调式属性分析及其根源追溯，《康定民族师范高等专科学校学报》第8期

金绥之 1999 泸定县岚安乡贵琼人宗教习俗，《宗教学研究》第2期。

康定民族师专编写组 1994《甘孜藏族自治州民族志》，北京：当代中国出版社。

李 兵 1991 元音和谐的分类，《吉林大学社会科学学报》第1期。

〔日〕铃木博之 2007 清代木坪土司所管地区的藏语方言，《康定民族师范高等专科学校学报》第6期。

凌 立 2004《藏族吉祥文化》，成都：四川民族出版社。

刘丹青编著 2008《语法调查研究手册》，上海：上海教育出版社。

刘光坤 1998《麻窝羌语研究》，成都：四川民族出版社。

刘辉强 1986 明正土司属地的民族语言概况，《雅砻江上游考察报告》，中国西南民族研究学会、甘孜藏族自治州人民政府编印。

刘辉强、尚云川 2004 贵琼语研究，《民族研究文集——纪念四川省民族研究所建所四十周年》，成都：巴蜀书社。

刘建丽、汤开建 1989《宋代吐蕃史料集》，成都：四川民族出版社。

〔后晋〕刘 昫等 1975《旧唐书·吐蕃传》，北京：中华书局。

马学良主编 2003《汉藏语概论》，北京：民族出版社。

任乃强 1977《西康图经·民俗篇》，台北：南天书局有限公司。

任乃强 1984《羌族源流探索》，重庆：重庆出版社。

四川大学方言调查工作组1960 四川方言音系，《四川大学学报》（社科版）第3期。

四川府县志辑 1992《中国地方志集成·乾隆雅州府志》，成都：巴蜀书社。

四川省康定县志编纂委员会 1995《康定县志（新编）》，成都：四川辞书出版社。

石 硕 2002 川西藏区的民间宗教形式，《宗教学研究》第4期。

石 硕主编 2005《藏彝走廊：历史与文化》，成都：四川人民出版社。

〔明〕宋 濂 1976《元史》，北京：中华书局。

宋伶俐 2010《贵琼语研究》，北京：民族出版社。

宋伶俐 2015 关于濒危语言长篇口传文学记录和整理的几点思考，《西北民族大学学报》（哲学社科版）第1期。

苏华强 2000 四川天全话语音记略，四川大学2000级硕士学位论文。

孙宏开 1981 羌语动词的趋向范畴，《民族语文》第1期。

孙宏开 1983 六江流域的民族语言及其系属分类，《民族学报》第3期。

孙宏开 1988 藏缅语量词用法比较——兼论量词发展的阶段层次，《中国语言学报》第三期，北京：商务印书馆。

孙宏开 1992a 论藏缅语语法结构类型的历史演变，《民族语文》第5期。

孙宏开 1992b 论藏缅语语法结构类型的历史演变（续），《民族语文》第6期。

孙宏开 1995 藏缅语疑问方式试析——兼论汉语、藏缅语特指问句的构成和来源，《民族语文》第5期。

孙宏开 1996 论藏缅语的语法形式，《民族语文》第2期。

孙宏开 2016《藏缅语族羌语支研究》，北京：中国社会科学出版社

孙宏开、江　荻 2004 描写中国语言使用的国际音标及附加符号，《民族语文》第1期。

孙宏开、胡增益、黄行主编 2007《中国的语言》，北京：商务印书馆。

吴吉远 1991 鱼通土司及其衙门考略，《西藏研究》第4期。

吴吉远 1998 再论鱼通高杨二姓的来历——兼论鱼通土司和天全高杨土司在历史上的关系，《西南民族学院学报》（哲社版）第4期。

徐世璇 2001《濒危语言研究》，北京：中央民族大学出版社。

徐通锵 1991《历史语言学》，北京：商务印书馆。

杨嘉铭等 1996《四川藏区双语教育与教学研究》，成都：四川大学出版社。

游汝杰、邹嘉彦 2004《社会语言学教程》，上海：复旦大学出版社。

张　军 2005《汉藏语系语言判断句研究》，中央民族大学博士论文。

赵心愚、秦和平编 2004《康区藏族社会历史调查资料辑要》，成都：四川民族出版社。

中华书局编辑部 2009《二十四史·明史》（简体字本），北京：中华书局。

周发成编著 2010《羌学文库：汉羌词典》，北京：中国文联出版社。

Jiang, Li 2015 *A Grammar of Guiqiong: A Language in Sichuan*. Leiden, Netherlands: Brill.

调查手记

2015年，有幸得到中国语言资源保护工程项目经费的资助，我们组建了包括摄录人员、联络人员和发音人在内的调查团队。当年8月中旬，我和研究生陈林从成都经雅西高速、石棉到康定，辗转14个小时，到达甘孜州康定市大渡河谷姑咱镇，与四川民族学院的谢军、许陈龙老师会合，开始了濒危语言——贵琼语的调查和摄录工作。经贵琼母语人、四川民族学院中文系杨晓燕老师联络，原康定县政协委员、旧鱼通土司之子甲名扬，康定市林业局的老护林员兼姑咱镇红白喜事主持人杨金山，康定市非物质文化遗产传承人杨玉林、杜晓兵，晓燕老师的母亲高玉梅，以及我们的老朋友杨正中、公嘛高文良先后来到摄录地点，积极支持调查工作。

调查团队和发音人杨正中、甲名扬、高玉梅合影　康定市姑咱镇 /2015.8.24/ 谢军 摄

原康定县政协委员甲名扬讲鱼通土司世系　康定市姑咱镇 /2015.8.24/ 谢军 摄

此时距初次调查贵琼语已近十年，但在镜头和话筒面前，无论是调查团队还是发音人都有临阵磨枪的紧迫感。于是有了下面这一幕幕的场景：摄像师谢军严格把控录像质量，在蝉鸣和挖掘机的噪音中争取摄录机会；杨正中阿伯录词语常被窗外修整操场的挖掘声打断，等施工结束已是十分困倦，常常用手撑着眼皮坚持工作到深夜；遍寻儿歌发音人，最后是晓燕回家带来了整饬利落的阿妈救场。团队成员齐心协力，在近一个月的时间里，完成了所有摄录任务，并通过验收。感谢杨晓燕、谢军、许陈龙、陈林等各位摄录团队成员和各位发音人的真诚相待与全力付出。

和初期的常规田野调查相比，濒危语言调查在调查任务、调查项目和调查手段方面都发生了变化。基于社会语言学理论背景的问卷和访谈材料，有助于了解贵琼语这个藏彝走廊民族语言的发展状况和发展前景。20世纪80年代，汉族小范围聚居，聚居点零散分布，贵琼地区只有小范围的贵汉双语制。此后30多年间，近万名外来汉族学生入读姑咱的大专院校，催生了当地大范围的贵汉双语制。2015年调查之际，在甘孜州文化重镇姑咱，因新修电站等因素迁入平坝的贵琼山地居民的房屋鳞次栉比，为孩子入学而迁入姑咱镇的教育移民比比皆是，从小范围聚居到大规模杂居、从高山单语环境到谷地贵汉双语环境、从初中入读接触汉语到自小学低年级起学习汉语，上述因素在很大程度上影响了贵琼语的传承和发展。我们曾在调查中通过随机发放语言态度问卷、200核心词问卷、亲属称谓问卷，并通过访谈获得贵琼家庭的母语代际传承笔录，客观评估了贵琼语的濒危状况。问卷和访谈

摄像师谢军　康定市姑咱镇 /2015.8.24/ 许成龙　摄

材料显示，贵琼语是濒危层级较高的语言。

众所周知，濒危语言语料记录具有急迫性和抢救性。从调查任务来看，此次调查需要尽可能丰富的语言材料，不但要扩充词汇量到4000条以上，还亟须收集口传文化产品。口传文化是语言反复锤炼的结晶，是口语形式的根基和内核，也是濒危语言调查中最值得抢救整理的文化资源。本次采录的口传文化资料包括民歌、祝祷话语和长篇故事。宗教执业者高文良公嘛讲述的取名、占卜和丧礼的各种程式、非物质文化遗产传承人杜晓兵和杨玉林演唱的山歌和仪式歌曲、高玉梅哼唱的儿歌、婚礼主持杨金山介绍的婚宴祝祷话语以及杨金山讲述的野人故事，大体能够展示贵琼语的口传文化特色。为方便读者了解贵琼口传文化的全貌，我们补充了2006年老阿妈金兰贞演唱的“哭嫁歌”和“鱼通故事大王”七斤初的传承人杨学武用贵琼语讲唱的长篇故事《李国森》,《李国森》是“藏彝走廊”若干用当地土著语言讲述的格萨尔故事的一部分，一方面有助于展示贵琼藏族讲述故事的文化传统，另一方面也有助于弥补缺乏语感的非母语调查人在虚词和句法调查方面的不足。

濒危语言的基本研究方法，学界主要采用的有四种：一、跟踪调查的方法；二、共时对比的方法；三、历史比较的方法；四、类型比较的方法。对于贵琼语这个形态不发达、音系简化、正从黏着型向分析型发展的语言，如何改进调查方法，从而深入发掘语言特点，这的确是一个重要的课题。我们不能不追问贵琼语的研究价值和意义，从而确立调查研究的重点。贵琼语与藏、汉及其他民族的接触史可以上溯到元代，元代以来的近700余年里